商法研究

2019年卷

Studies on Commercial Law

吕来明◎主编

学术顾问：（以姓氏笔画为序）

石少侠　李仁玉　刘俊海

赵旭东　谢安平

执行主编：董　彪

中国政法大学出版社

2020·北京

图书在版编目（ＣＩＰ）数据

商法研究. 2019 年卷/吕来明主编.—北京：中国政法大学出版社，2020.9
ISBN 978-7-5620-9635-1

Ⅰ.①商… Ⅱ.①吕… Ⅲ.①商法－研究 Ⅳ.①D913.990.4

中国版本图书馆 CIP 数据核字(2020)第 167794 号

出 版 者　中国政法大学出版社
地　　址　北京市海淀区西土城路 25 号
邮寄地址　北京 100088 信箱 8034 分箱　邮编 100088
网　　址　http://www.cuplpress.com（网络实名：中国政法大学出版社）
电　　话　010-58908285(总编室)　58908433（编辑部）58908334(邮购部)
承　　印　固安华明印业有限公司
开　　本　720mm×960mm　1/16
印　　张　21.75
字　　数　280 千字
版　　次　2020 年 9 月第 1 版
印　　次　2020 年 9 月第 1 次印刷
定　　价　85.00 元

新时代商法研究路径出现了传统与现代的分野。传统路径关注共识性商事领域权利和规则体系的构建与完善。《民法典》制定之后商事法律制度的走向如何？商事权利体系与民事权利体系的关系如何？商事裁判理念和方法是否有别于民事裁判理念和方法？既有商事制度能否满足商业活动的需要，是否存在缺陷以及是否需要修改？这些问题需要在深入研究传统商事理论和制度的基础上结合新的时代特征予以解决。现代路径关注科技革命产生的新兴商事领域话语体系、权利体系以及监管体系的构建。科技与法律的深度融合，使得商法学者不得不转向陌生的自然科学领域，以数据、算法、智能等概念为基础构建现代商事法律理论和制度体系。传统路径立足当下，现代路径关注未来，二者相辅相成，共同推进商事法律理论和制度的创新与完善。

《商法研究（2019 年卷）》对新时代商法研究的传统路径和现代路径予以同等关注。一方面，就互联网和大数据时代新型商事交易模式中的基础理论问题和规则设计进行探讨；另一方面，就适用或完善商法总论、公司法、破产法、保险法提出建设性意见。本卷继续以弘扬商法理念、反映商法理论和实践成果、促进商法理论研究和制度建设为宗旨，设置大数据与人工智能法治专题、电子商务法专题、公司法专题、破产法专题、食品安全法专题、热点问题研究等栏目。《商法研究（2019年卷）》组稿期间正值新型冠状肺炎肆虐全球之际，《商法研究》编辑部特别推出抗疫法律专题，为特殊时期法治建设略尽绵力。

《商法研究》丛书由北京工商大学法学院和商法研究中心主办。感谢北京工商大学科技处为本卷出版提供资金。感谢中国政法大学出版社魏星编辑一如既往的支持。

《商法研究》丛书自2010年恢复出版至今已整整十年。十年间，《商法研究》编辑部有幸得到了学界同仁的关心和帮助，参与并见证了商事法律理论和制度蓬勃发展的历程。《商法研究》编辑部满怀感激和欣喜，愿继续携手学界同仁，分享点滴智识，繁荣商法理论。

《商法研究》编辑部

2020年3月30日

CONTENTS 目录

大数据交易法律问题研究

李仁玉　刘芃铄[*]

2019 年，我国正式启用 5G 商用，并在全国范围内开通 12.6 万个基站，预计 2020 年底全国所有地级市将实现 5G 网络全覆盖，"网络社会"已成为当今社会不可或缺的重要组成部分，人们日常的生产生活愈发转化成"网络社会"的数据信息。希捷科技最新研究表明，到 2025 年全球数据量将会从 2018 年的 33 ZB 上升至 175 ZB（1 ZB ≈ 1 万亿 GB），全球正在逐步形成以数据信息为核心的产业链市场，我国也相继出台一系列扶持大数据产业发展、鼓励大数据交易的政策。在此发展背景下，本文对国内大数据交易相关法律问题进行深入研究，以期为大数据交易发展提供一定的理论基础与实践帮助。

一、大数据的客体财产属性问题分析

（一）大数据符合理论层面对财产属性的认定

在法学理论层面，"财产"有两层含义，一方面财产是具有经济利益的权利集合，另一方面财产是财产权利的客体。大数据经过分析可视化，应用于企业决策与优化产业模式，具有使用价值，其在大数据产业尤其是大数据交易中实现了交换价值变现，证明大数据具有经济利益并可以转化为物质利益，

---

* 李仁玉，北京工商大学法学院教授；刘芃铄，北京工商大学法学院硕士研究生。

符合理论层面对财产的定义。

大数据财产属性也符合法律规范理论。法律规范理论认定财产应具备三个基本特征，即"法定性、权义性、本源性"。[1]法定性是指一类事物在法律规定上被界定为财产，主体对客体的权利与义务是法定的；权义性是在法定性基础上的特征，是指主体和客体间的权利义务关系；本源性则是指权利义务应有合法来源。大数据在法律上是否属于财产，直接影响民事主体间的权利义务关系。法律如果将大数据定性为财产，首先应体现在法律条文之中，在《中华人民共和国民法总则》（以下简称《民法总则》）第127条，立法者将数据和虚拟财产并列表述，从侧面表明二者具有相似性，隐含法律认定数据财产属性的态度。[2]

（二）实践层面已认可大数据的财产属性

1. 大数据具备实践层面财产特点

财产的效用性、可控性与稀缺性是其在实践层面的主要特点，大数据财产属性的界定在事实层面是成立的。[3]

效用性即指作为财产的事物在实践领域中要具有价值。大数据的效用性体现在上文所述的数字资源价值和其使用价值，能够满足不同主体的需求，推动社会的数字经济发展；可控性是指主体控制客体并排除他人使用的属性，数据作为电子记录可以被所有权人控制并储存在特定载体中，通过法律规范的设置可以使所有权人实现数据的使用和转移，并且其他人不得侵犯；稀缺性表现为事实上的有限性。大数据作为数字资源，在理论上是存在可以被无限复制粘贴再利用的可能性的，但是在大数据的实践应用中，控制数据的主体可以通过信息技术实现限制数据抓取与共享，数据源主体也可以通过设定授权范围避免数据被使用，而且大数据交易主体的主要需求是经过分析可视化的大数据，对底层数据的需求并不高，不同交易主体需求的侧重点不同，经过处理分析，大数据可视化的角度也是不同的，所以大数据稀缺性在客观

---

〔1〕 参见刘少军:《法边际均衡论——经济法哲学》，中国政法大学出版社2017年版，第189页。

〔2〕 参见《民法总则》第127条:"法律对数据、网络虚拟财产的保护有规定的，依照其规定。"

〔3〕 参见刘少军:《法边际均衡论——经济法哲学》，中国政法大学出版社2017年版，第187页。

上是可以成立的。

2. 大数据在实践层面已进入交易领域

在实践层面，大数据已经作为一种商品进入了交易领域，我国众多的大数据交易平台进行交易的客体就是大数据，平台的交易规模和变现能力实现了大数据交易价值的兑现。以我国贵阳大数据交易所为例，交易所会员数量已达 2000 余家，涵盖了通信、金融、传媒、医疗等 20 余种行业类别，可视化大数据产品近 4000 个，与 100 多个省、市政府建立业务合作，动态接入政府公开及授权的数据，在北京、上海设立了数据运营中心，并在徐州、丽江、山西、张家口等 11 个省或市设立交易服务分中心，打破了大数据交易的地区和领域壁垒，推动全国大数据有序自由流通。[1]

贵阳大数据交易所的发展直观显示出我国大数据交易已经成为一种规模化的产业形态，大数据作为商品应用于交易体现了其交换价值，企业根据自身需求购买大数据并用于决策或优化产业结构，说明大数据具有使用价值。可见，在实践层面，各界早已承认了大数据的财产属性并运用到商业领域将其价值变现，同时也正是因为大数据在客观上存在财产属性，才使得社会各界对大数据紧密关注，大数据交易产业才得以不断向前发展，持续推动我国数字强国的建设。

（三）确认大数据财产属性应为无形财产

"无形财产"最早是盖尤斯提出的，他将民法中的"物"区分为"有形财产"和"无形财产"。有形财产是现实存在的物体，可触摸可独占；而无形财产则是抽象物，是指没有实体的物体或者类似债权的权利。[2]当今在学术研究中，无形财产主要有两种层面的含义：一是在权益层面，指具有经济利益的权利集合；二是在客体层面，指无形的、非可触摸的、具有经济价值的客体，如知识产权中的智力成果等，此类客体具有抽象性，其上附有的权利具有经济价值。[3]本文认为，大数据的财产属性应被界定为客体层面意义的无形财产，理由如下：

---

〔1〕 参见"贵阳大数据交易所简介"，载 http://www.gbdex.com/website/view/aboutGbdex.jsp，最后访问日期：2019 年 11 月 11 日。

〔2〕 参见郑成思："知识产权、财产权与物权"，载《中国软科学》1998 年第 6 期。

〔3〕 参见李爱君、张珺："数据的法律性质和权利属性"，载《新时代大数据法治峰会——大数据、新增长点、新动能、新秩序论文集》2017 年版，第 3~36 页。

1. 大数据的属性与无形财产的抽象性相符

无形财产的抽象性主要指所有权人不能直接现实占有，只能是抽象意义上的占有，且在主体使用过程中不会出现现实意义上的损耗，相反，有的无形财产还可以被复制，形成相同的新无形财产。大数据的存储需通过一定的载体实现，权利人对其使用也是通过数据接口或载体进行抽象性控制，由于大数据的无形特征，其应被纳入无形财产中。

2. 大数据无形财产属性具有实践应用性

大数据无形财产属性的确定，可以为大数据交易提供兼具理论和实践上的应用性。在理论层面，现代民法理论认为财产权包括有形财产权和无形财产权两种，无形财产权的权利客体便是无形财产，在我国民法体系中，已经从侧面认可了无形财产这一概念，最具代表性的便是知识产权，此类财产权利是传统物权和债权理论无法涵盖的。知识本是思维的产物，需要通过载体才能被他人认识感知，我国民法将权利人把知识外化后产生的智力成果确认为一种财产权利，确立了知识产权进行规范。大数据与知识产权中的智力成果相似，其所承载的权利亦是现有理论无法包含的，理论界已有学者认为大陆法系中关于财产权的划分形式已经很难包含愈发复杂的新型财产形式，尽管理论界还在运用传统法理来做变通解释，但随着无形财产交易的增多，民法理论的变通解释变得越来越不稳定。[1]

在实践层面，虽然我国现行法律没有规定无形财产，但是在司法实例中已经有将大数据视为无形财产的案例，可见确认大数据财产属性为无形财产具有实操性。

3. 有利于实现人格权保护与数字经济利益的平衡

首先应明确，确认大数据的财产属性不会冲击数据人格权的保护。人格权的产生与商业化是一个历史化的发展进程，不是在大数据产业高速发展的今天才出现，只是信息时代使得一部分的个人数据财产化，加深了人格权商业化的程度。不论是否承认大数据的财产属性，利用大数据获取经济利益的行为都是客观存在且不断发展的，否定大数据的财产属性未必可以使人格权得到充分保护，反而会导致大数据交易无正规市场，加速数据黑市的扩张，信息泄露的风险反而会增加。欧盟《一般数据保护条例》将数据保护与基本

---

〔1〕 参见马俊驹、梅夏英："无形财产的理论和立法问题"，载《中国法学》2001 年第 2 期。

人权相联系，以个人对其数据的控制权为宗旨，为企业设置了严苛的合规义务，轻视产业利益，使得实践中数据的流通受到限制，最终不利于产业和经济的发展，这也是欧盟的网络经济落后于中美的原因之一。在当今社会，任何一个主体都难以拥有绝对完全、完整的权利，每一主体几乎都要让渡一定的权益换取社会整体的公平与效率，法学的研究和实践，本就是为寻求多方主体与复杂利益间的均衡发展。确认大数据的财产属性，并科学合理设定数据的利用规则，根据社会实践情况不断调整，有利于实现人格权保护与数字经济利益的动态平衡。

综上所述，大数据符合理论层面与事实层面财产的特征，具有无形财产的抽象性与价值性，完全符合无形财产的基本概念，应将其法律属性界定为无形财产。

二、大数据交易主体问题分析

(一) 确定大数据交易主体的类型

我国法定的民事主体分为自然人、法人和其他非法人组织三类，确定哪类主体可以进入大数据交易领域，应判断主体是否符合理论层面和经济层面的主体适格标准。理论层面对民事主体适格标准规定为，主体应具有独立性、经济性、具备意思能力与决策能力。[1]经济层面的标准是，主体适格应满足社会利益和当事人利益最大化。在大数据交易法律关系中，大数据买卖双方、大数据交易平台是大数据交易主体，大数据买卖双方原则上可以是任意法定民事主体，交易平台原则上仅可由法人或非法人组织担任，因为个人数据在法律规定中不明确，目前众多大数据交易平台都限制自然人间的大数据交易。自然人是否可以进入大数据交易领域，便成了确定大数据交易主体类型的关键。

参与大数据交易，自然人需要满足主体适格在理论层面与经济层面的标准。从对大数据的需求角度出发，自然人与法人、非法人组织之间不存在区别，个人作为经济生活中的主体之一，其也对大数据产品具有一定的需求，也应享受大数据时代所带来的便利。自然人从大数据交易中获取数据信息符合社会利益和当事人利益最大化标准，在独立性、意思能力和内部决策机制

---

[1] 参见房绍坤、张旭昕：“我国民法典编纂中的主体类型”，载《法学杂志》2016 年第 12 期。

上，大数据交易同一般的买卖行为一样，自然人作为买卖行为传统适格主体，均满足要求，所以自然人应当成为大数据交易中的适格主体。但是，由于大数据的传输与公开范围会直接影响到数据交易的价格，应对自然人进入交易平台进行严格限制，通过审核其对大数据是否有正当需求，来决定是否允许其注册为会员，或者单独开辟大数据交易个人市场，针对个人需求设计大数据产品，提升大数据交易产业活跃度，促进大数据产业的发展。

所以，自然人、法人和非法人组织均可成为大数据交易的主体类型，也就是说个人、企业和政府都可参与到大数据交易中，其中为保障交易市场秩序，对于入市会员资格的审查，自然人应最为严格。

（二）明确大数据交易平台的法律地位

大数据交易作为以数据为标的的商事交易，其数据买卖双方的基本权利义务是明晰的，法律地位并无争议。大数据交易与普通买卖合同的不同之处在于大数据交易平台的特殊法律地位。

大数据交易平台是以云计算、互联网、大数据分析为代表的新型信息技术与大数据产品销售、提供发布信息服务等融合创新的一种多元化的新产业形态，平台在具体交易中所扮演的角色不同，通过交易平台销售大数据产品和提供服务所形成的法律关系也不是单一的法律关系，不能简单地认定大数据交易平台的法律地位。本文认为，应当从法律关系和市场秩序这两个层面来确定大数据交易平台的法律地位，并且在两个不同的层面，应对其设定不同的义务，承担不同的责任。

1. 法律关系层面

从交易平台与参与交易方之间所形成的法律关系的角度出发，大数据交易中主要涉及两种法律关系：一是平台与平台内数据卖方和买方之间的法律关系；二是平台与平台内数据卖方的法律关系。

首先，关于平台与平台内数据卖方的法律关系。买卖双方涉及消费者的法律关系，平台与平台内数据卖方之间可以类推适用租赁合同的相关规定，从而认定平台的法律地位类似于柜台出租方。其次，关于平台与平台内数据卖方和买方之间的法律关系。两者主要通过平台的格式合同来规范当事人之间的权利义务。其中，格式合同的提供者是平台，依照《中华人民共和国电子商务法》规定，平台应当遵循公开、公平、公正的原则，制定服务协议；应当与申请进入平台销售商品或者提供服务者签订协议，明确双方的权利义务和责任。这一法律关系的性质可认定为服务合同，适用《中华人民共和国合同法》（以下简称《合同法》）有关格式合同和服务合同的规定。适用《中华人民共和国消费者权益保护法》第44条有关平台责任的规定，平台应承担交易的附随义务，包括市场准入审核、采取技术手段和管理措施保证平台的正常运行、制定和实施完善的平台交易规则、保障交易数据的安全性等。

2. 市场秩序层面

大数据交易平台是交易服务的提供者，同时也是交易的管理者。平台掌握了交易主体和交易过程的全部内容，为保证交易的正常运行，提供公正可靠的交易环境和服务，平台享有平台规则的制定权利。为维护市场秩序，在大数据交易过程中，平台会制定会员准入和退出标准，并且对因大数据交易而产生的各种情形拥有监督管理的权力，该交易规则既是由平台所制定，也是由平台据以监督执行，因此，作为规则制定者的平台，在大数据交易活动中也就具有监督者、仲裁者、自律者、执行者等多重身份，在此层面，其法律地位应当确定为自律性法人，起到监督管理者的作用。

两个不同层面实质上反映了在大数据交易市场中，平台既是市场的建造者也是管理者，参与市场交易的是平台内会员，交易平台在大数据交易中充当多重角色。我们应当注重其不同层面、不同法律关系中的多元化身份，对交易平台进行规范，属于合同规制的归合同，遵从契约自由原则；属于市场秩序规制的，则应遵从公平、正义原则，从而明确平台应承担的责任。

三、大数据权利归属与权利内容的探讨

（一）大数据产权的归属

确定大数据产权归属的主体，就是确定在法律关系中应由谁享有对大数据的使用、处分、收益的权利并承担相应的责任义务。现今学界对大数据产权归属主体的界定存在两种观点，一种是认为大数据的产权归属应根据其是否经脱敏清洗处理区分对待。该类学者一般主张未经任何技术手段处理的用户数据的产权归属于用户本人，收集者则拥有对经过脱敏清洗、处理分析后的可视化大数据的大数据产权。[1]另一种观点则是认为大数据产权应归属于用户个人，支持该观点的学者主张用户拥有数据财产权才符合法律经济学中

---

〔1〕 参见邬贺铨："大数据共享与开放及保护的挑战"，载《中国信息安全》2017年第5期。

的高效率原则。[1]这两种主流观点都带有较为明显的价值取向，第一种观点虽然对个人数据的产权认定分情况进行了讨论，但仍然是将数据局限于个人数据，缺少企业数据与政府数据的认定；第二种观点则站在个人用户的视角，强调保护个人数据安全与维护个人经济利益。总体上，以上观点更多的只是考虑到了个人数据的确权问题，而要想更完善地建立大数据交易产权制度，还需对其他数据比如企业数据、政府数据等，做一个全面的讨论分析。

由于大数据的广泛性与复杂性，本文认为根据数据的分类对大数据产权主体进行确定是较为简单与准确的方式之一。对于大数据产权归属主体的确定可以从大数据是属于个人数据、企业数据还是政府数据，是原始数据还是衍生数据等来具体判断。在原始数据中数据通常属于数据产生者，既可是自然人、企业，也可是政府某个部门；而在衍生数据中，它一般是大量原始数据经过处理分析的集合，收集者会对数据进行脱敏清洗处理，切断数据与个人的直接联系，收集者为可视化数据的形成付出大量的人力物力，此时应当确定收集处理者拥有该类数据的财产权，认可其劳动的付出，将经过脱敏、分析处理的数据产权赋予数据收集者，也可以更好地规范数据交易市场，使大数据交易产业有序平稳发展。虽然明确了收集者拥有经过脱敏清洗处理的个人数据的财产权，但是需要强调，收集者的这种权利是有一定限制的，其对数据的使用必须经过风险评估，脱敏清洗须达到规定标准。

（二）大数据交易主体的权利

在交易环节，无论是个人数据、企业数据还是政府数据都会涉及数据源提供者（数据卖家）、数据中介（大数据交易平台、数据收集分析公司等）、数据终端买家这三方主体，所涉及的权利主要包括财产权、使用权、支配权和收益权。

1. 数据源提供者的权利

数据源提供者，也就是交易数据的源头，即为个人数据、企业数据或是政府数据的主体。从财产权角度出发，大数据交易的过程也是权利转移的过程，这就要求数据源提供者需要确保所提供的数据不存在财产权属争议，即对交易数据拥有完整的数据产权。个人数据财产权主体、企业数据财产权主体和政府数据财产权主体都可以提供各自的数据作为数据交易的客体，都可

---

[1] 参见龙卫球："数据新型财产权构建及其体系研究"，载《政法论坛》2017年第4期。

以成为大数据交易的卖家。

从使用权与支配权角度出发，因数据源提供者对数据拥有完整产权，所以其应当享有对涉及自己数据完整的使用权和支配权，可自行决定数据是否投入到交易市场以及分析处理的途径，因支配权具有排他性，数据源提供者有权阻止他人侵犯自己的数据，禁止涉及自己数据的非法支配，当受到侵权时也可寻求法律救济，从而保护数据利益。

从收益权角度出发，收益权是指数据源提供者有权要求对其数据进行收集、处理和使用的数据中介或数据终端买家支付相应的对价。一方面，数据源提供者将其数据提供给大数据平台或数据终端买家进行数据交易，自然是需要获取收益的，数据具有财产属性，因此赋予数据源提供者对涉及自己的数据拥有完整收益权也是对数据价值的实现，这是数据源提供者在交易领域所享有的一项基础但是极其关键的权利。另一方面，赋予数据源提供者收益权，也就是赋予数据产权人收益权，通过设定权利来加大数据的收集和使用成本，在一定程度上会减少滥用数据情况的发生；其次也是起到推动作用，鼓励数据所有者将其数据投入到大数据产业领域，实现数据流通，促进大数据交易的发展。

2. 数据中介的权利

当数据中介只是交易撮合者时，其权利受限较大，不享有大数据和大数据产品的财产权、使用权、支配权、复制权，其收益权也仅限于提供服务，促成买卖双方交易的佣金。当数据中介作为大数据产品提供者时，其权利内容则需要详细探讨：

在财产权方面，主要探讨的是经过脱敏清洗数据的问题。对于这些数据，在前文已经论述是由企业等数据收集处理者享有大数据产权，那么数据中介对底层数据分析脱敏所形成的可视化大数据产品是享有财产权的，但该权利与数据源提供者财产权相比，则较为受限。数据中介要确保该产品已经不具有个人信息且无法逆向还原为原始数据，而且在投入交易领域前还要进行风险评估，对于风险较大的可能泄露个人信息的大数据产品是不能投入市场流通的。只有具备上述条件，数据中介才对自己的大数据产品具有财产权，否则很可能涉及侵权问题。

在使用权与支配权方面，若数据中介仅是单纯地使用涉及他人或其他企业的数据则必须征得对方同意。对于一些有能力自己收集数据进行分析的企业自不待言，但是对于那些没有能力收集数据的企业，则只能通过数据所有者或数据源提供者的授权获取数据再对数据进行分析、整理等具体的使用。这些授权通常也会以支付对价的方式进行，具体的使用期限、使用方式、对价等都可以在约定中进行明确。

在收益权方面，数据中介对自己分析所形成的大数据可视化产品享有收益权，该收益权是与数据源提供者共同享有的，但两者收益权比例是不同的，应根据收集、处理、分析的不同阶段与不同难度设置递进的收益比例，数据敏感性越低，分析过程越复杂，数据所展现的价值越高，相应的权利人拥有的收益权比重也应越高。

3. 数据终端买家的权利

在财产权方面，作为数据权利转移对象，也就是数据的最终买家，其对交易数据的财产权是需要视情形而定的：如果买方独家买断该大数据或大数据产品（卖方不能将其再卖给其他人），那么大数据或大数据产品的财产权将由该买方所有；如果买方并非独家购买，则该大数据或大数据产品的财产权将由大数据源提供者、卖方和买方共同所有。

在使用权与支配权方面，大数据终端买家，无论其是否是独家买断大数据或大数据产品，其对数据的使用与支配都只能在与卖方约定的合同范围内进行。但是如果买方买断大数据或大数据产品的支配权，其他买方便不能享受支配权。

收益权方面，考虑到大数据或大数据产品的产权问题，应规定大数据买方仅在买断大数据或大数据产品时才可将产品转让给他人以获得收益权，或者是在合同约定允许的情形下对大数据产品进行二次分析加工形成新产品或挖掘出新信息，将其再次投入交易市场获得收益，否则是不能获得收益权的。

（三）大数据交易主体的义务

1. 数据源提供者的义务

对于数据源提供者来说，其所涉及的义务更多的是体现在与数据中介、数据最终买家的数据交易授权合同当中。首先，数据源提供者必须要对其原始数据负责，最基础的是要保证其对所提供的数据拥有财产权，而不是侵权数据。其次，数据源提供者要按合同约定及时提供数据，数据源提供者将数据提供给数据中介方或买家，需要签订数据交易协议，数据源提供者也会因交易从而获得相应的对价收益，同时其也应该遵守协议约定的时间、方式及时地将其数据提供给平台或买家，不然将会承担违约责任。

2. 数据中介的义务

对于交易平台等中介方的义务，应包括以下几方面：

（1）合法方式获得数据的义务。因为数据源提供者对其数据享有控制权，那么数据中介方在收集处理数据时应受到该控制权的限制，即得到数据源提供者的许可。同时，数据中介方收集数据时需采取合法、恰当的方式，不得以欺诈、胁迫等违法手段获得数据。一般情况下数据中介方收集数据必须经有数据所有权主体的明确授权，不得在数据所有权人毫不知情的情况下收集其数据，否则会涉及数据侵权问题。

（2）及时告知的义务。数据源提供者享有对其数据的知情权，数据中介方在收集数据前，有义务告知数据源提供者其对数据的收集目的、具体使用的领域与方式、对数据的安全保护措施等内容。如中国香港地区的《个人资料（私隐）条例》中就明确规定，数据收集者必须在数据收集之前而非使用之前将收集使用数据的目的告诉该数据的所有者。在数据被收集之后的分析处理过程中，数据中介方也有义务告知数据提供者对其数据的利用情况。若使用时超出在收集数据时双方所确定的使用目的等内容，数据中介方就必须及时与数据所有权主体重新商定并取得授权，否则就不能继续使用该数据。

（3）合理范围内使用的义务。对于收集到的数据，无论是个人数据还是企业单位的数据，都必须遵循与数据源提供者订立协议中确定的使用目的及限度范围，并在使用完毕后应对涉及的个人数据进行销毁处理，且数据中介对数据的分析处理应当限制在从事相关经营活动所要求的限度范围内。

（4）保护数据安全的义务。数据中介必须采取必要的措施保证数据源提供者的数据的安全与完整性，保障其不被破坏以及泄露。同时，对数据中含有的与数据所有者隐私相关的内容，还应及时进行脱敏处理或采取加密措施进行保护，以确保相关隐私数据不会被泄露与盗取。若因数据中介方的不作为，没有实施必要的保护手段导致数据处于不安全的状态，就须承担相应的责任。

3. 数据终端买家的义务

（1）在合理的范围内使用数据的义务。对于"合理范围"的界定主要是通过大数据交易买卖协议进行的，同时也可以通过反向举例来对不合理的情形予以明确。对于交易买家所购买的大数据以及大数据产品，应当在协议规定范围内进行合理使用，买家应当根据对大数据或大数据产品的权限对数据进行二次分析处理。若买家只购买了数据使用权，则不能将大数据或大数据产品进行二次买卖，若买家独家买断该大数据或大数据产品，则有权在规定范围内对其进行使用、分析以及进行深入发掘。在使用该大数据或大数据产品过程中，应符合买家的经营范围，不得利用数据从事违法犯罪行为。

（2）支付对价的义务。在大数据交易中，买家向数据源提供者或者数据中介支付对价是获得大数据和数据产品的方式，买家、数据源提供者和数据中介方三者是一种产品服务关系，数据源提供者或数据中介为买家提供符合需求的数据产品并获取经济利益，买家则购买该大数据产品、享受大数据平台提供的相关服务与技术并支付报酬。

（四）大数据交易主体的责任

责任是未履行义务的后果，在明确大数据交易主体的权利义务基础上，大数据交易主体责任的划分会更加清晰。大数据交易主体责任表现为交易主体之间的内部责任与对他人的外部责任。

在各交易主体间内部责任中，由于大数据交易行为是一种合同行为，各主体之间属于合同关系，则对于大数据交易主体之间的内部责任理应适用《合同法》，大数据交易主体可以依照《合同法》的规定追究相应主体的违约责任。大数据交易主体除了可能承担内部责任外，还可能承担外部责任。因在大数据交易过程中，用于交易的数据会经手多方机构或主体，所以其对外责任需要明确的是当出现侵权行为时，应由单个主体承担责任还是由多个主体共同担责。本文认为，基于责任自负的基本原则，个人责任是责任承担的主要方式，只有在特殊情况下基于法律的规定或者当事人的约定，才可能承担共同责任，尤其是共同责任中的连带责任，即数据交易主体在对相对方购买数据的违法目的和相关违法行为明知的情形下仍继续交易，此时应由多方承担连带责任。例如，数据交易卖方明知买方购买大数据产品是用于非法途径，还继续与其进行交易，在这种情形下，数据交易双方对于侵权行为就应承担连带责任。再如，大数据交易的卖家未对敏感信息进行清洗，而大数据交易买家知晓这一情况，仍将获取的大数据产品进行扩散，大数据交易双方也应承担连带责任。

除了民事责任的承担，大数据交易主体的行为也有可能导致严重的社会危害后果，涉及刑事责任的承担。由于刑罚的严厉惩戒性质，认定大数据交易主体需承担刑事责任时应满足两个基本条件，并审慎处理。第一，大数据交易主体主观上必须基于故意，即大数据交易主体将大数据产品卖给他人或者将大数据产品提供给他人时，明知大数据接受者是为了实施犯罪行为，此处故意应包括直接故意和间接故意。第二，大数据交易主体提供数据的行为必须造成严重的危害后果。比如，导致他人重大的财产损失或者他人死亡。

(五) 规范大数据交易平台在维护市场秩序层面的责任范围

合理界定大数据交易平台作为中间方时的责任范围可以使平台积极提供交易服务和履行监管职能，还可以与平台准入制度相配合，进一步优化数据交易中介方的结构，体现大数据平台与数据分析公司、经销商的不同。作为中间方的大数据交易平台的收益只限于提供服务的佣金，不牵扯大数据权利问题，鉴于其性质和服务定位，其应当承担的责任范围主要包括：

保障数据安全和系统安全。数据安全主要指的是托管数据安全问题，系统安全主要是平台的数据储存和传输系统、交易系统和登记结算系统等基础设施的安全问题。交易平台应按照《中华人民共和国网络安全法》的规定，在相关设备采购、机构设置、人员选任和培训、容灾备份、编制应急预案等方面做好安全管理工作。此外，大数据交易服务平台还应支持对大数据交易的安全控制和安全审计，做到过程与人员均可控、可追溯。平台违反网络信息安全保护义务，除应依法承担行政处罚责任外，给相关交易主体和相关信息主体造成损害的，也应承担相应的赔偿责任。

保障交易的公平、合法。首先，平台应对交易持中立立场，负有保证交易规则公平的义务，不得利用服务协议和交易规则对平台内经营者的交易进行不合理限制；其次，应对数据质量进行审查，就提供方对数据质量描述的完整性、准确性和真实性进行审查，及时发现并制止数据篡改和造假行为；最后，是对大数据交易合法性的审查，对交易数据来源和内容的合法性进行审查，及时发现并制止违法数据的传输。平台明知数据存在质量瑕疵或不合法而未制止交易和传输的，应当与数据供应方就购买者和利益相关主体的损害承担连带责任；因过失未能履行上述义务的，应当对相关损害承担相应的补充责任。

信息披露与报告。平台应以季度、年度为周期向相关主管部门提交业务执行情况报告；就交易平台负责人或基础系统管理部门负责人等变更信息向主管部门、会员报告，并向社会公开披露，若因平台的不作为导致信息不透明、不真实，导致交易主体受到损失，则平台应承担相应的民事责任，赔偿损失，并应对平台进行行政处罚，严重时可涉及刑事责任的承担。

四、结　语

未来的时代是大数据的时代，它将会是一次重大的时代变革，大数据交易可以打破信息孤岛和行业信息壁垒，实现各行各业的有效沟通，满足数据市场多样化需求，最大程度地实现数据所蕴藏的价值。明确大数据的无形财产属性，有利于确定大数据交易的法律关系，明确交易主体类型与交易平台特殊法律地位是确保大数据交易公正、有效进行的前提，明确大数据产权归属与交易主体的权利义务划分，在实践中将更加有利于对数据资源的充分利用，促进大数据产业的蓬勃发展，推进数字中国的建设。

数字经济时代数据权利的属性与保护路径

董　彪*

数字经济是数字技术与经济融合的创新型成果。它以数字化的知识和信息为生产要素，以现代信息网络为载体。在传统经济增速放缓、步入瓶颈期时，数字经济犹如奔涌不息的洪流，为经济增长与结构调整注入了生机与活力。新型商业模式和产业形态，如共享单车、网约车、在线短租、共享教育等如雨后春笋般出现。数字经济改变的不仅仅是人们的消费习惯和支付方式，还包括生活态度和思维模式。

在数字经济时代，数据犹如农业社会的土地和劳动力或工业社会的技术和资本，作为战略性资产成为市场主体的核心竞争力。为回应数字经济时代的挑战，《中华人民共和国民法总则》（以下简称《民法总则》）将数据纳入其调整范围。但是，因对数据的属性和特征以及数据权利的性质和归属等理论问题缺乏共识，该法采用原则性规定的粗放方式对数据进行法律规制。保守的立法模式为理论研究和司法探索预留了空间，有必要分析数据和数据权利的相关基础理论并探索数据保护的有效路径。

一、数据的概念

自然科学在抽象符号意义上使用数据概念，它是由 0 和 1 组成的、以二进制方式存在于计算机或网络上的比特形式。在计算机和互联网营造的虚拟世界中，一切事物均以二进制代码的比特形式存在。社会科学关注与人相关的现实生活，使用数据的概念在于探寻二进制代码存在的比特形式在现实社

---

* 董彪，北京工商大学法学院副教授。本文系教育部人文社科基金项目："人工智能时代新型民事法律责任研究"（项目编号：18YJC820014）阶段性成果。

会生活中的意义和价值。有学者认为：数据不应该以它的存储而定义，应该由它的流转来定义。[1]在社会科学领域，数据概念有广义和狭义之分。广义的数据概念泛指与人类社会生活相关的数据存在形式，如网上店铺、游戏装备、电子邮箱、云盘、虚拟货币、支付账号、个人信息等；狭义的数据概念仅指与个人信息相关的数据。

数据具有如下法律特征：第一，数据具有无体性，它是脱离物质而存在的比特形式。第二，数据本身是无形的，需要依附于一定的载体。第三，数据具有非独占性，特定主体占有或使用数据并不排斥其他主体同时占有或使用相同或类似数据。第四，数据具有非竞争性，同一数据可以被不同主体在不同时间、不同区域以不同方式搜集，特定主体搜集或占有数据后不会导致数据数量减少。

（一）数据与信息的关系

信息数据化是现代社会的典型特征。通过计算机技术处理形成的数据化信息被海量生产、存储、收集、交换、整理和使用。互联网环境下，信息与数据之间的关系如何？数据保护能否作为信息保护的分支被纳入信息保护的范围内？

有学者主张，作为法律调整对象的信息和数据不能分离。信息与数据是内容和形式的关系，两者相互依存。法律调整的是体现信息内容的数据，而非脱离信息存在的比特形式。"任何民事主体如果仅仅获取或复制二进制代码的数据而未能在'信息'的意义上加以呈现和利用，该行为既不会为获取者带来任何经济利益，也不会损害被复制者的经济利益或人格利益。"[2]

《中华人民共和国网络安全法》（以下简称《网络安全法》）第 76 条第（4）项和第（5）项分别对网络数据和个人信息的概念进行了界定，从形式上对二者进行了区分。[3]关于网络数据的概念界定侧重于电子数据形式；而关于个人信息的概念界定侧重于自然人个人身份识别的内容。从文义上进行

---

〔1〕 参见吴伟光："大数据技术下个人数据信息私权保护论批判"，载《政治与法律》2016 年第 7 期。

〔2〕 程啸："论大数据时代的个人数据权利"，载《中国社会科学》2018 年第 3 期。

〔3〕 参见《网络安全法》第 76 条第（4）项规定："网络数据，是指通过网络收集、存储、传输、处理和产生的各种电子数据。"第（5）项规定："个人信息，是指以电子或者其他方式记录的能够单独或者与其他信息结合识别自然人个人身份的各种信息，包括但不限于自然人的姓名、出生日期、身份证件号码、个人生物识别信息、住址、电话号码等。"

分析，网络数据与个人信息之间并不等同，两者之间也不存在一一对应或矛盾冲突的关系。换言之，网络数据与个人信息的概念相互独立，网络数据侧重形式而个人信息侧重内容，两者存在交叉或重叠的可能性。《民法总则》第5章"民事权利"第111条和127条分别对个人信息保护和数据保护进行了规定。[1]基于分别保护的立法模式，有学者认为："立法者倾向于赋予'数据'较为广泛的含义，并不限于个人信息方面的数据。"[2]

总而言之，信息概念的内涵具有模糊性，难以在法律规范层面进行抽象界定。在我国现行法律体系中，信息概念经常被作为个人信息的上位概念使用。[3]个人信息是指能够独立或与其他信息结合进行身份识别的信息。信息数据化是现代社会信息与数据相结合的一种方式。信息与数据互为表里，即信息以数据化的方式呈现。但是，数据方式并非信息存在的唯一方式，信息也并非数据的唯一内容。因而，在保护数据化的信息或与信息相关的数据时，数据保护与信息保护存在交集；上述范围外，数据保护与信息保护各有不同。

（二）数据与大数据的关系

数据与大数据是包含与被包含的关系。[4]大数据是为描述现代信息社会处理数据的特有现象而产生的概念，其并非严谨的社会科学术语。"大数据"中的"大"包括如下含义：第一，数据量激增，数据库规模远超传统数据库。第二，以海量数据为基础，数据分析方法从"样本"转向"全本"。第三，数据来源多元化。计算机、互联网、智能装备、全球定位系统等在社会生活中的广泛应用使得作为副产品的数据大量生成。第四，数据生成的速度空前。计算机科学和技术的进步以及数据来源途径的多元化使得生成实时数据成为可能。

---

〔1〕 参见《民法总则》第111条规定："自然人的个人信息受法律保护。任何组织和个人需要获取他人个人信息的，应当依法取得并确保信息安全，不得非法收集、使用、加工、传输他人个人信息，不得非法买卖、提供或者公开他人个人信息。"第127条规定："法律对数据、网络虚拟财产的保护有规定的，依照其规定。"

〔2〕 吕炳斌："论网络用户对'数据'的权利——兼论网络法中的产业政策和利益衡量"，载《法律科学（西北政法大学学报）》2018年第6期。

〔3〕 参见《电信和互联网用户个人信息保护规定》第4条规定："本规定所称用户个人信息，是指电信业务经营者和互联网信息服务提供者在提供服务的过程中收集的用户姓名、出生日期、身份证件号码、住址、电话号码、账号和密码等能够单独或者与其他信息结合识别用户的信息以及用户使用服务的时间、地点等信息。"

〔4〕 参见李爱君："数据权利属性与法律特征"，载《东方法学》2018年第3期。

大数据是当代社会引领技术革命和商业模式创新的基础元素。零售、交通、医疗、教育、金融领域纷纷推出"数据金计划",通过对数据平台收集的数据进行分析和处理,提高制造、经营或管理活动的智能化程度,降低交易成本,促进营销活动精准化选择,改善客户体验。

二、数据权利的性质

权利是主体为或不为一定行为的正当理由。数据权利是以数据为客体的新型权利类型,是主体对数据进行占有、利用、要求返还的正当理由。数据不同于以往权利客体,需要重新思考数据权利的性质。目前,关于数据权利性质的学说主要有人格权属性说、财产权属性说和混合属性说。

(一) 相关学说

1. 人格权属性说

人格权以人格利益为权利客体,旨在保障人格尊严。人格权属性说强调数据与人格的关联,认为数据中隐含着姓名、肖像、隐私等内容,因而数据权利具有人格权属性。欧洲国家关注数据与隐私、人格尊严和自由之间的密切联系,认为社会主体基于自主意思决定与其相关的数据能否以及如何被他人收集、储存、使用和交易是保障人格尊严和自由的前提。"基于我国的历史和社会现实,应当说将赋予自然人对个人数据以民事权利的正当性或意义建立在维护人格尊严和人格自由的基础上,更具有说服力,而这也是我国法学界的主流观点。"[1]

2. 财产权属性说

财产权以财产为权利客体,数据权利被定性为财产权利以数据具有财产属性为前提。随着数据挖掘技术提高,数据的经济价值被发现,数据的财产属性显现,采用财产权规则而非侵权法规则保护数据权利的观点兴起。作为财产权的数据权利可以通过协商的方式进行转移。在美国,数据资源保护经历了从侵权法规则保护向财产权规则保护的历程,目前通说认为数据权利是一种财产权,"包括隐私信息在内的个人数据是作为财产而非人格尊严而受到法律的保护。"[2]我国《民法总则》在"民事权利"章第 127 条就法律保护

---

〔1〕 程啸:"论大数据时代的个人数据权利",载《中国社会科学》2018 年第 3 期。
〔2〕 程啸:"论大数据时代的个人数据权利",载《中国社会科学》2018 年第 3 期。

数据进行规定，该条文中"数据"与"虚拟财产"并列，"隐含着立法对数据财产属性认可"[1]。

财产权属性说引发了部分学者担忧。在财产权框架下，数据企业与消费者在议价能力方面存在事实上的不平等。数据企业处于相对优势地位，而消费者只能选择同意或离开，消费者需要在放弃生活便利与牺牲隐私之间抉择。而个别数据权利人滥用权利又可能阻碍数据产业发展。有学者不赞同将数据权利作为财产权的观点，认为"那种认为自然人的个人数据权利旨在保护的是自然人对个人数据的财产利益，如通过协商议价而将个人数据作为财产予以转让的观点，令人难以苟同"[2]。

3. 混合属性说

混合属性说认为，数据权利作为大数据时代的新型民事权利，其属性难以在人身权和财产权二元划分的框架中寻求归属。一方面数据具有经济价值，能够被交易和转移；另一方面数据中隐含着与人格相关的内容。将数据权利排他地定性为人格权利或财产权利的观点均有失偏颇。数据权利兼具人格权属性和财产权属性。混合属性说又分为二权混合属性说和三权混合属性说。二权混合属性说认为，数据权利兼具财产权属性和人格权属性。三权混合属性说在二权混合属性说的基础上增加了国家主权属性。[3]我们不赞同将国家主权作为数据权利的属性之一。国家主权属性、数据主权等概念是主权概念在数据领域的延伸，是从数据安全、数据战略角度提出的概念。正如自然资源开发、利用和交易不得妨害国家安全或损害国家利益一样，跨境数据存储、传输、共享、交易需要受到严格监管和审查。所谓数据权利的国家主权属性或数据主权不过是基于数据的资源性而产生的权力干预需求，并非从数据权利本身出发的法律定性。

4. 个人数据权利与数据企业数据权利相区分框架下的解读

个人数据权利和数据企业数据权利指向的客体虽均为数据，但是二者在来源和性质上有所区别。在区分个人数据权利和数据企业数据权利的基础上，分别确定数据权利的属性，能够避免因指向对象主体不同而产生无谓的争议。

---

[1] 李爱君："数据权利属性与法律特征"，载《东方法学》2018年第3期。

[2] 程啸："论大数据时代的个人数据权利"，载《中国社会科学》2018年第3期。

[3] 参见李爱君："数据权利属性与法律特征"，载《东方法学》2018年第3期。

（1）个人数据权利的人格权属性

个人数据隐含着个人信息或隐私。"个人数据权利的来源是人格权。"[1]它是一种防御性的消极权利，旨在保护防御性或消极性利益，即当公权机构或数据企业对个人数据进行非法收集、交易或使用时，阻却该行为进而避免其权益遭受侵害。欧盟《一般数据保护条例》第3章"第15条至第22条规定了数据主体对个人数据的访问权、更正权、擦除权（'被遗忘权'）、限制处理权、数据携带权、一般反对权和反对自动化处理的权利"[2]。

个人数据具有商业价值和财产属性在现实生活中有诸多例证。将个人数据进行售卖，由服务商寻求数据需求方的数据变现模式是显性商业价值和财产属性的例证；以个人数据被收集为代价换取免费网络服务的商业模式是隐性商业价值和财产属性的例证。但是，个人数据的商业性和财产属性与人格权定性并不矛盾。人格权商品化是市场经济环境下的必然选择，并不鲜见。人格利益是个人数据权利保护的重心，财产利益是其延伸保护的对象。

（2）数据企业数据权利的财产权属性

数据企业的数据是在收集个人数据并进行匿名化处理的基础上形成的。数据匿名化切断了数据与个人的直接联系，消除了数据的人格利益属性。数据是数据企业的基本生产要素，它将从商业渠道、公开渠道和政府渠道收集的数据进行加工、整理后供给数据需求方用于商业或公共用途。企业对收集、存储的数据是否享有权利直接影响数据的利用及其流动，关系到数据价值的发现。倘若数据企业对其花费人力、物力和财力收集、储存的数据不享有权利，不能对其使用或交易，数据企业就会丧失发掘数据价值的动力。我国《民法总则》中与"虚拟财产"并列的数据概念是在个人数据基础上衍生的数据，其背后隐含数据商业化、产业化的工具主义或实用主义逻辑。

（二）个人利益与产业利益冲突的协调

个人数据权利保护的个人利益与数据企业数据权利保护的产业利益之间存在潜在的矛盾冲突。以数据企业或数据产业发展为中心的实用主义观点认为，数据企业或产业利益是技术进步的代表和推动社会发展的原动力，缺乏

---

〔1〕 王融："关于大数据交易核心法律问题——数据所有权的探讨"，载《大数据》2015年第2期。

〔2〕 丁晓东："什么是数据权利？——从欧洲《一般数据保护条例》看数据隐私的保护"，载《华东政法大学学报》2018年第4期。

对数据企业或产业利益进行保护的所谓个人利益不过是不切实际的空谈；与数据产业利益比较而言个人利益微乎其微，数据产业利益优先是处理数据企业或产业利益与个人利益冲突的原则。相反，推崇个人利益优先于数据企业或产业利益的学者认为："从整体利益和个人利益的比较角度，产业利益只能说是一种局部的整体利益，并不是真正的社会公共利益。而网民的利益却可以构成社会公共利益……产业利益高于个人利益是一个错误的命题。"[1]个人利益绝对优先的观点试图通过赋予个人数据主体以绝对权的方式予以倾斜性保护，矫正个体与数据企业之间事实上的不平等。

虽然个人利益优先观点和产业利益优先观点在利益位阶排序的结论上截然相反，但是在论证逻辑和思路上却极为相似。主张个人利益优先的观点将个人利益与人格尊严或社会弱势群体利益相关联，进而将个人利益上升至社会利益的高度，完成其应当优先于产业利益的论证；同理，主张产业利益优先的观点将产业利益与技术革新、社会发展相关联，进而将产业利益上升至社会利益的高度，完成其应当优先于个人利益的论证。

毋庸置疑，数据企业和产业发展对推动社会进步具有举足轻重的作用。但是，同样不可否认的是个人数据权利保护对保障人格尊严与自由以及保护社会弱势群体利益的重要作用。事实上，个人利益和产业利益与社会利益之间都是局部与整体的关系，二者中都存在社会利益的元素，但不能将其中之一与社会利益画上等号进而使其获得优先于另一利益的正当性。个人数据权利保护与数据产业发展之间的关系如何？这是一个需要结合具体情境综合考虑的社会政策选择问题。绝对强调个人数据权利保护，既不符合数据产业发展的现状，也会阻碍数据产业的健康发展；反之，绝对强调数据产业发展则会出现商品化对隐私、人格自由和尊严侵蚀的现象。在社会发展的不同阶段，综合考虑技术条件和手段、权利保护和社会发展的需求，在数据权利的人格权属性与财产权属性之间进行权衡和选择，方能体现"善和公正"的艺术。

三、数据保护的路径探索

数据保护路径可以分为权利化路径和行为规制路径。权利化路径是指通

---

〔1〕 吕炳斌："论网络用户对'数据'的权利——兼论网络法中的产业政策和利益衡量"，载《法律科学（西北政法大学学报）》2018年第6期。

过民商事法律规范明确民事主体享有、行使和保护数据权利的规则；行为规制路径是指通过管制性法律规范对数据收集、存储、交易、使用等行为进行规制。权利化路径以"数据权利"概念为中心，行为规制路径以"数据利益"概念为中心。

（一）权利化路径

1. 数据权利化的障碍与可行性

民事权利体系具有开放性特征，数据权利作为新型权利存在被纳入民事权利体系的可能。"权利化的一个优势在于，侵害权利之认定不以过错为要件，无须考虑侵权人之主观状态，较之于行为规制，其保护力度更大。"[1]但是，"数据既不是物（动产和不动产），也非智力成果或权利。"[2]数据能否作为民事权利的客体遭遇挑战，主要包括三个方面：（1）数据的无形性与数据权利化的可能性之间是何种关系？数据的无形性是否构成数据权利化的障碍？（2）比特形式存在的数据具有客观性和中立性，其是否具有独立的经济价值？（3）数据的准公共物品属性是否构成数据权利化的障碍？

第一，无形性不能作为阻却数据作为民事权利客体的正当理由。作品、商标、商业秘密、计算机软件都具有无形性，但这并不妨碍其作为知识产权的客体。第二，数据的财产性是信息而非数据本身定义的，不能将数据与信息进行剥离后考察数据的财产性。法律调整的数据是包含或呈现信息内容的数据，而非孤立的比特形式。第三，自然属性上的稀缺性与法律上的稀缺性有区别，作品、商标、商业秘密、计算机软件等具有准公共物品属性，但不妨碍其作为权利客体。

2. 区分个人数据与数据企业数据的权利化设计

（1）权利化设计的共性：物权保护路径

绝对权与相对权的划分是以物权和债权二元划分为根基的，绝对权是物权法中的核心概念，而相对权是债权法中的核心概念，二者共同构筑了财产权法律体系的根基。新型权利，如知识产权出现后，"并非在权利类属上另起

---

〔1〕吕炳斌："论网络用户对'数据'的权利——兼论网络法中的产业政策和利益衡量"，载《法律科学（西北政法大学学报）》2018年第6期。

〔2〕程啸："论大数据时代的个人数据权利"，载《中国社会科学》2018年第3期。

炉灶，而是采取了'物权化'或'绝对权化'的权利化路径。"[1]基于此，有学者建议将新型数据权利物权化。

在处理网络游戏、电子邮箱、网上店铺纠纷时，将数据视为物并通过物权规则予以保护的方式得到我国部分法院认可。早在 2004 年，北京市第二中级人民法院就判令游戏公司承担将网络游戏装备恢复原状的民事责任，事实上认可网络游戏装备作为物的法律地位，通过物权保护方法予以救济。[2]除网络游戏装备外，电子密码、电子邮件及邮箱中的文档和照片、网上店铺通常也被作为物看待。

大数据交易中心经常使用数据所有权的概念，但是对其概念内涵并未形成一致意见。"数据财产权和传统的所有权结构存在巨大差异，无法以所有权概念为基础解释和构建数据财产权。"[3]一方面，数据不同于一般意义上的物，其无体性以及人格利益属性使得其难以套用所有权的权利结构。物权是对物进行管领和支配的权利，其指向的对象通常为有体物。以有体物为对象建构的物权体系难以适用于无体的数据。对数据进行占有和使用不具有排他性、损耗性等特征，传统占有理论和所有权理论无法套用。另一方面，数据所有权的确立会增加网络公司、科技公司的开发和运营成本，阻碍高科技行业的持续稳定发展。在所有权的框架下，个人数据确权面临两难困境：将个人数据所有权归属于个人，将增加数据企业或产业获取数据的交易成本，影响甚至制约数据企业或产业发展；将个人数据所有权归属于数据企业，则个人的隐私以及其他人格利益难以得到保护。

（2）权利化设计的个性：人格权路径与财产权路径的分野

个人数据权利化保护主要表现为隐私权保护和新型个人数据权利保护等人格权保护方式。第一，隐私权保护。人格权属性说始于隐私权说，将隐私保护作为确立数据权利的目的。收集、存储、交易或使用数据侵害了"作为秘密的隐私"，则侵权人应当对受害人承担侵权责任。通过保护隐私的侵权法规则对数据权利进行保护是美国法学界传统的保护方式。"20 世纪 70 年代以来，人

---

〔1〕 吕炳斌："论网络用户对'数据'的权利——兼论网络法中的产业政策和利益衡量"，载《法律科学（西北政法大学学报）》2018 年第 6 期。

〔2〕 参见北京市第二中级人民法院（2004）二中民终字第 02877 号民事判决书。

〔3〕 李爱君："数据权利属性与法律特征"，载《东方法学》2018 年第 3 期。

类逐步走向信息社会，以隐私权为基础的个人数据保护法制应运而生。"〔1〕大数据时代，关于隐私权的观点从"作为秘密的隐私"转向"作为控制的隐私"，进而扩张隐私权保护的范围。在我国，与电子密码、电子邮箱以及网上店铺相关的网络纠纷案件中，部分学者或法院将上述电子数据作为隐私权保护的客体。第二，新型个人数据权利保护。隐私权难以全面保护数据权利的状况使得区分数据权利和隐私权，将其分别进行保护的需求产生。比较欧盟1995年《数据保护指令》第1条与《一般数据保护条例》第1条的表述，不难发现，法律规则保护的基本权利从"与数据处理相关的隐私权"转向"个人数据保护权"，"这绝不仅是表述上的调整，而是意味着个人数据保护权取代了隐私权成为欧盟数据保护法制的首要权利。"〔2〕

数据企业数据权利化保护路径主要表现为知识产权保护。数据和传统知识产权的客体都具有无形性的特征，在法律规制上可以采用相似的路径。有学者认为："经过挖掘和加工的数据应认定为智力成果，数据收集、加工与利用者对其享有合法的知识产权。"〔3〕知识产权化路径保护的主要方法是将数据作为作品由著作权法予以保护。也有学者就知识产权化路径提出质疑。数据是对行为或事实的记录方式，一旦生成便能永续存在，是否具有独创性或商业价值并不影响其存在。这与知识产权客体要求的独创性、期限性、商业价值性等特征不符。"数据之于智力成果，就犹如元素之于化合物，元素本身并不具有独立的价值和身份。"〔4〕此外，对作品的保护侧重结构保护，而非内容保护。对数据进行编辑，容易改变其结构。《中华人民共和国民法总则（草案）》曾将"数据信息"作为知识产权保护的对象予以规定，但是，为避免知识产权体系混乱最终将其删除并进行指引性规定。

数据企业数据权利化保护路径还表现为合同权利保护，即通过契约方式确定权利归属。但是，合同权利保护需要以初始权利配置为前提，否则难以避免因形式上公平导致实质上不公平的现象出现。静态安全是动态安全的前

---

〔1〕 刘泽刚："欧盟个人数据保护的'后隐私权'变革"，载《华东政法大学学报》2018年第4期。

〔2〕 刘泽刚："欧盟个人数据保护的'后隐私权'变革"，载《华东政法大学学报》2018年第4期。

〔3〕 叶敏："个人信息商业利用的正当性与民法规则构想"，载《中国高校社会科学》2018年第4期。

〔4〕 梅夏英："数据的法律属性及其民法定位"，载《中国社会科学》2016年第9期。

提，归属明确才能保障交易畅通。契约安排是以权利初始状态确定为依据的，否则仅具有形式上的效用。

总而言之，数据权利化路径需要建立在区分个人数据权利和数据企业数据权利的基础上。在初始权利配置上，个人数据权利遵循人格权的设计思路，数据企业数据权利遵循财产权的设计思路。在交易、流转和利用等环节，数据权利可以通过契约安排进行二次配置。作为新型民事权利类型的数据权利可以参照传统民事权利体系进行设计，但是，不必也无法直接套用传统民事权利体系的框架。

（二）行为规制路径

数据权利化的诸多困境，让部分学者和立法者对数据的关注点从权利化转向行为规制，从权利保护转向权益保护，"即如何在法定权利缺位的情况下，保护数据控制人的利益，以规范大数据的合理利用和流通秩序。"[1]行为规制路径被认为在风险防控、隐私保护与市场竞争平衡以及公共利益与个人利益平衡等方面具有制度优势。[2]

1. 经由《中华人民共和国反不正当竞争法》保护商业秘密的路径

商业秘密保护的对象并非权利，而是法益。"商业秘密制度旨在维护自由而正当的交易秩序，并非赋予其专属权利，以排除他人参与竞争。"[3]《中华人民共和国反不正当竞争法》（以下简称《反不正当竞争法》）第9条就商业秘密保护进行了规定。当数据企业拥有的数据符合秘密性、商业价值性和保密性等特征时，可以被作为商业秘密通过《反不正当竞争法》进行保护。

但是，经由《反不正当竞争法》保护商业秘密的路径保护数据资源也遭到了一些质疑。第一，从保护强度看，"在行为规制模式下，法益获得被动和消极的保护，不足以纠正'用户——网络服务商'关系结构中强弱程度的不均衡。"[4]具体到经由《反不正当竞争法》保护商业秘密的方式保护数据权利而言，该方式被认为是将数据权利降格为经济利益予以保护。第二，从

---

〔1〕 梅夏英："数据的法律属性及其民法定位"，载《中国社会科学》2016年第9期。

〔2〕 参见张素华、李雅男："数据保护的路径选择"，载《学术界》2018年第7期。.

〔3〕 许可："数据保护的三重进路——评新浪微博诉脉脉不正当竞争案"，载《上海大学学报（社会科学版）》2017年第6期。

〔4〕 吕炳斌："论网络用户对'数据'的权利——兼论网络法中的产业政策和利益衡量"，载《法律科学（西北政法大学学报）》2018年第6期。

保护范围看，经由《反不正当竞争法》保护商业秘密的方式保护的数据范围有限。构成商业秘密的商业价值性、秘密性和保密性要求并非所有的数据或数据集都能够满足。此外，《反不正当竞争法》调整市场主体的经营行为，效力所及的直接主体限于经营者，无法约束非经营者。第三，从保护的条件看，经由《反不正当竞争法》保护商业秘密的方式保护数据需要其他经营者存在违反公平竞争秩序的行为。《反不正当竞争法》直接保护的法益是公平竞争的市场秩序，而非数据主体的私益，不存在利益冲突的经营者无法形成竞争法上的关系框架。

2. 经由《反不正当竞争法》一般条款保护的路径

《反不正当竞争法》一般条款具有兜底功能，能够避免对不正当竞争行为进行列举而挂一漏万，保障法律体系的开放性和包容性。求诸《反不正当竞争法》一般条款而非商业秘密保护，为数据保护提供了新的路径。新浪诉脉脉一案中，法院依据《反不正当竞争法》第 2 条的规定，认可新浪的权源基础，认定脉脉非法抓取、使用新浪用户信息的行为构成不正当竞争。

《反不正当竞争法》一般条款的保护方式虽然在司法实践中得到采纳，但是也遭到了质疑，有学者认为该路径"不仅在实践上曲折迂回，在理论上亦非圆满"[1]。《反不正当竞争法》一般条款的适用是在规则缺失的情况下适用原则性规定的结果，它在弥补规则的不完备性时也增加了其不确定性。法官是否会滥用一般条款进而影响法的安定性不无疑问。

总而言之，行为规制路径的保护强度和广度弱于权利化路径，且会影响法的安定性。但正是因为行为规制的弹性、开放性、灵活性以及范围有限性使得行为规制方式既能填补数据权利体系的漏洞，又能缓冲对既有法律体系和权利体系的冲击。行为规制路径的不完美恰恰满足了数据权利形成过程中动态变化的需要，以柔性的方式调控社会风险、平衡各方利益。

结　语

数据权利属性、数据权利化和数据行为规制是数字经济时代面临的新问题。新型数据权利新在何处？新型权利对传统权利体系有何突破？正当性何

---

[1] 许可："数据保护的三重进路——评新浪微博诉脉脉不正当竞争案"，载《上海大学学报（社会科学版）》2017 年第 6 期。

在？能否通过解释的方法将数据权利纳入既有权利体系并寻求规则支持？是否需要构建新的权利体系和规则以解决数据纠纷？解决上述问题需要关注但又不能局限于传统民法体系。数据保护的权利化路径与行为规制路径相辅相成，权利化为行为规制设定了权利框架和应用场景，行为规制弥补权利体系存在的缺陷和漏洞。形成中的数据权利体系和探索中的数据保护路径虽未臻完美，却以其独特的魅力吸引了无数智识之士为之投入热情和精力。深入研究数据权利的属性，秉承开放和创新精神，在动态过程中设计数据权利化和行为规制路径，才能既满足数字经济时代社会发展的需要又不偏离人文关怀的终极价值。

网络平台收集、利用网络用户"上网轨迹"的权利边界

侯雪梅　王冰丹*

一、问题的提出

"上网轨迹"一词并非严格意义上的专业用语，通常网络用户利用计算机终端上网时形成的一系列浏览痕迹，均可以称之为"上网轨迹"。网络平台利用Cookie[1]技术，将收集到的"上网轨迹"写入到加密的Cookie文件中，并存储在网络用户本地电脑上。当用户下次打开同一浏览器时，网站服务器通过解读Cookie文件上的"上网轨迹"信息，对该数据进行深层挖掘、精准测算，可以预判用户的需求，进而推送与之相关的信息，实现精准化服务。在大数据时代，网络平台对"上网轨迹"的收集、利用，不仅可以以低成本的广告推销方式吸引大量目标客户群体，为企业发展注入强有效的动力，还可以优化客户的购物体验，满足网络用户的个性化、精准化、多元化需求，大大提高了客户的消费决策能力，这种精准化的营销方式可以说是一种信息资源的共享[2]，符合现代社会的发展理念和发展趋势，使双方达到互惠互利的共赢局面。

然而，对"上网轨迹"的收集、处理通常伴随个人信息泄露的风险，部分网络用户不胜其烦，甚至感到不安和恐惧。近年来，网络平台收集用户

---

　　* 侯雪梅，北京工商大学法学院副教授。王冰丹，北京工商大学硕士研究生。

〔1〕 通俗来说，Cookie就是用户使用的服务器为准确地识别用户，在电脑里存储一些关于用户信息的资料，当用户下次登录浏览器时，服务器会依据之前存储的Cookie内容来预判用户下一步可能进行的操作行为。参见华清、周秀娟："我国Cookie技术隐私保护方案的完善——对欧盟法的考察与借鉴"，载《长春理工大学学报（社会科学版）》2018年第5期。

〔2〕 参见王利明："数据共享与个人信息保护"，载《现代法学》2019年第1期。

"上网轨迹"而引发的法律纠纷逐渐增多。央视 3·15 晚会曾曝光多家网络平台追踪用户"上网轨迹"的行为,美国谷歌公司也曾因追踪用户"上网轨迹"而被判罚。因此,在肯定网络平台收集、利用"上网轨迹"的积极意义的同时,必须为其行为划定合理的边界。

二、"知情同意"原则:网络平台搜集、利用"上网轨迹"的权利边界

《中华人民共和国消费者权益保护法》、《中华人民共和国网络安全法》(以下简称《网络安全法》)、《中华人民共和国电子商务法》等法律规定了信息主体的事前同意原则,肯定了信息主体对个人信息的支配权;《中华人民共和国民法典》(以下简称《民法典》)也将信息主体的知情同意权于"人格权编"正式规定下来。

知情同意的本质是授权使用。在不损害自身权益的情况下,网络用户自然乐得享受便捷,但如果以信息泄露、私生活安宁被打破为代价,相信多数人会作出相反的选择。例如,频繁的推销短信、广告弹窗,在网络用户需要的时候,的确为其提供了精准便捷的服务,然而在不需要的时候,便是对其私生活安宁的侵扰,而究竟是否需要这些推销,只有信息主体自己最清楚。因此,本文认为应当把主动权赋予网络用户,使其在综合衡量后,自主决定是否同意以及在多大程度上同意让渡自己的个人信息来换取优化服务。"同意成为我国个人信息处理最为重要的合法性基础之一"[1],也是防止个人信息受侵害的有效保护伞,网络平台在收集、处理用户的"上网轨迹"时切记不可突破知情同意原则的界限。

通常认为,知情同意原则是个人信息自决权理论[2]的体现。依据该理论,信息主体对个人信息享有自由决定的权利,使用之前征得信息主体同意是自决权的应有之意。这种理论起初是为了对抗国家权力,后来随着科技发展日新月异,逐渐演变为一种以对抗互联网公司为代表的信息业者的有效手段。一方面,"上网轨迹"依赖于网络用户而产生,是其具体化了的人格利

---

[1] 高富平:"个人信息使用的合法性基础——数据上利益分析视角",载《比较法研究》2019年第 2 期。

[2] 该理论最早由德国学者施泰姆勒(Steinmüller)提出,认为人们有权自由决定周遭的世界在何种程度上获知自己的所思所想以及行动。参见杨芳:"个人信息自决权理论及其检讨——兼论个人信息保护法之保护客体",载《比较法研究》2015 年第 6 期。

益，网络平台未经同意的搜集、利用行为是对用户人格自由发展的阻碍，有可能会使网络用户的人格发展偏离其合理期待。知情同意原则赋予了网络用户一定的自由支配权，是对其主体地位的尊重。另一方面，网络平台和网络用户之间存在信息不对称。前者对后者施加的不利影响，远甚于后者对前者产生的不利影响。网络用户用自己的信息交换对方的升级服务，稍有不慎即有可能面临个人信息泄露引发的危机，其承担的风险远大于收益，知情同意原则可以帮助用户避免这种高昂的代价。

贯彻落实知情同意原则的完整过程应当是：网络平台在搜集、利用"上网轨迹"之前应当尽到告知义务，对于搜集、利用行为的表述应当完整、清晰，并且提供详细解释，排除歧义和不确定性，用户在充分知晓潜在风险的基础之上，自愿作出决定。然而，当前网络平台普遍采用的"告知—同意"模式存在各种弊端，不能给网络用户提供真正有效的保护：网络平台提供的"隐私协议"大多是格式化条款，没有商量的空间，而且该协议通常被置于网页中较为隐蔽的位置，网络用户难以发现；网络平台一般将隐私协议设置成默认同意的状态，此举无异于在网络用户不知情的情况下，代替用户作出决定；即使网络用户发现隐私协议的存在，但由于协议内容冗长晦涩，用户没有足够的耐心和专业水平理解协议中潜在的法律风险；甚至有些网络平台将用户的"同意"作为其使用该平台的必要条件，网络用户除了同意之外，别无选择。在这种模式下，网络用户所谓的"同意"是在不明所以的情况下妥协和被迫的结果，并非其真实的意思表示[1]。这种流于表面的同意模式经常被网络平台拿来当作挡箭牌，但是很显然，网络用户的自主决定权未能得到真正的保障。因此，要界定网络平台在搜集、利用"上网轨迹"的权利边界，必须对知情同意原则作出合理的解释。

三、"上网轨迹"的法律属性：界定网络平台权利边界的前提

"上网轨迹"是伴随着网络技术发展而生的新事物，我国法律条文中缺乏对其法律属性的认定，学术界也没有形成统一的意见，当前对于"上网轨迹"的定性主要集中在个人信息和隐私的探讨上。

---

〔1〕 参见张新宝："个人信息收集：告知同意原则适用的限制"，载《比较法研究》2019 年第 6 期。

（一）具有"可识别性"的"上网轨迹"属于个人信息

从我国现有的法律条文来看，"可识别性"已成为个人信息判断的实质标准。"可识别"的内涵分为两个层次，首先是"可以"被识别，其次是"可能"被识别。前者强调"能否"的问题，无论是直接识别，抑或是利用一切可能的方法进行间接识别，理论上只要能将该信息与某个自然人的身份匹配成功，则属于"可以"被识别；后者则强调"合理性"，即这种信息在多大程度上可以被识别，识别该信息所付出的成本是否适当。判断"上网轨迹"是否属于个人信息，关键在于网络平台能否付出合理的成本将"上网轨迹"与特定的网络用户相匹配。

在实名制的网络环境中，网络用户必须凭借自己的真实姓名、身份证号码、手机号码等有效身份信息注册网络账号，登录个人账户号后方可进行网络操作。网络平台通过收集浏览纪录、消费记录等信息，可以轻易识别到具体的网络用户。在非实名制的网络环境中，网络平台依然有能力以较低的成本识别"上网轨迹"背后的用户。在大数据时代，网络平台利用 Cookie 技术对网络用户实行的是长期跟踪锁定，积累了大量的数据信息，而且网络平台对信息的获取、存储、管理、分析能力等与之前相比又有了质的飞跃，网络用户的碎片化信息积累到一定程度，则足以拼凑出该网络用户完整的电子数据档案[1]。加之网络用户通常习惯性地使用同一台电脑或同一个网络平台，即便是在匿名化状态下浏览网页，也能够指向某个特定的网络用户。不仅如此，网络平台之间通常会通过合作共享信息，这使得众多网络用户的数据汇聚成一个庞大的信息海洋，凡是参与其中的网络平台都会对"海洋"中的信息了如指掌。面对公司强强联手、长期追踪的巨大冲击，单纯从专业技术角度出发已经无法保证网络信息的匿名化，任何匿名的碎片化信息在和其他海量的外部信息分析比对之后，都具有识别个人身份的高度可能性。换言之，匿名化的技术防护手段已经被突破。无论是在实名制网络环境中，抑或是在非实名制网络环境中，"上网轨迹"都具有了高度识别网络用户的可能性，属于个人信息的范畴。

需要强调的是，"上网轨迹"被识别的前提是网络用户长期使用同一台电脑登录相同网络平台，或者虽然使用同一台电脑登录不同网络平台，但是这

---

[1] 参见谢琳："大数据时代个人信息边界的界定"，载《学术研究》2019 年第 3 期。

些网络平台之间有合作。例如在"朱某诉百度公司隐私权纠纷"案[1]中，朱某虽是使用同一台电脑登录不同网络平台，但是由于这些平台都是百度联盟的成员，信息互通有无，因此仍然可以轻易识别个人信息。但是在个别特殊的情形下，网络用户有可能使用的是不固定的电脑，此时电脑和网络用户之间无法形成一一对应的关系，网络平台显然没办法从"上网轨迹"中拼凑出完整的个人信息，不能定向识别用户的真实身份，此时的"上网轨迹"就不属于个人信息的范畴。

（二）私密性"上网轨迹"既属于个人信息，也属于隐私

美国法学家 Warren 和 Brandeis 发表的《论隐私权》[2]一文开启了隐私保护的滥觞，认为隐私是一种独处的权利。后来有学者陆续提出了隐私的信息控制理论[3]、隐私的人格理论[4]、隐私的限制接触理论[5]等，大大扩充了隐私的内涵。然而隐私内涵的过度扩张，也带来认定标准不一、甚至相互矛盾等难题。美国联邦最高法院 Katz v. United States 案[6]中引申出的"隐私合理期待"标准，为隐私的实质判断提供了线索。无论外界环境如何变化，隐私的核心内涵均应当符合该时期社会大众对隐私概念的普遍认知，满足其对该隐私利益合理期待的主、客观标准[7]。主观标准是指当事人自己主观上是否对该隐私利益有所期待，通常可以通过当事人明示或者积极暗示的方式表现出来，比如当事人在日记本上加密码或者在接听电话时故意回避人群，

---

〔1〕 参见江苏省南京市中级人民法院（2014）宁民终字第 5028 号民事判决书。

〔2〕 See Samuel D. Warren，Louis D. Brandeis，"The Right to Privacy"，*Harvard Law Review*，Vol. 4，No. 5，1890，pp. 193-220.

〔3〕 Westin 认为隐私是对信息的控制，隐私权是指他人、团体或者公共机构自主决定何时、用怎样的方式以及在何种程度上与别人交流自己信息的权利。（See Alan Westin，Daniel J. Solove，*Privacy and Freedom*，Ateneum，1976.）

〔4〕 Bloustein 认为隐私权的利益与"不受侵犯的人格"联系在一起。"不受侵犯的人格"是隐私权保护的社会价值，是人的本质要素，包括个体尊严、正直、自治和独立。尊重人格是隐私权概念的基础和核心。保护隐私权就是保护个人自由和尊严，侵犯隐私权就是亵渎人的尊严。（See E. J. Bloustein，"Privacy as an Aspect of Human Dignity：An Answer to Dean Prosser"，*New York University Law Review*，Vol. 39，1964，pp. 962-1007. ）

〔5〕 Ruth Gavison 将这一概念理解为限制他人接触的状态，隐私权可以通过三个方法获得，一是通过保密，无人知道你的信息；二是通过隐名，无人注意到你；三是通过独处，无人接触到你。（See Ruth Gavison，"Privacy and the Limits of Law"，*Yale Law Journal*，Vol. 89，No. 3，1980，pp. 423-433.）

〔6〕 See Katz v. United States，839 U. S. 347 (1967) .

〔7〕 参见王攀："美国法上的合理隐私期待理论研究"，郑州大学 2018 年硕士学位论文。

这些举动均表明当事人不愿让他人知晓日记或者电话内容的主观心态。客观标准是指当事人对该利益的隐私期待应当具有一定的合理性，能够得到普通大众的认可。

我国《民法典》将个人信息与个人隐私并列规制，同时又承认二者之间存在一定的交叉。根据《民法典》第1032条、第1034条之规定，私密性信息既属于信息又属于隐私。个人信息和隐私具有一定的相似之处，这给两者提供了交叉的可能性。首先，从权利属性上来看，二者均体现了一定的人格利益。个人信息是基于人格主体产生的，对个人信息的保护正是对自然人主体地位的尊重；隐私权作为具体人格权的一种，更是与人格利益紧密相关，侵犯隐私权通常意味着侵犯人格权益。其次，从利用方式上来看，二者都可以被积极利用。大数据时代，个人信息的财产属性得到越来越多的认可，信息主体可以积极利用个人信息打广告、获取收益；某些特殊的隐私主体，在不违反法律规定和公序良俗的前提下，也可以通过主动公开自己的隐私来"吸粉"，从而增加流量和知名度。最后，从保护目的上来看，保护个人信息和保护隐私的目的一脉相承。前者在于保护信息主体的自主决定权，后者在于保护隐私主体的私生活不受干扰，而自然人主体正是通过自主决定是否将信息公开，进而保护私生活不受打扰的，自主决定是方式，私生活不受干扰是目的，两者保护的内容在本质上仍旧是一致的。个人信息既包括私密性个人信息，也包括非私密性个人信息。二者均兼具社会属性、财产属性与人格属性，二者最大的区别在于，私密性个人信息主要是指与个人私事紧密相连、较为敏感的个人信息，这些信息与他人无关，主要体现为人格尊严或者自由价值，其他属性较弱；非私密性个人信息以财产属性与社会属性为主，人格属性较弱。隐私是一种具体的人格利益，虽然隐私权所包含的范围随着时间的推移而有所变化，但是其内核仍旧是人格权益。因此，个人信息中的私密信息与隐私在本质上是相同的，《民法典》将私密信息按照隐私的保护模式予以规范是合理的。

判断"上网轨迹"是否属于隐私，就是判断其是否满足隐私合理期待的主客观标准。从主观上来看，要根据网络用户的具体语言、行动以及其他外在表现等要素来综合判断其自身对该信息是否具有隐私期待。具体考量因素包括：第一，用户是否登录个人网络账号。网络账号的登录通常需要密码，用户输入密码登录账号之后的信息浏览、网络聊天、消费评价等操作均处于相对安全、封闭、私密的环境中，与外界公共网络环境相隔离。相较于未登录网络账号的上网操作，网络用户显然具有更高的主观隐私期待。第二，是否同意网站的隐私协议。如果网络用户明确拒绝了网络公司"隐私协议"中利用 Cookie 收集"上网轨迹"的行为，则可以视为其主观上对该信息具有一定的隐私期待。但值得一提的是，即使网络用户默认"同意"了该隐私协议，也不能完全认定其对"上网轨迹"不具有主观期待，因为"告知—同意"模式[1]早已流于形式，无法真正保护网络用户的知情权，下文将有详细论述。第三，网络用户的上网场所。如果网络用户使用专属于自己的电脑，并且设有密码、指纹、人脸识别等解锁程序，或者在较为私密的空间上网，则可以看作网络用户对自己的上网信息具有较高的隐私期待；相反，如果网络用户在网吧等公共场所使用电脑，则可以认为其隐私期待较低。从客观上来看，判断标准为将"上网轨迹"纳入隐私范畴能否被社会大众所接受。此时需要考量的因素主要有：第一，网络用户上网查询的信息性质。如果用户查询的内容比较稀松平常，与个人无甚关联，通常不会被认为涉及隐私利益；如果查询的内容具有显著的私密性，一旦泄露，会使当事人心情郁闷、羞愧难当，则可以认为该"上网轨迹"符合社会大众的隐私期待。第二，信息被披露的风险程度。若某一信息本身的保密程度较低，极易被外界所知晓，则社会公众对该信息的隐私期待就较弱，反之，则较强。就"上网轨迹"而言，大多数网络用户认为自己的"上网轨迹"会被网络后台及时清理，"雁过不留痕，风过未留声"，对其抱有较高的隐私期待。

四、"知情同意"原则的合理解释："上网轨迹"类型区分保护

(一) 私密信息与非私密信息区分保护的必要性

对个人信息进行区分保护，这是由私密信息和非私密信息所承载的权利属性不同所决定的。私密信息的本质与隐私相同，以体现人格属性为主，如此，则其承载的利益自然完全归属于信息主体，信息主体理应对私密信息享有完整的自主决定权。如果不对其采取严格保护的模式，允许他人随意将私密信息作为客体加以利用，很可能导致信息主体的人格尊严受到不可逆转的侵害，动摇自然人的主体地位。非私密信息则以体现社会属性和财产属性为主。人都生活在社会之中，而不是"装在套子里"，某些情况下的非私密信息

---

〔1〕 See Federal Trade Commission, Privacy Online: A Report to Congress, 1998, pp. 7-8.

正是社会交往必不可缺的要素，甚至与社会公共利益相关。如果将其完全置于信息主体的严格控制之下，必将大幅提高信息搜集、利用的成本，不利于信息经济价值的实现，而且频繁地向信息主体征求同意，也会扰乱其生活安宁，因此应当允许其他主体在一定程度上合理利用。

我们应当看到，"个人信息自决权"理论产生于二十世纪六七十年代，当时社会认为所有的个人信息都是人格的体现，对个人信息享有绝对支配权，才可以自由发展人格[1]。然而，信息社会不同于传统社会，其赋予了个人信息丰富多彩的内涵，个人信息已不再完全属于"私人物品"。因此，我们在借鉴该理论的同时也应与时俱进，区分个人信息类型予以不同的保护，兼顾个人信息保护与利用的平衡。

(二) 收集、利用私密性"上网轨迹"需征得网络用户的积极同意

私密性"上网轨迹"既是个人信息又是个人隐私，主要体现了网络用户的人格尊严和自由价值。人格尊严是作为一个自然人与生俱来的人格利益，始于出生，终于死亡，不可被剥夺、消除或者转让。每个自然人生来即具有平等的人格尊严，有保护自己人格尊严不受侵犯的权利，并且可以按照自己内心的意愿自由作决策，不受其他任何人的限制，这些人格尊严的内涵正是自由的表现[2]。当一个人无法自由作出决定时，其人格尊严必然是不完整的。在中国古代社会，奴隶被视为贵族的财产，可以随意买卖馈赠，没有任何自由决策权，人格尊严遭到了无情践踏。当今社会对私密信息的保护正是对现代人本主义思想的肯定，是对人格尊严和自由意志的尊重.

私密性"上网轨迹"只涉及自己，无关他人和公共利益，是不受他人打扰的私人领域。作为私人领域的最高主权者，当事人对私密信息享有绝对控制权，可以追随内心深处的想法，随心所欲，不受外界羁绊，而且作出的决定必须被尊重。有鉴于此，对于网络平台收集、处理私密性"上网轨迹"的行为，必须予以严格限制，尤其应当充分尊重网络用户的主观意志。

私密性"上网轨迹"属于私密信息，应当赋予网络用户积极同意权[3]。

---

〔1〕 参见杨芳："个人信息自决权理论及其检讨——兼论个人信息保护法之保护客体"，载《比较法研究》2015 年第 6 期。

〔2〕 参见程啸："民法典编纂视野下的个人信息保护"，载《中国法学》2019 年第 4 期。

〔3〕 参见项定宜、申建平："个人信息商业利用同意要件研究——以个人信息类型化为视角"，载《北方法学》2017 年第 5 期。

所谓积极同意，是指网络用户通过积极采取行动的方式明确表示同意，简单的沉默或者不作为不能看作同意。这就要求网络平台应当事先通知网络用户有关信息收集的类型、范围、使用目的以及是否与第三方共享等内容，并告知潜在的风险。为了保证用户意思表示的真实，应当取消原来"一揽子"模式的隐私协议，将隐私协议的核心内容进行简化，以弹窗的方式告知用户，信息主体逐一进行授权。如果信息主体没有主动勾选同意，则视为拒绝。通知的内容尽量通俗易懂，对专业名词应当详细释义，使网络用户在充分理解风险的基础之上自愿作出选择。

这种积极同意权是由私密信息的人格属性决定的。第一，网络用户和网络平台之间存在着天然的信息不对称，后者拥有前者所不知晓的信息，前者对于后者具有依赖性，积极同意模式可以弥补前者的弱势地位，使双方处于相对平等的状态。第二，私密信息属于隐私，网络用户自然有权自主决定个人隐私是否被他人知晓，这是其在私人领域自主发展人格的体现，追求的价值目标是人格自由；而对个人信息的利用是社会发展的需要，追求的价值目标是经济和效益。两者相比，自由价值的位阶显然高于经济价值。第三，私密信息体现人格尊严，如果被他人随意当成谋取利益的手段，将会颠覆人的主体地位，造成社会的动荡不安。这种积极同意的模式赋予了网络用户对信息的支配权，是维护独立人格、尊重社会伦理的体现〔1〕。

（三）收集、处理非私密性"上网轨迹"只需征得网络用户的消极同意

非私密性"上网轨迹"属于非私密信息的范畴，与人格利益的关联程度不大，主要体现为财产属性。个人信息的价值非流通无以实现，如果为了保护人格尊严和自由价值而严格限制信息流通，个人信息的价值无法实现，公民的信息自由权也势必难以保障。非私密信息一旦进入了公共流通领域，其将不再仅仅局限于人格利益这一私人层面，而是具有了一定的公共属性〔2〕。流通在社会上的非私密信息，可以帮助他人识别自己或者帮助自己识别他人，是社会交往必不可缺的运营工具。赋予信息主体对非私密信息的绝对控制权，使用之前需征得信息主体的积极同意，显然既无可能也无必要。对个人信息

---

〔1〕 参见杜换涛："论个人信息的合法收集——《民法总则》第111条的规则展开"，载《河北法学》2018年第10期。

〔2〕 参见刘璐："大数据时代个人信息保护与企业使用边界探析"，载《长沙理工大学学报（社会科学版）》2019年第4期。

保护的出发点是防止他人的非法收集、利用使个人利益受损，但是这种保护并不足以将个人信息时刻置于信息主体的绝对控制之下。而且个人信息的形成并非凭借信息主体的一己之力，例如"上网轨迹"的形成需要借助网络公司提供的网络环境，网络用户只是个人信息形成的源头，而个人信息形成的过程则主要依靠网络平台，因此网络用户进行网络操作的行为应当视为其同意将个人信息的一部分权利让渡给网络平台。正如 Yves Poullet 所言："个人不是有关他的信息的所有人，甚至不是信息上近似物权的权利的持有人。"[1]

随着大数据时代的到来，处于公共领域的非私密信息已经成为一种十分宝贵的社会资源。这些信息数据兼具商业利益和社会利益，在促进经济发展的同时，也有力地促进了医疗、教育、金融、媒体等社会领域的变革，同时承担着保障国家信息安全的重任，是数据强国战略的重要内容，对于此类非私密信息，应当允许其在一定范围内被合理收集、利用。

非私密性"上网轨迹"属于非私密信息的范畴，私人属性和公共属性并存，如果要求网络平台在收集、处理非私密信息时也必须遵循积极同意的规则，将会导致信息利用受阻，无法达到经济效益最优和社会价值最大化。我们应该看到，网络平台收集、处理、利用"上网轨迹"的主要目的是改善用户体验、创造经济价值，主观上没有侵犯网络用户合法权益的意图。个人信息收集带来的只是一种潜在的可能风险，并非直接的现实危害，对非私密信息进行全面无懈可击的保护不具有现实可能性，也没有现实必要，赋予网络用户消极同意权能够在保护人格利益的同时也使个人信息在一定范围内流动。在消极同意的模式下，网络平台不需要取得网络用户的明确授权，只要信息主体没有对隐私协议提出异议即可视为同意[2]。因此，网络平台按照目前的"告知—同意"模式征得网络用户的消极同意即可。

五、余　论

《民法典》第 1034 条至第 1039 条对个人信息的法律保护作出了规定，解

---

〔1〕　[英] 戴恩·罗兰德、伊丽莎白·麦克唐纳：《信息技术法》，武汉大学出版社 2004 年版。
〔2〕　参见姚朝兵："征信视角下个人信用信息采集和使用的法律控制——基于信息主体同意权的比较法分析"，载《情报理论与实践》2014 年第 1 期。

决了以往分散立法模式带来的弊端，同时纠正了以往个人信息保护中过于强调"国家安全"和"公共利益"的立法理念。不过，有些规则内涵不甚清晰，需要借助于法律解释的方法予以明确。第一，个人信息的外延。《民法典》在界定个人信息时，基本沿用了《网络安全法》"概括+列举"的定义模式，以"等"字兜底。但是其列举的内容仍过于简单，不具有代表性，无法完全起到定纷止争的效果，如争议较大的"上网轨迹"便未被列举其中。"上网轨迹"具有个人信息的本质特征，从国外法律和我国一些位阶较低的法律文件来看，立法者也均倾向于将其认定为个人信息。[1]因此，在借鉴域外法和我国相关法律规定的基础上，应当通过对"等"进行扩张解释的方法，丰富个人信息的外延。第二，在规定收集、处理个人信息的"同意"规则时，《民法典》第1034条规定私密信息"同时适用隐私权保护的有关规定"[2]，这就意味着收集、处理他人私密信息的，必须征得权利人的"明确同意"[3]。《民法典》第1035条又规定收集、处理个人信息必须要征得"自然人或其监护人同意"，那么这里的"同意"，显然不能简单地等同于《民法典》第1034条的"明确同意"。解释上，应当区分个人信息的类型，对于私密信息，作出与《民法典》第1034条相同的解释，即"明确同意"；但如果收集的只是一般的非私密信息，则应当解释为"默示同意"。第三，个人信息侵权的损害后果极为严重。但是，由于互联网操作的隐蔽性、复杂性，大多数网络用户根本无从知晓自己的信息何时被收集，何时被泄露，遑论举证证明信息业者的侵权行为和过错。司法实践中，正是由于举证难、胜诉率低的问题，一些受害者干脆选择不起诉，助长了侵权者的嚣张气焰，导致侵权行为大肆泛滥。因此，个人信息侵权作为一种新型侵权类型，不能简单地套用传统侵权责任

---

〔1〕 欧盟GDPR导言第30项指出，Cookie识别符和IP地址都属于可指向或识别特定自然人身份的信息，See Official Journal of the European Union, vol. 59, 2016, pp. 119 /6. 美国FTC制定的《儿童在线隐私保护规则》第312. 2条明确将"可持续的网络识别符"列为个人信息，"这种持续识别符包括但不限于用户Cookie编号、IP地址、处理器或设备序列号、设备唯一标识符"，See Children's Online Privacy Protection Rule, Rules and Regulations, Federal Register, Vol. 78, 2013. 我国《信息安全技术：个人信息安全规范》"附表A. 1"将个人上网记录列为个人信息。

〔2〕 参见《民法典》第1034条第3款规定："个人信息中的私密信息，适用有关隐私权的规定；没有规定的，适用有关个人信息保护的规定。"

〔3〕 参见《民法典》第1033条规定："除法律另有规定或权利人明确同意外，任何组织或者个人不得实施下列行为：……⑤处理他人的私密信息；……"

的一般构成要件。在《民法典》"侵权责任编"未能对个人信息侵权作出特别规定的情况下，应当通过目的解释、社会解释等方法，对个人信息侵权案件中的因果关系、归责原则、举证责任等法律问题作出合理解释，以便更好地保障民事主体的个人信息权。

《资管新规》背景下智能投顾的法律监管

——以算法与技术为研究中心

王夫乐　池　骋*

2018 年 4 月 27 日，中国人民银行、银保监会、证监会、国家外汇管理局联合发布《关于规范金融机构资产管理业务的指导意见》（以下简称《资管新规》），其主要目的在于规范金融机构资产管理业务、统一同类资产管理产品监管标准、有效防范和控制金融风险、引导社会资金流向实体经济，更好地支持经济结构调整和转型升级，值得注意的是其专门拿出一个章节来对可能到来的资产管理智能投顾规则框架进行勾勒。智能投顾是人工智能技术在金融业中最典型的应用之一，但对于智能投顾的概念尚无权威的官方定义。基于全球各国的不同表述[1]，根据证监会 2012 年出台的《关于加强对利用"荐股软件"从事证券投资咨询业务监管的暂行规定》[2]的文件精神，并结合证监会在 2016 年 8 月的新闻发布会上明确表示的"智能投顾本质仍属于投资顾问服务"，本文认为，智能投顾就是依据经典的投资理论体系（如投资组

* 王夫乐，中美联合培养财务学博士（国家公派），北京大学光华管理学院博士后研究人员；池骋，法学博士，北京大学光华管理学院博士后研究人员，本文系中国博士后科学基金面上资助项目（2019M650366）的阶段性成果，文中观点仅代表作者本人观点，不代表所在单位的意见。

〔1〕 目前，智能投顾尚未形成统一定义，英文的表述也千差万别。基于当前国内外业界和学界的共识，本文对相关的细致概念不再赘述，统一将智能投顾、机器人投顾、自动投资顾问等不同表述认定为智能投顾，英文 Digital Advice, Automated Advice Tools, Automated Investment Platform, Automated Investment Tools 等统一表述为 Robo-Advisor。

〔2〕 证监会 2012 年出台《关于加强对利用"荐股软件"从事证券投资咨询业务监管的暂行规定》。该文件将"荐股软件"定位于具备证券投资咨询服务功能的软件产品、软件工具或终端设备，其中，证券投资咨询服务功能包括提供涉及具体证券投资品种的投资分析意见，或者预测具体证券投资品种的价格走势；提供具体证券投资品种选择建议；提供具体证券投资品种的买卖时机建议；提供其他证券投资分析、预测或者建议。并且第 2 条规定："向投资者销售或者提供'荐股软件'，并直接或者间接获取经济利益的，属于从事证券投资咨询业务……"。

合理论、行为金融学、效用理论等），采用人工智能技术获取投资决策信息、形成投资策略、控制投资过程，为不同特征和需求的投资者群体提供合理化建议，或替代投资者做出投资决策。其中，投资品类涵盖证券、债券、基金、衍生品等各品类。

美国大约在 2009 年前后就出现了一批以 Wealthfront 和 Betterment 为代表的智能投顾产品，中国虽然起步较晚，但是发展速度惊人，埃森哲预计，到 2022 年，我国的智能投顾管理的资产总额将超过 6600 亿美元，用户数量超过 1 亿；而 BI Intelligence 数据预测，预计到 2020 年，全球将有 10% 的资产由智能投顾管理，市场规模约合 8.1 万亿美元，其中亚洲市场规模将达到 2.4 万亿美元，美国市场规模将达到 2.2 万亿美元。而自 2016 年以来，国内诸多银行、券商、互联网公司依靠各自基础业务，纷纷涉足智能投顾领域，逐渐形成了技术上以 BATJ 为代表、获客能力以招商和平安为龙头的智能投顾行业发展态势。

自国内的研究机构开始关注到智能投顾产业渐成规模后，智能投顾的国内监管政策一直处于商榷阶段，目前尚无具体的监管措施出台，即使是 2018 年上半年出台的《资管新规》，也仅从技术应用的角度对人工智能在资管行业中的应用给出了框架性的约束。但是对如何监管、监管主体和监管重点等关键问题尚无定论，具体的监管措施仍不完备。本文认为有两方面原因：第一，对于人工智能的技术缺乏较为深入的了解。对人工智能的理解并不准确，错误地认为人工智能即将或者已经进入到类人的完全智能时代；具体来说，大部分学者对于机器学习存在明显的误解，认为以机器学习为代表的人工智能技术是完全不需要人为干预的技术，甚至部分著名学者也持有存在严重偏差的认知。第二，对人工智能可能影响的投资领域缺乏全面的认识。2012 年以后，随着深度学习等人工智能技术在应用上取得巨大进步[1]，并逐渐渗透到资本市场中，陆续衍生出智能客服、智能交易、智能风控、智能投顾和智能投研等具体应用领域（如图 1）。其中，智能客服是客户服务方式的智能化，几乎不涉及资产配置、投资建议等实质业务内容；风控、交易和投研的智能化是资管平台内部的中后台业务发展的趋势；目前来看，仅有智能投顾是直

----

〔1〕 以 ImageNet 中深度学习技术挖掘图像识别，AlphaGo 在围棋上战胜人类等事件为标志，但并非算法思想上取得的进步。

接触及广大投资者的人工智能应用。因此本文根据智能投顾的现状和当前的问题，从前瞻性监管的角度，针对人工智能的算法与技术的应用情况进行解析，并回应智能投顾监管中面临的商业模式不明晰、算法偏误与同质化交易、运营者与投资者利益冲突与信息安全等问题。

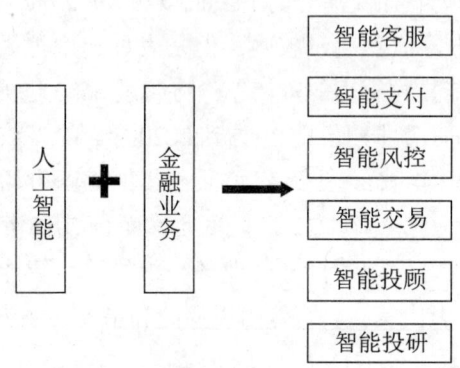

图1　人工智能在证券行业中的应用

一、智能投顾的发展与监管现状

智能投顾源于证券投资顾问业务，具有投顾业务的天然属性已是业界共识。事实上，智能投顾发展历程已呈现四个阶段，业务逻辑从传统投顾业务分别上溯至获客端、下移到投资管理阶段。

（一）智能投顾的发展现状

初始阶段，部分券商、基金通过互联网向潜在客户提供在线投资咨询分析服务。这类服务主要以产品营销为主，交互性较差，客户仍根据自己的知识经验做投资决策和投资管理。进阶阶段，公司开始提供投资组合，再通过问卷调查来把握客户心理风险预期，并帮助客户进行投后管理，算法工具及自动化投顾工具开始在市场上出现。以上两个阶段是当前智能投顾发展的初级阶段，下一步就是当前的半智能阶段。高级阶段就是完全智能阶段，在投资者和市场之间不需要人为调节，投资中介的角色基本被替代。

半智能阶段，公司在大数据、云计算与智能算法的基础上实施对投资的管理与调整，使其符合预设的投资决策规则；部分公司允许客户对自己的投资组合进行一定程度上的调整以达到个性化，客户几乎完全赋予智能投顾公司账户管理的全部权利。完全智能阶段，在人工智能自适应学习的基础上，对客户的投资行为数据进行分析、获取客户真实的风险偏好，并随时对客户的投资组合进行调整。依靠先进且复杂的人工智能算法使得投资组合能够同时满足市场条件与客户需求，智能投顾系统可对每个客户的投资进行实时监控。

根据德勤对智能投顾的调研结论，约有80%的美国和以德国、英国为首的欧洲智能投顾公司达到了半智能阶段，大量欧美国家的智能投顾的初创公司（如 Wealthfront，Betterment 等）均是面向半智能阶段的投顾市场，在机器学习等人工智能技术飞速发展的前提下，欧美地区的智能投顾正在往完全智能阶段大步迈进。但目前尚无完全智能的投顾产品出现，主要原因是市场不够成熟和监管缺位，但欧美国家的监管优势在于相关牌照发放已有成例，而目前我国进入半智能阶段的投顾产品，具有自主调仓经营牌照的尚无成例。

表1　智能投顾的业界应用（数据来源：招商证券，本文整理）

产品	上线日期	投资门槛	业务模式	费用	投资范围
平安一账通	2016.01	0	混合推荐型	0	平安集团旗下理财产品
嘉实基金金贝塔	2016.04	0	混合推荐型	0	A股、嘉实基金各类产品
申万宏源、天音控股　股神+	2015.06	0	独立建议型	0	A股
广发证券贝塔牛	2016.06	0	独立建议型	0	A股，国内ETF产品
同花顺 iFinD 智能投顾	2016.03	0	独立建议型	0	A股
京东智投	2015.08	0	混合推荐型	0	京东金融旗下产品
蚂蚁聚宝	2015.08	0	混合推荐型	0	各类基金产品，以及蚂蚁金服旗下产品
雪球	2010.04	0	独立建议型	0	A股、美股、私募基金产品等
蓝海智投	2015.04	5万美元	独立建议型	0.40%	美元投资组合以及人民币投资组合
弥财	2015.01	5000美元	独立建议型	0.50%	以海外股指ETF、美国企业债券为主

（二）智能投顾的业务逻辑

当前，国内各公司对智能投顾的业务逻辑表述不一，但从人工智能系统的角度来看，如图 2 所示，智能投顾在前期的信息输入上主要以客户特质信息的输入为主，核心的智能信息处理系统是以市场基本信息和投资者特征信息的输入为主，输出信息基本统一为投资建议和投资组合的推荐。目前市面上智能投顾产品主要分为两大类，部分客群较弱的初创型公司通常会弱化前端的客户信息输入，强调其智能信息处理能力、投资推荐能力，如聚爱财plus；反之，具有强大客群的平台会更重视客户的特殊需求、可配置资产多样化的能力，比如京东智投等。综合大部分智能投顾产品的设计和基本功能，本文认为业界所认可的智能投顾的业务逻辑大致如图 2 所示，虚线箭头为智能化部分。从前端的资金源看，在用户信息获取和分析中会有较多的人工智能技术的涉入；但智能化的核心部分还是资产配置端。

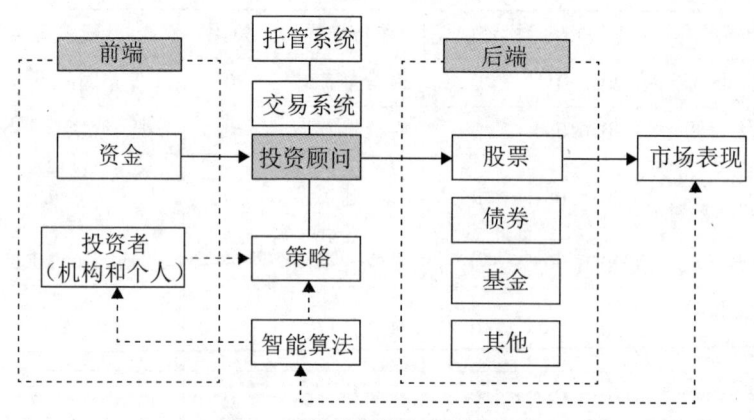

图 2　智能投顾的广义业务逻辑

（三）《资管新规》对智能投顾的监管规定及不足

面对智能投顾的普及，世界各国已出台的监管政策都存在滞后性问题。另外一个共同之处在于，大多数国家的监管依据都是基于证券投资顾问业务的监管[1]。对比欧美国家的监管政策，本文针对《资管新规》中对智能投

---

〔1〕 美国继续依照 1940 年的《投资顾问法案》，智能投顾与传统投资顾问一样接受约束，并接受 SEC 的监管；英国的 FCA，德国的 BaFin 和法国的 AMF 也认为当前的法律制度已经足够覆盖当前智能投顾的监管，并继续监测智能投顾服务，但不采取任何跨部门监管或监督行动。

顾的监管思路展开讨论。

2018年4月出台的《资管新规》第23条内容[1]除了包含对开展智能投顾业务须持牌的要求以外,对人工智能技术的约束主要体现在三方面:第一,不得以人工智能作为噱头夸大经营;第二,对人工智能应用的具体细节有直接的监管要求,比如上报模型和参数;第三,人工智能产品的使用者须承担主要的法律责任。总体表明,监管部门对智能投顾核心技术已有重视,尤其是对智能技术的不稳定的"灰箱"特征提出了特别监管要求。

《资管新规》虽然涵盖了对智能投顾的监管,但依然略显不充分:首先,人工智能的技术应用可能存在难以观测到的系统性偏差和非系统性偏差的问题,模型和参数仍不能满足有效监管的基本技术要求;其次,从《资管新规》来看,对具体应用人工智能的智能投顾业务界定仍不明确,从征求意见稿中的"智能投顾"变更为"人工智能",监管主体范围由具体业务转为具体技术,业务监管变为技术监管,为具体商业模式的监管留下了悬念;第三,技术监管的前瞻性不足是全球普遍问题。

二、智能投顾监管的核心问题

智能投顾的发展不仅面临不成熟的市场,关键还面临自身的问题,智能投顾自身结构不完整也导致监管措施无法细化。当前,国内金融界与法律界对于智能投顾在市场准入、账户全权委托、机器人严格责任、投资顾问信义义务等方面的研究较多。但对于有关智能投顾技术监管这一核心问题基本避而不谈。基于作者在金融行业一线的实践经验及监管的前瞻性要求,本文认

---

[1] 参见《资管新规》第23条:"运用人工智能技术开展投资顾问业务应当取得投资顾问资质,非金融机构不得借助智能投资顾问超范围经营或者变相开展资产管理业务。金融机构运用人工智能技术开展资产管理业务应当严格遵守本意见有关投资者适当性、投资范围、信息披露、风险隔离等一般性规定,不得借助人工智能业务夸大宣传资产管理产品或者误导投资者。金融机构应当向金融监督管理部门报备人工智能模型的主要参数以及资产配置的主要逻辑,为投资者单独设立智能管理账户,充分提示人工智能算法的固有缺陷和使用风险,明晰交易流程,强化留痕管理,严格监控智能管理账户的交易头寸、风险限额、交易种类、价格权限等。金融机构因违法违规或者管理不当造成投资者损失的,应当依法承担损害赔偿责任。金融机构应当根据不同产品投资策略研发对应的人工智能算法或者程序化交易,避免算法同质化加剧投资行为的顺周期性,并针对由此可能引发的市场波动风险制定应对预案。因算法同质化、编程设计错误、对数据利用深度不够等人工智能算法模型缺陷或者系统异常,导致羊群效应、影响金融市场稳定运行的,金融机构应当及时采取人工干预措施,强制调整或者终止人工智能业务。"

为未来智能投顾的健康发展主要面临以下三个关键问题。

（一）智能投顾的商业模式在法律上定位不明晰

传统投顾模式的核心价值在于投资专家经验知识的市场价值，智能投顾虽然降低了专家知识的稀缺性，但是提高了服务的效率和扩大了服务的覆盖面，此类模式可以从降低边际成本的角度削弱专家知识的市场价值，因此，智能投顾收取咨询费用是否会随着规模扩大逐渐下降乃至消失，后端收费的模式是否可能成为核心的盈利模式，目前对智能投顾的后端收费方式是否有合法依据，对接资产端的模式（如基金代销等）是否有法可依等，都是目前盈利模式中亟需探讨的问题。

从中小投资者保护的角度来看，盈利模式是监管的出发点和落脚点，而目前智能投顾产品五花八门，相关法律法规也没有具体的业务认定，盈利模式也不统一。事实上《资管新规》认定的智能投顾的基本模式如图2所示，国内仅有少数机构[1]的业务模式与其比较接近，该模式的委托代理关系明确，受托方不仅提供投资建议，而且具有操作用户账户的权限，能够减少投资建议和投资行为之间的时滞性误差，充分发挥智能投顾的效率。基于传统投顾的盈利模式，投顾业务一般仅收取服务费，涵盖资产管理的投顾业务通常收取约1.5%的投顾费，约3%的管理费；如果智能投顾业务（如个人财富管理等）涵盖投资业绩或者销售业绩成分，则可能采取后端收费，如销售提成、盈利分成等多见于结构化产品的收费方式，如图3所示。目前初创、无牌照、专职的公司的盈利方式采用销售分成和收取咨询费用的方式，有牌照的公司一般采用收取服务费的传统方式。但是，两端收费的模式是否严格符合投顾业务的法律定位，仍值得商榷。并且，在智能投顾开展初期，由于监管政策尚不明确，投资顾问往往兼具经纪人的身份，其中存在的利益输送可能导致严重的后果。美国监管层面在研判该问题时，亦未有明确的答案。[2]

另外一方面，智能投顾全权委托模式与《中华人民共和国证券法》（以下简称《证券法》）相关规定的冲突也现实存在。金融市场讲究及时性，智能投顾的实施需要依托其被委托账户对于投资指令的有效执行。易言之，智能

---

〔1〕 据本文了解，业内仅有部分产品拥有此类业务牌照，可获取部分授权直接调整客户的仓位，如金贝塔。

〔2〕 参见李文莉、杨玥捷："智能投顾的法律风险及监管建议"，载《法学》2017年第8期。

投顾只有在全权委托的账户中才能实现。我国《证券法》第 161 条明确规定投资咨询机构及其从业人员从事证券服务业务不得代理委托人从事证券投资，此规定无疑使得智能投顾产品难以深入开展后续流程，只可作荐股等初级业务。可以说，该规定阻碍智能投顾的智能化理财，使得自动化投资和动态调仓不得不被强行中断，束缚其优势发挥。

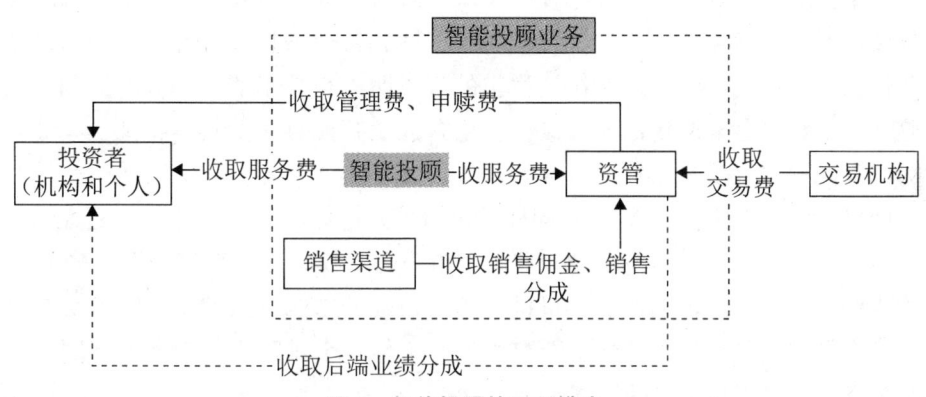

图 3　智能投顾的盈利模式

（二）算法偏误与同质化交易对现有监管的冲击

FINRA 认为，算法是数字化投顾的核心组成部分，它通过在数据库大量的噪音信息中快速且准确地找到与用户基本信息（包括风险承受水平、收益目标以及风格偏好等）相匹配的部分，利用机器学习、自然语言处理和知识图谱等技术进行信息处理，然后基于各种内嵌的金融模型和相关假设予以分析，预测出符合该用户预期的最优结果。[1]智能投顾的算法是极其复杂且具有技术壁垒的，这对监管者而言无疑充满挑战。法律规则如何规制智能投顾的算法可能出现的偏误是现实的问题之一。智能投顾以算法或程序为其运作核心，智能投顾运营者能否提供符合投资者最佳利益的投资建议，均依赖算法设计与运作的有效性。因此，在智能投顾中，投资顾问服务机构的最佳执行义务表现为智能投顾运营者对算法有效性的保障。《资管新规》对人工智能的两个细节性问题给出了明确监管意见：一是算法模型，二是责任人。其隐含的前提就是人工智能技术可能存在偏差。虽然智能投顾是面向普通投资者，

───────────

〔1〕　参见李文莉、杨玥捷：“智能投顾的法律风险及监管建议”，载《法学》2017 年第 8 期。

具有进入门槛低、道德风险降低的特征，但是市场中投资者对智能投顾信息处理流程和原理、算法和工具存在的偏误缺乏必要的认知，可能会获得不当的投资建议，因此，市场监管机构必须从专业的角度审视人工智能算法带来的偏误。

同时，使用智能投顾系统的金融机构和开发智能系统的技术公司，哪个主体承担对投资者的主要责任有待确认。虽然《资管新规》中明确了金融机构使用人工智能工具的责任，但事实上，问题可能来自算法开发部门，以及具体操作的机构。因此，操作过程中的权责明确是技术监管的基本原则。但是，基于一般金融市场的研究结果，结合人工智能算法的具体特征，本文认为，我国资本市场中的投资者风险偏好、交易目标差异显著，同质化交易并不明显。原因在于：（1）面对同样的风险偏好群体，各个公司资产配置的方案不一样，收益也是不同；（2）我国上市公司股权分散化程度较高；（3）中国市场散户份额占较大比例，机构行为对市场的影响本来就小，噪音交易者的存在是避免同质化交易的安全垫，但并不能完全排除小概率情境下同质化交易可能给投资者带来的损害。

（三）智能投顾运营者与投资者的利益冲突

《资管新规》要求"金融机构不得以资产管理产品的资金与关联方进行不正当交易、利益输送、内幕交易和操纵市场"。如前所述，我国当前的智能投顾商业模式尚不明确，其后果不仅表现为法律无法对其运作进行准确的规则配置与法律供给，更为重要的是可能导致智能投顾运营者与投资者之间的利益冲突。

一是有合同关系的客户与智能投顾经营者之间，可能存在经营者的自我交易和双方代理等法律风险。直接冲突主要是智能投顾经营者在向客户提供金融服务时，牺牲对方利益并从中自我牟利或为他人牟利。以 Betterment 为例，这家同时拥有注册投资顾问与经纪交易商双牌照的智能投顾公司所面临的最大利益冲突为自我交易。智能投顾运营者想推广其自营金融产品，只需在设计投资组合时使自家产品拥有最优外观，并对之进行合理化解释使客户信服即可。这种做法因可操作性更强、可获利益更为可观，成为危害性最大的潜在利益冲突模式。虽然利益冲突导致的结果并不总是有害的，抑或可通过披露和严格的合规与内控来降低危害的可能性，但对广大投资者而言仍然存在着相当大的潜在利益侵害风险。

二是无合同关系的客户与智能投顾关联方之间。与金融混业经营相伴的智能投顾，容易滋生来自智能投顾关联方的利益冲突。如金融机构可能借助其关联方账户，通过在不同市场之间的联动操作，牺牲部分客户利益，谋求关联方的利益。这种关联交易引发的利益冲突结构较为复杂，是智能投顾利益冲突防范机制的难点和重点。相当部分的企业在架构智能投顾业务板块时需将开发算法的任务外包给第三方公司，而算法作为智能投顾产品的核心部分，可以很轻易地披上技术的外衣去引导用户的选择。如果智能投顾公司与第三方公司达成了某种约定，用户便会在毫无察觉的状态下受到操纵。

（四）技术缺陷可能导致的信息安全脆弱性

投资顾问服务的个性化，使其天然地与用户产生更大的信赖关系，投顾可获得更多用户信息，而智能投顾凭借人工智能技术能够做得更为全面；诚如 SEC 主席 Marv Jo While 所言，网络安全是"金融系统面临的最大风险"，投顾领域尤其如此。其一名雇员（客户服务合伙人）Galen Marsh 通过长期访问 MSSB 存储客户敏感身份信息（PII）的两个门户网站——商业信息系统（BIS）门户和固定收益部门选择（FID Select）门户——盗用了大约 73 万个客户账户数据（包括姓名、电话号码、账号、账户余额和券持有量等），并试图卖掉谋利。SEC 称，该公司保护客户信息的措施不足，未能有效地限制有合法业务需求的员工访问机密客户数据，也没有监控、分析员工访问门户网站的行为，最终对其处以 100 万美元的罚款。技术缺陷可能导致的信息安全脆弱性是智能投顾发展过程中不可忽略的重要风险。[1]

三、我国智能投顾监管的建议与对策

目前，不仅智能投顾创业公司的技术水平参差不齐，而且部分大型公司借智能投顾之名行理财产品销售之实；业内既缺乏标杆公司和成熟产品，又缺乏规范有效的监督。智能投顾的发展以及配套的监管措施都在摸索中同步前进，但如何推动行业和政策的进步，并落实前瞻性监管，是当前首要问题。

各国在监管法规上基本可归结为"沿袭旧制、软性约束"，监管体制均不完备，同时，在监管思路上还存有三个共识：首先，智能投顾工具有明显的局限性，因此对算法工具必须采取有效管理与监督。其次，重点监督利用算

---

〔1〕 参见李文莉、杨玥捷："智能投顾的法律风险及监管建议"，载《法学》2017 年第 8 期。

法偏误违反公平原则的行为。算法容易造成对客户资产组合的利益冲突，包括算法工具、费用、风险及潜在的利益冲突，因此对监管机构和投资人公开部分智能投顾业务信息是有必要的。最后，严格执行投资者保护。智能投顾业务对于投资者提供信息具有依赖性，投资者信息对智能投顾发展是最重要的资源和"生产资料"，对客户信息必须予以有效保护。

但不可否认，人工智能技术是当前较为复杂的信息技术体系，基于网络平台的投资业务也给有效监管带来了技术难度，监管措施的适应性问题面临前所未有的挑战。监管机构需具备一定技术能力来检查数据输入输出和算法的设计，以确保投资者获得公平对待。因此，监管技术和监管手段需紧跟智能投顾算法和业务模式的演变步伐。《资管新规》的落地填补了智能投顾监管的空白，根据我国资本市场监管"公平、公正、公开"原则，本文基于《资管新规》的框架深入解析如何开展对智能投顾的深度监管。

（一）严控市场准入，规范商业模式

《资管新规》虽然对人工智能监管给出了指导意见，但是对智能投顾依然没有具体的监管措施，监管制度的不完备是智能投顾发展的外部环境制约，但智能投顾行业自身还面临诸多的问题，集中体现在市场应用、产业链和关键技术等几个方面。

第一，智能投顾的应用尚处于初始阶段，距离被投资者广泛接受的程度较远，市场培育尚需时日；不同机构的智能投顾布局方式不同，券商等卖方一般会保有自己的研发团队，但基金、资管公司等买方机构通常与银行等渠道合作，由银行等客户渠道负责系统研发，基础用户数量偏少。第二，投顾的智能技术需求还处于摸索阶段，关键技术与具体适用业务的匹配还有待继续深入挖掘。第三，缺乏完整的业务流程与完备的商业模式，市场表现和吸引力不足，大部分智能投顾产品仅覆盖与自己相关的产品，覆盖产品严重不足，智能投顾仅为噱头，销售目的较为显著；或是平台内部资产结构欠缺，可用的基础类资产品类不足。第四，下游业务衔接的问题，即资产配置的智能化方法。根据传统的投资理论，智能投顾的投资交易过程主要基于基本面分析和量化，但与国外相比，国内量化的发展还是处于起步阶段，量化交易占比较低，投顾业务下游业务的出口较窄。

《资管新规》要求金融机构开展智能投顾业务时需要取得相应的投资顾问资质，当前拥有投顾牌照的机构有400多家，2014年证监会几乎停发了投顾牌照，大部分初创公司和金融科技公司等并无投顾牌照。因此，一方面要严格控制无牌机构擅自进入智能投顾领域、虚假宣传；另一方面，对牌照发放采用审慎态度，在人工智能技术和主营业务关联的审核上，严格把控，形成行业统一的资质要求体系。

智能投顾业务根据监管一致性原则，合理地区分智能投顾和传统投顾的不同，对盈利模式的确立应基于业务内容的价值创造，这一点不同于传统投顾模式，比如服务模式的规范化，资费模式的设定等商业模式的确定。智能投顾参照传统投顾方式，执行前端收费，但是也有部分机构因资源缺乏、无牌照等原因，将盈利模式核心定为后端收费。根据委托代理理论，前后端收费的模式给智能投顾提供了基本收入保障，而对后期资产收益的证券关注会有一定影响，为了杜绝智能投顾可能发生的道德风险，应该规范两端收费的模式；另外，基于行业价值创造确立合理的收费模式，不能产生两头收费的模式，影响市场的公正性，最终危害投资者利益。

（二）对算法偏误建立完备的验证体系

与传统投顾的理论基础一样，智能投顾也是以马克维茨在1952年提出的投资组合理论为基础，结合人工智能的模型和算法，辅之以多因子、趋势跟踪、风格轮动、Alpha等量化投资策略，通过科学的资产配置，获得预期收益。智能投顾效率高、门槛低、边际成本低、费率低、覆盖面广、决策过程稳定，但并不一定客观公正。因为人工智能算法在智能投顾中的使用存在几类偏误。

算法偏误主要有三个源头：（1）数据的有偏分布和样本选择偏差。比如使用智能投资工具的一般是年轻人，但是年轻人在投资者群体中所占比重较低、投资能力较弱，从投资者风格（风险偏好、标的选择等）的角度来看，可能存在明显的样本选择偏差，也就是样本是有偏分布的。（2）算法设计中固有的偏差导致伦理困境。机器学习、决策树等人工智能技术是追求预测准确度、精准度的，但是预测准确度和真实样本分布之间存在现实性区别，这种区别会忽略部分群体的差异，比如收入较高的年轻IT从业人员，并不一定具有一般年轻人风险偏好高的特征。另外，两类因素的相关性，不一定是因果关系，基于模糊因果关系作出的决策必然会带来巨大偏差。投资顾问通常是根据经典理论作出方向性的指导，对准确度的要求远弱于人工智能技术。根本原因在于，人工智能技术的导向在于科学的评估预测一个稳定的现实性问题（数据、模型、需求），但对投资活动这类未来不确定性极大的事件，在算法思想上尚有差距。（3）算法使用中的偏差。其一，采用模型和数据样本的不匹配；其二，人为介入的偏差，虽然智能投顾理论上应该从客观角度为客户提供适合的产品，但是在智能投顾的开发过程中必然存在人为介入。开发者的思想和目的直接影响智能投顾的客观公正性，因此存在巨大谋利空间。

算法在智能投顾工具中发挥核心作用，为杜绝算法偏误，建议对算法和智能投顾工具所输出的信息进行定期测试，基本思路应该涵盖以下几点：（1）不仅需要提交算法的模型和参数，更应参考计算机行业对技术通行的验证方法，开展统一性测试。（2）建立标准的测试数据库、测试环境，定期对算法和模型进行真实性测试和功能回测。（3）由监管机构或独立第三方进行封闭性测试。算法备案，集中监管，测试数据定期独立更新，数据和算法分开监管，防止作弊。（4）测试目标：其一，系统功能和结果是否与其公开披露信息一致，谨防过度夸大和虚假宣传。其二，算法设计是否符合既定策略，能否准确理解所用数据和配置资产池，确认是否符合预期结果，防止算法设计中出现"歧视"。智能投顾的核心竞争力在于其投资能力和长期业绩的可持续性。其核心技术是通过算法最优化资产配置从而获取较高收益。由于人工智能技术是一个相对"黑箱"的技术，整个决策过程人为干预是有限的，因此在投资业绩表现不佳的情况下，智能投顾的不确定性更易引发信任危机，投资者可能将更倾向人工顾问。因此，从智能投顾的本质出发，杜绝重大问题的出现具有决定性意义。

（三）规范交易形式，强化信息披露机制

针对利益冲突问题，监管上必须规范交易形式，禁止智能投顾运营者的自我交易与双方代理。即智能投顾运营者不能将自己设定为投资者的交易对手方，也不能同时受托为交易双方进行代理，以防止其在交易过程中为追求某一方投资者的利益而牺牲另一方的利益。

我国资本市场的投资者主要为自然人中小散户，他们的知识能力、判断能力、资产规模与可承受风险能力都较为有限，更谈不上对金融科技与智能投顾相关原理与技术的理解。易言之，在我国证券投资群体自然人占绝大多数的背景下，若不做好信息披露工作，智能投顾可能成为运营者谋取私利的工具。本文认为，有必要强化智能投顾运营者的信息披露义务，特别是投资者与运营者可能产生利益冲突的部分，避免智能投顾出现算法偏差，侵害投资者的利益。

（四）重视数据管理和网络安全

智能投顾运营者应当采取积极措施，构建起网络安全防护体系，防止算法或程序遭受黑客攻击或病毒入侵等不法行为的干预，保障算法或程序的安全运行，充分维护投资者的合法权益。这样才能契合《资管新规》有关"保证客户和投资者的数据安全"的规定。银行业对数据的监管[1][2]已平稳布局，但作为智能投顾最基本的应用端口，和投顾业务的主要出口渠道，必然面对数据管理的问题。而大数据是否渗透智能投顾是一个被专家学者忽视的问题，甚至部分专家臆断认为智能投顾采用了大数据技术。事实上，在投资者数据上，智能投顾系统的研发与部署一般来自于银行、券商和大型资管公司，不一定使用大数据，但智能投顾系统中使用的投资者数据属于保密数据，须予以重视。针对数据的安全规范使用，证监会近期发布了证券期货业数据系统建设的分类分级指引，专门规范了数据使用和管理的方法。

在资产数据上，在可行的范围内，打通行业产品渠道，构建全面的产品数据网络，推动智能投顾底层资产的全行业覆盖，须结合托管方、交易方对产品数据进行全面监管。同时，网络安全和客户敏感信息保护问题并非智能投顾服务所带来的特殊挑战，而是目前对互联网和信息技术依赖度较高的诸多金融科技业务模式所面临的共性问题。

（五）积极引入监管科技

从智能投顾可以见微知著，金融行业已迎来人工智能的浪潮，不仅是成立金融科技部门，更重要的是监管部门要建立一支对技术理解深入，能够密切跟踪金融科技变化的监管人才队伍，及时把握技术动向，力争能够在技术上做到前瞻性监管。如何对人工智能这类深入到资产配置策略、产品销售、交易等诸多环节的"黑箱"技术进行监督是一个全新的课题，为了防止对市场的过度冲击，又能指引先进科技在金融行业的落地，不但金融机构需要掌

---

〔1〕 参见 Securities and Exchange Commission，"Investor Alert：Automated Investment Tools"，载 https：//www. sec. gov/oiea/investor-alerts-bulletins/autolistingtoolshtm. html，最后访问日期：2017 年 1 月 17 日。

〔2〕 2016 年 7 月 15 日，原银监会发布了《中国银行业信息科技"十三五"发展规划监管指导意见（征求意见稿）》，要求银行业金融机构稳步开展云计算应用，主动实施架构转型；2018 年 3 月 16 日，原银监会又发布《银行业金融机构数据治理指引（征求意见稿）》，要求银行业金融机构将数据治理纳入公司治理范畴，推动银行业金融机构提高自身的经营管理效率。

握自己的数据，监管机构更需要掌握金融机构的数据，以便进行金融风险评估和维护金融稳定，这对金融机构提出了更高的监管合规要求。金融机构接受监管并达到合乎监管需要的成本随之提高，由此催生了监管科技的发展。[1] 监管科技的主要思路是"运用科技来监管科技的发展"。在包括智能投顾在内的金融科技快速发展的背景下，监管科技可以利用预定的算法进行数据收集与风险分析。一方面可以解决监管机构对于新型风险无法进行监管的问题，基于大数据的监管技术可以辅助监管机构进行实时、精确的监管，解决监管总是滞后于金融实务发展的问题；另外一方面监管科技也为金融机构的风控合规提供了全新的解决方案，面对海量的数据时，监管科技的运用可以帮助金融机构降低人力与合规成本。[2]

四、结　语

近年来，智能金融科技的勃兴源自人工智能技术的巨大进步，并以面向投资者领域应用的发展最为耀眼，智能投顾即为其杰出代表。智能投顾作为人工智能在证券业中的标志性应用，能够准确地被行业和监管机构正确理解、合理对待，并进一步加强监管是推动其健康发展中极为重要的一环，也是推动当前金融科技持续发展的重要抓手，对金融科技监管政策的完善具有里程碑式的意义。另外，人工智能技术尚未发展到人们所期望的境地，并且存在很多发展中需要解决的问题，智能顾投行业的监管应该落到实处，解决根本问题才是技术应用的本质。

---

[1] 参见伍旭川、刘学："金融科技的监管方向"，载《中国金融》2017年第5期。

[2] 参见李晴："智能投顾的风险分析及法律规制路径"，载《南方金融》2017年第4期。

论网店经营权归属纠纷的类型与对策

刘经靖　赵艺谦*

互联网技术与传统交易模式的深度融合促使虚拟商业不断发展，电商时代下的网络虚拟店铺已经发展成为比较成熟的商业形态。[1]目前多数网店的设立都采取依托第三方网络交易平台的模式进行，公共网络经营平台的技术提供者一般采"实名认证"规则，而实践中网店的"名义注册人"和"实际经营人"基于各种原因经常发生分离，此时如果网店无形价值大幅提高，极易引发网店经营权归属纠纷。由于网店属于虚拟形态，具有典型的无形性，理论上对其法律定位尚有争议；同时，此类纷争往往同时伴有"他人名义介入"之情形，颇具理论争议和实务复杂性。目前我国立法对此尚无明确回应，从而凸显出网络虚拟财产归属判断方面的法律空白，如何通过法律解释、类推适用等方式对类似纠纷给予有效回应，从而实现均衡全面的私法价值目标，颇值得关注。

一、以他人名义注册网店时的经营权归属

在网店实际经营者和注册名义人不一致的情况下，应当具体判断二者之

---

* 刘经靖，烟台大学法学院教授；赵艺谦，烟台大学法学院民商法硕士研究生。国家社科基金重大项目"社会主义核心价值观融入司法裁判的理论基础与实施对策研究"（19VHJ019）阶段性成果。

〔1〕 相关统计显示，目前中国网商数量接近9000万家，其中农村电商1300多万家。据《2019年度中国网络零售市场数据监测报告》显示，2019年全年网络零售市场交易规模已突破10万亿元。

间存在的基础法律关系，在不同情形下，根据不同的关系类型具体判断经营权的归属。明确确立不同类型网店所有权及经营权纠纷的裁判制度以及归属原则，有助于实践中法律适用的统一，维护线上互联网经济交易秩序，促进公平、诚信、和谐的网络财产价值观之形成。

（一）"协议型"网店经营权纠纷的归属原则

与名义有关的民事争议通常伴随一定的授权委托，因此，处理网店的名实分离纠纷应首先查明争议主体之间是否存在代理或委托等基础法律关系。例如在早期的网店注册中，出于控制便利、风险规避以及操作上的可行性等因素，第三方网络交易平台不接受自然人以外的主体申请，单位通常委托其员工以该员工个人身份信息注册网店，而由单位实际经营，一旦员工离职，极易发生网店经营权归属的纠纷。对于该类纠纷，应查明员工行为是否属于职务行为，或是否有证据证明相关授权委托关系的存在。如系职务行为或有授权委托，则依据代理法律关系理论和制度结构，网店的经营权应属于委托方，而非实际的注册经营人或往来资金账户的实际持有人。根据《中华人民共和国合同法》（以下简称《合同法》）第404条"受托人处理委托事务取得的财产，应当转交给委托人"的规定，法律解释上应认为代理人有协助被代理人变更相应手续，将权利归属完整归于被代理人的义务。在自然人主体之间同样可能存在委托代理关系，在显名代理和直接代理的情况下，其行为的最终法律后果根据代理规则应直接由被代理人承担。如果构成隐名代理或间接代理，根据《合同法》第403条、第404条的规定，如果相对人知道代理关系的存在（例如网店的声明、提示以及协议载明等），或网店注册人就其代理行为向相对人进行披露，则网店实际操作经营者的行为仍然可以根据代理规则而由实际经营者承担。上述纠纷类型应属于网店经营权纠纷中比较普通的一类，其法律关系相对清晰，处理规则也不存在争议，目前国内已经存在类似的案例。[1]但仍有以下若干方面值得注意：其一，委托授权关系的提出必须有相应的证据支持，而实践中当事人往往忽略相关证据的保存，一旦发生诉讼就会存在司法证据认定上的风险，所以实务中相关各方应该提高证

---

[1] 参见李珑："'管家'和'东家'争夺皇冠店铺，公司员工姓名注册的网店该归谁？烟台市首例淘宝网店铺经营权纠纷案审结"，载 http://m. yybnet. net/yantai/news/201203/3108103. html，最后访问日期：2019 年 3 月 2 日。

据保存意识；其二，法院在审理该类案件过程中应当注意实施适当的保全措施和简约处理机制，不宜简单采取"封店"方式，以避免网店价值的贬损；其三，如双方发生争议，其实际名义变更需由司法机关通过生效法律文书通知第三方平台进行变更，从淘宝等交易平台来看，目前此类变更不存在执行方面的障碍。

（二）"共同关系型"网店经营权纠纷的归属原则

线上平台的成熟与普及使得共同经营网店成为一种新的经营业态。网络店铺不同于开设实体店，多人共同开网店在所有权归属、经营管理、经济收益、资产评估等方面都会产生相应的风险。实践中，存在共同关系的若干人可能共同开设网店时注册和资金往来管理都由其中的某一人负责具体实施，但基于共同关系共同所有人对网络店铺仍是共享收益、共担风险。一旦共同关系破裂，实际控制网店的一方往往将网店据为己有。此类纠纷中当事人之间虽然不存在前述授权委托关系，但其网店经营权归属必须置于特定的"共同关系"背景下进行考察。在共有法律关系中，网店实际控制人的行为存在一定的授权委托成分，如在合伙中存在合同协议或章程的授权，夫妻关系中存在家事代理权等，因此，网店实际控制者的行为虽看似是个人行为，但实际上属于"共同行为"，由此产生的网店经营权自然应属于共同财产。北京市第二中级人民法院"王永青诉吴薇离婚后财产纠纷案"便将夫妻存续期间开办的网店认定为夫妻共同财产。[1]网店系根据法律规定及网络平台秩序等开办和经营的，不具有人身依附性，故可作为夫妻共同财产。共同财产在具体分割条件的情况下，应纳入财产分割范畴，以体现公平之价值理念。

当然实务中对于基础法律关系的认定还需要结合具体因素进行判断。例如，当事人主张合伙关系的，需有合伙协议、合伙经营形式等作为参照，同时所设网店的名义须与合伙的名义一致；当事人主张婚姻关系的，应有法定的结婚证明或经过人民法院认定的事实夫妻关系；当事人主张家庭关系存在的，还需要提供相应的户口簿作为依据，同时参考当事人之间的财产共同关系基础。另需指出的是，网店"实名注册""账户实名认证""信用评级"以及与第三方交易平台协议中约定的"账户和密码不得以任何方式转让、赠与或继承"等条款看似具有"人身专属性"，但实际上既不存在利益的专享性，

---

[1] 参见北京市第二中级人民法院（2012）二中民终字第 11050 号民事判决书。

也不存在变更的技术障碍，因而并不构成"人身专属性"的实质依据。该类纠纷在共同法律关系解除时，除了基于相关规则进行网店价值评估和相应分割之外，最终实际获得网店经营权的当事人完全可以基于如前所述的司法文书进行变更登记手续。

（三）"借用型"网店经营权纠纷的归属原则

"借用他人名义"开设网店在实践中较为普遍，并且在网店做大做强时极易引发纠纷。由于缺乏授权委托等基础依据，其处理规则更为复杂。在民事法律行为体系中，该类行为属于"使用他人名义实施法律行为"，其不同于"以他人名义实施法律行为"，后者一般意味着"行为实施者在行为过程中以文字、言语或其他方式向相对人表明其自身并非名义载体而只是名义载体的代理人"[1]。而"使用他人名义实施法律行为"中，行为人既没有授权委托等基础法律关系，也不存在将行为后果归属于名义人的意思，缺乏适用委托代理的基本前提。对于这种行为主体与名义主体分离时的法律行为主体认定，主要存在形式主义和实质主义两种观点。前者从外观名义出发，即以谁的名义实施行为其效果即归属于谁，后者则侧重从实质层面判断，倾向于抛开表面因素的限制，从实质公正的意义上确定具体的法律关系主体。

从法理基础上看，形式主义方法论依据形式推理，对效率及其他价值因素关注不足，而后者则更倾向于实质正义。德国学者 Danielle Ruest 认为，使用他人名义实施法律行为的效果主要取决于相对人的意愿，如果相对人看重的是行为实施者自身的属性，名义对他而言无关紧要且不会使他陷入身份错觉，那么法律行为效果归属于行为实施者。[2]海尔穆特·科勒也认为，如果名义对于相对人而言并无个性化特征，也就是说他并不在乎交易伙伴是谁，而且行为实施者主观上想为自己缔结法律关系，那么法律行为在行为实施者与相对人之间成立。[3]按照这一理论，如果相对人对行为实施者没有特殊的要求，即认定名义人抑或实际行为人作为法律关系当事人对其没有特殊影响，

---

〔1〕 杨代雄："使用他人名义实施法律行为的效果——法律行为主体的'名'与'实'"，载《中国法学》2010年第4期。

〔2〕 参见杨代雄："使用他人名义实施法律行为的效果——法律行为主体的'名'与'实'"，载《中国法学》2010年第4期。

〔3〕 参见杨代雄："使用他人名义实施法律行为的效果——法律行为主体的'名'与'实'"，载《中国法学》2010年第4期。

则可以透过形式表象而挖掘实质意义上的当事人。实际上，民法上其他领域涉及"名义"借用的纠纷在处理模式上普遍采用实质主义模式，如"以他人名义就诊"和"以他人名义买房"等。就借用他人名义开办网店引发的经营权纠纷而言，虽然目前第三方网络平台一般采形式主义原则，只承认通过实名认证规则确定经营权归属，但若双方订有网店归属的协议或其他约定，则应按协议和约定处理。"彭轶凡与朱铃其他所有权纠纷上诉案"是一起借用他人名义在淘宝平台开设网店的实例，网店经济价值由实际经营人创造，故判决该案中网店经营权归属实际经营者。[1]同时，倘若实际经营人明知是借用他人名义开店，在经营过程中仍然违反第三方交易平台的相关规则，由此产生的经济风险以及民事处罚也应由现实经营者来承担。故针对该类纠纷应采取实质主义路径，支付宝的实名认证并不必然能证明网店即属于该实名人所有，发生纠纷时需结合网店的实际建立者、现实经营者等因素综合确定网店的归属。

最高人民法院公报案例"朱兆龙诉东台市许河安全器材厂侵权责任纠纷案"中原被告双方基于真实的意思表示将网店经营者由个人变更为企业，虽无证据证明是借用还是合作，但结合经营者相关营业经验、线上平台规则以及公众认知，判决网店所有权和经营权归属企业，同时基于法律的公平理念和利益衡平原则对原个人经营者给予补偿。[2]此案件便是综合考虑了注册名义人和实际经营者双方的因素，一方面是遵循了网络平台规则，另一方面更是保障了消费者对所选择商铺的外在信任，维护线上交易秩序。具有虚拟形态的网店不同于传统意义上的有形财产，经营者的信用评级以及店铺商誉是一种无形资产，对个人经营者来说具有一定的经济利益，此案中对现实经营个人的补偿也正是从公平、公正的角度予以裁判，将原经营者的信誉带来的经济利益纳入考虑范畴，具有合理性并对构建文明诚信、和谐友善的社会具有司法意义上的价值引领。成都市首例网店经营权纠纷案的判决已经是采纳了"实质主义"，[3]充分考量原被告双方在网店经营运作中的实际角色，并

---

〔1〕 参见上海市第一中级人民法院（2015）沪一中民一民终字第2090号民事判决书，依据实际经营人花费人力及物力，并长期负责经营管理且已达到一定的信用度，判决网店所有权及经营权归属实际设立及经营者，否定了淘宝支付宝绑定方的权利归属。

〔2〕 参见最高人民法院："朱兆龙诉东台市许河安全器材厂侵权责任纠纷案"，载《中华人民共和国最高人民法院公报》2020年第2期，第39～42页。

〔3〕 参见郝飞："认证过也不算数，网店归实际经营者所有"，载《四川法制报》2007年11月10日，第3版。

不单单从外观名义上进行判断，保障真正经营者的实际经济利益，推动网络店铺在经营过程中不断创造经济价值。

网络店铺的转让不同于实体店，由于线上注册的实名制，店铺名义人的更改在实践中存在一定的阻碍。目前淘宝平台尚不支持店铺转让，其支持的过户类型仅包括继承、结婚、协议离婚、判决离婚等，其余情况则无法受理。并且，若受让方在此平台开设过网店，也无法取得过户来的店铺。因此，网店名义人和实际经营人的统一尚存在规则上的空缺。但目前淘宝等网络平台相关政策已有所松动，如果有法院判决等相关法律文书，网络平台可以协助进行注册信息变更。当然实践中不应提倡借用他人身份信息注册网店，对于那些由于种种原因而用了别人的身份信息开店的，建议及早拟定相关协议或做好公证证明，以避免此类纠纷。

（四）"冒用型"网店经营权纠纷的归属原则

自然人冒用他人名义实施法律行为，可能导致侵权责任和行政责任的竞合。冒用他人名义注册网店即冒用他人的身份信息，按照《中华人民共和国居民身份证法》第17条的规定，冒用他人居民身份证或者使用骗领的居民身份证的，由公安机关处200元以上1000元以下罚款，或者处10日以下拘留。有违法所得的，没收违法所得。因而捡拾他人身份证或通过其他渠道获取他人身份信息而冒用他人身份信息注册网店的，要承担相应的法律责任。若冒用他人信息在网络店铺实施犯罪行为，如销售假冒伪劣产品、销售假冒注册商标的商品等，也会受到相应的刑事处罚。同时根据淘宝的相关规则，一个身份证只能注册一家网店，因冒用而致使他人无法通过实名认证开网店，并且可能因为身份证出现过隐患而无法再注册网店的，还会产生侵权问题。此种情况下，原则上应当基于侵权关系，由侵权人（冒用人）向真实名义人返还相关权利及利益，网店经营权归实际名义人所有，对于冒用人开设网店的实际支出，由于冒用人存在恶意，故一般不支持相关补偿。需要指出的是，由于网站本身存在客户端的外在法律关系问题，因此，上述规则通常仅适用于冒用人经营网店时间短、网店与客户之间的信任关系稳定度不高的情况，此时变更网店经营权归属或停止运营对消费者影响较小。但当网店经营时间较长，已经建立了长期稳定且数量较大的客户群体时，考虑到网店经营主体的变更所产生的外部影响，虽然冒名行为违法在先，但仍应综合衡量社会以及个人利害关系，同时借助后文所述之添附加工制度进行调整，结合名义人、实际经营者以及社会影响等多方面因素，判断网络店铺所有权及经营权的归属问题。

二、"借壳"他人网店时的经营权归属

前述四种纠纷类型的共性在于双方对于网店经营权在产生上即存在归属争议，实践中还存在另一种特殊情况，即网店设立之初的经营权归属于名义人，和实际经营者之间不存在争议，但后期基于各种原因网店由他人实际控制，由于经营者长期使用他人注册所有的网店，从而形成实际经营者与注册名义人分离的情形，经营者往往在实际经营过程中进行了大量实质性投入，并使网店获得显著增值。若他人可以以其注册网店为由要求单位返还该网店，则网店必将失去其已有的客户群，造成价值削减和财富流失。若将网店经营权确定给实际经营者，则必然涉及经营权主体的法律变更问题，而基础法律关系的缺乏却使得在"债法层面"无法寻求改变经营权主体的法律依据。为了充分实现双方之间的利益平衡，同时考虑对交易第三人群体的保护，必须寻求新的法律基础进行解决。

在网店所有权及经营权纠纷的具体案件审理中，司法裁判过程应坚持利益衡平的原则，既要依法保护当事人的合法权益，又要充分发挥司法审判在价值观引领上的积极作用，引导当事人秉持着调解协商、互谅互让、和谐经营的原则，妥善化解相关矛盾，最大限度减少各方当事人的经济损失，切实维护新型网络经济的发展以及社会稳定，在取得良好法律效果的同时注重社会效果的实现。

（一）借助"添附—加工"理论解决网店经营权归属纠纷的必要性和可行性

添附是指"不同所有权人之物结合、混合在一起或者不同人的劳力与物结合在一起而形成一种新物的法律状态"[1]，是单纯基于事实行为而引发所有权取得和变动的一项重要的特殊规则。

1. 运用"添附—加工"制度解决网店经营权纠纷的意义

添附规则对所有权归属的确定主要考虑利益衡量等因素而不严格拘泥于原有的权利形态、名义归属等，其制度价值在于定纷止争及维护物之经济价

---

〔1〕 郭明瑞、房绍坤主编：《民法》，高等教育出版社 2010 年版，第 202 页。

值的有效发挥。尤自近世以来，对有限资源的优化配置更成为法律考量的首要因素，添附制度维持物之经济价值这一功能更加凸显。以加工制度的价值功能观之，其为一定条件下"取得他人之物"提供了合法途径，而借壳他人网店可以取得网店的所有权符合定纷止争及增进物之效用、鼓励价值创造的理念。

2. 运用"添附—加工"制度解决网店经营权纠纷的有效性

在上述纠纷类型中，借助添附制度的价值倾向在于使得"借用人"能获得经营权，而基于鼓励创造经济价值的功能之发挥，现代"添附—加工"制度大大加强了权利的"变更功能"。一方面，加工物所有权的归属从材料主义向加工主义转变。如《德国民法典》第 950 条规定，加工或改造的价值不明显少于材料价值的即可由加工人取得所有权。这种转变蕴含的法律理念即加工作为一项创造性的人类活动，让加工人取得所有权更能激励其创造社会财富。另一方面，即使采"材料主义"的国家，也都明确规定若加工物大幅增值，加工人可以取得加工物，上述权属确认规则显然为改变网店经营权归属提供了更具选择性的法理基础。无论是"材料主义"还是"加工主义"，在网店经营权纠纷中运用"添附—加工"制度侧重衡量的均是经营者的劳动付出对物价值增长的影响程度。在"浙江淘宝网络有限公司诉李磊买卖合同纠纷"一案中，一审法院考虑到双方当事人本着诚实守信原则签订转让合同且受让方经过自身努力积累了交易信用的因素，将网店经营权归属于现在的网店实际经营人。[1]

（二）通过"添附—加工"制度解决网店经营权纠纷的基本障碍及其克服

1. 添附制度的立法缺失及其突破

要运用"添附—加工"理论，必须有立法层面的依据，然而我国目前的民事法律体系中关于添附的规定极少，从《中华人民共和国民法通则》到

---

[1] 受让方将淘宝店铺由 4 钻累计至 1 皇冠。此案中，淘宝公司主张："根据《淘宝服务协议》，淘宝店铺不得擅自转让，姚俊旻和李磊明知该规则而进行转让显非善意，李磊作为新卖家取得姚俊旻的 4 钻店铺，实际上是一种不正当的竞争行为，侵害了网络平台经营者和消费者的知情权。如果店铺可以任意进行买卖，实质上是架空了淘宝的实名认证制度及信用等级制度，进而冲击市场秩序，影响到网络交易的安全"。该案存在双方私自转让情形。本文观点适用"添附加工"制度是从利益衡量角度出发，综合考虑名义人和实际经营人对店铺经济价值的影响。

《中华人民共和国物权法》（以下简称《物权法》），都没有明确系统地规定添附制度，从而为运用添附制度解决网店权属纠纷问题带来了一个基本障碍。尽管如此，基于添附制度的民法理论基础和民事习惯，司法实践中运用添附理论解决相关问题并不存在难以克服的障碍，正如王利明教授指出的，我国《物权法》虽然没有规定添附制度，"但这并不意味着，我国法律中就不存在添附制度。事实上我国司法实践也将添附作为取得所有权的一种方法。"[1]对于"借壳"型网店纠纷，司法裁判中可以民法公平原则和诚实信用原则为基础，以社会主义核心价值观为引导，参照《最高人民法院关于审理城镇房屋租赁合同纠纷案件司法解释的理解与适用》中的房屋出租添附规则进行类推适用，确保法律类推适用的情理法结合。

2. "虚拟财产"准用物权规范的技术问题

添附属于物权法上的法律制度，而网店经营权属于虚拟财产。网店的商业价值很大部分取决于商铺信用，一家信誉良好、信用评级较高、关注人数众多的商铺往往存在着巨大的潜在经济价值。这也就是"恶意刷单、信用炒作"案件频频发生的原因。正是基于实际经营者开展的经营时间以及推销成本等现实的付出积累了一定"虚拟财产"，因此网店纠纷客体不简简单单是网络服务平台的债权债务问题，其涉及更多的应当是商业信誉、销售渠道、推广方式、客户群体等内容的无形财产。现实中涉及虚拟财产的交易、分割、继承等案例越来越多，虚拟财产也逐步呈现出多样化的趋势，网店注册和经营过程中产生的财产利益也应当受到法律的保护，迫切需要有一个中立的制度能够为虚拟财产提供有效的保障。

因而要在网店归属权纠纷中适用添附规则，必须突破物权法的"有形"化限制。实际上，物权法以有体物为调整和规范对象只是一般性原则，如果准用物权法规则解决无体物规则不违反相关领域的私法价值追求，则适当准用和引入物权法规则解决无体物领域的问题不仅不存在法理障碍，反而体现了法律的创造性、灵活性，同时得以更好地实现立法所追求的价值目标，正因如此，晚近以来学者普遍主张应拆除横隔在有形财产与无形财产之间的藩篱，使所有具有经济价值的资源的享有和流转都能够在共通的财产概念之下共享法律秩序的承认、保护、便利和安全，进而克服以往财产权理论在功能

---

〔1〕 王利明：《物权法研究（上卷）》，中国人民大学出版社2007年版，第485页。

和价值上的片面性。[1]实际上物权法中权利担保、集合物规则及浮动抵押等"准用"技术都体现了这一立法原则。而网店经营权对添附规则的准用主要指向的是其抽象所有权判断而非网店本身所涉及的技术性要素，因此并不存在法律上的障碍。综上所述，借壳他人网店与添附制度具有显著的规则可嫁接性。

（三）从实体到虚拟：加工制度视野下网店经营权权属纠纷的规则嫁接与制度创新

从结构上看，借壳他人网店类似于加工他人所有的"材料"，而借用人独立经营管理网店的行为则客观上符合"加工"行为的属性，其对网店的内容和客户群的建立构成了新物，而最终形成网店价值的提升亦符合加工的增值理论。因此，借用加工规则解决网店经营权纠纷在基本制度构造和要件配置上并无根本性障碍。但考虑到"网店经营权"作为网络数字环境下的虚拟属性及其客户群的广泛社会面向以及三方关系形态和我国添附制度本身的特性，引入"添附—加工"理论作为虚拟网络经营权的纠纷解决机制时，仍需在立法层面对加工制度的理论构造进行相应的修正和规则创新。

1. 网店添附中的"新物"判断

传统加工制度以形成新物为其基本要件，若无新物形成，物本身不变，其权利自然不涉及因加工而发生改变的问题。然而对网店而言，由于经营者的经营行为只是改变了网店的部分要素，其注册信息和相关手续并未发生变化，这是否符合新物要求呢？首先，在添附制度变迁中，"新物"和"价值之显著增长"这两项核心要素存在此消彼长的趋势，淡化加工要件中的"新物"要求而突出后者是晚近以来立法的倾向，[2]如我国台湾地区"民法典"第814条规定，若加工物所增之价值显逾材料之价值者，其加工物之所有权属于加工人。故网店之经营虽然在名义上未发生变化，但其经营网络、模式及理念等方面的创新皆构成"新物"判断的实体因素。另外，对具有显著"外部"面向的网店而言，其是否构成新物不应局限于网络本身，还应包括第三人善意认识因素。按照"顾客吸引力"理论，谁是顾客吸引者，谁就是网店的真正的财富价值创造者。而从消费者一方来看，该网店的客户群都认为是

---

　　〔1〕　参见王卫国："现代财产法的理论建构"，载《中国社会科学》2012年第1期。
　　〔2〕　参见苏永钦：《私法自治中的经济理性》，中国人民大学出版社2004年版，第260页。

在和实际经营者进行业务往来，此网店显然已非原始注册时的彼网店，在注册者与网店真实名义者不一致时，向顾客群进行长期稳定的名义宣示者，应当被认定为是事实上的经营权人。在借壳他人网店经营单位产品的情况下，借壳者应是实际的经营权人。

2. 网店添附中的"期限"认定

传统加工理论仅以加工形成增值新物为要件，并不对加工的期间经过作特殊要求，然而网店的特殊性决定了，无论客户群的增长还是市场信赖的形成抑或网店外观及服务内容的打造等皆非短期所能完成。同时，所谓"借用"毕竟存在明确的产权归属前提，而要改变原有权利格局，从民法时效原理来看，亦需要一定期间的经过，因此，借助加工制度解决网店权属纠纷必须附加一定的"期间要件"，至于该期间的长短应结合具体情况进行判定，一般应以不少于2年为宜。

3. 网店添附中恶意加工的规则适用

传统加工理论倾向于加工人必须出于善意才能取得加工物的所有权。[1]由于网店存在密码信息，当事人间往往存在特殊的身份关系，他人或明示同意或默认同意，借用人才能经营其网店，故一般以善意为常见形态。但需要指出的是，加工理论既然以"价值衡量"为其核心要素，则善意之要件应适当放宽，在特殊情况下，虽基于恶意加工，如价值增加显著时，亦应得以准用加工规则，前文所及之"冒用"他人名义设立网站即为典型。不过对于此种情形下加工规则的准用需注意两个问题，其一，冒用人取得网店经营权只是权利归属层面的问题，而"规定添附物之所有权归由当事人中一人取得，纯系基于法律技术上之便宜措施，非实质上赋予终局之利益，他方当事人更无因而无端丧失其权利，忍受损害之理由"[2]。故在价值层面，被冒用人仍得以不当得利或侵权而要求冒用人承担相应责任。其二，冒用行为虽构成违法，但基于公私法分离原理，其承担公法等其他层面的法律责任不应影响其私法层面的规则适用。

三、结　语

电子商务时代的网店归属争议作为网络虚拟财产纠纷的新类型，其规制

---

〔1〕　参见王利明：《物权法研究（上卷）》，中国人民大学出版社2007年版，第493页。
〔2〕　谢在全：《民法物权论（上册）》，中国政法大学出版社2011年版，第320页。

问题正冲击着传统的财产法体系和民法理论,并显示出传统理论与新经济时代的财产保护需求之间的差距。[1]目前,现实中网络交易平台规则的不完善和空缺使得网店经营权纠纷案件频发,立法的滞后亦使得该类型案件的司法审判面临着"无法可依"的窘境,而法院的判决也呈现出显著的分歧。本文试图通过类型化分析,并借助传统民法中的代理、委托等基础关系,从公平公正、利益衡量等角度出发,结合"添附—加工"理论对这一问题的解决提出了初步的对策。诚然,在社会日新月异的发展中,新型纠纷完全嵌入既有制度框架中寻求有效解决只是一种理想,在终极意义上仍然需要通过立法的完善从而有效消除传统理论与新型纠纷之间的法律隔阂,实现社会秩序的有效治理。《中华人民共和国民法典(草案)》第322条对添附制度进行了原则性规定,[2]该规定主要沿用了传统民法添附制度的基础理论框架。从电商虚拟业态发展的角度来看,《中华人民共和国民法典(草案)》应突出其对虚拟交易形态下的商事主体经营权无形价值的覆盖,以实现网络时代财产的扩张化趋势。

---

〔1〕 参见王卫国:"现代财产法的理论建构",载《中国社会科学》2012年第1期。

〔2〕 参见《中华人民共和国民法典(草案)》第322条:"因加工、附合、混合而产生的物的归属,有约定的,按照约定;没有约定或者约定不明确的,依照法律规定;法律没有规定的,按照充分发挥物的效用以及保护无过错当事人的原则确定。因一方当事人的过错或者确定物的归属造成另一方当事人损害的,应当给予赔偿或者补偿。"

C2C 微商个人所得税征管问题研究

郝琳琳　陆　野*

随着互联网科技的飞速发展，近年来，我国的电子商务事业仍然保持较快增长，其中手机网络购物用户和手机网络支付用户的规模逐年增长。中国互联网络信息中心数据显示，截至 2019 年 6 月，中国手机网络支付规模达到 6 亿 2 千万，网民使用率达到 73.4%，相较于 2018 年 12 月，半年间，用户规模增长了 6.5%。得益于手机网络购物以及手机网络支付的蓬勃发展，微商已经融入了普通百姓的日常生活中。微商的经营规模不断扩大，在经营模式上也出现了一些变化，由刚刚兴起时主要通过朋友圈、群组聊天宣传和推销商品扩展到直播平台等其他形式，由借助微信个人账号扩展到借助微信小程序、公众号等形式。随着微商产业的不断发展，微商经营者的税收征管问题也引起了广泛的关注，其中个人所得税的征收问题成了微商从业者和普通纳税人关注的焦点。

一、C2C 微商的界定

C2C 微商是指利用微信平台进行支付结算的，个人与个人之间进行商品或服务交易的经营模式。目前在微信平台中，个人主体主要通过以下几种模式从事经营活动：第一种，注册微信个人社交账号，通过朋友圈、微信群组发布商品信息；第二种，通过微信小程序进行商品的展示和销售；第三种，通过公众号进行商品的销售。个人主体通过以上方式实施经营活动的都应认定为是 C2C 微商，同时需要说明的是目前通过网络直播等活动进行商品推介，并通过微信的方式提供售前、售后服务，并通过微信进行支付结算的

---

* 郝琳琳，北京工商大学法学院教授；陆野，北京工商大学硕士研究生。

经营模式，在本质上与上述第一种经营模式并无差异，也应认定为是 C2C 微商。

C2C 微商概念界定的重点在于与其他类型的电子商务经营者[1]相区别，以突出其自身的特性。

第一，区别于利用自有电子商务平台或自建网站销售商品或提供服务的经营者。利用自有电商平台销售商品的如京东自营、天猫自营、当当自营等销售模式，利用自建网站进行商品销售的如华为、小米等通过官方网站进行商品销售。以上两种经营模式的主体多为大型法人型企业，不涉及个人所得税的征管问题，即使是需要缴纳个人所得税的独资企业或合伙企业，因其注册登记信息完善，税务机关能够掌握其经营、销售状况，可以对个人所得税进行有效征管。

第二，区别于通过他人电子商务平台销售商品或提供服务的经营模式，如在淘宝平台上开设店铺的淘宝卖家。电子商务平台经营者对平台内经营者具有多重审查义务，首先要对平台内经营者提交的身份、联系方式以及行政许可等资质信息进行审查，根据《中华人民共和国电子商务法》（以下简称《电子商务法》）第27条的规定，平台经营者不仅要对平台内经营者的身份资质进行形式审查，更要进行实质审查，保证相关信息的真实性。此外，平台经营者还要对平台内经营者发布的销售信息进行审查、对其经营行为进行审查，承担对消费者的安全保障义务。[2]由于电商平台对平台内经营者的注册登记信息、经营信息掌握的较为充分，因此可以比照线下个人所得税的征收方式，将经营者的经营所得作为应税所得，采取核定征收的方法征收个人所得税。[3]

二、对 C2C 微商征收个人所得税的必要性

针对是否有必要对微商征收个人所得税的问题，学术界不无争议。有学

---

[1] 参见《电子商务法》第9条第1款："本法所称电子商务经营者，是指通过互联网等信息网络从事销售商品或者提供服务的经营活动的自然人、法人和非法人组织，包括电子商务平台经营者、平台内经营者以及通过自建网站、其他网络服务销售商品或者提供服务的电子商务经营者。"

[2] 参见伏创宇："我国电子商务平台经营者的公法审查义务及其界限"，载《中国社会科学院研究生院学报》2019年第2期。

[3] 参见董蕾、王向东："数字经济下 C2C 电子商务课税的挑战与对策"，载《税务研究》2019年第9期。

者认为对微商征税会压缩其利润空间，不利于微商与传统电商商家及实体店进行竞争，与鼓励大众创业、万众创新的政策相违背，不利于微商市场的繁荣。[1]也有学者认为对 C2C 电子商务经营者征税有利于减少税收流失，有利于电子商务交易的规范化，促进我国电子商务产业的长期发展。[2]

（一）从税收法定的角度，应将 C2C 微商纳入个人所得税征管的范围内

《中华人民共和国个人所得税法》（以下简称《个人所得税法》）第 2 条第（5）项规定个人的经营所得应当缴纳个人所得税，根据《个人所得税法》第 9 条、第 10 条的规定可知，个人所得税的征税方式有两种，分别为代扣代缴和自行申报，针对取得应税所得而没有扣缴义务人的个人，应当依法向税务机关办理纳税申报，此为强制性义务规定，微商如果取得应纳税收入但没有进行如实申报，实质上已经构成了一种违法行为。微商作为经营者应与线上线下的其他经营者和个人一样按照税收法规的相关规定，在符合课税条件时依法纳税，在符合税收优惠条件时，依法享受减免税待遇。在对微商的具体税收征管制度完善中也应坚持税收法定的原则。

（二）从量能课税的角度，应将 C2C 微商纳入个人所得税征管的范围内

量能课税是税法的基本原则，是指税收负担的归属及轻重原则上应以纳税义务人的负担能力为准，而不得以国家对其提供保障或服务的成本或效益为度。[3]作为公平原则的体现，量能课税要求在税法上平等对待，即具有相同税收负担能力的人负担同样的税收；不同税收负担能力的人，只负担与其税收负担能力相适应的税收。[4]近年来 C2C 微商经营模式得益于电子商务产业的升级，实现了蓬勃发展，部分经营者的规模和收入不容小觑，如果在其取得应税所得的情况下，仅仅因为微商经营者没有代扣代缴义务人，自身又不进行主动申报而放纵其逃避缴纳个人所得税，相对于依法纳税的个人而言，显然是违背了量能课税的原则。

（三）从税收公平的角度，应将 C2C 微商纳入个人所得税征管的范围内

税收公平要求税负面前人人平等，即只要满足了课税要件，纳税主体就

［1］ 参见董彪、李仁玉："'互联网+'时代微商规制的逻辑基点与制度设计"，载《法学杂志》2016 年第 6 期。
［2］ 参见张敬："浅议我国 C2C 电子商务税收征管体系构建"，载《税务研究》2015 年第 3 期。
［3］ 参见黄茂荣：《法学方法与现代税法》，北京大学出版社 2011 年版，第 63～64 页。
［4］ 参见熊伟："法治视野下清理规范税收优惠政策研究"，载《中国法学》2014 年第 6 期。

要依法承担纳税义务。微商虽然没有实体店铺，但其确实利用微信平台，利用移动网络从事商品和服务的经营活动，营利空间巨大。相较于线下商家，微商在运营成本上大大降低，同时其不拘泥于营业场所，面向的消费者群体更为广泛，不受营业时间限制，随时通过微信进行议价、销售，可以说微商与线下商家相比，优势突出，因此，微商在符合相关课税要素时，理应与线下商家无差别地缴纳个人所得税。同时需要说明的是对微商征收个人所得税并不是简单的以增加税收为目的，个税增收也有利于更好地发挥个人所得税调节收入分配的作用。当前，增值税收入在我国税收体系中仍然发挥着最主要的作用，占我国税收比重的近40%，虽然个税收入近年来不断上涨，但是短时间内仍难与增值税相提并论，在国家财政收入中发挥主体功能的还会是增值税。同时，从税收规模与税收效果的关系角度看，某一个税种的税收规模越大，其在经济社会中发挥的作用也就越大，一个税种如果征收的规模不足，那么其在社会经济活动的调整中，就难以发挥作用。而在落实税收法定原则、量能课税原则以及税收公平原则的前提下，扩大个人所得税的税收规模，将能够更加充分地发挥出个人所得税在调节收入分配上的作用。[1]将微商的经营所得纳入个人所得税的征收范围内，有利于个税增收，更有利于缩减贫富差距、维护社会稳定。

三、C2C 微商个人所得税的征管困境

（一）个人所得的税源难以监控

据市场研究机构益普索发布的报告显示，2019 年第一季度，在第三方移动支付领域，在交易笔数上，财付通作为微信支付的运营机构占市场份额的51%，在交易金额上，财付通的交易金额占第三方移动支付市场份额的45%，并且该机构根据财付通和支付宝公布的客户投诉情况推算得出，2018 年财付通总交易笔数为 4664.75 亿笔，日均交易笔数超 12 亿。由此可见，微信支付的用户基数大，市场份额高，在目前没有一个明确的标准对微商进行区分的情况下，面对海量的交易数据，税务机关想要从微信平台获取涉税信息存在着一定的技术性障碍。

---

〔1〕 参见刘剑文、胡翔："《个人所得税法》修改的变迁评介与当代进路"，载《法学》2018 年第 9 期。

同时，《电子商务法》《中华人民共和国税收征收管理法》（以下简称《税收征管法》）中也没有明确规定平台的涉税信息提供义务，《税收征管法》第57条也只是规定在税务机关进行税务检查时，平台才有配合其获取相关信息的义务，而没有主动提供涉税信息的义务，实际上，在微商没有进行税务登记的情况下，税务机关难以对通过普通个人微信账号从事经营活动的微商进行认定，税务检查更无从谈起。

（二）微信平台在税收征管中的定位不清晰

微信在整体定位上，应认为其是一个集即时通讯、娱乐社交为一体的综合性平台，而非电子商务平台。不应针对所有的微商类型一概要求微信承担电子商务平台的责任，对通过微信平台从事经营活动的所有经营者进行注册登记并进行监督管理。针对不同的微商类型，微信平台扮演的角色不同，法律法规以及社会公众对微信平台的期待也不同。针对个人通过小程序和公众号销售商品、提供服务的经营模式，由于小程序和公众号本身即具有公众性和经营性的特点，微信平台对小程序和公众号的运营者设置了更为严格的注册登记程序，且会收取一定的服务费。[1]因此在个人通过小程序和公众号从事经营活动时，微信平台的性质和作用与淘宝等相类似，应作为电子商务平台来被看待，承担电子商务平台的责任。针对个人通过微信朋友圈和微信群组发布消息进行商品展示和交易的经营模式，经营者是通过个人账户从事经营活动，且其通过朋友圈、微信聊天及微信转账、红包等方式进行的一系列交易行为均是与其正常的非营利性的社交行为相互混淆在一起，因此，在此类交易活动中认定微信平台为电子商务平台，并要求其承担电子商务平台的监督审查义务显然是不合适的。

（三）个人所得的税收管辖权不明确

我国税务机关采取属地管辖的方式进行税收征管，在线下经营模式中，纳税义务人的注册地或营业地容易确定且较为稳定，便于税务机关准确行使税收管辖权。而在C2C微商的交易环境下，网络经营具有碎片化和隐蔽性的特征，经营者的经营活动遍布全国具有分散性的特点，特别是在通过个人微信账号进行交易的经营模式下，经营地、管理地更是难以确定，导致出现了

---

[1] 参见吕来明、郑国华："电子商务法新规对微商的规制及其影响"，载《商业经济研究》2019年第5期。

管辖范围不清、税务机关缺乏对微商进行税收征管的积极性等问题，造成税收流失。[1]

四、C2C 微商个人所得税征管机制的探索

（一）发挥平台在个人所得税征管上的优势地位

在经由电子商务平台完成的网络交易中，交易信息主要掌握在电子商务平台手中，而在微商环境下，最后的交易结算均是经由微信支付完成，虽然在通过个人账户从事经营活动的微商中，微信并不能掌握微商的全部交易信息，但是其也能够掌握支付结算信息。在互联网经济、互联网金融的大潮下，税务机关只有做到与移动支付平台和金融机构互联互通，才有可能真实地掌握个人的涉税信息，对税源做到有效监控。

第一，有效区分个人的经营收入与非经营收入。针对通过小程序或公众号进行运营的微商，由于其在设立上即具有经营性质，因此，可将个人在其设立和注册的小程序、公众号中通过微信支付取得的收入全部列入个人的经营收入；针对通过个人社交账户进行运营的微商，可以探索建立微信支付的网络认证制度，规定微信用户可绑定一定数量的亲友用户，对亲属、朋友等进行认证之后，亲友用户之间的转账、红包往来都不在涉税信息的监控范围之内。除亲友用户以外的其他用户，也设置一个总的额度，在额度之内，不作为经营收入，在征收个人所得税时不予考虑，但超过一定额度之后，即要计入经营收入。上述制度一旦建立就从根源上为税务机关掌握微商的涉税信息扫除了技术性障碍。

第二，建立平台的涉税信息主动报告制度。如澳大利亚就建立了严格的第三方强制报告制度，其税收法律规定，第三方机构有向澳大利亚税务局报告涉税信息的义务，报告的主体包括第三方平台、银行、雇主等。根据上述分析，在对微信用户的经营收入和非经营收入进行区分的基础上，微信平台有能力获取微商的相关涉税信息，因此可以通过完善《税收征管法》和《电子商务法》的形式，要求支付平台主动向税务机关提供纳税人的涉税信息，并能够实现税务机关与支付平台、银行、金融监管部门等不同机构涉税信

---

[1] 参见周克清、刘文慧："平台经济下个人所得的税收征管机制探索"，载《税务研究》2019年第8期。

息的互联互通，保障涉税信息的准确性和全面性，完善个人所得税的征管机制。

第三，探索建立平台代扣代缴制度。微信平台是微商涉税信息的直接掌控者，微商交易款项均通过微信进行结算，由其向税务机关提供涉税信息，效率最高，且微信作为交易的第三方平台，与交易行为不存在直接利益关系，在税收征管过程中处于相对中立的地位，缺少逃税避税的动机，因此，微信平台可以作为微商的代扣代缴义务人。税务机关可以借助自然人纳税人识别号制度，与微信平台建立合作机制，将用户在注册微信或使用微信支付功能时提供的身份信息关联到税务机关的纳税人信息系统中，依据其纳税人识别号进行监管，借助微信的支付平台进行代扣代缴。

（二）促进个人主动进行纳税申报

在充分发挥平台作用进行代扣代缴的同时，还应完善相关奖惩机制，降低微商税收遵从成本，激励微商主动进行纳税申报。第一，税务机关要坚持依法行政，积极进行税法宣传，不断提高服务质量，在加强税收征管的同时也要切实保护纳税人的合法权利，尤其在从第三方平台获取涉税信息以及与其他机构的涉税信息互联互通的过程中，要注意保护纳税人的信息安全，避免信息泄露。第二，税务机关也要严格执法，有效利用获取到的涉税信息，通过大数据进行综合分析，加大税务稽查力度。通过建立个人纳税诚信制度，将拒不按照税法规定缴纳个人所得税的行为人放入失信人名录，并与银行、法院等信用体系连接，形成一个全方位的信用监管网络。[1] 第三，为了能够进一步促进纳税人主动进行纳税申报，还要建立相应的激励机制，可以通过白名单制度，提高主动进行纳税申报的纳税人的社会信用等级，增强纳税人的获得感和成就感，以此来提高其主动纳税的意识。

（三）明确个人所得税管辖权

税收管辖权的确定是对个人所得税实现有效征管的前提，而税收征管则必须符合公平、效率这样的基本原则。公平就是要求，取得税收收入的地区要与其提供的公共产品相匹配。也就是说如果为微商经营收入的取得提供了公共服务，那么其就应当取得一定的税收，如果没有为微商的收入提供助力，则其就不应取得税收收入。效率原则也就是指税务机关在征缴税款时，也要

---

〔1〕 参见王梓麒："进一步推进税收信用体系建设的建议"，载《税务研究》2017年第5期。

考虑成本问题，由征税更为方便的机关行使管辖权。微商利用平台取得的收入可由微商个人的居住地税务机关负责征收，相关涉税信息由国家税务总局统一获取，并通过内部网络进行传递。如上文所述，可由微信平台对微商的个人所得税代扣代缴，并由微商个人居住地的税务机关进行汇算清缴。

论《中华人民共和国电子商务法》中"通知—删除"规则的完善

廖 丹 刘子寒*

20 世纪末，电子商务进入中国并落地生根。近 30 年来，中国电子商务迅猛发展，网络交易量大幅增长，创造了世界第一的网络零售市场，也创造了全球第一个"双 11"网络购物狂欢节。2019 年 9 月 8 日，在 2019 全球电子商务大会上，《中国电子商务发展报告（2018—2019）》对外发布。该报告反映了 2018 年至 2019 年中国电子商务的发展状况，2018 年中国电子商务交易总额 31.63 万亿元人民币，同比增长 8.5%；2019 年上半年，实物商品网上零售额同比增长仍高达 21.6%，占社会消费品零售总额比重达 19.6%，比上年同期提高 2.2 个百分点，拉动社会消费品零售总额增长 3.8 个百分点，由此可以看出电子商务继续承担国民经济发展的强大源动力。[1]然而，快速发展的过程中必然会产生一系列问题，随着电子商务市场规模的不断扩大，网络环境下的侵权行为也大幅增多，知识产权问题已严重影响到电子商务合法合规发展的步伐。在此种情形下，如何加大电子商务领域知识产权保护力度的问题，成了理论界和实务界颇为关注的焦点。

2018 年 8 月 31 日，中华人民共和国第十三届全国人民代表大会常务委员会第五次会议正式公布了《中华人民共和国电子商务法》（以下简称《电商法》），并已于 2019 年 1 月 1 日起实施。其中第 41 条至第 45 条规定了电子商务领域知识产权相关条款，规定了电子商务平台的"通知—删除"义务；规定电商平台经营者接到通知后，应采取删除、屏蔽、断开链接等必要措施；

---

* 廖丹，湖北省鄂州市人大法制委员会办公室主任，法学硕士；刘子寒，北京师范大学 2018 级法律硕士研究生。

〔1〕 参见沈伟彬："全球电子商务大会在厦门举办发布中国电子商务发展报告"，载 http://news. xmnn. cn/xmnn/2019/09/09/100595038. shtml，最后访问日期：2020 年 2 月 15 日。

增加了恶意通知的惩罚性赔偿措施；规定如果权利人在收到反通知的 15 日内未向有关部门投诉或者向法院起诉，电商平台应终止所采取的措施；强调平台经营者在维护知识产权的过程中应扮演一个积极主动的角色，知道或应知经营者侵犯知识产权的，应当采取必要措施。[1]前述条款的出台在推进网络知识产权维护方面起到了积极的作用，但由于网络平台责任主体的多样性和复杂性，在实践操作中存在各种各样的问题，给电子商务平台和平台内经营者都带来一定的负面影响，同时也引发了一定的争议和思考。

一、"通知—删除"规则简述

"通知—删除"规则最早来源于美国《数字千年版权法》（以下简称 DM-CA）[2]，该法案包含了一系列特殊制度，例如红旗规则和避风港规则，其实质是网络服务商的免责条款，使得网络服务商不需要甄别不同用户提供的复杂内容而增加无谓的成本。由此，DMCA 不仅成为全球知识产权理论研究的基础，更成为我国法律移植的目标法。[3]避风港规则最初只适用于著作权侵权领域之中，与专利权销售、许诺销售等各项权利内容并无关联。[4]2000

---

〔1〕 参见《电商法》第 41 条："电子商务平台经营者应当建立知识产权保护规则，与知识产权权利人加强合作，依法保护知识产权。"第 42 条："知识产权权利人认为其知识产权受到侵害的，有权通知电子商务平台经营者采取删除、屏蔽、断开链接、终止交易和服务等必要措施。通知应当包括构成侵权的初步证据。电子商务平台经营者接到通知后，应当及时采取必要措施，并将该通知转送平台内经营者；未及时采取必要措施的，对损害的扩大部分与平台内经营者承担连带责任。因通知错误造成平台内经营者损害的，依法承担民事责任。恶意发出错误通知，造成平台内经营者损失的，加倍承担赔偿责任。"第 43 条："平台内经营者接到转送的通知后，可以向电子商务平台经营者提交不存在侵权行为的声明。声明应当包括不存在侵权行为的初步证据。电子商务平台经营者接到声明后，应当将该声明转送发出通知的知识产权权利人，并告知其可以向有关主管部门投诉或者向人民法院起诉。电子商务平台经营者在转送声明到达知识产权权利人后 15 日内，未收到权利人已经投诉或者起诉通知的，应当及时终止所采取的措施。"第 44 条："电子商务平台经营者应当及时公示收到的本法第 42 条、第 43 条规定的通知、声明及处理结果。"第 45 条："电子商务平台经营者知道或者应当知道平台内经营者侵犯知识产权的，应当采取删除、屏蔽、断开链接、终止交易和服务等必要措施；未采取必要措施的，与侵权人承担连带责任。"

〔2〕 参见 17 U. S. Code § 512 – Limitations on Liability Relating to Material Online，载 https://www. law. cornell. edu/uscode/text/17/512，最后访问日期：2020 年 2 月 16 日。

〔3〕 参见冯术杰："网络服务提供者的商标侵权责任认定——兼论《侵权责任法》第 36 条及其适用"，载《知识产权》2015 年第 5 期。

〔4〕 参见王迁："论'通知与移除'规则对专利领域的适用性——兼评《专利法修订草案（送审稿）》第 63 条第 2 款"，载《知识产权》2016 年第 3 期。

年，欧盟颁布了《电子商务指令》，将避风港规则的适用领域扩大到商标权。2009 年，颁布了《中华人民共和国侵权责任法》（以下简称《侵权责任法》），其中第 36 条第 2 款[1]将"通知—删除"规则扩大适用到了互联网侵权领域中的专利权、商标权，同时，该条款的出现也帮助我国实现了"通知—删除"规则从国外立法到国内立法的移植[2]。2018 年发布的《电商法》的制定也借鉴了 DMCA 中的相关条款，但在此前的"通知—删除"规则的基础上进行了细化，主要增加了恶意通知的惩罚性赔偿、被投诉人反通知等相关规定，进一步完善了该规则在我国电子商务领域内的本土化适用。

（一）"通知—删除"规则的主体

在"通知—删除"规则中，普遍认为涉及的主体有三方：通知人（一般认为是权利人）、网络服务提供者（电商平台）、被通知人（一般认为是被投诉人）。

1. 通知人

通知人，一般认为是自然人、法人或其他组织在网络活动中受到了疑似侵权的行为，根据"通知—删除"规则，向网络服务提供者发出通知，要求网络服务提供者对构成侵权的内容立即采取必要措施的行为人。一般来说，在实务中，通知人被认为是权利受到侵害的权利人。在"通知—删除"规则没有及时保护通知人的权利时，通知人可以向有关部门投诉或向法院起诉。

2. 网络服务提供者

在国务院于 2013 年 1 月 30 日发布的《信息网络传播权保护条例》（以下简称《保护条例》）[3]中给出了较为明确的定义，即"提供信息存储空间或提供搜索、链接服务的网络服务提供者"。但根据提供的网络服务的种类不同，一般可分为：（1）"网络接入服务商"，一般指移动、电信等为用户提供接入网络通道和设备的服务商；（2）"搜索引擎服务商"，例如常用的百度、谷歌等运用特定策略从互联网检索出特定信息反馈给用户的搜索平台；（3）"信息

---

〔1〕　参见《侵权责任法》第 36 条第 2 款："网络用户利用网络服务实施侵权行为的，被侵权人有权通知网络服务提供者采取删除、屏蔽、断开链接等必要措施。网络服务提供者接到通知后未及时采取必要措施的，对损害的扩大部分与该网络用户承担连带责任。"

〔2〕　参见张颖、翟睿琦："电商平台商标侵权中避风港规则适用研究"，载《河南财经政法大学学报》2018 年第 5 期。

〔3〕　参见《保护条例》第 14 条："对提供信息存储空间或提供搜索、链接服务的网络服务提供者……"。

储存空间服务商"，为用户提供网上储存空间，并支持云分享的平台，如常见的百度网盘等；（4）"网络平台服务商"，为用户提供交易平台和交易信息的服务商，例如淘宝、京东、亚马逊等平台，这类平台因为其特殊的交互性质，会出现大量的商标专利侵权行为，本文主要探讨的也是这一类的网络服务提供者，即电商平台。

3. 被通知人

被通知人，一般认为是指侵权通知的最终接收者（但并不是通知的直接接收主体），是指被网络服务提供者采取删除、屏蔽、断开链接等必要措施并转送通知的行为主体，也是有权向网络服务提供者发出反通知的行为主体。对于被通知人，有学者直接将其视为侵权人[1]，本文认为这种有罪推定的思路是不妥的。在是否侵权没有最终确认时，并不能推导出被通知人一定是侵犯了他人的知识产权，因为还有可能是恶意投诉、错误通知等情况。因此，被通知人可以被认为是被投诉人，但不可以当然认定为侵权人。

（二）"通知—删除"规则的流程

根据《电商法》规定，电商平台受理知识产权侵权投诉行为的流程如下：（1）知识产权人发出侵权通知，并提供能够证明所投诉商品存在侵权行为的初步证据；（2）电子商务平台收到侵权通知和初步证据后，进行审查（目前多为形式审查），如果审查通过，将会根据《电商法》第42条的规定对被投诉商家的商品、链接采取删除、屏蔽、终止交易或服务等必要措施，同时将侵权通知转送给被投诉商家；（3）被投诉商家在收到投诉通知后，可向平台提供不存在侵权行为的反通知；（4）平台收到反通知后，将反通知转送给知识产权人，然后等待15天。如果知识产权人在这15天内未向有关部门投诉或者向法院起诉，电商平台将在15天等待期届满后终止所采取的必要措施；如果知识产权人在这15天内投诉或起诉，电商平台则维持下架等必要措施，并根据相关部门的要求采取其他措施。

"通知—反通知"规则设置应当是具体的、操作性强的，既能保证避免法律纠纷，又不影响商业利益。但是通过以上的流程，可以发现一些问题：目前，《电商法》中没有明确规定初步证据的具体内容和证明程度，缺乏必要措

---

〔1〕 参见陈爱文："网络侵权中通知规则研究——以《侵权责任法》第36条为视角"，烟台大学2013年硕士学位论文。

施的标准，也没有明确对平台内经营者的审查义务是局限于审查形式要件还是也审查实质内容，尤其是新增加的"15 天等待期"和"惩罚性赔偿"的规定也产生很大争议。

二、"15 天等待期"相关问题及影响

《电商法》出台后，"15 天等待期"条款引发了众多争议。值得关注的是，在该法的草案中并没有此项规定，但是在最终出台时却增加了"15 天等待期"的规定。该规定同样来源于 DMCA 第 520 条规定。为了防止出现恶意通知的行为，DMCA 为被投诉人提供了进行申诉的反通知保障条款。在被投诉人接到投诉通知后，可以提交不存在侵权行为的反通知声明，且如果投诉人在接到该声明后没有向法院提起诉讼，那么服务平台必须在收到反通知后的 10—15 个工作日内恢复被通知的内容和链接[1]。

从 DMCA 的规定可以看出，"10—15 日"仅仅只是因技术中立，而为服务平台提供的免责条款，并非强制性义务，更没有强制规定必须等到 15 天后才可以终止所采取的必要措施。而在《电商法》中，"15 天等待期"成了具有强制力的条款。

前文已经简述了"通知—删除"规则流程，其中可以看出，"15 天等待期"的规定导致了无论商家是否侵权，采取下架等必要措施的时间肯定不少于 15 天。由此会产生两个问题：其一，会导致滥用"通知—反通知"规则打击竞争对手的情况大量出现。因为从上述流程可以看出，无论被投诉人是否构成侵权，无论投诉人是否选择继续向有关部门投诉或者向法院起诉，被投诉商品都会至少下架 15 天。商场如战场，每一刻都瞬息万变，即便在 15 天之后，平台没有收到进一步的起诉通知，立即恢复了被下架商品，但是某些特定商品由于已经错过了特定时期，会给商家和平台带来致命的经济损失。据京东维权投诉系统 2018 年的数据统计，在一年两次的大促"618"和"双 11"前期，投诉量增长幅度约为 30%—40%，远远超过正常的月平均投诉量。[2]由此可见，投诉人很多时候并不需要进一步去法院起诉，只要保证在这 15 天内

---

〔1〕 参见冯晓青、魏衍亮："互联网上言论自由权与版权关系之述评"，载《北大法律评论》2001 年第 2 期。

〔2〕 参见范艳伟、王珏："电商法来了，平台怎么办？——论《电子商务法》下电商平台'通知—删除'规则的适用"，载《北京航空航天大学学报（社会科学版）》2019 年第 6 期。

被投诉商品不能在平台上正常销售，投诉人的目的即可实现。因此，我们有理由认为，"通知—删除"规则很有可能成为不法分子用来恶意打击竞争对手的工具。其二，降低平台内经营者及时发送反通知的意愿。因为无论经营者是否及时发送反通知，都会被采取必要措施，且由于"15天等待期"的规定，被采取必要措施的时长不会低于15天，从而造成错过商机、被投诉商品无法正常销售、商誉热度大幅降低、前期积累销量为零、大量的前期宣传成本浪费等后果出现，使得平台内部分经营者在维权过程中处于极大的劣势，消极面对，及时发送反通知的意愿大幅下降。目前，反通知的证明标准虽然与通知基本一致，但是由于程序设计上的不合理，导致反通知数量相比于通知数量而言大幅减少。[1]这将增加恶意打压竞争对手或者向其他人勒索讨要钱财[2]的可能性，从而形成恶性循环，破坏营商环境。

三、"错误通知""恶意通知"和"惩罚性赔偿"相关问题及影响

（一）"错误通知"和"恶意通知"的相关问题及影响

本次《电商法》新增内容之一，是针对恶意发出错误通知造成平台内经营者损失的情形，该法规定了"惩罚性"的责任承担，即《电商法》第42条第3款规定："因通知错误造成平台内经营者损害的，依法承担民事责任。恶意发出错误通知，造成平台内经营者损失的，加倍承担赔偿责任。"该规定初衷是好的，但是对于"错误通知"和"恶意通知"的责任主体、"通知"是否包括被投诉人的"反通知"、判断通知的"善意"是适用主观标准还是客观标准、"错误通知"和"恶意通知"如何界定等问题都没有更为详细的规定，因此在实务中这些仍然是值得探讨的问题。

针对第一个问题，"错误通知"和"恶意通知"的责任主体认定不明确。责任主体到底是发出通知的知识产权持有人和发出反通知的被投诉人，还是转送通知的电商平台经营方，还是二者兼而有之？责任主体认定模糊将直接

〔1〕 参见蔡元臻："论合理使用对滥用通知现象的遏制——美国'跳舞婴儿案'的启示与反思"，载《知识产权》2019年第1期。

〔2〕 针对商标权，京东平台曾出现向被投诉人索要钱财和解的情况。有商家申诉时提交了一个聊天截图，权利人提出商家支付5万元的和解费用就可以撤诉。参见范艳伟、王钰："电商法来了，平台怎么办？——论《电子商务法》下电商平台'通知—删除'规则的适用"，载《北京航空航天大学学报（社会科学版）》2019年第6期。

导致过错责任认定不明确等问题出现。

针对第二个问题，"通知"的范围不明确。"通知"是指既包括投诉人的"通知"又包括被投诉人的"反通知"，还是仅指投诉人的"通知"尚需探讨。笔者认为该问题应从"通知—删除"规则的渊源来分析。美国DMCA第512条（f）款规定，无论是发出告知或相反告知书，如果是在明知的情况下对材料进行错误描述都会受到惩罚。任何人在明知的情况下误示材料是侵权或材料是被错误地除去或阻挡，都要承担由此给被诉的侵权者、版权所有者或其许可人或服务商造成的损失（包括诉讼费用和律师费）。[1]由此可以看出，美国DMCA中对"错误陈述"（Misrepresentation）[2]，即"错误通知"与"反通知"的法律责任是一并进行规定的。另外，从该条款的立法目的角度来分析，设立过错责任条款有两个目的：一是制裁恶意行为人，防止该类造成损害的事件再次发生；二是为了支持受害人积极维权，优化网络发展环境。如果此时只规定"通知"或只规定"反通知"的法律责任，则会导致双方利益失衡，大幅降低维权意愿，违背立法目的。因此，针对《电商法》第42条第3款的规定，本文认为无论是"通知"和"反通知"，只要造成平台内经营者损害的，都应依法承担民事责任。

针对第三个问题，在判断通知的"善意"是适用主观标准还是客观标准时，本文依旧通过和DMCA对比的方式进行分析。在DMCA中提及了"知晓的实质性错误"（knowingly materially misrepresent）[3]，参考美国司法案例来看，对"知晓的实质性错误"界定是有一定变化的。目前为止，参考Rossi v. Motion Picture Association of America案中，联邦第九巡回法院认为，判断著作权人是否具备"善意"应当适用主观标准，而不是客观标准，该判例将"知晓"限定于明知的范畴，并仅采用主观标准。[4]即可以这样理解，根据

---

〔1〕 参见《美国1998数字千年版权法（美国版权局提供概要）》，载 https://www.pkulaw.com/iel/129a6495598da869c2c5015fc9663780bdfb.html？keyword=%E7%BE%8E%E5%9B%BD%E7%89%88%E6%9D%83%E6%B3%95，最后访问日期：2019年10月16日。

〔2〕 参见 17 U.S. Code § 512—Limitations on Liability Relating to Material Online，载 https://www.law.cornell.edu/uscode/text/17/512，最后访问日期：2020年2月16日。

〔3〕 参见 17 U.S. Code § 512 - Limitations on Liability Relating to Material Online，载 https://www.law.cornell.edu/uscode/text/17/512，最后访问日期：2020年2月16日。

〔4〕 参见熊文聪："避风港中的通知与反通知规则——中美比较研究"，载《比较法研究》2014年第4期。

DMCA 的规定，如果投诉人或被投诉人在主观没有过错的情况下发布"通知"或"反通知"，即便最后该"通知"或"反通知"被认定为错误通知，也不需要承担相应的民事责任；只有主观上存在过错（即可认定为恶意通知），才需要承担赔偿责任，这与我国《保护条例》和《电商法》中的规定是不同的。实际上，我国《保护条例》是在美国 DMCA 的基础上结合我国实际情况进行的法律移植[1]，也是在我国首次提出知识产权权利人应当承担错误通知的损害赔偿责任。《保护条例》第 24 条规定："因权利人的通知导致网络服务提供者错误删除作品、表演、录音录像制品，或者错误断开与作品、表演、录音录像制品的链接，给服务对象造成损失的，权利人应当承担赔偿责任。"从该条表述中可以看出，需要承担赔偿责任的法定情形是"错误删除"或者"错误断开"，而不是"错误通知"，因此可以说明，《保护条例》中规定的"错误"是指在客观结果上发生了错误，即错误地采取了必要措施（错误地删除或断开），此时无论权利人和被投诉人在主观上是善意还是恶意，对错误是否明知，只要造成了客观的错误结果，就要承担相应的赔偿责任，显然，这一点不同于 DMCA 中规定的"知晓的实质性错误"（即"错误通知"）。与《保护条例》相比，《电商法》虽然创设性地规定了恶意通知的惩罚性赔偿责任，但是仍然坚持的是客观归责的原则，只是将主观要件进行了分类和细化，如果主观无过错，则属于错误通知，按照《电商法》第 42 条第 3 款前半部分依法承担民事责任；如果主观有过错，则属于恶意通知，造成平台内经营者损失的，则按照第 42 条第 3 款后半部分加倍承担赔偿责任。

针对第四个问题，"错误通知"和"恶意通知"在实务中如何界定也是值得探讨的问题。对于绝大部分的侵权投诉，尤其是涉及专利侵权投诉、复杂的商标侵权投诉方面没有一个明确的分界线，这会给电商平台造成一定的困扰。根据《侵权责任法》和《电商法》规定，我国法律将"知道"作为电商平台侵权过错责任成立的要件。根据 2013 年 12 月《北京市高级人民法院关于审理电子商务侵害知识产权纠纷案件若干问题的解答》（以下简称《北京高院解答》）[2]，"知道"包括"明知"和"应知"。"明知"与"应知"作

---

〔1〕 参见欧达婧："电子商务平台经营者的'通知—删除'义务及其责任承担——从《电子商务法》第 42 条展开"，载《重庆邮电大学学报（社会科学版）》2019 年第 6 期。

〔2〕 参见石必胜、赵岩："北京高院规范电子商务侵害知识产权纠纷审理"，载 http://bjgy.chinacourt.gov.cn/article/detail/2013/02/id/896621.shtml，最后访问日期：2020 年 2 月 29 日。

为一种主观心理状态，应当通过客观化的标准进行衡量。[1] 在实务中，电子商务平台判断"知道"需要根据商家提供的相应证据来证明，问题在于证据要达到何种充分程度才可推定为"知道"，民事证据法采用的高度盖然性标准是针对具有专业司法裁判能力的法官提出的，而相对于法官来说，电商平台对商标侵权行为的判断能力较低，也就不能用相同标准来要求电商平台。[2] 因此，对于"错误通知"和"恶意通知"的规定不明确，直接影响对商标侵权的处理效率和过错认定。

（二）"惩罚性赔偿"的相关问题及影响

对于恶意发出错误通知造成经营者发生经济损失的情形，《电商法》创设性地增加了"惩罚性赔偿"条款。但是，对于"惩罚性赔偿"的合理性和必要性，学界有所争议。反对者认为，在电子商务行为中，该款规定的"造成平台内经营者损失"一般只涉及财产损失或人格权上的损失（如名誉权等），并无造成死亡或健康严重受损的情形，若对此适用惩罚性赔偿，违背了我国立法中的一贯立场，即将惩罚性赔偿适用范围限定在严格侵权行为范围内。[3] 但本文不这样认为。在我国惩罚性赔偿的法律法规体系中，出现最早的是2013年修正前的《中华人民共和国消费者权益保护法》（以下简称《旧法》）第49条[4]，之后出台的《中华人民共和国食品安全法》第96条第2款的规定也受《旧法》的影响。此后，随着《侵权责任法》的出台，惩罚性赔偿适用范围扩大到侵害各种权益的行为，但《侵权责任法》中的惩罚性赔偿主要在严重侵权行为范围内适用，[5] 并以模糊规定的方式将具体数额认定交由人民法院结合个案予以考量[6]。《电商法》中"惩罚性赔偿"条款的设立承袭了《侵权责任法》的立法逻辑，目的是制裁恶意行为人，防止恶性竞争的情

〔1〕 参见倪端："网络交易平台商标侵权认定规则研究"，载宿迟等主编：《网络知识产权保护热点疑难问题解析》，中国法制出版社 2016 年版，第 234 页。

〔2〕 参见张颖、翟睿琦："电商平台商标侵权中避风港规则适用研究"，载《河南财经政法大学学报》2018 年第 5 期。

〔3〕 参见欧达婧："电子商务平台经营者的'通知—删除'义务及其责任承担——从《电子商务法》第 42 条展开"，载《重庆邮电大学学报（社会科学版）》2019 年第 6 期。

〔4〕 参见《旧法》第 49 条："经营者提供商品或者服务有欺诈行为的，应当按照消费者的要求增加赔偿其受到的损失，增加赔偿的金额为消费者购买商品的价款或者接受服务的费用的一倍。"

〔5〕 参见全国人大常委会法制工作委员会民法室编：《中华人民共和国侵权责任法条文说明、立法理由及相关规定》，北京大学出版社 2010 年版，第 197 页。

〔6〕 参见梁慧星："中国侵权责任法解说"，载《北方法学》2011 年第 1 期。

况出现。随着网络商务的快速发展，如果利用法律漏洞进行恶性竞争的情形的数量过多，会对平台商品多样性造成极大的打击，给平台和经营者都带来巨大的利益损失，也会给普通消费者造成不便和困扰，从而影响网络平台的正常运营，因此这已经不仅仅是涉及财产损失或名誉损失的问题。所以本文认为，如果取消惩罚性赔偿，就无法保障正常经营商家的利益，其后果更是不堪设想。

四、知识产权保护条款的完善建议

（一）对于《电商法》相应条款细化或出台司法解释

目前，《电商法》是中国构建互联网法律体系的一个重大创新举措，是值得肯定的，不断推动电子商务的法治建设是电子商务实现高质量发展的必然要求，因此对于知识产权保护相关条款，目前仍需细化。本文认为应该在以下几方面进行更为明确的规定和解释：

其一，建议对《电商法》第42条中"通知应当包括构成侵权的初步证据"加以具体规范。初步证据应该包含哪些内容，达到何种证明程度，证据资格如何规定都应该进一步明确；其二，将《电商法》第42条中"错误通知"和"恶意通知"的界限加以具体规定，否则在实际操作中会给电商平台造成一定困扰；其三，是否要为"通知—删除"规则设置担保或反担保制度尚需明确。"删除"规则效力类似于诉前禁令的效力，这种法律效力所带来的影响非常大，而诉前禁令在法律规定中是有明确的保证金或者担保制度的，为平衡电商平台、商家等各方的利益，在权利人投诉或者在被投诉人发起反通知时，应该提供一定比例的担保费用。如果在后续的审查中发现商家具有"恶意通知"的性质，该担保费用可以用来补偿商家的经济损失。[1]当然，涉及担保制度设计、担保费用缴纳和保管等一系列问题都尚待探索，也相信随着互联网法律制度的不断完善，这些问题都可以得到更好的解决。

（二）改进知识产权保护条款的程序规则

根据《电商法》第41条至第45条规定，目前电商平台受理知识产权侵权投诉行为的流程为：通知→删除→反通知→15天等待期→平台决定终止或

---

［1］参见范艳伟、王珏："电商法来了，平台怎么办？——论《电子商务法》下电商平台'通知—删除'规则的适用"，载《北京航空航天大学学报（社会科学版）》2019年第6期。

不终止删除行为。

这种流程的弊端在前文已详细分析，针对以上弊端有两种不同的改进措施：

一是取消"15 天等待期"。电商平台在收到并审核权利人发出的通知后，立即采取必要措施保障权利人利益，同时将通知转送给被投诉人。如果被投诉人认为自身没有侵权行为，即可提交反通知，待平台审核通过后，应立即终止先前所采用的必要措施，恢复下架商品，而不用等到 15 天之后才根据权利人是否起诉或投诉决定是否要终止必要措施。之后权利人可通过诉前禁令或者起诉的方式解决争议。

二是将"反通知"程序前置，即为通知→反通知→删除。电商平台在收到并审核权利人发出的通知后，先不立即采取下架等必要措施，而是给平台经营者一个及时申辩的机会，在将通知转送给被投诉人的同时，要求后者在规定期限内提交反通知。如果后者在规定期限内提交符合审核要求的反通知，平台将反通知转送给权利人之后，无须采取任何下架等必要措施，权利人需要另行通过诉前禁令或者起诉的方式解决争议；如果被投诉人在规定期限内没有提交反通知或者提交的反通知没有通过审查，平台需要在规定期限结束后立即采取删除、屏蔽等必要措施，否则对造成的损失扩大部分需要承担连带责任。

以上两种方法均可以起到平衡投诉双方地位、减少恶意投诉比例的作用，也可以大幅度降低平台内合法合规销售者因错误下架而造成的经济损失，尤其是在"618""双 11""双 12"等特殊时期，销售者不至于因被迫下架或被迫等待 15 天而错过商机；同时在这个过程中，平台也可以更好地发挥居中保护善意权利人和平台商家的利益和名誉的作用，促进平台、商家、消费者之间关系的良好配合和协同发展，从而创造更优质的电商环境，这也是行业发展的大势所趋。当然这也会涉及平台的审查义务，这一点将在下一项建议中详细阐述。

然而，这种方法可能会被认为使真正的权利人无法在第一时间得到救济，毕竟这一法条规定的初衷是为了加强知识产权侵权打击力度，但是本文认为，在任何制度中，"平衡"二字至关重要。《侵权责任法》的出台是为了取得保障权利人合法权利与促进网络产业健康发展二者的平衡[1]，而《电商法》

---

[1] 参见王胜明主编：《中华人民共和国侵权责任法释义》，法律出版社 2013 年版，第 198 页。

第1条[1]就明确说明了该法的立法目的是为了保障电子商务各方主体的合法权益，因此对于立法者而言，保障民事主体的合法权益是首要的价值选择，在不存在与公共利益相冲突的情况下，应当保证投诉双方地位和利益的平衡。况且在实践中，出于利益损失和工作效率直接相关的原因，相比于"15天等待期"而言，转送通知、反通知和审查的时间都比较短[2]，给商家带来的损失相对较低。另外，如果权利人认为该侵权情形非常紧急，不立刻采取措施就会带来极大的损失，权利人可以选择立即申请诉前禁令，并及时向法院起诉。

（三）规定电商平台承担一定的实质审查义务

根据《电商法》第41条至第45条规定，目前电商平台在接到权利人通知后无须进行实质审查，也无须与平台经营者进行及时了解和沟通，只需要立即采取必要措施即可。这种立法模式确实有利于保障权利人合法权利，减轻电商平台所需承担的法律义务和法律责任，也降低其审查成本。从表面上来看，这是一种权利人和平台双赢的立法模式选择，但是这种表面上的双赢却会给我国电子商务发展带来更多问题。

随着电子商务的快速发展，现阶段电商平台的本质不再是单纯的技术通道，在商品和服务展示、交易规则安排、商品和服务评价、商户信用评价等方面均扮演了非常积极的角色，对交易拥有一定的控制能力[3]，可以在一定程度上引导、塑造平台交易秩序，因此立法决策者需要在"完全的技术中立+豁免平台义务"与"有限的技术中立+科以平台更重的义务"之间作出理性的选择[4]。本文认为规定电商平台需要承担与之对应的一定程度的专业、复杂的专利侵权认定实质审查才符合行业发展趋势。原因有以下三点：

一是可以提升投诉门槛，减少因恶意商业竞争而投诉的比例。目前的"通知—删除"规则会诱发知识产权滥用，损害电商平台、经营者甚至消费者

---

〔1〕 参见《电商法》第1条："为了保障电子商务各方主体的合法权益，规范电子商务行为，维护市场秩序，促进电子商务持续健康发展，制定本法。"

〔2〕 如淘宝设置的反通知期限为3个工作日，审查时间一般在3—7个工作日。根据《2019年阿里巴巴知识产权保护年度报告》，96%的知产投诉在24小时内即被处理。

〔3〕 参见赵鹏："私人审查的界限——论网络交易平台对用户内容的行政责任"，载《清华法学》2016年第6期。

〔4〕 参见虞婷婷："网络服务商过错判定理念的修正——以知识产权审查义务的确立为中心"，载《政治与法律》2019年第10期。

多方利益。如果没有实质性审查，电商平台在收到侵权通知后即立即下架商品，如前文所述，这种高强度的法律效力基本等同于法院的诉前禁令，但是审查标准却和诉前禁令有极大的差别。《最高人民法院关于审查知识产权纠纷行为保全案件适用法律若干问题的规定》（以下简称《知产保全规定》）第5条至第7条[1]对审查内容进行了细化，认为申请诉前行为保全需要以询问为原则，并对其紧急性、侵权可能性等进行实质性审查。因此对于《电商法》规定的"通知—删除"原则，也应为电商平台配套一定程度的实质审查义务来进行事前预防和事后及时制止。

二是常怀敬畏之心，促使经营者正确、合理、积极地行使自己的权利。由于经营者知道平台需要进行实质审查，如果提交的证据材料不具有足够的证明力，平台有权选择驳回，经营者就无法有效维护自己的权利，因此平台承担实质审查义务会提高经营者举证的积极性，同时也会减少恶意投诉、恶意举证、恶意反驳或者消极应对等情况出现的概率。

三是提高效率，降低诉讼转化率，降低成本。要求平台承担实质审查的义务，有利于电商平台对"通知"和"反通知"都及时作出正确有效的反馈，减少因多次走形式审查程序而耽误的时间，从而提高效率。另外，即便出现该侵权事件超出平台的实质审查能力导致平台无法认定是否侵权的情况，先前提交的具有证明力的证据材料也可以直接提供给法院，作为法院裁决的证据或者参考，减少再次取证的时间。同时，平台承担了一定的实质审查义

---

[1] 参见《知产保全规定》第5条："人民法院裁定采取行为保全措施前，应当询问申请人和被申请人，但因情况紧急或者询问可能影响保全措施执行等情形除外。人民法院裁定采取行为保全措施或者裁定驳回申请的，应当向申请人、被申请人送达裁定书。向被申请人送达裁定书可能影响采取保全措施的，人民法院可以在采取保全措施后及时向被申请人送达裁定书，至迟不得超过5日。当事人在仲裁过程中申请行为保全的，应当通过仲裁机构向人民法院提交申请书、仲裁案件受理通知书等相关材料。人民法院裁定采取行为保全措施或者裁定驳回申请的，应当将裁定书送达当事人，并通知仲裁机构。"第6条："有下列情况之一，不立即采取行为保全措施即足以损害申请人利益的，应当认定属于民事诉讼法第100条、第101条规定的'情况紧急'：①申请人的商业秘密即将被非法披露；②申请人的发表权、隐私权等人身权利即将受到侵害；③诉争的知识产权即将被非法处分；④申请人的知识产权在展销会等时效性较强的场合正在或者即将受到侵害；⑤时效性较强的热播节目正在或者即将受到侵害；⑥其他需要立即采取行为保全措施的情况。"第7条："人民法院审查行为保全申请，应当综合考量下列因素：①申请人的请求是否具有事实基础和法律依据，包括请求保护的知识产权效力是否稳定；②不采取行为保全措施是否会使申请人的合法权益受到难以弥补的损害或者造成案件裁决难以执行等损害；③不采取行为保全措施对申请人造成的损害是否超过采取行为保全措施对被申请人造成的损害；④采取行为保全措施是否损害社会公共利益；⑤其他应当考量的因素。"

务，及时解决经营商家之间的侵权纠纷，也会降低诉讼转化率。而从成本角度来看，降低了诉讼转化率，就会降低经营者为维护自己的权利而需要支付的司法救济成本，即便平台需要增加一定的实质审查成本，但是相比司法救济成本而言也是微不足道的。

但这并不意味着不加区分地让所有电商平台对其网络经营者的任何信息都一一审查，因此厘清在针对不同类型的知识产权侵权中需要承担的具体审查要点、审查方式选择以及相关配套措施的采取，都需要理论界和实务界在今后的研究中共同努力、不断深化。

五、结　语

我国《电商法》在知识产权保护方面的规定是值得肯定的，在《侵权责任法》的基础上，增加了"惩罚性赔偿条款""15天等待期"等新的规定。但是，目前"通知—删除"规则尚需细化，"15天等待期"的规定也会导致三方行为主体利益不平衡，"错误通知"和"恶意通知"界限也尚不明确。建议改进知识产权保护条款的程序规则，例如删除"15天等待期"、将"反通知"规则前置等；规定电商平台承担一定的实质审查义务等。此外，为进一步解决"通知—删除"规则在我国司法实践中存在的具体问题，尚有对相关裁判案件展开实证研究的必要性，让理论界和实务界一同推进电子商务法治建设，创造更优质的营商环境。

趣步 APP 是否构成非法传销?

廖　明　郑伊可*

一、非法传销的概念及特点

在我国，行政法领域和刑法领域对非法传销行为均有相关规范，但两者对非法传销的界定存在差异。

（一）行政法意义上非法传销的概念及特点

根据国务院 2005 年公布的《禁止传销条例》（以下简称《条例》）第 2 条的规定，传销，是指组织者或者经营者发展人员，通过对被发展人员以其直接或者间接发展的人员数量或者销售业绩为依据计算和给付报酬，或者要求被发展人员以交纳一定费用为条件取得加入资格等方式牟取非法利益，扰乱经济秩序，影响社会稳定的行为。[1]行政法意义上的非法传销包括三种方式：一是"拉人头计酬"；二是"收取入门资格费获利"；三是"团队计酬"式传销[2]。

由此可知，界定行政法意义上的非法传销行为需要满足两个要件，一是

---

* 廖明，北京师范大学法学院暨刑事法律科学研究院副教授，法学博士；郑伊可，北京师范大学法学院 2018 级法律硕士研究生。

〔1〕 参见《条例》第 7 条："下列行为，属于传销行为：①组织者或者经营者通过发展人员，要求被发展人员发展其他人员加入，对发展的人员以其直接或者间接滚动发展的人员数量为依据计算和给付报酬（包括物质奖励和其他经济利益，下同），牟取非法利益的；②组织者或者经营者通过发展人员，要求被发展人员交纳费用或者以认购商品等方式变相交纳费用，取得加入或者发展其他人员加入的资格，牟取非法利益的；③组织者或者经营者通过发展人员，要求被发展人员发展其他人员加入，形成上下线关系，并以下线的销售业绩为依据计算和给付上线报酬，牟取非法利益的。"

〔2〕 参见最高人民法院、最高人民检察院、公安部 2013 年发布的《关于办理组织领导传销活动刑事案件适用法律若干问题的意见》第 5 条规定，传销活动的组织者或领导者通过发展人员，要求传销活动的被发展人员发展其他人员加入，形成上下线关系，并以下线的销售业绩为依据计算和给付上线报酬，牟取非法利益的，是"团队计酬"式传销活动。

形式要件，二是实质要件。形式要件上表现为"拉人头""收取入门费"或"团队计酬"，实质要件上表现为牟取非法利益的目的和扰乱经济秩序、影响社会稳定的损害后果。因此，趣步 APP 是否构成行政法意义上的非法传销，既要分析其商业模式的外在表现，也需要分析其是否有牟取非法利益的目的并造成了实际的危害后果。

（二）刑法意义上非法传销的概念及特点

根据《中华人民共和国刑法》（以下简称《刑法》）第 224 条之一规定："组织、领导以推销商品、提供服务等经营活动为名，要求参加者以缴纳费用或者购买商品、服务等方式获得加入资格，并按照一定顺序组成层级，直接或者间接以发展人员的数量作为计酬或返利依据，引诱、胁迫参加者继续发展他人参加，骗取财物，扰乱经济社会秩序的传销活动的，处 5 年以下有期徒刑或者拘役，并处罚金；情节严重的，处 5 年以上有期徒刑，并处罚金。"本条规定系 2009 年《中华人民共和国刑法修正案（七）》第 4 条增设，其罪名为组织、领导传销活动罪。

从刑法条文可以看出，刑法意义上的非法传销包括两种方式：一是"拉人头计酬"；二是"收取入门资格费获利"。

与行政法意义上的非法传销相比，首先，刑法意义上的非法传销不包括"团队计酬"式传销。以销售商品为目的、以销售业绩为计酬依据的单纯的"团队计酬"式传销活动，不作为犯罪处理。但形式上采取"团队计酬"方式，实质上属于"以发展人员的数量作为计酬或者返利依据"的传销活动的，应当依照《刑法》第 224 条之一的规定，以组织、领导传销活动罪定罪处罚。另外，刑法意义上的传销要求有一定层级。根据最高人民法院、最高人民检察院、公安部 2013 年发布的《关于办理组织领导传销活动刑事案件适用法律若干问题的意见》的规定，刑法意义上的传销应当具有 30 人以上且层级 3 级以上规模。

因此，我国刑事立法规定的非法传销犯罪的构成要件比行政法规对非法传销的规定更为严格，构成行政法所认定的非法传销，未必构成刑法所认定的非法传销犯罪。

二、趣步 APP 运营模式简析

趣步 APP 是湖南趣步网络科技有限公司（以下简称"趣步公司"）开发

运营的软件，该公司于 2018 年 6 月 5 日成立，经营范围包括软件开发、区块链技术咨询、区块链技术开发等。趣步公司自称自 2018 年 9 月趣步 APP 上线以后，同时拥有 3000 万以上的注册用户。

"走路就能赚钱""让汗水不白流"的宣传的确让人难以拒绝，自长沙市政府表示已立案调查趣步 APP 后，对其运营模式本质的讨论和争议在其发展和存续期间一直存在，究竟是否构成非法传销，需要站在用户的角度，了解趣步 APP 的运营模式，从而进行更深层次的法律分析。

（一）第一阶段：免费领取任务

新用户安装注册趣步 APP 时，需提供身份证号码等个人信息并通过支付宝支付 1 元人民币进行身份验证，注册成功后就可以使用其基本功能了。那么用户是如何通过走路赚钱的呢？主要是通过以下模式：走路获取"糖果"〔1〕——"糖果"置换 GHT〔2〕"虚拟货币"——交易 GHT"虚拟货币"赚钱。趣步 APP 设置了不同类型的任务卷轴机制，完成任务卷轴可以获得相应的"糖果"奖励，但兑换不同等级的任务卷轴所需"糖果"也是不同的（详见表一）。也就是说，用户首先需要领取任务卷轴，完成一定的走路任务后即可获得平台分发的"糖果"奖励，而"糖果"可以用来置换 GHT，而最为关键的一步是，趣步 APP 为用户提供了 GHT 与人民币之间的交易平台，用户通过平台即可置换"真金白银"，从而完成"走路就能赚钱"的全过程。这里需要注意的是，GHT 的价格是由其交易平台上供需关系决定的，"糖果"、GHT 与人民币之间的置换关系是用户使用趣步 APP 获利的关键。

任务卷轴等级	兑换所需糖果数	完成任务奖励糖果数	每日所需步数	基本活跃度（值）	任务时效（天）
试炼任务卷轴	10	15	4000	1	45
初级任务卷轴	10	12	3300	1	45
中级任务卷轴	100	119	3300	10	45
进阶任务卷轴	500	612	3400	50	45

〔1〕 糖果并非虚拟货币，产出方式是运动，总量为 10 亿枚，永不增发，随着会员数的增加，糖果将进行阶段性减产，用户可以通过平台匹配到买卖信息，然后自行交换。

〔2〕 GHT 是 Global Health Block Chain Club 俱乐部基于 EOS 公链发行的合约虚拟资产，发行总量为 10 亿枚。

续表

任务卷轴等级	兑换所需糖果数	完成任务奖励糖果数	每日所需步数	基本活跃度（值）	任务时效（天）
高级任务卷轴	1000	1260	3500	100	45
精英任务卷轴	5000	6480	3600	500	45
超级任务卷轴	10000	13320	3700	1000	45

表一　任务卷轴机制

新用户可以免费领取一个试炼任务卷轴，如果完成60天日行4000步的任务，用户可获得14.4枚"糖果"。此时若用户马上将"糖果"置换为GHT，以等级为1，交易手续费率为50%计算，14.4个"糖果"只能置换为9个GHT，GHT交易平台显示，目前GHT单价约2.93美元/个，交易平台使用人民币交易，并将汇率固定为1:7，交易平台还另外会固定收取交易额1%（以GHT形式）费用，故用户可卖出9个GHT获得约182元人民币的收益[1]。

如此，作为新用户，就得到了第一笔收益，也迈出了被引进"局内"的第一步。

（二）第二阶段：继续或离开

当用户完成试炼任务后就会面临一个关键的选择，第一是点到为止，将完成免费任务获得的"糖果"置换的GHT在平台上交易，赚得第一桶金后就离开，这样将不会产生任何损失，反而确实获得了收益（详见图一）。

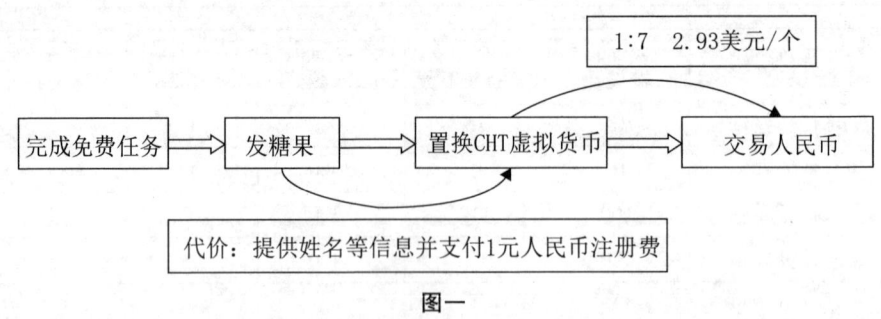

图一

---

[1] 参见千寻："趣步模式的法律分析之一——你说的传销，不是我谈的非法集资"，载 https://mp.weixin.qq.com/s/_ePC6ptxhKOfDTU5oH4jsg，最后访问日期：2020年2月18日。

第二是继续投入，延长获取收益的时间，以此获取更多收益。用户完成试炼任务卷轴获得"糖果"后，可以用现在所拥有的"糖果"兑换初级任务卷轴，不断积累"糖果"。但问题在于，无法用这种方式一直获得任务卷轴，因为用户可以领取的初级任务上限为 8 个，即使全部完成，所获得的"糖果"数 29.44 枚也无法兑换下一级任务或者继续兑换初级任务，此时用户将不得不离场，置换"糖果"，按 50% 交易手续费计算，用户卖出约 19 个 GTH 获得约 385 元人民币的收益。此时如果不进入第三阶段，用户将止步于此（详见图二）。

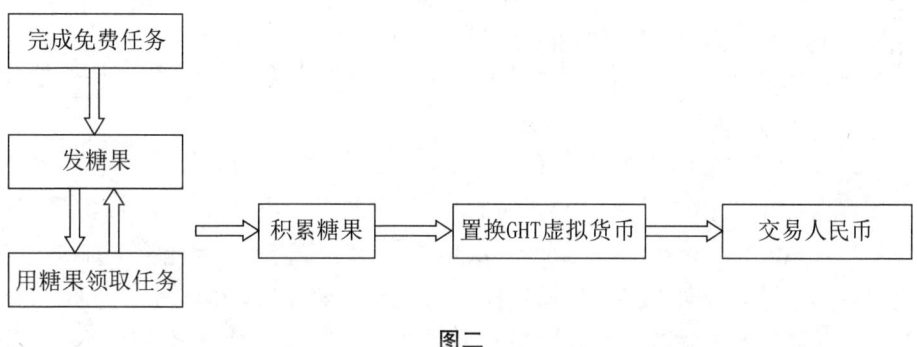

图二

（三）第三阶段：邀请好友或充值

如上图所示，当用户完成第二阶段，已经获得了所有可以免费获得的收益。但大部分人不会止步于此，也就进入了最为关键的第三阶段。在这一阶段，趣步 APP 为用户准备了比免费模式更具吸引力的升级玩法：通过邀请好友或者充值，用户可以实现等级提升、降低手续费、换取收益上升数十倍的任务卷轴、获得分红奖励等高额不对等回报，即适用更低的交易手续费，获得更多的"糖果"。

第一是邀请好友的方式。趣步 APP 通过规则设计，将用户"拉人"行为与"糖果"产出、交易费率等挂钩，促使用户拉人加入趣步 APP。在这里，首先要引出的是趣步 APP 获得"糖果"的规则："每日糖果产出收益 = 0.000 06×卷轴任务步数×卷轴基本活跃度 + 0.000 06×3000×加成活跃度"。也就是说，"糖果"的数量除了与领取的卷轴任务有关，还与卷轴基本活跃度和加成活跃度有关，那么如何提高卷轴基本活跃度和加成活跃度呢？由此，趣步 APP 推出了"拉人头"的模式，也引起了后来关于是否构成非法传销的讨论。

1. 邀请好友直接获得"糖果"奖励

2019年9月6日，趣步APP发布《9月6日系统更新公告》，推出一个新的获得"糖果"奖励的制度，即"新增邀请好友排行榜，并拨出置换手续费的10%奖励推广者"。"推广者共同平均分享前一日全球置换手续费的10%的糖果，计算公式为'直推奖励＝前一日全球置换手续费×10%÷前一日新增实名总用户数×个人前一日有效直推人数'。"因此，邀请好友可以直接获得"糖果"奖励。但用户"拉人头"也不是一劳永逸的，如果想保持高收益、低费率，就需要督促已经拉入的新人保持高活跃度，或者持续拉新人入伙。如果拉来的新人只是为了前期的收益，此后不再活跃不再投资，对于趣步APP来说就会毫无价值，因此通过上线督促、团队计酬的方式可以更好地提高免费用户向付费用户转化的效果。[1]

2. 邀请好友提高活跃度

趣步APP获得"糖果"的规则是："每日糖果产出收益＝0.000 06×卷轴任务步数×卷轴基本活跃度＋0.000 06×3000×加成活跃度"。因此除了直接通过推广获得"糖果"外，还可以通过提高基本活跃度的方式和充值方式来获得。基本活跃度又称任务活跃度，提高基本活跃度需要通过兑换更高级别的任务卷轴来实现，任务卷轴等级越高，基本活跃度越高。如果用户不投入资金，其需要通过"拉人头"成为星级达人获得卷轴奖励。同时，通过"拉人头"也可以提高加成活跃度，即推荐好友实名认证，可获得直推会员的基本活跃度的5%加成，活跃度加成随被直推人基本活跃度变化而变化。综上所述，用户想要增加"糖果"，就需要通过这种"拉人头"的方式直接获得"糖果"或者提高活跃度。

邀请好友实际操作起来进度缓慢并且限制较多，很多用户并不满足于通过拉人来增加收益，于是趣步APP"非常贴心地"为用户准备了充值模式。具体方式有三种：一是购买"糖果"兑换任务卷轴，完成任务获得"糖果"；二是购买手环或酷拉锐跑鞋获得并完成任务，取得"糖果"；三是付费谋求城市合伙人称号，获得并完成任务，享受城市会员基本活跃度加成权益、全球

---

[1] 参见程海宁："趣步模式的法律分析之二——高明的庞氏骗局"，载 https://mp.weixin.qq.com/s/JsBOOy7McOXvVcoG5pfZ7Q，最后访问日期：2020年2月19日。

交易手续费分红、全城商品交易手续费分红等收益。[1]

简单来讲，就是指用户直接花钱购买"糖果"换取任务或者购买高阶任务卷轴，从而获得相应的"糖果"，置换 GHT，再用 GHT 兑换真实的货币。在这里，用户之所以会被吸引从而投入资金获得"糖果"，并不是为了兑换 GHT，而是真实的货币。可以说，将普通用户转化为充值用户是趣步 APP 运营模式的终极目标，之前的种种模式不过是欲盖弥彰，或者是为了将用户一步步引到此处。只有当用户足够相信 GHT 的市场潜力时，才会选择投入真金白银以赚取虚拟的"糖果"、GHT，也只有这样，趣步 APP 不仅可以通过出售商品等获利，还可以将其向用户收取的以"糖果"或者 GHT 形式计算的手续费变现，这正是趣步 APP 获利的关键。如果用户在试炼任务、初级任务之后便退出趣步 APP，或采用拉人玩法，那么趣步 APP 除了 1 元人民币的实名认证费，无从收取任何费用。用户在此处所实际投入的资金正是给前期几种模式的用户收入提供来源，这种拆东墙补西墙的做法使得其"庞氏骗局"的本质开始显现。趣步 APP 将邀请好友和充值所骗取的财物无差别地汇聚在一起，然后设置了完成不同等级的任务这种看似合理的规则，将非法获取的财物中的一部分以奖励的形式分配给完成任务的用户，消除了原本上线对下线的依附性，不再采取直接将用户发展下线产生的收益分给用户的方式，但根据其计酬方式，这属于变相的每个"层级"都有获利，本文认为其属于多级分销。

三、趣步 APP 模式是否涉嫌非法传销

在我国，行政法领域和刑法领域对非法传销行为均有相关规范，但两者对传销的界定存在差异。与行政法意义上的非法传销相比，首先，刑法意义上的非法传销不包括"团队计酬"；其次，刑法意义上的传销要求有一定层级。因此，我国刑事立法规定的非法传销犯罪的构成要件比行政法规对非法传销的规定更为严格，构成行政法所认定的非法传销，未必构成刑法所认定的非法传销犯罪。

就外在表现来说，趣步 APP 存在收取实名认证费、邀请好友、充值购买

---

〔1〕 参见千寻："趣步模式的法律分析之一——你说的传销，不是我谈的非法集资"，载 https://mp. weixin. qq. com/s/_ePC6ptxhKOfDTU5oH4jsg，最后访问日期：2020 年 2 月 18 日。

"糖果"或卷轴等行为，触及了一般非法传销认定中的"拉人头计酬""收取入门费"等常见表现。

就实质要件来说，主要是分析其是否有牟取非法利益的目的并造成了实际的危害结果。是否满足实质要件也是争议的来源。

首先是关于"走路就能赚钱"的宣传，"让汗水不白流""只要每天走够4000步，每月就至少能赚200元人民币"，无论趣步APP的运营方式是多么独特或者复杂，其核心运营逻辑都是"走路赚钱"，那么人们赚到的钱究竟是什么来源？是趣步APP后续合法的经营收入还是拆东墙补西墙的"庞氏骗局"？

其次是针对收取实名认证费的行为，在典型的传销中，成员通常会通过缴纳高额入门费满足传销组织设定的获取奖励条件，传销组织则以成员所缴纳的高额入门费为牟利来源，并通过"以新偿旧"维持组织运营假象。而在趣步APP中，虽然收取了1元人民币的实名认证费，但金额极低，是否满足行政法和刑法意义上非法传销中的"收取入门费"这一条件？同时，用户购买手环、酷拉锐跑鞋获得任务以及加入城市合伙人的行为是否构成以购买商品等的形式变相支付入门费？

再次是针对邀请好友这种"拉人头"行为，通过第一部分的分析可以得知，用户发展新人实名注册APP、邀请商家入驻趣步APP商圈，可以实现提高贡献值、增加加成活跃度或获得参与分享"糖果"资格的效果，而这三种效果又对应着降低"糖果"置换GHT手续费、增加每日完成任务可得"糖果"奖励数或获得"糖果"奖励的影响。这看似是以用户直接或间接发展的人员数量作为计酬依据的"发展下线"行为，但实际上，用户发展人员数量的增加不必然提高用户可获"糖果"数，不必然提高用户最后可获得的人民币实际收益，关键在于两者之间的因果关系如何认定，这究竟是障眼法还是真的不违法？

最后是关于现金充值，通过第一部分的分析可以得知主要有三种充值方式，对于购买"糖果"的行为，用户花钱购买"糖果"以兑换任务卷轴主要在于其相信"完成走路任务——产出'糖果'——'糖果'置换为GHT——交易GHT赚钱获利"的平台运营模式，因此是否能够认定其获取了非法利益，最关键的是要认定当骗局崩溃之时，参与者遭受的损失究竟是来自GHT交易价格的崩溃，还是来自趣步APP的运营模式？

关于以上争议点，趣步 APP 的运营模式究竟是一种性质中立的商业创新，还是本身违法的商业模式？趣步 APP 是否存在牟取非法利益的目的，有没有扰乱正常市场秩序？逐个阶段分析，趣步 APP 模式可能有其合理性，但这种方式往往容易将前后阶段的因果联系割裂开来，需要从更加宏观的视角去分析趣步 APP 模式作为一个整体来运营是否涉及非法传销的问题。既需要分析趣步 APP 的运营模式是否符合行政法意义上认定非法传销的三个标准："拉人头计酬""收取入门资格费获利"和"团队计酬"传销，也需要分析其符合了一般违法行为的前提下是否达到了犯罪的程度，即形式上采取"团队计酬"方式，实质上属于"以发展人员的数量作为计酬或者返利依据"的传销活动，以及传销模式达到了刑法要求的一定层级，从而构成组织、领导传销活动罪。相信通过以上争议点的分析，大家也能看出端倪。每每涉及认定传销的典型行为，趣步 APP 总是很好地避免了"正面冲突"，但并不足以掩盖其传销本质。本文认为趣步 APP 本质上就是一场"庞氏骗局"，它的确区别于普通模式的"庞氏骗局"，主要表现为延长了认定传销行为的关键时间节点，并将认定传销的典型行为都做了不同程度的伪装，将"拉人头"和"收取入门费用"等表现形式和获取非法收益的最终目的，在行为阶段和完成时间两个维度上都分隔开来，营造了二者脱离因果关系的假象，这给单纯依据法条认定趣步 APP 的性质造成了一定的困难，但并不影响趣步 APP 构成了非法传销的事实。

四、趣步 APP 构成非法传销的法律分析

由丁趣步 APP 有一定的复杂性和独特性，并且它特殊的运营模式和获利机制有意地避开了认定传统传销的关键节点，所以理论界和实务界一直没能达成清晰的共识，从微观的具体行为对其进行分析，确实存在一定的困难，但从宏观视角进行分析，趣步 APP 毫无疑问构成非法传销。本文认为，趣步 APP "拉人头计酬""收取入门资格费获利""团队计酬"等行为不仅构成了行政法所认定的一般违法传销，并且其层级要求和团队计酬实质上属于"以发展人员的数量作为计酬或者返利依据"的行为，符合刑法所认定的非法传销，构成组织、领导传销活动罪。但趣步 APP 的运营模式的确与传统非法传销有所区别：相较于传统的非法传销，在"收取入门资格费"方面，趣步 APP 延长了认定收取费用的时间节点；在"拉人头计酬"方面，趣步 APP 采

取了新的计酬方式，取消了明显的层级关系，将财物无差别地汇聚在一起后再分配；在"承诺高额回报"方面，趣步 APP 利用 GHT 作掩护，避免了直接承担承诺责任，构建了完整的"新型庞氏骗局"体系。下面本文就逐一梳理第二部分提出的争议点，揭开趣步 APP 非法传销的真实面目。

（一）"走路就能赚钱"的本质

趣步 APP 一直以来的核心宣传就是"走路就能赚钱"，每天只要走走路就可以赚钱，实在是非常具有吸引力，那么钱从哪儿来呢？近年来围绕"运动步数"这个概念，已经有很多非常成功的商业模式，其中大家最为熟悉的莫过于支付宝客户端的公益项目"蚂蚁森林""公益捐步"等，其中"蚂蚁森林"是支付宝客户端为首期"碳账户"设计的一款公益行动：用户通过步行、地铁出行等行为，能减少相应的碳排放量，可以用来在支付宝里养一棵虚拟的树，这棵树长大后，公益组织、环保企业等蚂蚁生态伙伴们，可以"买走"用户的"树"，而在现实某个地域种下一棵实体的树。这些更多是公益性质的商业模式，通过公益活动培养与用户间的认同和联系、增加用户粘性，间接实现其他商业效果。

反观趣步 APP 的商业模式：首先，趣步 APP 为用户设立的任务卷轴步数很少，普通人按照正常生活方式就可以轻松达到任务要求，并不需要刻意地外出活动，无须改变自己的生活方式也可以轻松赚钱。由此来看，趣步 APP 设立的目的很难被理解为帮助人们养成健康的生活方式、改变现有的生活习惯。通过第一部分对趣步 APP 运营模式的分析可以发现，用户在趣步 APP 上取得多少收益主要取决于不同的卷轴任务，卷轴任务越高，收益越大，并且高级卷轴任务和低级卷轴任务之间的收益差别巨大，相差最高可以达到上万倍，但却与趣步 APP 宣传的"走路就能赚钱"中的行走步数几乎完全无关，无论是何种等级的任务，都是 3000 到 4000 不等的步数。

其次，趣步 APP 并没有要求用户购买自己商城所研发的穿戴设备完成行走，所以用户在趣步 APP 中走路的方式是和平常一样的，那么其所产生的实际经济效益又是从何而来？初级玩家每天三四千步换大约 4 元人民币，如果说这样还算在合理范围内，那顶级玩家每天走三四千步，居然能换取 4 万多元人民币的巨额回报则远远超出了合理范围。

综上所述，使用趣步 APP 取得的收益主要是与领取的卷轴任务有关，也就是与邀请好友、充值现金等方式紧密相关。简单地说，人拉的越多，资金投入的越多，获得的收益就越大。由此可以非常清晰地看出，按照不同的等级分配非法所得，才是趣步 APP "走路就能赚钱"的本质。其根本不是为了让大众培养健康的生活方式，走路就能赚钱反而更像是一种形式上的伪装，只是借用这种健康生活方式的幌子去掩盖其获取非法利益的根本目的。

（二）实名认证费混淆视听——收取入门资格费获利

本文在第二部分中提到，针对收取实名认证费的行为，在典型的传销中，成员通常会通过缴纳高额入门费满足传销组织设定的获取奖励条件，传销组织则是以成员所缴纳的高额入门费为牟利来源，并通过"以新偿旧"维持组织运营假象。而在趣步 APP 中，虽然收取了 1 元人民币的实名认证费，但金额极低，因此产生了争议。有学者认为，考虑到趣步 APP 开发运维软件的成本，如给用户发送验证码短信所支付的资费，趣步 APP 无法通过向用户收取 1 元人民币来牟取非法利益，也没有利用收取的入门费作为给后注册用户的奖励，因此趣步 APP 收取的认证费可以被认定为合理的营业收入，不属于非法利益。[1] 但实际上，这 1 元人民币的实名认证费只是为了混淆视听：一方面，可以让新用户感觉趣步 APP 非常严谨、正规、务实，是在认真审核大家的身份，同时也可以起到迷惑监管机构和司法机关的作用。认定传统非法传销非常重要的一点就是收取"入门费"，因此当分析一个模式是否构成传销时，往往会以此作为重要标准。但是趣步 APP 在这里设立了一个形式上相似，但实质上根本无法被认定为牟取非法利益的"入门费"，就可以成功地转移大众的注意力，集中分析 1 元人民币实名认证费的问题，反而忽略掉了真正收取"入门费"的时间节点。

另一方面，趣步 APP 并不是没有收取"入门费"，这 1 元人民币实名认证费确实也不是传统非法传销中所指的"入门费"。真正的"入门费"是在用户投入资金时缴纳的，趣步 APP 只是巧妙地延迟了它的时间节点。也就是说，趣步 APP 的运营模式与传统非法传销模式不同的一点是，金字塔最底端的用户（只完成免费任务，没有投入资金的用户以及初期加入并且发展了大量下线的用户）和金字塔的顶尖用户（趣步公司）都是获利者，而中间部分的用户（完成免费任务后进入到充值阶段，投入资金的用户）才是真正被剥

---

〔1〕 参见千寻："趣步模式的法律分析之一——你说的传销，不是我谈的非法集资"，载 https://mp.weixin.qq.com/s/_ePC6ptxhKOfDTU5oH4jsg，最后访问日期：2020 年 2 月 18 日。

削的人。当用户完成所有免费任务后，发现无法免费继续任务时，就会不可避免地掉入陷阱，投入资金。之前的实名认证费就很好地掩盖了这时投入的资金，让人很难把此模式与传统非法传销中的收取入门费联想在一起。

在趣步 APP 中，在金字塔最底端的新用户就是其创新之处。在传统非法传销案例中，传销组织往往会直接要求新加入的成员缴纳高额的"入门费"，或是变相要求其购买一些价格虚高的保健品、日用品等，上述这些模式都过于初级、直接，即便是有一些伪装，也难以掩盖其主要非法收益都来自向发展的新成员收取的各种费用的本质。[1]但在趣步 APP 中，新用户只是缴纳了1 元人民币的实名认证费来混淆视听，也并没有被要求强制购买产品，反而为了吸引用户、增加用户粘性，一开始就被派发了试炼任务卷轴。如果能够理智地对待，用户真的可以在初期获利。在此，趣步 APP 的高明之处就是没有急于获利，允许一定的客户转化率，其承担了初期一部分无效客户的损失作为成本，也获得了很大的"收益"——很好地掩盖了其传销的本质并获得了一大批被初期获利所吸引的用户们，这些用户在后期会被趣步 APP 一步步吸引，为了获取高额收益而充值大量资金，而这些资金才是前期玩家和后期玩家"赚钱"的来源。这种拆东墙补西墙的做法属于典型的"庞氏骗局"。

虽然说趣步 APP 表面有很多看似合法的行为，但如果从宏观的整体角度进行分析，其绝对不属于合法营销的范围。要认定一个具有"拉人头""收入门费"等表面形式的营销模式是否合法，还需要分析其是否具有牟取非法利益的最终目的，二者并不能完全分开讨论，如果割裂了两者的关系，忽视了前者对后者的掩盖作用，就容易导致错误的分析。只要能够认定其具有最终的非法目的，那前者看似合法的行为都很有可能是实现非法目的的方式和手段。那么，用户购买手环、酷拉锐跑鞋获得任务以及加入城市合伙人的行为是否构成以购买商品等的形式变相支付"入门费"？根据第一部分对趣步 APP的梳理和分析，其实已经可以看出趣步 APP 在不断引诱用户深入。一方面，趣步 APP 从注册时就为新用户免费发放任务卷轴，用看似健康的方式获取了实际收益，为用户做好了良好的心理铺垫，认为自己健康生活的同时还可以赚钱，更容易放下心防，毫无防备、不够理智地迈入趣步 APP 早已设好的陷

---

〔1〕 参见程海宁："趣步模式的法律分析之二——高明的庞氏骗局"，载 https://mp.weixin.qq.com/s/JsBOOy7McOXvVcoG5pfZ7Q，最后访问日期：2020 年 2 月 19 日。

阱，随着收益的提高，充值的数额也越来越多，殊不知，只是"羊毛出在羊身上"而已。另一方面，趣步 APP 本身几乎没有开展实际的商业业务，虽然它也设置了手环、酷拉锐跑鞋等网上商城业务，但因为商城中只有部分商品可以使用"糖果"进行消费，其目的只是引诱用户投入更多资金换取"糖果"，或者采用迂回的方式，引诱用户投入资金购买卷轴、完成任务来赚取更多"糖果"，同时还可以在此业务的伪装下迷惑市场监督管理部门和公安司法机关。其核心模式根本不是通过运营实体业务赚钱、进行分红的正常商业营销行为，也不是为了将用户转化为商城消费者，进行合法的经营。

综上所述，趣步 APP 非法获取收益的目的已经十分明确：在此阶段设立了两组伪装，一是用 1 元人民币的实名认证费掩盖真正"入门费"，延迟认定传销的关键节点，在初期给予用户少量收益，引诱用户一步步进入其早已设计好的传销体系，诱导用户为了升级而邀请新用户、充值等换取巨额回报；二是象征性的商业模式掩盖其诱导用户投入资金购买"糖果"的本质。整个这一运营模式几乎毫无实际价值，既没有有价值的商业运营，也没有督促用户养成健康的生活方式。究其本质，就是利用创新后的"新型庞氏骗局"，骗取用户的资金。这种"收取入门资格费获利"的行为同时符合行政法意义上和刑法意义上的非法传销方式。

（三）邀请好友背后的伪装——变相的"拉人头计酬"和"团队计酬"

在传统的非法传销中，"拉人头"往往体现在上级可以以收取高额"入门费"，或者强制购买高价产品等方式直接从发展的下级处得到收益，再向上层层分红，上级与发展的下级之间有直接的依附关系。但在趣步 APP 中，情况略有不同，用户发展人员数量的增加不必然提高用户可获"糖果"数，不必然提高用户最后可获得的人民币实际收益，即使用户邀请众多亲友加入趣步 APP，也不会直接感受到自己得到的奖励是从亲友那里盘剥而来的，甚至如果发展的下线是理性用户，下线也能得到部分奖励（但下线的活跃度会影响后期收益水平）。

但经过分析可以发现，首先，趣步 APP 运营模式就是变相的"拉人头"。这种方式与传统非法传销模式的区别仅仅是将骗取的财物无差别地汇聚在一起，整个大团队的收益都被汇入一个"资金池"，然后设置了完成不同等级的任务这种看似合理的规则，将非法获取的财物中的一部分以奖励的形式分配给完成任务的用户，消除了原本上线对下线的依附性，不再采取直接将用户发展下线产生的收益分给用户的方式。趣步 APP 的运营模式中，用户通过"拉人头"等获得奖励的计酬方式的确不是与人头数等直接挂钩，而且拉进 APP 的新人也并不必然会为趣步 APP 的传销体系贡献收入，但本质上"拉人头"所对应的奖励还是通过复杂的计算规则同人头数联系在了一起，且具有高度的相关性[1]。这只是一种刻意伪装，表面上用户获得的高额收益是通过交易手续费和 GHT 兑换获得的，实际上主要还是来源于所拉人头的充值金额：直接或间接拉的人越多，所拉的人充值金额越大，获利也越大。这种"拉人头计酬"的行为同时符合了行政法意义上和刑法意义上的非法传销方式。

其次，虽然在趣步 APP 一度实施的类似"团队计酬"模式的团队活跃度玩法下，团队所获得的收益加成名义上也是来自"全球交易手续费"的分红等，似乎羊毛也没出在羊身上。[2]但究其根本，趣步 APP 并不是以销售商品为目的、以销售业绩为计酬依据的单纯的"团队计酬"传销活动，其形式上采取"团队计酬"方式，实质上属于"以发展人员的数量作为计酬或者返利依据"的传销活动。

最后，由于趣步 APP 计酬方式的特殊性和一体性，并没有明显的上下层级关系，但并不能否认其非法传销的本质。根据其计酬方式，属于变相的每个"层级"都有获利，并且从宏观角度来看，趣步 APP 显然已经达到了一定规模，符合刑法意义上的传销规定的"具有 30 人以上且层级 3 级以上规模"，应当依照《刑法》第 224 条之一的规定，以组织、领导传销活动罪定罪处罚。

（四）利用 GHT 作掩护——承诺高额回报

用户充值是趣步 APP "庞氏骗局"的关键一步，可以说之前的模式都是在为此做铺垫，吸引客户投入资金。用户愿意投入资金以兑换任务卷轴主要在于其相信"完成走路任务——产出'糖果'——'糖果'置换为 GHT——交易 GHT 赚钱获利"的平台运营模式，因此是否能够认定其获取了非法利益，最关键的是要认定当骗局崩溃之时，参与者遭受的损失究竟是来自 GHT 交易价格的崩溃，还是来自趣步 APP 的运营模式？

有学者认为，用户购买"糖果"所花费的资金可以被认定为为领取任务

---

〔1〕 参见程海宁："趣步模式的法律分析之二——高明的庞氏骗局"，载 https://mp.weixin.qq.com/s/JsBOOy7McOXvVcoG5pfZ7Q，最后访问日期：2020 年 2 月 19 日。

〔2〕 参见千寻："趣步模式的法律分析之一——你说的传销，不是我谈的非法集资"，载 https://mp.weixin.qq.com/s/_ePC6ptxhKOfDTU5oH4jsg，最后访问日期：2020 年 2 月 18 日。

卷轴、取得加入资格所支付的"入门费",但是,趣步 APP 并不出售"糖果"、GHT,用户是先买入 GHT,再将 GHT 置换为"糖果",因此,趣步 APP 并未收取用户费用,趣步 APP 所设计的平台规则并未鼓励用户背离实际需求无限制购买商品,用户在支付费用时也获取了较为成比例的服务,因此不满足传销中牟取非法利益的实质构成要件。[1]但经过分析可以发现,GHT 只是趣步使用的"障眼法"。在趣步 APP 体系内,支付工具和奖励都是以所谓"糖果"的形式展开,趣步 APP 一直的说法都是"运动产出的只是'糖果','糖果'并非'虚拟货币',且'糖果'本身与人民币之间并没有直接的对应关系,用户想用'糖果'变现人民币要通过一种所谓的'基于区块链技术的数字资产'GHT 进行",而名义上 GHT 的价格又是由其交易平台上供需关系决定——来自市场因素。

这一模式的加入就使得趣步 APP 显得更加高明。在传统非法传销中,人民币通常作为支付工具,即使创新了模式并加入很多表面的伪装,其本质也一定是与人民币紧密联系的,并且这时传销组织者本身是没有能力印制人民币的,这就是导致传统非法传销骗局败露的最大原因——当新的用户投入的资金不够,导致资金系统周转困难、资金链断裂,之前承诺的收益无法兑现,真相自然就会浮出水面。而趣步 APP 给大家承诺的只是虚拟的"糖果",并为"糖果"变现人民币设置了清晰、方便操作的兑换渠道,这真可谓是"一石二鸟":一方面,趣步 APP 从未承诺"糖果"与人民币之间的兑换比例;另一方面,趣步 APP 看似好像独立于兑换平台之外,更加增加了其可信度,仿佛远离了财产交易,但实际上,趣步 APP 已经掌控了传销体系中的"通货发行权"。即使新的投资人被骗的资金不足,趣步 APP 也完全不会出现传统非法传销中承诺无法兑现的问题。因为趣步 APP 承诺的"糖果"本身并没有价值,它可以继续为大家发放"糖果"奖励。

不得不说,趣步 APP 的高明之处就在于使 GHT 依市场交易而非直接兑换的方式实现人民币收益。GHT 的价格名义上是在交易平台自由交易产生的,而趣步 APP 并没有承诺"糖果"和人民币之间的兑换关系,至于"糖果"是否能兑换成 GHT,GHT 交易价格又会出现何种变化,似乎与趣步 APP 并没有

---

〔1〕 参见千寻:"趣步模式的法律分析之———你说的传销,不是我谈的非法集资",载 https://mp. weixin. qq. com/s/_ePC6ptxhKOfDTU5oH4jsg,最后访问日期:2020 年 2 月 18 日。

关系，只是"市场情况"变化的结果，但实际上正是趣步APP误导了用户去相信这种兑换关系，当骗局崩溃之时，参与者遭受的损失表面上来自GHT交易价格的崩溃，实质却是来自趣步APP传销体系。

因此，趣步APP利用GHT进行兑换并不能掩盖其非法获利的本质，究其根本，趣步APP之所以会"成功"，用户之所以会被吸引从而下载趣步APP并投入资金，并不是为了兑换GHT，而是真实的货币。趣步APP巧妙地利用了GHT掩盖了其"承诺高额回报"的本质：对内，利用用户急于获得高额收益的心理，用GHT混淆视听，只向用户承诺"糖果"可以兑换GHT，而不承诺GHT可以兑换真实货币，而用户似乎也与趣步APP达成了某种默契，无论形式如何，只要结果能取得高额收益即可；对外，也可以顺利掩盖传统非法传销认定中的"承诺在一定期限内给予高额回报"。但其本质就是在GHT的掩盖下，变相地向用户承诺了高额回报，应该承担"承诺"所带来的法律后果。

五、结　语

趣步APP到目前为止仍然没有司法层面的定性，本文希望通过分析呈现出自己对其的理解，供大家参考。趣步APP"拉人头计酬""收取入门资格费获利""团队计酬"等行为不仅构成了行政法所认定的一般违法传销，并且其层级要求和"团队计酬"实质上属于"以发展人员的数量作为计酬或者返利依据"的行为，符合刑法所认定的非法传销，构成组织、领导传销活动罪。趣步APP的确具有与传统传销的不同之处，其设置了多重伪装，使运营模式更加复杂且独特：一是用1元人民币的实名认证费掩盖真正"入门费"，延迟认定传销的关键节点，在初期给予用户少量收益，诱导用户为了升级而邀请新用户、充值等换取巨额回报；二是用象征性的商业模式掩盖其诱导用户投入资金购买"糖果"的本质；三是利用GHT"虚拟货币"交易来代替对用户的收益承诺，将用户的损失责任转移给市场因素。但这些伪装都掩盖不了其非法传销的本质，采用变化后的"拉人头"、许诺超额收益的模式意图获取非法利益，构成了典型的"拆东墙补西墙"的"新型庞氏骗局"，扰乱市场经济秩序，造成了严重的后果。

最后，本文还有几点心得体会希望分享：第一，在分析问题时应该先抓住问题的本质和目的，再观察其外在表现形式，这样更不容易被伪装的外在形式所迷惑。现在的骗局层层创新，但无论其外在形式如何变化，其获取非法利益的本质不会变，在此基础上理清思路，仔细分析才更容易躲过陷阱。第二，要提醒广大用户，当面临"天上掉馅饼"的高额收益时，一定要提高警惕，理智对待，高收益同样意味着高风险，而看似没有风险的高收益背后更是隐藏着难以看清的陷阱。

由一起电商平台"二选一"案件引发的思考

贺　新[*]

一、基本案情

2019 年 6 月，商户举报反映丹东市某网络公司利用技术手段对在线订餐平台内经营者进行不合理限制，扰乱市场秩序。经调查，由于当事人进驻丹东市电商配餐领域较早，市场占有率较高，在此基础之上，为扩大经营优势，拓展市场份额，要求注册使用其电子商务平台的用户进行平台经营"二选一"，对使用双平台开展送餐业务的商户，当事人对其采取缩小配送范围、置休、强制关闭、不通知下线等措施，使其无法在当事人的配送平台上开展外卖经营活动。

二、争议焦点

（一）当事人的行为，是否构成违法

针对此焦点，一种观点认为：当事人在交易选择的过程中，通过自身的市场份额优势，强制性地要求送餐商户必须使用当事人的代理平台开展送餐，如不按其要求，则对其在该平台配送的服务进行技术制裁，这种行为是一种破坏公平竞争秩序的不正当竞争行为，构成违法。

另一种观点认为：虽然当事人在平台经营过程中采取"二选一"的行为，但当事人并非无理由的"二选一"，而是通过"降低点位""买赠满减""拓宽配送范围"等方式争取交易机会，以牺牲自身利益份额的方式获得商户数量，是一种合理的市场竞争行为，不应予以行政处罚。

---

[*] 贺新，辽宁省丹东市市场监管局。

（二）当事人的违法行为应当适用何种法律予以处罚

第一种观点认为：当事人在本市占有绝对的市场份额，利用自身的优势进行排他性的"二选一"交易，此行为应当适用《中华人民共和国反垄断法》（以下简称《反垄断法》）进行查处。

第二种观点认为：当事人出于竞争的目的，违背商户的意愿搭售商品或者附加其他不合理的条件，应当适用《中华人民共和国反不正当竞争法》（以下简称《反不正当竞争法》）进行处理。

第三种观点认为：当事人对平台内经营者在平台内的交易、交易价格或者与其他经营者的交易等进行不合理限制或者附加不合理条件，适用《中华人民共和国电子商务法》（以下简称《电子商务法》）进行查处。

针对上述争议焦点，丹东市市场监管局认为，当事人的行为违反了《电子商务法》第35条："电子商务平台经营者不得利用服务协议、交易规则以及技术等手段，对平台内经营者在平台内的交易、交易价格以及与其他经营者的交易等进行不合理限制或者附加不合理条件，或者向平台内经营者收取不合理费用"的规定。

依据《电子商务法》第82条："电子商务平台经营者违反本法第35条规定，对平台内经营者在平台内的交易、交易价格或者与其他经营者的交易等进行不合理限制或者附加不合理条件，或者向平台内经营者收取不合理费用的，由市场监督管理部门责令限期改正，可以处5万元以上50万元以下的罚款；情节严重的，处50万元以上200万元以下的罚款"的规定，结合经营实际和裁量情况，丹东市市场监管局责令当事人改正违法行为，并处罚款30万元。

三、案情分析

（一）当事人"二选一"的行为违法

本文认为，"二选一"问题在电商经营过程中一直被热议，"二选一"本质是一种商业策略，作为商业策略，"排他性交易"是广泛存在的。比如：我们在麦当劳只能喝到可口可乐，而在肯德基只能喝到百事可乐。如果仅从经济上考虑，"排他性交易"其实是中性的，并不一定构成违法。电商平台如果以降低自己收益的方式来补贴平台内经营业户费用或者降低消费者的消费成本，应当视为一种合法的经营手段。因此，对于"二选一"行为是否违法的认定，应当看在交易过程中，当事人是否存在不合理的"排他性交易"或

"限定交易"行为。

本案中，通过对当事人与授权公司签订的协议、当事人与平台经营业户签订的协议的调查，并未在交易过程中存在当事人有降低自身利益而获取交易机会的行为。虽然当事人自己陈述在平台活动中有对商户及消费者"降低点位""拓宽配送范围""买赠满减"等优惠活动，但实际上述优惠行为并不存在。当事人仅仅因为其进驻丹东市电商配餐行业较早，市场占有率较高等实际客观优势，强制要求平台内商户进行"二选一"的选择，如不按要求选择，则采取缩小配送范围、置休、强制关闭、不通知下线等措施，使其无法在当事人的配送平台上开展外卖经营活动。因此对于这种行为，应当视为违法行为予以查处。

（二）当事人的违法行为应当适用《电子商务法》予以处罚

我国现行法律对于"二选一"问题的处理主要涉及三部法律：《反垄断法》《反不正当竞争法》和《电子商务法》。

本文认为，该案件首先不最优适用《反垄断法》进行查处。因为按照《反垄断法》查处的前提条件是只有在认定了当事人具有"市场支配地位"之后，实施"二选一"的行为才具备"滥用支配地位"的可能性。要界定市场支配地位，需先从"相关市场"问题入手进行分析。"相关市场"是一个法律术语，它指的是反垄断案件所涉及的产品和地域范围。在反垄断案件中，要根据"替代性原理"，才能完成对"相关市场"的分析。在该案查办过程中，部分执法人员认为，认定"相关市场"主要就是看市场份额状况。但事实上，根据《反垄断法》的规定，市场份额虽然重要，但绝非唯一判定指标。要判定市场支配地位，除了要看份额，还要综合考虑市场壁垒、市场进入动态、涉案主体对于资源的掌握状况等因素。更重要的一点是，相较于传统经济条件，电商平台条件下的市场份额与市场支配地位的关联程度要低得多，因此在认定平台的市场支配地位时，很有必要参考市场份额之外的其他指标。所以如何判定或者能不能判定该案中的当事人"具备并且滥用市场支配地位"，这一点其实很难给出确切的答案。

其次，关于《反不正当竞争法》和《电子商务法》，本文认为，本案中当事人的行为实质上损害了其他经营者的合法权益，破坏了市场秩序，他同时违法了《反不正当竞争法》和《电子商务法》的规定。但是应当看到，从立法目的上来讲，虽然《反不正当竞争法》和《电子商务法》都体现了维护市场秩序、保护经营者合法权益的精神，但就实际经营者的自身属性和经营行为来看，本文认为该案件更应适用《电子商务法》。

《电子商务法》是电商领域的专门法、特别法。电商配餐领域的"二选一"问题是伴随着我国电子商务的快速发展，新业态、新模式出现后产生的不正当竞争行为，较之传统交易形态下当事人权利保护面临的问题，既有共同之处，也产生相应变化。尽管与《电子商务法》衔接的法律涉及多个领域，但基本的法律适用的原则依然是特别法优于普通法、新法优于旧法、上位法优于下位法，虽然不能简单地按照特别法优于普通法的规定或新法优于旧法的规定理解，但《电子商务法》作为保障电子商务各方主体的合法权益、规范电子商务行为的专门法，也是我国电商领域首部综合性法律，针对该案中当事人在电商经营领域内的不正当竞争行为，更应适用《电子商务法》进行规范。

另外，《电子商务法》针对当事人的具体行为有明确规定。2019年1月1日起施行的《电子商务法》第35条规定："电子商务平台经营者不得利用服务协议、交易规则以及技术等手段，对平台内经营者在平台内的交易、交易价格以及与其他经营者的交易等进行不合理限制或者附加不合理条件，或者向平台内经营者收取不合理费用。"本案中，当事人为扩大经营优势，拓展市场份额，要求注册使用其电子商务平台的用户进行平台经营"二选一"，对使用双平台开展送餐业务的商户，当事人对其采取缩小配送范围、置休、强制关闭、不通知下线等措施，使其无法在当事人的配送平台上开展外卖经营活动。上述行为显然属于"利用服务协议、交易规则以及技术等手段，对平台内经营者在平台内的交易、交易价格以及与其他经营者的交易等进行不合理限制或者附加不合理条件"的行为。

四、案件引发的思考

关于电商领域的"二选一"问题，一直争议不断。到底"二选一"是符合市场规律的合法行为还是破坏市场秩序的违法行为，很难界定。本案实际是当事人在未提供优惠政策的前提下，简单地凭借市场优势地位强制实行"二选一"。但是应当看到，一些互联网平台并不是通过胁迫方式强制商家"二选一"，直接禁止入驻商家与这些平台的竞争对手合作，而是通过一些优惠政策吸引商家与其"自愿"签订排他协议。面对不断演变的"二选一"行为，到底如何界定，确实值得执法人员思考。因此这就需要执法人员回到我国电子商务发展实际和《电子商务法》的立法目的进行考虑。

随着市场经济的不断深入，电子商务成为一个潜力巨大的市场，通过双向信息沟通、灵活的交易手段和快速的交货方式，会给社会带来巨大的经济效益。正是在此背景下，为了保障电子商务各方主体的合法权益，规范电子商务行为，维护市场秩序，促进电子商务持续健康发展，才制定了《电子商务法》。为了更好地构建以法治为基础的市场经济体系，创造公开公平公正的竞争环境，推动电子商务能够更优质持续地发展，无论何种形式的"二选一"现象都不应该继续存在。

股份回购中库存股制度设计的学理研究

段 威 王 谦*

　　根据《中华人民共和国公司法》（以下简称《公司法》）第 142 条的规定，库存股是股份有限责任公司法定回购下不可避免的产物，除去公司合并或减资的情况外，该条第 1 款第（3）项至第（6）项情形都会产生特定期限的库存股（最短 6 个月，最长 3 年），即股份回购情况下产生的未经转让、注销的由公司自持本公司的股份，此称之为库存股。2018 年证监会与有关部门在关于《中华人民共和国公司法修正案》（以下简称《公司法修正案》）草案征求意见时，曾对库存股制度的雏形进行前瞻性描述，但是最终该项内容没有得到立法者的认可。目前我国虽未在《公司法》《中华人民共和国证券法》（以下简称《证券法》）层面上建立库存股制度，但是在回购操作过程中仍事实存在着库存股，这就要求对库存股进行相关立法研究。本文首先对库存股制度设立的理论障碍进行厘清，然后探究该制度的主体工程——附着权利行使问题以及事后监管问题，最后寻求在比较法视域下对库存股的立法路径进行探析，蕴含着从制度合法性证成到具体规则探究的逻辑架构，旨在通过对库存股制度学理层面的研究，为股份回购下事实库存股的法律规制提供学理支撑。

---

　　* 段威，中央民族大学法学院教授；王谦，中央民族大学法学院硕士研究生。

一、问题的提出：关于库存股的实践考察

2018 年《公司法修正案》对股份回购进行新的界定，修法后的实践情况却不甚理想，虽然上市公司股份回购的数量稳步提升，但比起海外发达的资本市场来说仍相对占比不高。目前立法对股份回购的法定条件、资金来源和程序规定简要，基本可以满足上市公司操作的需要，但是对股份回购后的库存股制度未有规定。仅《公司法》第 142 条规定，将股份用于员工持股计划或者股权激励、将股份用于转换上市公司发行的可转换为股票的公司债券、上市公司为维护公司价值及股东权益所必需这三种情形下上市公司可持有回购的股票，可以在 3 年内库存或转让。实际上证监会等机构对库存股的监管处于真空状态。

2018 年 11 月 9 日，中国证监会、财政部、国资委联合发布《关于支持上市公司回购股份的意见》明确规定，上市公司股份回购是国际通行的公司实施并购重组、优化治理结构、稳定股价的必要手段，已是资本市场的一项基础性制度安排，在《公司法》修改后将进一步促进上市公司股份回购。上海证券报曾对修法后 A 股回购成为库存股的行为进行实证考察，虽然上市公司的回购意愿不断提升，但是以"出售"为目的的库存股回购案例却较为罕见，可见事实上存在的库存股没有发挥相应效用，股份回购的实质价值也难以实现。事实上，修法后仍未出现大量公司回购自家股份并以出售为目的的情形，2018 年仅有亚厦股份、兆驰股份、方正证券等 9 家公司的回购用途一栏写着"出售"，相比股份回购金额和规模的庞大性，上市公司尝鲜库存股这种新事物的比例很低。2018 年《公司法》修改后，的确为库存股的存在提供合法性依据，也出现了部分上市公司积极回购库存股来维护公司价值的情形。比如 2020 年新湖中宝股份有限公司通过集中竞价交易的方式累计回购股份16 545.423 6 万股，占公司总股本的 1.92%，成交总金额为 60 009.68 万元，其回购方案中载明了法定事由以及库存股的使用说明，为维护公司价值及股东权益，公司将择机使用股份数为 7505.15 万股的库存股用于内部激励。2019 年合肥合锻智能制造股份有限公司在回购方案中明确将股份回购后部分以库存形式置备于公司（占公司总股本的 0.45%），依法用于后续员工持股计划或者股权激励计划。截止到目前来看，库存股仍没有受到大多主板市场上市公司的青睐，究其原因仍是库存股缺乏有效的立法规制，典型体现在现有

证券行业规则门槛过于苛刻、公司面临着涉嫌内幕交易或操纵股价等可能的负面效应的影响以及上市公司高管担忧库存股的实际价值偏离预期等。

从证监会对库存股的现有监管来看，主要包括《公开发行证券的公司信息披露编报规则第 15 号——财务报告的一般规定（2014 年修订）》第五节合并财务报表项目附注中专门规定公司应披露与库存股相关的信息，同时在全国股份转让系统交易方面对库存股做市商要求用证券账户和专用交易单元开展业务。除此之外，证监会还通过审核上市公司向特定对象发行股票以及对利用库存股操作市场案件的行政执法来对库存股进行监管，如对刘俊峰操纵"理工监测"股票价格案和福建卫东投资集团有限公司股票案进行行政处罚。关于库存股目前较多存在"忽悠式回购"的情形，要求强化对库存股利用的监管，对此可缩小回购价格区间范围、要求公司披露回购上下限等。司法实务中关于库存股的案件不多，居多为其纠纷解决完后续库存股的计算金额问题，典型如上海法院金融商事审判案例精选中的第五个案例，在损失范围的确定时"如果原告有库存股票，则应根据先进先出的原则计算差价"。[1]

综合实际情况来看，我国亟需建立关于库存股的一整套约束机制，特别是通过立法复位库存股制度的功能，进而释放股份回购的能量。而其制度设立现面临着理论障碍，同时也需对库存股性质、功能、主要内容进行界定，最终尝试库存股制度的立法路径研究。

二、库存股制度设立的理论障碍

2018 年 9 月 6 日，证监会宣布会同有关部门提出完善上市公司股份回购制度修法建议，就《公司法修正案》草案公开征求意见。"证监会建议为维护公司信用及股东权益回购本公司股份后，可以转让、注销或者将股份以库存方式持有"[2]，司法部在草案征求意见稿的说明中，也明确提出"建立库存股制度"，但证监会在向全国人大常委会作立法报告时却未提及该点，这证明对库存股的规制还未上升到立法高度。如未来库存股设立进入立法计划，首先要面

---

〔1〕 此为以"库存股"在北大法宝检索出的推荐案例，源自 2015 年上海法院金融商事审判案例精选。

〔2〕 此为 2018 年中国证监会会同有关部门提出完善上市公司股份回购制度的修法建议中的内容。

临着理论上的两大障碍，一是库存股制度与现有公司资本制度的不兼容，二是库存股是否属于公司财产未确定。两者都是公司法上的重大理论命题，如不详细讨论，制度建立后则缺乏科学性，会造成公司法内部逻辑混乱、规则矛盾。

（一）与现有公司资本维持原则的不兼容性

我国是采取法定资本制度的国家，虽然《公司法》修改后传统法定资本制有所缓和，允许分期缴纳出资、取消最低注册资本，但是学界一致认为并没有改变法定资本制的本质，即不允许在公司成立的初期注册资本中预留"库存股"，以备日后的股权激励或者股份回购。在公司存续过程中，由于我国《公司法》明确了公司资本维持原则，有限责任公司应保证在存续过程中保持与其资本额对应的财产，立法上也明确禁止向股东返还出资，同时限制公司可回购的股份数额。由此可见，无论是公司设立或其存续，库存股制度的设立与现有公司资本制度都存在高度的不兼容性。

"库存股指的是由公司回购而没有注销的，并由该公司持有的已发行股份。库存股制度能够发挥实现资金融通和资金调度的作用。"[1]现行《公司法》第142条第3款至第6款情形下存在的库存股，目前没有法律规制却事实上存在，其存在的数量和存续时间都需要立法回应。以我国《公司法》上的资本维持原则的法定缓和进程来看，从最大程度维护债权人利益和公司价值的理念出发，因商事环境复杂化、资本流转速度加快以及公司组织形式的更新的要求而对资本制度进行调整，顺应了世界范围内多国在资本原则上的立法趋势。但是资本维持原则缓和之后，仍然在公司经营阶段未放松资本管制，典型体现在我国《公司法》第35条规定公司成立后股东不得抽逃出资和《公司法》第142条规定限制公司持有本公司的股份的情况，最高人民法院《关于适用〈中华人民共和国公司法〉若干问题的规定（三）》（以下简称《公司法解释（三）》）第12条至第14条也规定了抽逃出资的形式及民事赔偿责任。虽然公司可在特定情形下合法持有本公司股份，但现行立法仍不能严格约束恶意收购、抽逃出资等违法行为，这是与《公司法》中资本维持原则不相容的。具体来看，目前规定的公司可回购比例、法定条件是否与资本维持原则相抵触，仍然是缺乏有效的论证的。因此，"与其让库存股及其规

---

[1] 周翔、高菲："我国公司资本制度改革中资本维持原则的修正"，载《甘肃社会科学》2016年第1期。

则隐匿起来，莫不如在《公司法》中明确采用'库存股'的术语，并构建一整套约束机制，从而避免库存股规则不明而造成的混乱。"[1]若要解决库存股与现有公司资本维持原则的不兼容性，合理路径是在《公司法》中股份回购之外单独规定关于库存股的约束机制，而之前的学理研究缺乏二者之间关系的论证、说理，只是单纯看到设立库存股的优势，倘若不对二者关系进行横向解释，强行引入库存股制度不仅存在《公司法》内部的法条矛盾，也很容易造成证券法与公司法的冲突。因此需要对资本维持原则进行修正，使得能够在新形势下放松资本管制，实现公司因特定情形回购的本公司股份，并以库存方式持有。

在比较法视野下进行考察后，"在实施库藏股制度的国家和地区中，美国的相关规定最为宽松，即原则允许企业购入库藏股，只是在数量、资金和取得方式上都有具体的限制条款。"[2]以美国为代表的授权资本制国家，基本都允许企业购入库存股，而在实行法定资本制和折中资本制的国家，大多以特例允许的方式对购入的库存股进行规制。如德国《股份公司法》要求为实施员工持股而回购的股票须在1年内转让给职工；因其他事由回购的股票可以持有，也可以注销，还可以作为新股参与发行。本文不对公司资本制度深入研究，只是尝试对资本维持原则进行修正，为库存股制度的设立提供理论前提。目前，由于国家信用体系、社会监督机制的完善以及企业信息不均势的情况得以转变，司法裁判中已经出现了修正公司资本维持原则的情况，体现为允许公司折价发行、放松股份回购限制。《公司法》规定的资本制度亟待适应实务领域新变化，但目前来看库存股设立的理论障碍之一仍是与现有资本制度的矛盾，理论界和实务界仍缺乏令人信服的说理。

（二）库存股是否属于公司财产未确定

公司财产根本来说也属于公司资本的范畴内，对库存股是否属于公司财产的研究则是对资本制度更深层次的讨论。股份回购中的库存股是否为公司财产，是库存股制度设立必须要解释和厘清的重大理论问题。现行的法律不允许将购回股份以库存方式持有，回购股份奖励给职工的也要1年内转让，这成为我国上市公司实行股份回购所遇到的一大法律障碍。

叶林教授曾对其文章中对股份回购中未设立库存股的遗憾时提到，"一方

---

[1] 叶林："股份有限公司回购股份的规则评析"，载《法律适用》2019年第1期。
[2] 白蔚秋："库藏股制度评析"，载《中央财经大学学报》2002年第3期。

面，库存股是否是公司财产？若为公司财产，则意味着公司债权人在公司无力清偿债务时，有权以该库存股作为实现债权的物质保障。反之，若公司无力清偿债务，债权人却不得针对该库存股而主张受偿的权利，也就相当于否认了库存股的财产性。"[1] 对于库存股是否属于公司财产，学界存在两种不同的声音。一种观点认为，虽然股份回购中库存股存续时间不足三年，但是其评估后的资产价值相当可观，《公司法》第 142 条也规定特定条件下库存股也可转让，确实存在库存股因转为债权人持有而成为公司财产；同时库存股作为公司财产的价值性已成功弥补其存续时间的短期性，因此其可以作为公司财产。另一种观点认为，在会计学上公司的库存股记账为短期投资——即库存股是权益而不是财产，另外因其具有注销的期限，无法于公司破产时转化为清算资产，因此其不为公司财产。股份公司的自我回购股份是否可成为公司财产，应按照其是否符合公司财产的性质而言，本文认为库存股不属于公司财产，库存股在性质上类似于公司已发行但尚未流通的股票，在会计处理上为股东权益项下的减项，一般只限于优先股并且必须存入公司的金库，因此库存股不能作为公司抵销债务的标的。美国特拉华州对库存股的定性较为合理，把它看作发行在外的股票，而不视为已取消的股票，独特之处在于可重新发售，因此其不为公司财产。在实践中却存在库存股财产化的情形，当上市公司破产重整时库存股的确也面临着交由公司处置的情形，这往往涉及对库存股财产抵销债务的重组运用。

此部分本质是对库存股进行定性研究，特别是考虑其是否属于静态意义上公司财产，从法学视野重新定位库存股看，它更类似于一种权益而不是公司财产本身。从动态意义而言，的确存在《公司法》第 142 条规定的库存股转为债权人持有后，库存股成为公司财产的组成部分，自然也可以成为公司债权人主张权利的标的，但此时库存股已经因转让而灭失。

三、库存股制度设立的主体工程

就库存股形成体系周延的约束机制来看，其主体工程为公司回购后针对库存股的内部监管措施，即逐步放开股份回购的同时应加强监督。此外，另一大问题是讨论库存股上应附着何种权利，总体关于库存股制度的主体工程

---

〔1〕 叶林："股份有限公司回购股份的规则评析"，载《法律适用》2019 年第 1 期。

研究的主旨是防止公司恶意收购股份进而危害公司价值或中小股东利益。

（一）库存股应否附有表决权、股息分配请求权等股东权

关于库存股上附着何种权利，理论界主要存在四种学说，包括全面存续说、全面消灭说、部分消灭说、休止说等观点。我国《公司法》第142条采纳"全面休止说"，"公司从第三人手中受让股份时，公司不能对自己行使股东权，故股东权的行使受到限制，这种状态称为股东权休止。"[1]但是只是暂时中止公司对于持有本公司股份所享有的利益，而库存股转让后持有人当然可依该股份享有完整的股东权利。

《公司法》第103条第1款后半部分规定："……但是，公司持有的本公司股份没有表决权。"第166条第6款规定："公司持有的本公司股份不得分配利润。"这都表明了在我国库存股不存在表决权和股息分配请求权，并间接证明库存股并不属于公司的普通股，但这并不否认公司可就库存股实现其他权益。国际上的统一认可是库存股不应附有表决权、股息分配请求权，因其并非普通流通股。英国和德国等国家也一致认可库存股不享有股东权利，日本规定公司持有的自身股份，无表决权、盈余分配请求权、中间盈余分配请求权及其他自益权；我国台湾地区"证券交易法"规定，库存股未转让前，不得享有股东权。对于库存股权利边界的厘清来看，美国《示范公司法》第6.31a规定："一家公司可以获取自己的股票，所获得的该股票成为认可发行但还未发行的股票。"[2]这实际上就间接说明库存股上不具有表决权、股息分配请求权。但美国部分州法允许库存股参与配股，倘若库存股将供员工认股办法发行之用，则库存股可以参与分配股票股利；因为认股权所能认购之股数通常会随股票股利或股票分割同时调整。[3]该州的规定实则也未承认库存股上附着表决权、股息分配请求权，只是证明库存股可交员工持有，员工成为股东后自然享有股利分配请求权。在此需要讨论公司债权人取得事实上的库存股成为股东时，如何解释说明其恢复行使表决权。库存股被转为债权人名义下的股份后应成为公司普通股份，立法可直接规定债权人不可以直接基于库存股而行使股东权利。

---

〔1〕 李钦贤："公司持有自己股份时之法律地位"，载《月旦法学杂志》1996年第2期。

〔2〕 卜耀武主编：《当代外国公司法》，法律出版社1995年版，第31页。

〔3〕 参见李晓春："论新公司法库藏股制度之缺陷及立法完善"，载《政治与法律》2008年第3期。

（二）公司回购后针对库存股的内部监管措施

我国立法尚未对回购后的库存股监管予以正面回应，只是对其注销的时间和方式予以规定，证监会也缺乏对库存股监管规则的具体设计。库存股可以在证券市场上重新发售，但在发售前空窗期内应严格防止公司违法处置库存股，防范内幕交易和操纵市场，公司应当就库存股的变动情形和处置情况作出相关的信息披露，便于监管部门及时介入，公司还应该把公司持有的这部分库存股的具体情况记载于股东名册中。

1. 公司可回购的库存股数量限制

公司可回购的库存股应有数量限制，否则容易出现公司利用回购来掩盖管理不善或进行内幕交易，这也是股东平等原则的要求。虽然公司对购回的库存股不享有表决权，但是恶意状态下仍会间接挤压原表决权较高的股东，导致有表决权的股份产生缩水，特别是当公司回购较小比例就能取得公司绝对表决权的情况下。现实中仍然存在通过回购股份的方式间接提高自己的表决权比例进而实现操纵公司的目的的情形。若公司以现金和资产的方式回购库存股后，会造成公司对债权人的偿还资产相对降低，偿债能力也进一步降低。我国在2018年通过《公司法修正案》将公司持有本公司股票的上限由5%提升至10%，进一步扩大公司自治的范围，应当肯定回购上限10%较5%是合理的，但是可回购股份上调意味着风险成本也在增加，这就需要配套措施的建立健全，例如防止内幕交易和实现持续性的信息披露。从该问题的相关立法来看，如德、英方面要求公司回购所持有的库存股不能超过其总股本的10%[1]，我国台湾地区"证券交易法"则规定公司买回股份之数量比例，不得超过该公司已发行股份总数10%。[2]法国早在1967年的《公司法》规定，股票价格在偏离市场行情一定程度下，公司经股东大会授权可回购不超过10%普通股的公司股份。

2. 防止内幕交易

由于立法赋予公司回购库存股的权利，目前法律又尚未对库存股进行法律规制，故很容易会出现公司利用回购操作市场、内幕交易的现象。理论上公司的管理层会较交易市场提前知晓股份回购的信息，利用信息传递的时间

---

[1] 参见德国《股份公司法》（2010年版）第71条，英国《公司法》第725条。
[2] 参见我国台湾地区"证券交易法"第28-2条。

差进行违法操作，破坏证券市场的交易秩序。内幕交易造成的最大危害即人为干预股票的真实价值，误导证券投资人做出错误的机会选择，最终引发证券市场的混乱无序。就阻止内幕交易方面，德国《股份公司法》禁止公司躲避法律管控而通过第三方购入本公司股票。具体包括："公司不得为规避回购的相关法律而通过第三人并以向其提供财务支持的方式购入自身股份（员工持股计划等除外），公司也不得以协议方式授权第三人为了公司或其关联企业的利益而购买该公司的股票。"

在防范内幕交易和操纵市场方面，美国证监会于1982年颁布《证券交易法》第10b-18规则，即回购股份的"安全港"规则，其中包括关于回购的方式要件、时间要件、价格要件和数量要件严密系统的监管体系。在股份回购中的防止内幕交易方面，《公司法》《证券法》尚欠缺规定"安全港"规则，但新修订的《证券法》加重了对内幕交易、操纵市场等证券违法行为的民事赔偿责任，严重者将会终身禁止进市。同时，也进一步厘清内幕信息的知情人范围，细化"内幕信息"的标准。2007年证监会协同有关部门制定了《证券市场内幕交易行为认定指引（试行）》和《证券市场操纵行为认定指引（试行）》，相关规定近些年在随着证券市场的变化不断更新。

3. 持续性信息披露

证监会发布的关于《公开发行证券的公司信息披露编报规则第15号——财务报告的一般规定（2014年修订）》的公告中要求上市公司存在库存股的，应列示期初余额、期末余额、本期增减变动情况和变动原因。可见证监会对库存股有较高的信息披露要求。信息披露是指股票发行者或相关参与者按照国家法律法规和交易市场内的要求，定期、及时公布企业关键信息，以供投资者予以判断的行为。国外多数国家都建立了完善的信息披露机制，其中主要包括必须及时向股东大会汇报，制作成标准化文本置备于公司等。关于如何披露以及披露何种信息，大致包括将回购计划、回购的日期、回购总量（以月度计算）、每股的平均收购价格以标准化文本的形式进行事后披露，并及时向监管部门申报备案；以及回购后再出售的数量、售价、出售价或回购成本的差额、结余同样备案等。库存股的披露力度应强于普通股票，因其处置的内部封闭性更应加强监管。

四、库存股制度的功能定位

公司回购库存股之后，公司即成为自己的"股东"，虽然库存股不应附着表决权和股息分配请求权这两大最重要的股东权利，但是能否实现其他权益，这就涉及该制度设立的意义。库存股并非纯静态意义的等待消灭的公司财产，故公司对其处理更应注意方式，以便发挥库存股的最大效用。在公司的实际运营过程中，库存股制度的设立确实能够发挥有效稳定股价、抵制恶意并购、激励股东投资等作用，实现公司、股东、债权人的多方利益兼顾。

（一）完善资本结构

公司回购库存股是优化资本结构的重要手段，特别是根据交易市场变化予以合理收缩，这是外部环境下公司内部产生的有效资本重组的重要方式。公司规模、资本的扩张与收缩是公司治理的核心事项，一般来说公司通过发行新股、配股的方式来增加公司规模，通过减少流通股份的方式来缩减公司规模。公司回购库存股则是一种减资的重要合法路径，通过利用现金或其他方式回购，上市公司在外流通的权益资本缩小，在公司总负债比率不变的情况下，公司的资本配置得到优化，公司的资产和剩余资金都能最大程度利用。如果公司以负债的形式购回库存股，则更有利于公司的资产负债比率的提高。总之，公司回购股份后将其作为库存股或进行注销，以达到减资或调整股本结构的资本营运方式，这也称为护盘为目的的股份回购，具有稳定股价的重要作用。"'库存股'期限的大幅延长和处理方式的灵活设置，无疑极大地强化了这种回购的护盘效应"[1]库存股制度对资本结构的优化、不良资产的合理处理益处很大，但是同时也要顾及债权人的利益，防止公司法人人格否认情形的发生。

（二）抵制恶意收购

我国《公司法》对公司取得自己股份限制的缓和，利于今后公司抵制恶意收购，公司在进行并购重组（即股份交换、吸收合并和吸收分割）时，可以通过股东大会的决议来以一定金额购买一定数量的股份，从而防止敌对的企业收买、操纵。上市公司的控制权集中体现于持股比例，因此股市上经常

---

[1] 冯辉："'维护公司价值及股东权益所必需'而回购的法律规制"，载《东方法学》2019年第6期。

存在公司不经过合法的谈判、协商等合法环节，直接一定时期内恶意购买其他公司股份进而获取控制权的现象，此时公司可"为维护公司价值及股东权益所必需"进行回购。另外，公司可利用股份回购后的信息传导机制予以对抗恶意收购单位。当公司进行股份回购时，公司的资产负债率会迅速上升，一定程度上股票的价格也会升高，此时向外界所披露的信息如果为公司会有较大的结构调整或者人事、财物变动，恶意收购单位则多半因偏高的收购价格和不明朗的市场前景而放弃恶意收购。当然，库存股制度抵制恶意收购的功能应具有后置性，需要对"恶意"进行相对理性的判断和解释，防止公司管理层假借名义进行恶意回购。

（三）实现股权激励

员工持股制度源于法国，后来被英美等多个国家借鉴，其法理基础为公司委托代理理论，比如在德国《股份公司法》第71条第1款之二就规定，公司在应将股票提供给同公司或同与公司存在关联关系的企业有或曾有劳务关系的人的情况下，可以取得自有股份。我国《公司法》第142条第3款规定公司可回购股份用于员工持股计划或者股权激励，这就以立法的形式予以肯定员工持有公司回购的股份。我国目前的职工持股主要是公司内部设立"资本池"等形式，但只是公司内部的股权激励机制，未真正实现职工向股东身份的转化。当上市公司通过二板市场中回购库存股以一定方式交职工持有时，只有公司选择适当的时机从股东手里回购本公司股票作为库存股，依程序交给职工持股会管理或直接作为股票期权奖励给职工，职工才真正享受到股东在公司治理中拥有的地位。但是目前由于回购期限存在限制难以实现，我国资本制度也不允许类似美国个别州的做法，即在公司设立初期即保留部分股份作为库存股，用于激励员工、抵制恶意收购。

学界基本都将就库存股可实现的权益与股份回购的作用一致看待，但显然将库存股制度从股份回购中剥离之后，更能够直接地实现上述功能，而且在逻辑上能够自恰，仅股份回购就能发挥优化资本结构、抵制恶意收购等作用显得过于牵强。

五、库存股制度的立法路径

与其在立法中刻意回避事实上存在的库存股问题，不如考虑在《公司法》《证券法》中尝试增加法律规范予以规制，结合目前的立法现状和实践情况，特别是在《公司法》全面修改的背景。至于立法层次、位置和法律规范表达等技术层面，适宜交由专门立法机关予以通盘考量。对于库存股的买回事由、回购股份的财源、数量限制，《公司法》第142条已有明确规定，除目前可立法直接规定"不可直接基于库存股而行使股东权利"外，最重要的是明确规定违法回购库存股的责任以及引入库存股回购的"安全港"规则。

（一）违法回购库存股的责任规制

违法回购大致包括违反《公司法》第142条规定的法定情形和法定限制进行回购，由于《公司法》本质为私法，允许公司内部高度的意思自治，因此对违法回购存在着不同的理论学说。无效说认为违法回购违反《公司法》中的禁止性法律规范当然无效，明显违反资本维持原则并伤害公司债权人利益。有效说认为违法回购仅违反命令性法律规范，行为本身有效而需公司管理层负责。第三种是相对无效说，"即基于资本维持原则而禁止公司买回自己股份，则违反该规定而买回自己股份之行为，是违反法律禁止性规定，其买回行为原则上无效；但在公司以第三人名义为自己之利益而买回自己股份，若出卖人是善意的，可例外认为有效。"[1]

就公司违法回购的域外法考察来看，无论是英美法系国家还是大陆法系国家，都要求公司董事、监事承担责任，并对公司进行一定程度的罚款，但并没有对该行为的效力进行认定。我国在司法实务中也对该行为的效力认定问题予以回避，一般采用对公司罚款或对相关负责人行政处罚的方式进行。理论界较多支持相对无效说的观点，因为从法经济学的分析方法来看，采用无效说不符合公司内部治理、外部交易的根本理念，即公司追求的盈利性，特别是上市公司违法回购后又出售给善意第三人的情形，认定无效将会浪费大量回购、交易成本。而采用有效说则会放任恶意回购现象的大量发生，也将直接违反公司资本原则，造成法条内部的矛盾混乱。因此可以在股份回购的立法条款中直接确定采用相对无效说，即不存在善意第三人的场合，应认定公司违法回购的行为无效。就责任承担层面，可以借鉴日本的立法，对公司进行一定的罚款，但更重要的是对违法回购的公司董事、监事或高级管理人员的责任予以追究。建议立法规定存在过错的董事或其他人员对违法收购承担连带赔偿责任，也可以规定罚款等行政责任，严重涉及刑事犯罪的依法

---

[1] 李晓春："论新公司法库藏股制度之缺陷及立法完善"，载《政治与法律》2008年第3期。

追究刑事责任。

（二）库存股回购中的"安全港"规则

如前述，美国证监会于 1982 年颁布《证券交易法》第 10b-18 规则，确立股份回购中的"安全港"规则，经纵向考察、比较法研究后发现其是对股份回购最有效的监管手段。从我国对"安全港"规则的法律移植来看，确实存在《上市公司回购社会公众股份管理办法（试行）》《中国证券监督委员会关于上市公司以集中竞价交易方式回购股份的补充规定》和 2013 年《上海证券交易所上市公司以集中竞价交易方式回购股份业务指引》对回购的价格、数量、成交时间等的规定，但尚不足以形成类似美国完整系统的"安全港"规则，且需要依据我国国情予以调整。未来最关键的是要以立法形式建立关于"安全港"规则的程序条件。如果"安全港"规则真正能够适用的话，必须要求公司完善内部的决策程序和"安全港"规则所要求的公开透明程序，公开上市公司回购目的。另外，立法应当明确否定整套"安全港"规则的任意性效力，实现所有上市公司回购时严格遵循该规则，否则将要承担行政责任，争取用统一的"安全港"规则标准去规制进行回购的上市公司。

设立库存股制度，才能真正发挥《公司法》第 142 条股份回购的作用，以实现修法的目的。特别是目前我国顺应国际趋势，不断放开对股份回购的限制，事实上存在的库存股数量将会不断增加，与其立法和实务界都回避库存股这个问题，仅将其归纳于股份回购范畴内规制，倒不如予以正面回应，建立一套完善的库存股约束机制。

有限责任公司协议治理与决议治理的界分

白慧林　姜　婕[*]

一、问题的提出

协议与决议在现代公司治理中发挥着重要的作用,《中华人民共和国公司法》（以下简称《公司法》）中也不乏通过约束协议与决议从而实现公司规范治理的规定。无论是从学理的定义还是从《公司法》的规定上看,协议与决议本应是两种界限分明的行为。其中,协议主要表现为股东间股权转让协议、发起人协议、股东与公司的股权收购协议等;决议则以股东会决议、董事会决议为具体表现形式,二者的功能、目的并不相同且相互独立。

然而,从近些年涉及公司治理的司法裁判来看,股东协议排除决议从而介入公司治理的现象屡见不鲜。例如,在北京中证万融医药投资集团有限公司与曹凤君等公司决议纠纷一案（以下简称“中证万融公司决议案”）中[1],杨帆、舒满平作为甲方,中证万融公司作为乙方,世纪盛康公司作为丙方,共同签订《增资扩股协议书》,协议中约定增资完成后,世纪盛康公司董事长在乙方委派的董事中产生。而后在乙方未参会的情况下,公司董事会作出决议,免去原董事长职务,并委派他人担任董事长。中证万融公司遂向法院提起诉讼,请求撤销董事会决议。最高人民法院依法审理后,认为案涉决议内容违反了股东间的协议,并且该股东间协议的法律性质应属世纪盛康公司对公司章程相关内容的具体解释,违反该约定应为决议的可撤销事由,从而判

---

*　白慧林,北京工商大学副教授;姜婕,北京工商大学民商法学硕士研究生。本文为白慧林副教授主持的“北京市法学会 2019 市级法学课题:《民营企业投融资产权保护研究》（立项编号:BLS (2019) B001）”的阶段性成果。
　〔1〕　参见最高人民法院（2017）最高法民再字第 172 号民事判决书。

决撤销董事会决议。通过对本案判决书的仔细研读，不难发现本案的裁判理由明显不够充分，对于案涉协议与公司章程的位阶关系以及协议究竟为何能够推翻在后形成的董事会决议未作充分说理，忽视了《公司法》对公司意思形成的程序性要求以及董事会作为公司执行机关的作用。这种轻视公司法理念的合同法立场，仍然值得商榷。

随着股东协议在公司治理层面的应用以及产生的一系列纠纷，一些问题仍待明确：第一，如何理解股东协议介入公司治理这一现象以及当前的司法态度；第二，协议治理与决议治理的区分意义；第三，协议与决议的效力界分问题以及解决途径。对于上述三个问题的回应，构成本文的基本框架。在股东会中心主义与董事会中心主义的争议背景下，公司决议制度本身仍存在不足，需要从股东协议与公司决议的性质、效力、内容上进行严格区分，以求更好的公司治理效果。

二、股东协议介入公司治理的表现及司法态度

股东协议具有合同法"契约自由"的天然属性，是股东之间调整权利义务、实现股东自治的重要工具，其在实践中的广泛适用也导致了股东协议介入公司治理，取代、干预公司决议的现象产生。股东协议凌驾于公司决议之上的情形时有发生，造成公司治理中股东协议效力与公司决议效力界限模糊，进而影响公司正常经营管理秩序。

（一）以股东协议控制公司治理结构

股东（大）会、董事会作为公司的权力机关、执行机关进行公司治理，是公司法所认可的传统的公司经营管理模式，但现实中存在大量利用股东协议直接进行公司治理的做法。其中，以股东协议取代股东（大）会、董事会决议调整公司治理结构是最为常见的协议治理行为。

例如，在浙江玻璃股份有限公司诉浙江新湖集团股份有限公司、董利华、冯彩珍公司增资纠纷一案中，各股东签订的《增资扩股协议书》中约定新股东有权向公司委派董事与监事。该协议对公司重大决策的审批程序和经营限制也进行了约定。[1]本案二审法院认为案涉《增资扩股协议书》（以下简称协

---

[1] 参见浙江省高级人民法院（2011）浙商终字第 36 号民事判决书；最高人民法院（2013）民申字第 326 号民事裁定书。

议) 系各方真实意思表示, 进而认定协议有效, 再审民事裁定书中最高院未对协议的效力问题进行回应。值得思考的是, 协议中对公司董事、监事的委派以及公司重大决策的审批程序进行约定, 事实上已对公司机关职权及其运行程序造成冲击。根据《公司法》第37条第1款的规定, 有限责任公司中非职工代表董事、监事的选举和更换以及审议报告属于股东会职权, 本案中通过协议将上述职权指定由新股东及其委派董事与监事行使, 是否违反了《公司法》第37条的规定? 涉及公司治理结构的股东协议是否仅需符合《中华人民共和国合同法》(以下简称《合同法》) 相关规定即可认定合法有效, 且能够对公司发生效力?

另外, 沈小嘉、沈小林与吉林市恒信实业有限责任公司、沈小龙损害公司权益纠纷一案中, 最高院认为案涉《财产分割协议》性质类似于公司分立协议, 财产分割行为虽未依照《公司法》的规定履行股东会决议、通知债权人及公告等法定程序, 但不宜以此为由否定财产分割协议的法律效力。[1]值得肯定的是, 最高法将协议的效力问题与协议的履行相区分, 认定未经通知和公告程序, 公司分立行为不得对抗债权人, 但不阻却协议在公司股东之间的法律效力。然而, 案涉《财产分割协议》并非由全体股东一致签订, 法院仅依据协议当事人享有控制股权, 其他股东当时均在公司任职, 从而推定其他股东应当知道, 且未主动提出异议, 认定协议在全体股东间以及对公司发生效力的做法, 仍值得推敲。

(二) 以股东协议干预表决权的行使

张国庆、周正康与江西华电电力有限责任公司的公司决议撤销纠纷一案 (以下简称"华电案"), 张国庆在与华电公司所签协议中约定张国庆所持的华电公司股份的投票与股东胡达保持一致, 后在华电公司召开股东大会时, 胡达投赞成票, 而张国庆投反对票, 公司直接依据双方达成的协议将张国庆的投票记为赞成票, 使股东大会投票结果满足法定比例。[2]二审法院和江西省高院在再审审查中均认可了案涉协议的效力, 股东大会决议的程序符合公司章程及《公司法》的规定。

---

〔1〕 参见吉林省高级人民法院 (2013) 吉民再字第21号民事判决书; 最高人民法院 (2014) 民申字第905号民事裁定书。

〔2〕 参见江西省高级人民法院 (2017) 赣民申字第367号民事裁定书。

本案中，法院认定股东大会决议不存在瑕疵的理由主要是，案涉协议是当事人的真实意思表示，且经董事会决议通过，未损害华电公司及其他股东合法权益，但裁判文书中陈述的裁判理由并不充分。一方面，董事会决议是否有权通过股东间表决权拘束条款有待明确；另一方面，除了考量协议是否损害公司及股东合法权益这一实质要件，还不可忽视《公司法》和章程对股东大会决议的召集程序、表决方式等程序性事项的要求。

（三）以股东协议取代章程或与章程具有同等效力

我国学界和司法实践中均有观点认为股东间达成的协议，尤其是全体股东达成的一致协议，可以视为对公司章程的修改或补充，具有组织规则的约束力。上文提及的"中证万融公司决议案"中，最高院认为案涉协议由全体股东一致同意，并经公司签署，协议主体上包括公司和全体股东、内容上属于公司章程的法定记载事项、效力上具有仅次于章程的最高效力，其法律性质应属世纪盛康公司对公司章程相关内容的具体解释，股东会决议内容违反该协议，应视为违反了公司章程的规定。[1]

案涉协议明确约定在不与章程冲突的情况下，视为对公司及股东具有最高法律效力。当公司章程对董事长的产生并无特殊限制，而协议却约定由一方股东指派董事长时，是否应视为协议限缩了章程规定的董事长产生的范围，从而认定协议与章程冲突？另外，判决书中前文认定案涉协议在效力上具有仅次于章程的最高效力，而后文又认定违反协议视为违反了公司章程的规定，抛弃了对协议与章程的效力位阶的限制，仍需斟酌。

实践中以股东协议介入公司治理的情形形式多样，不限于上述案例所指情形。但通过对案例的分析，可以发现股东协议可能会影响到公司治理机制的运行，股东通过股东协议介入公司经营，可能会导致公司权力机关、执行机构的职权被架空，股东通过协议操纵公司的决策过程，使公司丧失独立性，沦为股东获取利益的工具和躯壳。因此，如何对协议治理加以规制，在调动股东积极性的同时，做到维护公司独立人格及第三人合法权益，是亟待解决的问题。

---

[1] 参见最高人民法院（2017）最高法民再字第 172 号民事判决书。

三、区分协议治理与决议治理的意义

支持协议治理是遵循合同法解释路径，有利于保护股东利益，降低交易成本；而坚持决议治理则是遵循公司法解释路径，侧重于维护公司独立人格，保护债权人利益。如何对待协议治理与决议治理，不仅在司法实践上存在争议，学界对此仍存在不同观点。

蒋大兴指出，在公司存续的不同阶段，合同自由度存在明显差异，随着公司治理的建立、公司人格的完成以及公共规制的介入，公司内部的合同自由在下降。[1]陈群峰指出，股东间协议在公司和公司实践中大量涌现，甚至出现了"协议替代治理"的现象，这是我国公司法上公司观念的落后和对股东会、董事会定位不合理所致。[2]冯果、段丙华同样认为，组织交易的特殊性决定了简单地套用合同理论处理与商事组织有关的商事纠纷具有局限性。[3]黄辉认为，公司法具有独特的功能，不能直接采用合同法的解释和分析进路，无论在实然还是应然层面，契约自由原则在公司法中的适用都是有限度的。[4]而许德风认为，在商事组织中，成员合同与组织规则不应截然区分，成员协议，尤其是全体成员一致达成的协议，可视为对章程的补充与修改，或是成员就有关事项作出的特别决议，其组织规则的效力应予承认。[5]

由此可见，有些学者认为成员协议可以产生组织规则的效力，股东就公司的经营管理事项达成全体一致协议即对公司发生效力；另外一些学者虽然对协议介入公司治理持存疑态度，但并未完全排除协议治理的效力，而是综合协议的内容、对公司经营管理的干预程度等因素综合判断股东协议的效力，在公司治理上应当尊重公司法的组织规则和组织体交易的特殊性，谨慎运用合同理论。

---

〔1〕 参见蒋大兴："公司法中的合同空间——从契约法到组织法的逻辑"，载《法学》2017年第4期。

〔2〕 参见陈群峰："认真对待公司法：基于股东间协议的司法实践的考察"，载《中外法学》2013年第4期。

〔3〕 参见冯果、段丙华："公司法中的契约自由——以股权处分抑制条款为视角"，载《中国社会科学》2017年第3期。

〔4〕 参见黄辉："对公司法合同进路的反思"，载《法学》2017年第4期。

〔5〕 参见许德风："组织规则的本质与界限——以成员合同与商事组织的关系为重点"，载《法学研究》2011年第3期。

协议治理与决议治理之争涉及合同法和公司法的适用和平衡问题。股东协议属于股东间意思自治的产物，属于合同法调整范畴。与合同法中"契约自由"原则不同，公司法中的契约行为多体现为"契约不自由"，这是由公司的组织性/团体性，以及公司法的组织法/团体法本质所决定的。[1]当股东协议涉及公司作为独立法律主体的利益时，应当同时遵守《公司法》的规定。组织体成员（即股东）的意志（即使是全部成员均达成一致意见），也要遵守公司程式，通过符合《公司法》规定和章程要求的形式，形成组织体（即公司）的意志。无论从内容上，还是形成过程上，成员意志不能替代组织体的意志。

四、协议治理与决议治理效力界分之建议

一般来讲，股东协议主要通过两类约定来干预公司治理，一是通过对股东权的特殊安排干预公司治理（例如表决权拘束条款、扩张或限制股东权等）；二是通过对公司机关职权与运行程序的特殊安排干预公司治理。在判断股东协议治理的效力时，也可通过这两种干预路径进行具体分析。

（一）股东协议对股东权的安排及其效力

依据股权的内容和行使目的不同，股东权可分为自益权和共益权。自益权主要是财产权，例如《公司法》规定的分红权、新股优先认购权、股权转让权等；共益权主要指股东以参与公司经营为目的的权利，例如表决权、代表诉讼提起权、临时股东大会召集权等与公司经营管理相关的一系列权利。由于自益权与共益权的行使目的不同，对公司治理的参与程度也不尽相同，所以在进行股东协议治理规制时，应作区分讨论。

1. 股东协议就自益权进行安排

股东就自益权的处分通常只关系到股东自身利益，不会产生干预公司治理的效果。就股权转让而言，《公司法》中除第141条有对股份公司发起人、董事、监事、高级管理人员转让股权的时间限制和比例限制外，对股东的股权转让无其他强制性规定。因此，当事人就股权让与达成合意，且满足《合同法》相关规定的，即可认定股东协议发生效力。《公司法》第34条规定的

---

〔1〕 参见浙江省高级人民法院（2011）浙商终字第36号民事判决书；最高人民法院（2013）民申字第326号民事裁定书。

股东分红权、新股优先认购权同样属于股东自益权，股东就分红、认缴新增资本所达成的协议，应当遵循"契约自由"原则，适用《合同法》的相关规定。如此区分的做法，在司法实践中同样得到了印证。

在许长安、杨凤兰等与曹桐勇公司增资纠纷一案的二审阶段，上诉人认为案涉股东会决议中关于股东认缴新增资本的内容属于公司决议内容，应适用《公司法》相关规定，而一审法院认定该内容属股东间的协议，应由《合同法》调整，属于适用法律错误。[1]最高院认定股东会有权对公司增加注册资本作出决议，但是对股东是否认缴公司新增资本、认缴多少则不能作出决议。《股东会决议》中关于新增资本认缴的约定属于股东之间的协议，应当适用《合同法》的相关规定。

2. 股东协议就共益权进行安排

与股东自益权不同的是，共益权的行使通常涉及公司的运行模式和治理结构，关系到其他股东、公司及第三人的合法权益，因此就股东协议对共益权的约定，除了需要审查是否符合《合同法》的要求之外，还要考察该约定是否符合《公司法》和公司章程要求的程序和内容。股东协议就共益权的安排最常见的种类就是表决权拘束协议，该协议一般是指"股东与其他股东约定，于一般的或特定的场合，就自己持有股份之表决权，为一定方向之行使所缔结之契约"[2]。由此可知，表决权拘束协议既可能被大股东运用从而操纵公司，也可能是小股东团结一致维护自身利益乃至公司利益的重要力量。因此，对于通过表决权拘束协议介入公司治理的行为，应当结合《合同法》和《公司法》的相关规定进行考量，对当事人基于意思自治达成协议的效力和协议是否对公司发生效力、是否可以强制执行进行区分对待。

上述"华电案"中，法院在认定案涉两份协议内容合法有效的基础上，认可了公司直接将张国庆的反对票统计为赞成票的行为，上述做法并未考虑到公司的程式性，忽视了表决权拘束协议是作为一种公司法语境下的协议制度这一特征。[3]表决权拘束协议兼具合同法属性和公司法属性，英国做法兼顾了这两种属性：违背协议的救济可能仅限于赔偿，而不能要求强制履行；

---

〔1〕参见最高人民法院（2015）民二终字第 313 号民事判决书。

〔2〕郭大维："论股东表决权拘束契约之效力——评台上字第一三四号民事判决"，载《月旦裁判时报》2011 年第 10 期。

〔3〕参见周游："公司法语境下决议与协议之界分"，载《政法论坛》2019 年第 5 期。

公司也不能承诺接受违背公司法事项的约束。[1] 由此可见，对股东协议效力及履行可行性的判定，应当根据《合同法》和《公司法》的不同规定作出区分。

一方面，基于股东间协议的"契约自由"属性，对协议效力的判定主要依据《合同法》，当然，若《公司法》及公司章程对特定协议的效力问题作出明确约束，则还应当尊重《公司法》和公司章程的规定。此处仍需注意，根据《合同法》认定股东协议的效力时，应当充分考虑商事行为的特殊性和整体性，严格区分法律、行政法规的效力性强制性规定和管理性强制性规定，避免不合理地扩大《合同法》第52条的适用范围。

另一方面，对于协议的履行，由于多涉及公司治理的内容，有必要审查《公司法》和公司章程对协议相关条款的履行程序和内容是否有特殊要求。股东在股东（大）会上行使表决权是股东参与公司决策的一项权利，该项权利具有一定的人身性质，尤其是有限责任公司，其与股份有限公司相比具有更强的人合性，所以表决权的行使应属于"债务的标的不适于强制履行"之情形，司法裁判中不宜依据股东协议直接修改股东（大）会投票结果。《全国法院民商事审判工作会议纪要》（以下简称《九民纪要》）第7条针对表决权能否受限作出了规定，表决权的行使除了公司章程或股东（大）会依据修改公司章程所要求的表决程序作出决议进行特殊要求外，应当按照认缴出资的比例确定表决权。[2]《九民纪要》这一规定同样验证了本文上述看法。

（二）股东协议对公司机关职权及运行程序的安排及效力

实践中，除了通过表决权拘束协议介入公司治理，还存在股东协议直接就公司机关职权和公司经营管理事项进行约定从而干预公司正常运行的情形。对于此类型股东协议效力的认定，应当遵循由《合同法》对协议效力的一般规定到《公司法》对公司机关职权的特殊约束逐级递进的过程。

1. 股东协议对股东（大）会职权进行安排

股东（大）会作为公司的权力机构，《公司法》第37条第1款、第99条对其职权范围进行了明确规定，第37条第2款规定的股东会书面决议也要求

---

[1] 参见［英］保罗·戴维斯、莎拉·沃辛顿：《现代公司法原理（上册）》，罗培新等译，法律出版社2016年版，第77页。

[2] 参见最高人民法院《全国法院民商事审判工作会议纪要》。

作出决定文件并由全体股东签名、盖章，没有除外规定。由此可见，《公司法》对股东（大）会职权界分清晰，严格区分决议与协议，两者之间存在本质差别。当股东协议涉及调整股东（大）会职权、议事方式和表决程序，应当尊重《公司法》对公司治理架构的安排，不宜认定股东协议直接产生与公司决议相同的法律效果。

尤其是在股东协议与公司章程的效力认定方面，应当严格遵守《公司法》相关规定。上述"中证万融公司决议案"中法院直接将股东协议视为章程的具体解释，与章程具有同等法律效力，忽视了《公司法》对公司这一独立法律主体的意志形成过程的要求。章程在公司中具有最高效力，对公司章程的修改应当通过股东（大）会作出决议，股东协议也不得随意扩大、限缩章程的效力范围。

2. 股东协议对董事会职权进行安排

在现行法的公司治理架构中，股东（大）会、董事会、监事会各司其职，董事会承担公司直接运行管理职责，不是也不能成为股东控制公司的工具。《公司法》第46条、第108条所规定的董事会基本职权是其底线职权，不能通过股东协议予以限制、排除。

另外，公司承包经营协议中，股东通常约定由部分股东行使原本属于股东（大）会、董事会的职权，该股东行使公司的经营管理权，并向其他股东支付一定数额的款项。[1]有学者认为，在公司承包经营中，关于公司的管理权力分配事项和利润分配事项实际上并不会损害第三人或债权人的利益，也不会构成合同当事人之间谈判能力的失衡。[2]但本文认为，对于公司承包经营协议效力及履行问题的考量标准，不能仅考虑是否损害第三人或债权人的利益，还应当尊重公司的独立意志和公司程序。经营承包协议对公司治理架构产生巨大冲击，不宜直接认定其对公司产生效力。

五、结　语

公司协议治理与决议治理之争，实际上是《合同法》与《公司法》之间

---

〔1〕 参见浙江省高级人民法院（2015）浙民中字第1999号民事裁定书。

〔2〕 参见张如海："公司承包经营的法律效力与法之规制"，载《广西社会科学》2009年第12期。

的适用与协调问题。司法实践中诸多裁判并未注意到《公司法》对公司治理架构的特殊安排，从而认定股东协议可以通过对公司机构职权进行安排介入公司治理，长此以往，会导致公司丧失独立性，成为股东输送利益的躯壳。本文在对司法裁判和学界观点的对比和总结的基础上，提出协议治理与决议治理效力界分的建议，将股东协议划分为对自益权、共益权、股东（大）会职权、董事会职权的安排，分别论述其效力与履行可行性。对股东自益权的安排，应当遵循"契约自由原则"；对涉及共益权、股东（大）会职权、董事会职权等公司经营管理事项的安排，应当着重关注《公司法》对公司治理结构的底线要求。当然，股东协议治理现象的出现也对公司治理规则提出了更高的要求，这需要我们在学术研究和司法实践领域不断地探索。

股权让与担保效力问题研究

翟小阅*

在《中华人民共和国公司法》（以下简称《公司法》）修订后，公司的最低注册资本限额已然取消。此时，民众的创业热情被激发，大家在公司设立门槛降低的情况下都积极投身于创业之中，而且现今随着经济的高速发展，市场对资金融通的需求也呈现急剧增加的趋势。在我国法定的融资渠道之外，根据市场本身所具有的创造性和活力，产生了诸多例如让与担保等其他融资担保的手段。

让与担保是大陆法系国家沿袭罗马法上信托行为理论并吸纳日耳曼法上的信托行为成分，经由判例学说形成的非典型担保制度，其以当事人权利（所有权）转移方式达成担保信用授受目的为特征。经过几百年的判例理论逐渐发展而来的让与担保制度在现今的实务操作中占据重要的地位。由于让与担保方式是法律所未明文规定的担保方式，其有效性遭到学界的激烈批评，被冠以"虚伪表示""规避流质禁止之规定""违反物权法定主义"等诸种头衔，甚至被讽刺为交易上的私生子。然而，时至今日，让与担保制度已经成为德日等国担保事务中被利用的最为旺盛的担保方式，在担保法领域大有独占鳌头之势。而在我国目前盛行的股权让与担保，亦是在此类以建立信用而取得企业发展所需资金的担保的方式中最受关注也备受争议的一种融资担保方式。

一、股权让与担保的概念与性质

（一）股权让与担保的概念

《全国法院民商事审判工作会议纪要》（以下简称《九民纪要》）中将让

---

* 翟小阅，北京工商大学硕士研究生。

与担保的概念规定为债务人或者第三人与债权人订立合同，约定将财产形式上转让至债权人名下，债务人到期清偿债务，债权人将该财产返还给债务人或第三人，债务人到期没有清偿债务，债权人可以对财产拍卖、变卖、折价偿还债权。而让与担保又分为"狭义的让与担保"与"后让与担保"。狭义的让与担保，也就是我们通称的让与担保，是指债务人或者第三人为担保债务人的债务，将担保标的物的所有权等权利转移于担保权人，并约定债务人于债务清偿后，担保标的物应返还于债务人或者第三人，债务人不履行到期债务时，担保权人就该标的物优先受偿的一种担保形式。后让与担保，是指债务人或者第三人为担保债权人的债权，与债权人签订买卖合同，约定将买卖合同的标的物作为担保标的物，但权利转让并不实际履行，于债务人不能清偿债务时，须将担保标的物的所有权转让给债权人，债权人据此享有的以担保标的物优先受偿的一种担保形式。

股权让与担保的概念是以其上位概念即让与担保为基础的，股权让与担保制度是让与担保制度中重要的组成部分。此处股权让与担保应属狭义的让与担保。而股权让与担保与普通的让与担保不同之处就在于，前者以股权作为标的而后者标的范围较广泛，以动产居多。根据学界观点，让与担保是指债务人或第三人为担保债务的履行，将担保物的所有权转移给担保权人，债务清偿后，担保物应返还予债务人或第三人；债务不获清偿时，担保权人得就该担保物受偿的一种担保形式。[1]而股权让与担保是债务人或第三人为担保债务的履行，通过签订股权转让协议将股权所有权转移给担保权人，债务清偿后，股权应返还予债务人或第三人；债务不获清偿时，担保权人得就该股权受偿的一种担保形式。

（二）股权让与担保的性质

股权让与担保是让与担保的重要组成部分，因此探讨股权让与担保的法律性质时亦在让与担保法律性质的框架之下进行。让与担保的法律性质亦称其法律构成或法律构造，是大陆法系国家长期存有争议的问题，其中尤以德国与日本为主。

让与担保的一个显著特征便是其转移所有权的手段大于其担保债权的目的，若要使其适应民法体系则需平衡手段与目的的关系，因此了解其法律构

[1]　参见王利明：《物权法研究》，中国人民大学出版社 2016 年版，第 1267 页。

成是必要的，而且法律构成也决定着让与担保的对内与对外效力。我国现今实践中也对让与担保有着诸多运用，因此分析其法律构成很有必要。让与担保"从它的目的来看，是为了进行担保，但是用于担保的转移所有权的外部手段显然已经超越了它的目的"[1]。因此学界对其法律构成有注重所有权转移之形式的所有权构造说与注重担保之实质目的的担保权构造说。

1. 所有权构造说

前期注重转移所有权形式的学说认定其为所有权构造即信托让与担保，认为与一般信托中的行为相似，"让与担保的设定人向担保权人移转了超过经济目的的所有权，为防担保权人超过经济目的行使所有权，当事人间通常约定担保权人行使所有权应受限制的条款。"[2]在此情况下，担保权人取得所有权但是受到当事人内部信托行为的限制。"在其违反内部约定对外进行处分时，仅发生债务不履行的违约责任，该处分行为仍然有效。"[3]

德国与日本多采用该种学说，但还有差别，所有权构造说又区分为绝对所有权构造说与相对所有权构造说。德国通说多采绝对所有权构造说。绝对所有权构造说认为，债权人依靠信托行为取得担保标的物的完整所有权，但是在管理与使用上要受到内部信托行为的限制。我国台湾学者多数持此观点。而相对所有权构造说则认为担保标的物的转让是相对的，该担保标的物所有权在当事人内部并不真正发生转让，而仅仅是针对第三人相对来说的转让。

在此两种学说中，从公示公信角度来看，相对所有权理论中的所有权实际转移情况与向第三人披露的转移情况并不相符。而绝对所有权理论从本质上就是以转移所有权为手段而使债权人享有财产权利，这就使得让与担保的性质成为一种债权的意思表示。所有权构造说多注重所有权转让的手段，而轻视当事人之间设定担保的目的，因此在对外关系上使得设定人没有权利，地位过于薄弱；在对内关系上，当事人之间所有权的转移也仅具有债权的意思表示，无法对抗第三人。因此本文不赞同该学说理论。

2. 担保物权构造说

让与担保的担保权构造说认为，其以抵押权理论为基础，担保人具有担

---

[1] 王卫国、王坤："让与担保在我国物权法中的地位"，载《现代法学》2004年第5期。
[2] 谢在全：《民法物权论（下册）》，中国政法大学出版社2011年版，第1101页。
[3] 高圣平："动产让与担保的立法论"，载《中外法学》2017年第5期。

保物的所有权，而担保权人仅仅享有担保物的受偿权，其所具有的所有权不过是权利外观。换言之，债权人所享有的是一种担保物权，而设定人所享有的是标的物的所有权。而担保权构造说在学界根据学者理论不同，又分为授权说、二阶段物权变动说、期待权说和担保权说等。

授权说认为让与担保中，标的物在设定担保的过程中所有权没有发生转移，而债权人只享有在债权不能实现时对担保标的物变价清算的权利，这种权利比较薄弱，不能全面保障债权人的利益；二阶段物权变动说[1]也称为设定人保留权学说，其以二段物权变动的过程来阐释让与担保的法律构成。首先，设定人将让与担保的标的物转让与担保权人，此时担保权人在权利外观上看是该担保物的所有权人，之后债权人再通过让与担保的形式成为担保标的物的担保权人。担保权人在内部关系中是形式上的担保物所有权人，但在外部关系当中，第三人可以依靠让与标的物的公示制度而善意获得该物的所有权。期待权说[2]认为让与担保权是期待权的一种，在日本，关于让与担保大部分学者都认为债权人获得带有附加条件担保物的权利是期待权，担保人清偿债务之后获得的所有权也属于期待权。担保权说[3]是以抵押权理论为基础的深入研究的学说。其认为担保人具有担保物的所有权，担保权人仅仅享有担保物的受偿权，具有的所有权不过是权利外观。

在担保权构造说之下，将让与担保确定为一种实质上区别于其他担保物权而在实现让与担保权时亦承认债权人已经取得让与担保标的物所有权的表现形式，并允许以清算方式实现当事人之间的利益平衡，相对于所有权构造说，"担保权构造说将仅起担保作用的所有权抽象为担保权，给物权体系带来的冲击更小，更有利于照顾到债权人、债务人以及第三人的利益。"[4]担保权构造说实际上将让与担保归入物权，其认为若让与担保中有第三人的介入，则应从物权的角度对担保人与被担保人的权利进行物权设定。[5]让与担保在学界的主流观点中也是物权上的担保制度，而物权说中也认为物权与债权的

---

[1]　参见谢在全：《民法物权论（下册）》，中国政法大学出版社 2011 年版，第 1108 页。

[2]　参见陈荣隆："让与担保之研究——现制之检讨及立法之展望"，辅仁大学法律学系 1999 年博士学位论文。

[3]　参见王闯：《让与担保法律制度研究》，法律出版社 2000 年版，第 20 页。

[4]　高圣平："动产让与担保的立法论"，载《中外法学》2017 年第 5 期。

[5]　参见阎磊："让与担保的法律分析和定位"，载《理论界》2005 年版第 12 期。

分离实际上是阻碍经济发展和法律进步的，因此让与担保的法律构成运用担保权构造说更为恰当。

二、股权让与担保本身的效力问题

（一）股权让与担保的相关学说

股权让与担保的担保方式在实践中呈现了逐年增多的趋势，但学界对于股权让与担保的争论也从未消弭，该制度甚至一度被认为只是民法的"私生子"，此外还被称为变相的流质契约、违反物权法定规则等名号。因而学界出现两种对立的态度，即有效说与无效说。

有效说的学界立论是其认为行为与目的相区别，股权买卖行为确实发生了标的物所有权的转移，而其作为担保的目的只能是实施该法律行为的一种动机。也就是股权让与担保设定人是用转移所有权的手段来达到担保债权的目的。"尽管其法律手段超越了经济目的，但当事人的意思是转移真正的所有权，绝非虚伪通谋的意思表示。因此，从典型信托行为的手段观之，则应当承认其有效性。"[1]《中华人民共和国物权法》（以下简称《物权法》）中关于合同效力与物权变动效力采区分原则，物权合同的效力，由《中华人民共和国合同法》（以下简称《合同法》）调整；而物权变动的效力是由《物权法》调整，物权变动要件不受原因行为效力的影响[2]。因此我国未将股权让与担保纳入非典型让与担保的制度下，其不能产生担保物权，但并不影响当事人之间合同的效力。因此其并未冲击物权法定原则与既有的担保物权体系。关于股权转让协议中包含流质条款的情形，一则流质条款无效，部分无效不影响整体效力，协议整体有效；二则充分尊重当事人意思自治，认为流质条款有效，允许当事人处分其享有的权利，降低债权实现成本。[3]

无效说的学理逻辑则认为股权让与担保名为让与实为担保。股权让与的行为仅具有形式意义而不是当事人真实的意思表示，此类无实质意思的表示构成了双方通谋虚伪的意思表示。而且在我国《物权法》中，我国承认的权利担保形式主要有抵押、质押而并不存在让与担保的形式，因此股权让与担

---

〔1〕 王闯："关于让与担保的司法态度及实务问题之解决"，载《人民司法》2014年第16期。

〔2〕 参见孙宪忠："物权变动的原因与结果的区分原则"，载《法学研究》1999年第5期。

〔3〕 参见蔡立东："股权让与担保纠纷裁判逻辑的实证研究"，载《中国法学》2018年第6期。

保是与我国物权法定原则存在直接冲突的。在股权让与担保协议中一般都会有关于债务人到期不履行债务，债权人可就标的物受偿的流质条款的约定，流质条款中质押权的实现方式是以物抵债而非拍卖等形式。根据《中华人民共和国担保法》（以下简称《担保法》）和《物权法》的规定，流质条款是违反我国法律禁止性规定的，故股权让与担保应被认定为无效。

（二）股权让与担保中的法律障碍

根据学界针对股权让与担保的两种对立的理论，可以看出，有效说与无效说的对立主要集中在三个方面，即股权让与担保名为让与实为担保是否为通谋虚伪的意思表示、股权让与担保的权利担保形式是否违反物权法定原则、股权让与担保协议是否因包含流质条款违反禁止性规定而无效。下面就针对这三个方面进行分析。

1. 以意思表示为中心

以意思表示为中心的法律障碍在于是否为通谋虚伪的意思表示，在两种对立学说中，关于股权让与担保协议签订时的意思表示存在较大争议。有效说认为应当将股权转让的行为与担保的实际目的相区别，也就是在实践形成的"综合论"的学说，即股权让与担保是通过借款关系、股权让与关系等联立而成的并通过合同形式确定的一种非典型担保。因其作为股权让与担保的环节，借款关系与股权让与关系存在逻辑上的关联关系，也就是说借款合同与股权转让合同是应当综合考量的而不能割裂去孤立地对待，股权转让合同是依存于借款合同效力状态的。从"综合论"的角度，将股权让与视为整个交易中的一部分，进而进行意思表示的动机与内容的区分，从动机上是用股权为债权提供担保，从内容上就是向债权人转让股权，并没有意思表示不真实之嫌。[1]

无效说则是认为股权让与担保中借款合同、股权让与合同是单独的法律行为，应分开分别看待，也就是实务中形成的"分离论"。"分离论"是指股权让与担保中名为让与实为担保，并非当事人之间关于股权转让的真实意思表示，属于通谋虚伪的意思表示，应为无效。

通谋虚伪的意思表示就是双方协商建立的法律行为，但是该法律行为仅是

---

[1] 参见蔡立东："股权让与担保纠纷裁判逻辑的实证研究"，载《中国法学》2018年第6期。

为掩盖双方真实意图而订立的，其所产生的法律后果并非当事人所期望的。[1]
可以看出通谋虚伪的意思表示需要满足的条件有三个，其一，当事人之间存
在协商订立合同的法律行为；其二，当事人之间为掩盖真实目的进行了虚假
的意思表示；其三，当事人之间不期望发生合同约定的法律后果。本文认为
股权让与担保行为与虚伪意思表示还有一定区别，通谋虚伪的意思表示指的
是当事人之间有虚假的合意，而不期望发生合同所能达到的预期效果。但在
股权让与担保中，意思是否真实的解释应以客观表示价值作为判断其内容的
标准，即以客观第三人的立场来探寻意思表示之规范意义。[2]当事人之间签
订了股权转让合同，是为了给债务人的债务提供担保，保证债权人债权的实
现，当事人就是合意通过股权转让的方式去担保从而实现债的关系，确系当
事人真实的意思表示。股权转让关系是双方当事人的真实意思表示，目的是
实现双方借款，假如债务在清偿期届满之后仍然得不到偿还，债权人可以根
据约定的方式受偿。[3]其并不构成虚伪的意思表示，而应当是隐藏内心真意
的行为。

2. 以物权法定原则为中心

我国《物权法》第5条规定了物权法定原则，[4]该原则分为两个方面：
物权的种类由法律规定以及物权的内容由法律规定。有效说与无效说便是针
对以上法律条文产生的不同理解。我国有学者认为，法律规定的不得创设物
权种类、不得私自约定物权内容的本质意义在于禁止当事人私自创设权利，
也就是物权只能在法律规定的范围内进行而不论是否与法律相抵触。此种行
为将物权体系约束在完全封闭的状态下，这样的规定虽是为防止当事人私自
创设物权而冲击我国的物权体系，但完全封闭式的禁止又与我国民法中所体
现的意思自治原则并不相符，一味地禁止创设物权包括有益物权不利于我国
物权体系的完善与发展，在新型物权不被《物权法》承认的情况下，当事人
也无法为新型物权找到其他法律依据。因此，物权法定原则这种完全封闭式
的规定从某种意义上来说是阻碍我国经济社会发展和法律进步的，从经济发
展的情况以及罗马法信托制度的发展来看，让与担保的形式是以后经济发展

---

〔1〕 参见王群、赞斌："通谋虚伪行为探析"，载《福建警察学院学报》2010年第1期。

〔2〕 参见刘龙："本案股权让与担保合同应认定有效"，载《人民司法》2014年第16期。

〔3〕 参见孙文琪："股权让与担保的法律问题研究"，天津大学2018年硕士学位论文。

〔4〕 参见《中华人民共和国物权法》第5条："物权的种类和内容，由法律规定"。

的必然趋势，法律是滞后于经济社会发展的，因此部分学者提出了物权法定原则的缓和。

在物权法定原则缓和的状态下，股权让与担保究其根本是一种所有权转移与债务担保的结合形式，这两种物权形式是《物权法》所予以确认的，此并非私自创设而是将两种合法的物权形式予以结合。在股权让与担保中，利用有效说的区分原则，当事人之间基本的法律关系是债权关系，而实现债权的担保形式是股权的转让，因此其作为一种合同约定的担保方式，并没有创造新权利。股权让与担保中，除了基础的法律关系即当事人的债权关系外还有股权转让的买卖关系，因此它的效力问题还需要由《合同法》调整。在行为没有违背《合同法》的强制性规定时不应认定其没有法律效力，因此作为从属的让与担保的法律关系不会因此而变得无效。在股权让与担保这种复杂的法律关系中，不仅要受到《物权法》《合同法》的调整，或许还要受到《担保法》的调整，因此需要在整个担保体系下进行判定而不仅局限于《物权法》关于物权法定原则的规定。

3. 以流质条款为中心

流质条款即绝押条款，是指当事人之间关于债务人届期不履行债务时，债权人即抵押权人有权直接取得抵押财产所有权的约定内容。流质条款因违反担保的原则而被现行法律认为无效。而流质条款之所以被认定为无效不仅是因为其与设立抵押的目的相悖，还在于其容易出现价值较高的物品以较低的价格转移给抵押权人，造成价值转移失衡，损害债务人的利益。流质条款的无效规定一方面是为了体现民法的公平、等价有偿原则，而且直接由法律规定流质契约无效，可以更好地保护抵押人的正当权益；另一方面流质条款违背了抵押权的价值权属性，禁止流质契约也是抵押权的本质属性所要求的。

在股权让与担保中，若合同中流质条款依照法律规定是无效的，但是部分无效不影响合同整体的有效性。虽然流质条款无效，但抵押合同并不因流质条款的部分无效而全部失效，当事人也可以不选择流质条款的方式去担保债权的实现。再有学者认为："合同以意思表示为核心要素和效力之源，在不违反法律强制性规定的前提下，当事人意思表示的内容即具有法律上之效力。"[1]流质条款不应全然禁止，流质条款在双方当事人自愿达成合意的情况

---

[1] 蔡立东、李晓倩："行政审批与矿业权转让合同的效力"，载《政法论丛》2011 年第 5 期。

下，应当遵循当事人的意思自治允许其处理自己享有的权利。禁止流质条款主要是考虑债务人往往处于急窘之境，债权人可以利用债务人的这种不利境地和自己的强势地位，迫使债务人与其签订流质契约，以价值过高的质押物担保小的债权额，在债务人不能清偿债务时，取得质押物的所有权，从而牟取不当利益。但若当事人之间自愿达成合意，且该条款或许并非能损害到债务人的权益，根据意思自治确认其有效，直接就标的物受偿的方式还可以降低债权的实现成本，因此流质条款并不是股权让与担保无效的原因。

三、股权让与担保的对内效力与对外效力

在探讨股权让与担保的对内与对外效力之前，我们首先要区分权利的享有与权利的行使这两个彼此相关又彼此独立的法律事实。权利享有是一种具有表征性能的权利，表明一种静的法律状态，其具有确定权利归属的法律效力。权利行使则是一种动的法律状态，其具有实现权利内容的法律效力。[1]而股权让与担保的对内与对外效力上，运用此种股权享有与股权行使分离的方式进行分析更为恰当。股权享有就是当事人之间签订了股权转让合同并进行了变更登记等转让程序，此时债权人不论是对内关系还是对外关系上都依合同取得了股权的所有权。因此，在债权人与担保人之间，债权人的股权享有并不受到任何限制，其为当然享有，但是在股权的行使上，债权人则是受到限制的。这种限制一是债权人与担保人之间协议约定的限制，二是在没有协议约定时受到民法上诚实信用原则的限制。这些限制仅仅是对股权行使的一种权利负担，而对债权人的股权享有没有什么影响。债权人违反合同约定行使股权，则按照《中华人民共和国民法典》（以下简称《民法典》）和《公司法》的相关规定承担应有的违约责任。

（一）股权让与担保的对内效力

1. 担保标的物的范围

股权让与担保就是利用股权担保债权的实现，对标的物范围的限制应当局限在担保目的的范围内而不能超越该目的。因此担保物的范围首先是按照当事人之间的约定，在双方没有约定时，应当按照诚实信用原则以让与担保的目的来作出解释。我妻荣教授的观点是除了利息限制法的规定外，股权让

---

〔1〕 参见蔡立东："股权让与担保纠纷裁判逻辑的实证研究"，载《中国法学》2018 年第 6 期。

与担保之中债权不受其他条件约束，当事人可以对担保债权的种类和范围等按照意思自治的原则自行约定。假如双方先前并未对此有过规定，则标的物范围包含原有的债权、利息和延迟利息等，也包含需股权让与担保人给付的所有费用。[1]"（若）权利人虽就其主张有利益，然较之对方就其不主张所存在之利益，极为轻微，其权利之行使即违反诚实信用原则而构成权利滥用。"[2]而且就股权让与担保而言，股权作为担保物有一定的特殊性。股权不仅具有财产性的属性还有人身性的属性，财产性主要体现在分红等，人身性则是包括股东大会表决权等。股权让与担保中股权的转让仅仅作为一种手段，提供担保才是目的，因此股权行使应当限定在担保的目的之内，换言之在该种担保里能够被当作标的物的只是其财产权而不包含其人身方面的权利。[3]

2. 担保标的物的利用与保管

在股权让与担保中，债务人通过股权转让为债务提供担保，虽通过股权转让合同形式将股权转让给了债权人，但仅是名义上地归属于债权人，债权人从始至终享有的仅是一种担保权而并非真正获得股权。股权一直由担保人实际使用和管理。梁慧星教授主持的《中国物权法草案建议稿》第 412 条也规定："让与担保实行前，设定人享有让与担保标的物的收益并负担各种税款及费用，但当事人之间另有约定的除外。"[4]而对于股权的保管，因为股权由担保人进行管理使用，因此担保人在使用过程中要履行妥善的保管义务，确保股权最终符合担保债务的目的。否则，因其未妥善保管而自行处分股权，使股权在合理范围以外有所减少或灭失等情况无法担保债权实现时，应对债权人就其未尽善管义务进行赔偿，但赔偿的金额应以担保股权的市场价值为限。

3. 股权让与担保的实现方式

"让与担保的清偿方式与让与担保的类型密切相关，在当事人对债权清偿实行方式约定不明时，司法裁判作何种推定，亦与当事人的利益息息相关。"[5]

---

〔1〕 参见 [日] 我妻荣：《新订物权法》，罗丽译，中国法制出版社 2008 年版，第 136 页。

〔2〕 林克敬：《民法上权利之行使》，三民书局股份有限公司 2009 年版，第 39 页。

〔3〕 参见高圣平、张尧："中国担保物权制度的发展与非典型担保的命运"，载《中国人民大学学报》2010 年第 5 期。

〔4〕 梁慧星编著：《中国物权法草案建议稿——条文、说明、理由与参考立法例》，社会科学文献出版社 2000 年版，第 781 页。

〔5〕 陈荣隆："让与担保之实行"，载《法令月刊》2000 年第 10 期。

股权让与担保在功能上承载着债权人实现债权的期望与债务人通过此种方式进行融资的利益需求，相较于典型的担保，股权让与担保的优越性在于债权清偿方式上有更为灵活的选择。当然，越灵活的方式面对的法律风险就越大，特别是实务中对于股权让与担保的实现方式还没有定论，特别是在涉及流质条款时。

一般在股权让与担保中，债权人有两种担保实现方式，一种是流质型，一种是清算型。若按照流质型，如前文所述，会降低债权实现成本，直接将标的股权归属于债权人。但因为我国目前对于流质条款还是处于严格限制的状态，司法实践中大部分法院也不承认流质条款的效力，在法院的判决中常见适用清算型让与担保方式，比如在"广东大飞洋游艇设备有限公司、莫美兴股权转让纠纷案"〔1〕中，当事人约定"甲方未能依约清偿借款的，可根据股权价值协商以变价、抵债等方式偿还债务"，法院明确将此种让与担保推定为清算型让与担保，赋予债权人清算义务。因此本文着重来分析清算型的方式。清算型又分为处分清算与归属清算。处分清算就是指债务人到期不能清偿债务之时，债权人就其享有的担保的债权进行处分，通过处分获得的收益来清偿债务，收益超出债务的部分将返还给债务人，不足部分仍可向债务人追偿。在债务人拒不清算时，债权人可请求法院强制清算。而归属清算就是指债务人到期不能清偿债务时，经过清算后直接由债权人取得股权，清算后超出部分返还给债务人，不足部分仍可向债务人追偿。"在后者的清算方式中，只有满足了是债务人向债权人发出了能够处分该股权的通知的条件时，这种处分方式才能够产生效力。"〔2〕

（二）股权让与担保的对外效力

1. 对公司其他股东的效力

股权让与担保问题涉及对外效力，首先考虑的就是股权让与时公司其他股东的优先购买权问题。根据我国《公司法》第71条〔3〕关于股权转让的规定，股权转让时在同等条件下，公司的其他股东拥有优先购买权。该权利设立的目的不仅为了使公司管理更加方便有效而且能够更好地保护其他股东的

---

〔1〕 参见广东省江门市中级人民法院（2017）粤07（民）终字第229号民事判决书。

〔2〕 刘超："论股权让与担保的效力"，湖南师范大学2019年硕士学位论文。

〔3〕 参见《公司法》第71条："……经股东同意转让的股权，在同等条件下，其他股东有优先购买权……"

利益。在股权让与担保时，有两次转让的情况，一次是担保人将股权转让给债权人之时，一次是债务清偿后债权人将股权转让给担保人。按照《公司法》的规定，在经过其他股东明确表示放弃优先购买权后才能转让，但在实践中为了实现担保，通常只是债权人与担保人之间进行协议的签订，这对于公司其他股东来说明显是对其优先购买权的侵害。

在其他股东优先购买权受侵害之时，该股权转让行为效力如何呢？此时应当分两方面进行考虑而不能直接认定为无效。首先要考虑股权转让对内与对外的情况，协议对内而言应该是依然有效的，也就是根据合同的相对性在当事人之间仍然为有效的。合同具有独立性，在股权转让的行为发生时没有经过其他股东同意这本身并不会导致协议无效，而仅是不发生股权转让的效果。对外而言，也就是对公司的其他股东，股权转让的效力当属于效力待定，这种做法是实际上对于其他股东相关权益的保护。[1]也就是说如果在没有其他股东明确表示放弃优先购买权即进行了股权转让的情况下，则可以借鉴民法上关于无权处分的规定，此时股权转让协议处于效力待定的情况。若其他股东予以追认则该担保协议发生效力；若其他股东不予以追认，则按照《公司法》的规定，以同等条件行使优先购买权，不同意追认时股权转让协议仍为有效，仅是不发生股权转让的效果。

2. 对一般第三人的效力

在有第三人的场合下，享有股权的债权人对股权的处分是受到限制的。此时债权人如前文所述应当将处分行为限定在担保目的之内。但因为合同具有相对性，因此股权行使的限制仅限于当事人之间，也就是说担保人和债权人之间存在限制处分权的约定，该限制也只在他们之间有效，在有第三人之时并不产生约束第三人的效力。第三人可以参照《公司法》第 32 条[2]的规定，债权人和担保人应对交易关系中的第三方负有信赖利益。第三人基于对交易外观的合理信赖，善意地受让了股权，该行为的有效性应当得到法律上的保护和认可。而如何判断第三人善意与否呢？一般来说在我国判断善意的标准是第三人不知道且不应该知道，从客观上看，第三人不知道该行为为无

---

〔1〕 参见张鹤："让与担保的物权法空间"，载《河北法学》2005 年第 5 期。

〔2〕 参见《公司法》第 32 条第 3 款："公司应当将股东的姓名或者名称向公司登记机关登记；登记事项发生变更的，应当办理变更登记。未经登记或者变更登记的，不得对抗第三人。"

权处分，从主观上来看，第三人不知道该行为为无权处分并非由自身重大过失引起。具体到股权让与担保的此种情况来看，善意的受让人并不知道该股权让与担保的存在并且相信工商登记或股东名册中登记的债权人为真实股东的外观，并且与其进行了交易，交易条件合理并进行了股权的变更登记。此时，善意的第三人就取得股权而债务人不能以股权让与担保的效力去对抗第三人。

相反，如果该第三人与债权人在主观上有恶意串通、明知有股权让与担保的存在还与债权人进行股权的转让交易、交易的价格明显不合理或因其重大过失导致其不合理受让股权等情况，此时第三人为恶意第三人，债权人与其产生的股权转让不发生效果，其不能受让股权，债务人为保护自身权益，可以要求受让人返还股权。

四、结　语

随着时间的推移，传统担保方式已经不能够适应随着经济的不断发展变得越来越旺盛的融资需求与越来越多的高风险市场投资，也不能够达到经济发展所追求的减少交易以及制度成本的要求。让与担保是顺应时代发展的产物，但是这项制度在产生之初却还是在学界内引起了许多的争议。在实务中，很多人提议将这项制度纳入我国的法律体系中，但是最终却由于学界对于这项制度的相关争议实在太多，而没有将其纳入法律规制之中。其中的股权让与担保也是随市场经济的发展兴起的一种新类型的担保方式。现在不只是学界，实务界也在不断去探究其可成立的合理性，其对中小企业融资发展有重要作用，我们应该怀着开放的态度接受新生事物。

关联公司人格混同情形下的法人人格否认制度分析

刘　影　芦林阳*

随着经济的不断发展，关联公司这一概念不断进入人们的视野之中，它的出现给商业活动注入了新的血液，与此同时它也带来了许多新的商业风险。例如实务中出现越来越多的公司成立众多关联公司逃避法律责任，恶意转移交易风险的案件。如果对关联公司所带来的商业风险没有相应的法律规范作为裁判依据，那么必然会降低商业交易活动的安全性，阻碍正常的经济活动。本文在"中国裁判文书网"以"关联公司""人格混同"为关键词进行检索，发现2015年该类案件裁判文书总数量仅为512件，但在2016年一年数量就增加到939件，2017年达到了1462件，2018年则增加到了2039件。目前，当一般公司发生人格混同时，债权人可以根据《中华人民共和国公司法》（以下简称《公司法》）第20条[1]规定的法人人格否认制度向法院请求救济，在《中华人民共和国民法总则》（以下简称《民法总则》）中，第83条第2款[2]对该制度再次进行了确认。但是，对于如何利用我国现行的法人人格否认制度裁判关联公司发生人格混同的案件，目前并没有较为规范操作流程。2013年最高院发布了第15号指导案例，但判决书中所援引的法律依据是参照《公

---

* 刘影，北京工商大学副教授；芦林阳，2019级法律硕士研究生。

[1] 参见《公司法》第20条："公司股东应当遵守法律、行政法规和公司章程，依法行使股东权利，不得滥用股东权利损害公司或者其他股东的利益；不得滥用公司法人独立地位和股东有限责任损害公司债权人的利益。公司股东滥用股东权利给公司或者其他股东造成损失的，应当依法承担赔偿责任。公司股东滥用公司法人独立地位和股东有限责任，逃避债务，严重损害公司债权人利益的，应当对公司债务承担连带责任。"

[2] 参见《民法总则》第83条第2款："营利法人的出资人不得滥用法人独立地位和出资人有限责任损害法人的债权人利益。滥用法人独立地位和出资人有限责任，逃避债务，严重损害法人的债权人利益的，应当对法人债务承担连带责任。"

司法》第 20 条的规定，并且这个裁判案例也只是众多关联公司发生人格混同情形中的一种情况，并不能普遍地适用于司法实务之中。所以我国现行的公司法人人格否认制度还要不断地完善与发展。

一、法人人格否认制度的概述

法人人格否认的概念最早起源于美国的司法审判活动，在"美国诉密尔沃基冷藏运输公司"一案中，桑恩法官这样表述道：如果确定一种原则的话，那就是公司被作为一个法律实体是一般原则，除非出现了相反的情况；但是，法律实体被用来妨碍公众便利、庇护不法行为、保护欺诈或者包庇犯罪行为时，法律将会视法人为无权利能力的数人组合体[1]即"揭开公司面纱"原则。公司制度在我国出现的时间比较晚，朱慈蕴教授在其论文中对于法人人格否认制度是这样论述的："揭开公司面纱是指为了防止滥用公司独立人格的股东侵害债权人的利益和社会的公共利益，否认公司的独立人格，无视股东的有限责任，让公司股东对债权人或者社会公共利益负责的制度。"[2]这一观点也是目前我国学术界的主流观点。2019 年 11 月，最高院正式发布了《全国法院民商事审判工作会议纪要》（以下简称《九民纪要》），其中对"人格混同"、"法人格否认"等问题也作了重要的阐述。股东有限责任和公司人格独立是《公司法》成立的两大基石，而否认公司的独立人格地位，由恶意的股东对公司的债务承担连带责任则是这一制度的例外情形。此举旨在防止股东滥用股东有限责任恶意损害债权人的合法利益，但在司法实践中适用条件往往非常严格。首先是对于构成要件的严格规定，不但要有股东的侵权行为，而且侵权行为要达到严重损害债权人利益的程度。其次明确了承担连带责任的主体范围。再次强调对公司法人人格的部分否认与个案适用。最后对于否认法人人格的构成要件要全面把握，从人员、财产、业务多方面综合裁判。如在一案件中，法院认为虽然 A 公司与 B 公司法定代表人为同一人，经营地点相同，经营范围也基本一致，但并不必然导致两公司财产无法区分。从法院对 A 公司的相关不动产如房屋、土地采取的查封措施情况来看，相关不动产所有人均为 A 公司，并非如 C 公司上诉所称的"A 公司存在向 B 公司无偿

---

[1] 参见许德风："论公司债权人的体系保护"，载《中国人民大学学报》2017 年第 2 期。

[2] 朱慈蕴："公司法人格否认：从法条跃入实践"，载《清华法学》2007 年第 2 期。

转让巨额财产的行为，A 公司将其全部财产转移给 B 公司"。A 公司虽将名下房屋无偿提供给 B 公司用于日常生产与经营，但该房屋归属并不模糊〔1〕。所以最终并不构成人格混同，对其混同要件的认定采用严格的实质认定，而非形式认定。

二、关联公司人格混同的理论分析

（一）关联公司的概述

我国现行法律和相关司法解释中对于关联公司的定义没有给出明确的规定，不过最新修订的《公司法》和《上市公司章程指引》对什么是关联关系作出了基本相同的说明：它是指公司的控股股东、实际控制人、董事、监事、高级管理人员与其直接或者间接控制的企业之间的关系，以及可能导致公司利益转移的其他关系。在 2016 年的《中华人民共和国税收征收管理法实施细则》（以下简称《细则》）中有对关联企业概念的说明："①在资金、经营、购销等方面，存在直接或者间接的拥有或者控制关系；②直接或者间接地同为第三者所拥有或者控制；③在利益上具有相关联的其他关系。"因此，本文认为《细则》中关联企业的定义可以作为认定关联公司的参考依据。此外，在国家税务局颁布的《关联企业间业务往来税务管理规程》中发现了有关判断关联公司的认定标准，如相互间直接或间接持有其中一方的股份总和达到25% 以上的，例如母子公司；或直接或间接同为第三者所拥有或控制股份达到 25% 以上的，例如姐妹公司等一系列情形。《公司法》第 21 条〔2〕和《民法总则》第 84 条〔3〕对行为人利用关联关系从事商业活动损害公司利益的行为作出了原则性的规定，即当行为人利用关联交易危害公司合法利益的时候，公司作为独立的主体可以对其享有债权请求权，要求其承担赔偿责任。然而，对于行为人利用关联关系从事危害债权人利益的行为，给债权人造成损害时应当承担何种形式的责任，以及如何承担责任却没有作出详细的规定。综上

---

〔1〕 参见无锡双欢电气有限公司、江苏长丰造纸有限公司与江苏长丰纸业有限公司买卖合同纠纷案，江苏省镇江市中级人民法院（2019）苏 11 民终字第 3667 号民事判决书。

〔2〕 参见《公司法》第 21 条："公司的控股股东、实际控制人、董事、监事、高级管理人员不得利用其关联关系损害公司利益。违反前款规定，给公司造成损失的，应当承担赔偿责任。"

〔3〕 参见《民法总则》第 84 条："营利法人的控股出资人、实际控制人、董事、监事、高级管理人员不得利用其关联关系损害法人的利益。利用关联关系给法人造成损失的，应当承担赔偿责任。"

所述，本文认为可以适当引用这些法律条文中对关联企业的相关规定作为认定关联公司的依据。

（二）关联公司的人格混同

认定关联公司是否构成人格混同，应从业务、人员、财务混同三方面考虑。认定公司人格混同时，应该同时参考三个方面的因素，不能单独以一个或者两个混同理解高度法人人格混同。这一点在刚刚通过的《九民纪要》中也再次强调，根本的判断标准是公司是否具有独立意思和独立财产，其余因素作为补强因素。

1. 关联公司之间的财务混同

关联公司的财务混同是指关联公司之间使用同一个银行账户或者彼此之间互相挪用资金，从而导致关联公司资金往来发生混同。另外，包括关联公司之间的账目往来模糊不清，并且对公司之间的营收不进行规范区分或者将公司的营收在多家公司之间任意划转，以及发生财务混同的其他情形。[1]《九民纪要》也强调了在认定公司人格混同的案件中，最根本的判断标准是公司是否具有独立意思和独立财产，最主要的表现是公司的财产与股东的财产是否混同且无法区分。如在一案件中，A 市政公司与 B 路桥公司虽存在工程款结算由其中的企业负责人代签、使用同一本收据等情形，但这些事实均属于公司人格混同补强的表现形式，而二上诉人公司财务人员分别设立，且分别有独立的银行开户和账号，案涉工程款也是汇入各自银行账号之中的事实，是被上诉人在庭审期间认同的。二审期间，被上诉人未提交充分证据证明，二上诉人存在公司资产和股东财产边界不清、公司财务混同的情形。因此，一审法院以 A 市政公司与 B 路桥公司因人格混同，应承担给付工程款连带责任的认定，证据不足，于法无据，法院不予支持。[2]由此可见，财产混同也是关联公司人格混同认定标准中最主要的一环。

2. 关联公司之间的业务混同

关联公司的业务混同是指不同公司之间的业务性质相同，业务存在严重重合或者大量交叉的情形，以及发生业务混同的其他情形。这里需要注意的

---

〔1〕 参见朱慈蕴：《公司法人格否认制度理论与实践》，人民法院出版社 2009 年版，第 211 页。

〔2〕 参见辽宁凯程路桥有限公司、朝阳凯强市政公用工程有限公司建设工程施工合同纠纷案，辽宁省朝阳市中级人民法院（2019）辽 13 民终字第 2983 号民事判决书。

是在实务中有些公司仅仅是因为业务上的一般交叉，并没有到达丧失独立意志的地步，不能由此认定为人格混同。

3. 关联公司之间的人事混同

关联公司的人事混同首先是指具有关联关系的数家公司，其法定代表人为同一人，公司的工作人员在关联公司中相互任职。其次，关联公司之间任用相同高管。再次，具有关联关系的几家公司的员工构成存在大部分重合的情况。最后，发生人事混同的其他情形。但若只是几家公司之间存在人员的部分交叉重复，则不能直接认定为人格混同。如在一案件中，法院二审认为："A 公司依据 B 公司与 C 公司实际控制人员相同且部分人员交叉等，主张公司人格混同，经查，二公司股东自始至终均不完全相同，且目前无证据证实二公司财务亦存在混同，即不能证实二公司目前存在财务无法区分的情况，故依现有证据，不能认定二公司人格混同"。[1]

三、关联公司适用现行法人人格否认制度的局限性

（一）关于否认关联公司法人人格的法律适用问题

关于最高法 2013 年第 15 号指导案例，一部分学者认为虽然该案件中的相关事实不是典型的能够适用《公司法》第 20 条规定的法人人格否认制度的情形，但是案件中三个关联公司之间构成人格混同，对债权人利益造成了实质上的侵害，可以按照《公司法》第 20 条第 3 款的规定进行适用，所以法官决定"参照"适用第 20 条第 3 款规定，对债权人要求关联公司承担连带责任的诉讼请求予以支持。[2]但有一部分学者认为，没有必要参照适用《公司法》第 20 条第 3 款对关联公司法人人格进行否认。这里的参照适用应理解为类推适用，即将法律针对某类案件的规范，转移适用于法律未设规定但与前述案件相类似的另一类案件之上。[3]一般情况下，如果要在某类案件中对某一法律规定进行类推适用，其前提应当是现行法律中缺乏处理该类案件的适

---

〔1〕 参见华润天能徐州煤电有限公司与徐州市云燃物资贸易有限公司、徐州市陶润物资贸易有限公司买卖合同纠纷案，江苏省徐州市中级人民法院（2019）苏 03 民终字第 4909 号民事判决书。

〔2〕 参见韩强："法教义学在商法上的应用——以最高人民法院指导案例 15 号为研究对象"，载《北大法律评论》2014 年第 1 期。

〔3〕 参见王泽鉴：《法律思维与民法实例——请求权基础理论体系》，中国政法大学出版社 2001 年版，第 253 页。

当规范，而如果不对该类案件中出现的情形采取类似的规范进行规制，又有悖于立法目的，法院就应当寻找与该类案件中的情形最为相近的案件，适用类似案件中适用的法律规范。但 15 号指导案例中的案件事实与《公司法》第 20 条第 3 款的规定的法人人格否认制度的适用条件是完全不同的：首先，被告三公司之间没有任何持股与被持股的关系，而该条规定的适用对象是股东与公司；其次，从行为要件上看，该案中法院对被告三公司存在资产、业务和人员混同三个方面的事实进行了认定，而该条规定中的行为要件则是股东存在滥用公司法人独立地位和股东有限责任的行为；最后，从承担责任的主体上看，指导案例中法院最终要求关联公司对债务人的债务承担连带清偿责任，而该条规定中对公司债务承担连带责任的主体只有股东。另外，现行《公司法》中确实没有对关联公司人格混同行为进行直接规制的规范，但是这也并不代表存在法律漏洞。[1]《公司法》第 3 条第 1 款[2]规定了公司的财产独立性，第 15 号指导案例中法院在判决中也重点强调了公司具有独立财产这一特征，认为财产独立是公司能够独立承担责任的物质保证。因此完全可以依照《公司法》第 3 条的规定，妥善处理该类案件的纠纷。

（二）法人人格否认制度各构成要件的认定问题

1. 主体要件的范围问题

具体而言，法人格否认制度在关联公司人格混同情形下的适用涉及的主体包括权利主体和责任主体。

关于权利主体及那些因关联公司人格混同导致其利益受损的公司的债权人。对于债权的性质和范围，《公司法》没有进行明确解释，有学者认为应按照学理解释，将公司法人人格否认制度下涉及的债权分成企业之债、侵权之债、劳动之债、税收之债。[3]有学者还主张依据导致债权产生的原因是合同行为还是侵权行为，将人格否认之诉中的债权人分成自愿债权人与非自愿债权人。强调对于非自愿债权人的利益应当给予更多的保护，而对于自愿债权人，除非在极端特殊的情形下，不能否认公司的法人人格。这主要是因为自

---

〔1〕 参见赵旭东："公司法人格否认规则适用情况分析"，载《法律适用》2011 年第 10 期。

〔2〕 参见《公司法》第 3 条第 1 款："公司是企业法人，有独立的法人财产，享有法人财产权。公司以其全部财产对公司的债务承担责任。"

〔3〕 参见高旭军：《我国公司人格否认制度适用研究——以与德国比较为视角》，法律出版社 2014 年版，第 134 页。

愿债权人应承担自愿选择与公司进行交易的风险，除非能够证明公司存在欺诈行为，导致债权人无法准确评估风险；而非自愿债权人在债权受到侵害前大多对公司缺乏足够深入的了解，难以知悉关联公司之间是否存在滥用公司法人独立地位的恶劣行为。[1] 司法实务中，法院对所有债权利益并未进行分类，都受到相同的保护。

关于责任主体，相较于传统法人人格否认制度，第 15 号指导案例将法人人格否认的责任主体从股东扩张到了关联公司。这是对传统法人人格否认制度主体适用范围的一种扩张。最高院第 15 号指导案例的裁判文书中，使用"关联公司"这一概念作为主语，同时也是希望将公司之间人格混同导致的法人人格否认的责任主体限制在一定范围内，避免侵害到其他公司的合法利益。但是在我国，法律和相关司法解释并没有对关联公司的范围作出明确规定，只有对关联关系的定义。另外在否认公司的法人人格之后，要求关联公司承担连带责任的同时，是否也应当要求公司背后的控制股东承担连带责任，毕竟公司做出的一系列商业行为都出自公司背后的股东。而且关联公司之间往往并没有直接的投资控股关系，但却很可能受到幕后共同大股东的控制。

2. 行为要件的认定标准问题

对于关联公司适用法人人格否认制度的行为要件，我国实务界和学术界基本达成共识，即以关联公司之间人格混同作为行为要件。关于关联公司人格混同的认定标准，从人员、业务、财务这三个主要因素来进行认定，这也是目前实务界的普遍做法。目前主流观点认为财务是否混同是核心考虑因素，公司财产是一个公司维持其独立性的物质基础，公司一旦没有其自身的物质载体，也就失去了其存在的价值，这时否认其独立人格理所应当。除了考虑混同的表象特征，还需考虑混同的严重程度，其混同程度足以使得关联公司的债权人的债权得不到清偿才有判决关联公司失去独立性的必要。混同的持续性，虽然关联公司有人员和业务上的交叉，但如果这些情况只是偶然发生，并未产生持续性效应时，也不得认定公司失去了独立性，法院也不得判定公司之间承担连带责任。由裁判文书网中公布的一个案例可知，法官认为在考察财务因素混同的同时，要兼顾考虑业务和机构人员这两个因素是否同样混

---

[1] 参见朱慈蕴："将实际控制人纳入公司法人格否认适用中的法律思考"，载《中国法律》2011 年第 4 期。

同。公司人格混同是指关联公司之间表征人格的因素（主要是人员、业务、财务）高度混同，导致各自财产无法区分，关联公司丧失独立人格。在一个案件中，A 公司与 B 公司的管理层人员虽基本相同，公司经营范围也大体相同，但法院认为这只能表明两家公司之间存在人员混同，但却不能说明两家公司之间存在业务混同和财务混同。本案中两家公司系分别以独立法人的身份与 C 公司签订合同，两家公司的业务和财务相互独立，并未显示混同。[1]由此案可以看出虽然两家公司管理层人员基本相同，经营范围也几乎一致，因为有财务独立这一重要判断因素，所以并不能否认其人格独立地位。

3. 结果要件的认定的不足

债权人利益受到严重损害是法人人格否认制度的结果要件这一点已不存在争议。但是在司法实务中，法官往往忽视了对结果要件的认定。最高法第 15 号指导案例裁判要点中明确将构成要件分为"关联公司构成人格混同"和"关联公司人格混同，严重损害债权人利益"两部分，即行为要件和结果要件两部分。然而判决书中只是对行为要件部分进行了详细的陈述与论证，但对于结果要件及债权利益如何受到侵害却没有具体充分的论述。

（三）举证责任分配问题

对于《公司法》第 20 条第 3 款，在此法条中仅仅对公司法人人格否认的认定条件进行了规定，但对于证明公司是否具有法人人格否认的情形的举证责任如何进行分配的问题没有明确规定，并且在最高法第 15 号指导案例中也没有对此方面予以明确的说明。在司法实践中也往往容易出现债权人和债务人之间举证责任分配不平衡的问题。本文随机统计的最高人民法院 2019 年审理的 10 件有关关联公司人格混同的诉讼案件中只有 1 件因关联公司人格混同而否认了其独立的法人人格地位。此案中，原审查明，B 公司系 A 公司的关联公司。法院从两公司的业务范围、人员状况、财务状况等方面认定两公司之间表征人格的因素高度混同，导致财产无法区分，丧失了独立人格，构成人格混同。[2]但绝大部分案件都因为原告提供的证据不足而被驳回，例如在一案件中由于原告 A 公司未能提供足够证据证明合同的实际履行主体发生了变更，

---

〔1〕 参见吉林庆达新能源电力股份有限公司、江西赛维 LDK 太阳能高科技有限公司买卖合同纠纷案，最高人民法院（2019）最高法民申字第 3521 号民事裁定书。

〔2〕 参见青海景洲房地产开发有限公司、江西景洲实业有限公司建设工程施工合同纠纷案，最高人民法院（2019）最高法民申字第 874 号民事裁定书。

应承担举证不能的法律后果。此外，虽然 B 公司与 C 公司存在高管人员相同的情况，但 A 公司并未提交充分的证据证明两公司存在公司人格混同的情形，故应承担举证不能的不利法律后果。A 公司关于 C 公司应承担连带责任的主张，缺乏充分的事实和法律依据，并未得到法院支持。[1]这些案件也说明了当涉及相关证据举证时，由于一系列客观原因，绝大多数承担举证责任的一方往往很难拿出充足的证据进行举证。

四、关联公司人格混同适用法人人格否认制度的建议

（一）完善关联公司适用法人人格否认制度的法律依据

1. 适当扩大法人人格否认制度的适用范围

目前我国现行法律规范的是股东的行为，否认的是与之对应的公司的独立人格。当关联公司人格混同时，责任主体应当是发生人格混同的几家独立公司，这时现行的法律规范明显出现了适用上的不足，这也表明我国现行法律对法人人格否认制度适用的范围规定的过于狭窄。另外，现行的法人否认制度必须要有给公司债权人的利益造成了严重损害这一结果构成要件。但是，对于利用公司独立人格挤占市场资源，损害社会公共利益，给正常市场经济活动带来潜在风险的行为如何进行有效规制却没有具体的法律规范。而现行的法律对于该制度在责任主体和行为结果方面的表述范围过小，无法处理商业活动中存在的一系列风险，另一方面法官裁判案件也会遇到法律适用上的争议。

法人人格否认制度是为了与公司独立人格和股东有限责任两大原则进行对抗，从而保证债权人的利益不受侵害。但在司法实务中滥用公司独立人格的主体可能是股东，也可能是与之关联的公司。据此，本文认为可以对现行的法律规则进行相应的补充和扩大其适用范围。具体来说，可以针对该制度的责任主体和行为结果增加兜底性的条款，即公司的经营行为必须符合诚实信用原则，不得损害社会公共利益，否则行为人应当与公司承担连带责任。

2. 增加关联公司人格被滥用的法律条文

关联公司人格否认制度的具体操作程序应该在立法层面得以建立，否则

---

[1] 参见长春市德基物资经销有限公司、吉林省东煤物业服务有限责任公司合同纠纷案，最高人民法院（2019）最高法民申字第 1455 号民事裁定书。

会限制法官在具体案件中的裁判。司法实践中很多法官缺乏足够的经验处理这样的难题，在案件裁判过程中大多依据诚实信用原则和《公司法》的原则性规定作出裁判。所以增加关联公司独立人格被滥用的法律条文以提高关联公司人格否认制度的可操作性显得十分的必要。对于法官而言，现行规定对于行为人的行为模式和责任承担都没有明确具体的规定。

（二）合理分配举证责任

鉴于《公司法》并未对关联公司人格混同案件的举证责任进行明确规定，那么按照"谁主张，谁举证"的原则对举证责任进行分配，也就是说债权人应当承担证明责任。2015年《最高人民法院关于适用〈中华人民共和国民事诉讼法〉的解释》（以下简称《民诉解释》）第108条〔1〕规定了民事诉讼高度盖然性的证明标准，按照该证明标准，债权人要完成对上述所有构成要件的证明并达到高度盖然性的标准。债权人对自己的债权受到严重损害容易提供证明，债权人也有义务提供证据证明其起诉的被告适格，但要求债权人充分证明关联公司存在人格混同的情形则相对困难。法院认为不应当否认关联公司法人人格的案件中，绝大多数都是因为债权人证据不足，原因可能是被告确实不存在人格混同的情形，但被告存在人格混同的情形举证困难的可能性是很大的。债权人处于信息劣势，公司的决策、运作和经营都是相对保密的，公司间一些内部账目往来更是外人无从知晓的。

《最高人民法院关于民事诉讼证据的若干规定》第7条〔2〕规定了法官在具体诉讼过程中可以自由裁量的方式决定证明责任的分配。例如一些法院认为在债权人用以证明关联公司滥用法人独立地位的证据令人产生合理怀疑的情形下，应将没有滥用的举证责任分配给被诉的关联公司，以此来平衡原被告之间的举证责任，这是法院在关联公司人格混同案件的审理过程中对部分要件事实的证明责任进行了倒置，即要求被告承担对部分要件事实不存在的

---

〔1〕 参见2015年《民诉解释》第108条："对负有举证证明责任的当事人提供的证据，人民法院经审查并结合相关事实，确信待证事实的存在具有高度可能性的，应当认定该事实存在。对一方当事人为反驳负有举证证明责任的当事人所主张事实而提供的证据，人民法院经审查并结合相关事实，认为待证事实真伪不明的，应当认定该事实不存在。法律对于待证事实所应达到的证明标准另有规定的，从其规定。"

〔2〕 参见《最高人民法院关于民事诉讼证据的若干规定》第7条："在法律没有具体规定，依本规定及其他司法解释无法确定举证责任承担时，人民法院可以根据公平原则和诚实信用原则，综合当事人举证能力等因素确定举证责任的承担。"

证明责任，对于没有倒置的要件事实，原告仍承担证明责任。[1]而在关联公司人格混同案件中，对于行为要件事实，有必要进行举证责任倒置，但这种倒置并不是完全将证明关联公司之间不存在混同的责任分配给债务人，而是在考虑"证据的距离"的基础上，将债权人很难控制的证据，或在债权人没有控制证据的可能性时，将这部分证据的举证责任分配给债务人，也就是说在分配举证责任时要充分考量原告的举证能力。

五、结　语

实践中存在大量关联公司人格混同损害债权人利益的案件，并且司法裁判中已经将否认公司法人人格独立性规则适用到了关联公司人格混同案件中，但由于立法的滞后性，法官裁判援引法律规则往往容易发生争议，并且《公司法》立法中的概括性也影响其他法律实施。关联公司人格混同在认定中存在困难，应当明确每个要素的混同程度并对各要素进行综合审视。作为侵权行为的一种，关联公司人格混同应当符合侵权构成要件，同时因为法人本身拟制性，在考察其过错时应当适用过错推定原则。由于债权人的弱势地位，应当降低债权人的证明标准。学界在刺破公司面纱扩张适用于关联公司人格混同问题上逐渐达成共识，应当修改《公司法》相关规定并增加司法解释将关联公司人格混同纳入刺破公司面纱规则中进行规制。使关联公司人格混同刺破公司面纱规则有具体的标准和可操作性。

---

〔1〕　参见何家弘主编：《证据法学研究》，中国人民大学出版社 2007 年版，第 151 页。

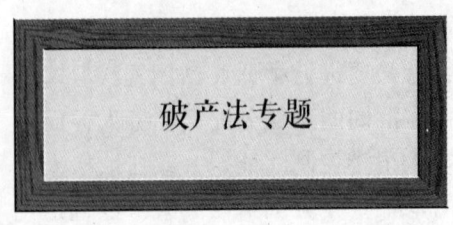

破产法专题

我国破产程序中的资产评估制度研究

朱孟丽　张世君*

在优化营商环境与完成供给侧结构性改革的背景下，《中华人民共和国企业破产法》（以下简称《企业破产法》）的适用将呈现常态化趋势，与之相伴的则是破产案件数量的不断增加。据企业破产重整案件信息网的数据显示，我国 2020 年第一季度的破产案件为 691 件，破产审查案件为 423 件，强制清算申请审查案件为 70 件，强制清算案件为 46 件。而破产程序的顺利进行，资产评估工作不可或缺。例如，根据《企业破产法》，无论是破产重整，还是破产清算，都可能需要引入独立的第三方评估机构参与破产企业的资产评估。可以说，完善破产程序中资产评估的相关工作，有利于在公平、公正、公开的前提下，切实维护债权人、债务人的合法权益，保障破产程序的顺利推进。

一、破产程序中资产评估的重要意义

破产程序的主要目的是将债务人的有限财产在债权人中进行公平的概括清偿，因此，保护债权人利益是破产程序的重要目标。完善破产程序中的资产评估制度，有助于切实维护债权人的利益。尤其是在破产重整程序中，由于所处的位置和充当的角色不同，债务人、债权人及其他利害关系人对企业

* 朱孟丽，女，首都经济贸易大学法学院 2019 级硕士研究生；张世君，男，首都经济贸易大学法学院教授，研究生导师。

的信息了解并不一致。债务人对企业的经营现状、资产存量情况和债务情况比较熟悉，而债权人和其他利害关系人对债务人情况可能了解甚少，因而在实际中，不乏会有债务人操纵破产程序，以至损害债权人的利益。因此，债权人对重整程序中企业的资产评估状况、评估方法及其他具体的评估细节是需要知情的，[1]这样有助于避免信息不对称造成债权人利益的损失。

破产程序的资产评估也有利于保护债务人的权益。通过资产评估可以充分揭示债务人资产的真实价值，债务人能做到心中有数、摸清家底，便于破产管理人制定较为准确的财产分配方案。特别是对以拯救债务人为目的的重整制度而言，资产评估的过程是资产清查的过程，有利于发现债务人在企业管理经营各个方面存在的问题，能够为债务人恢复生产经营活动提供专业的意见和建议。此外，资产评估的结果还可以成为债务人与债权人谈判的重要依据，为双方提供客观、公正的事实依据。

破产程序中进行资产评估，还有利于提升破产案件审理的专业性和透明度，有利于帮助人民法院开展相关工作。以破产重整程序为例，由于重整制度本意在于挽救企业，所以法官一个极为重要的判断就是考量债务人是否具有继续经营的价值。如果重整对象已经没有任何再建或复兴的希望，实施重整只能给债权人和社会带来更多的损失，因此，法官必须准确甄别并遴选出那些真正有价值、有希望的企业进入重整程序。但是，企业是否具有经营价值和重整希望是一个商业判断问题，对于法官而言绝非易事。如何才能保证重整质量，就涉及对债务人资产状况的客观分析评价。因此，通过第三方中介机构协助人民法院完成相关专业性、技术性的资产评估问题，能够帮助人民法院更好地开展工作。

二、我国破产程序中资产评估制度的主要问题

（一）资产评估机构成为破产管理人的问题

我国《企业破产法》规定了管理人由人民法院指定。债权人会议认为管理人不能依法、公正执行职务或者有其他不能胜任职务情形的，可以申请人民法院予以更换。就破产管理人的范围，《企业破产法》则规定管理人可以由

---

[1] 参见程博："僵尸企业破产重整研究——以中冶葫芦岛有色破产重整案等为例"，河北经贸大学 2017 年硕士学位论文。

有关部门、机构的人员组成的清算组或者依法设立的律师事务所、会计师事务所、破产清算事务所等社会中介机构担任。人民法院根据债务人的实际情况，可以在征询有关社会中介机构的意见后，指定该机构具备相关专业知识并取得执业资格的人员担任管理人。在我国司法实践中，基本由省、自治区、直辖市高级人民法院编制破产管理人名录，只有进入名录中的中介机构才有资格成为破产管理人。而目前我国破产管理人主要由律师事务所、会计师事务所、破产清算事务所担任，资产评估机构进入破产管理人名册的难度较大。

本文认为，破产案件的处理，需要具备财务会计、资产评估相关领域的专业知识。就目前律师事务所的整体情况来看，大部分的律师事务所在这些领域中的专业知识是比较缺乏的，这在一定程度上会影响破产案件处理的工作效率。因此，由资产评估机构担任破产管理人可以弥补律师事务所在财务会计、资产评估等方面知识的不足。因此，应当对我国《企业破产法》的规定做扩大化解释，即管理人可以由有关部门、机构的人员组成的清算组或者依法设立的律师事务所、会计师事务所、破产清算事务所等社会中介机构担任——该法条中的"等"字应采取广义解释，应当理解为包括但不限于律师事务所、会计师事务所、破产清算事务所，其他中介机构，如注册税务所、资产评估公司、资产管理公司等，均有权成为破产管理人。

当然，由于破产管理人除需要具备财务会计、资产评估知识外，还需要具备其他相关领域的专业知识，特别是法律专业知识，因此，就目前资产评估机构的整体情况来看，大部分的资产评估机构对于此类专业知识领域是比较陌生的，整个行业队伍的法律职业素质与实践与破产管理人的要求存在一定差异。总体上看，建议进一步完善我国破产管理人的市场准入制度，允许有更多的社会中介机构进入该市场。同时应当积极探索破产管理人的分级执业制度与定期培训制度，加强对破产管理人法律、经济、管理、财会、评估等方面知识的培训学习。特别是通过建立分级执业制度，就一些比较简单的案件而言，资产评估机构担任也不是没有可能。如果实践中某个资产评估机构工作效果不好，则可以通过考核制度进行淘汰。

（二）资产评估机构侵害债权人利益的问题

资产评估的工作应当遵循一定的原则，结合破产程序的特点，在破产中进行资产评估应坚持以下原则：（1）独立性原则。资产评估机构作为社会第三方，其工作应保持独立性，不受外界干扰，不应受到委托方不当意图的影响。

（2）客观公正原则。资产评估机构应以事实为依据，本着维护债权人、债务人的合法权益，客观、公正地反映破产企业相关财产的现时价值。（3）科学性原则。资产评估机构需根据破产企业特点，选择适当的评估方法，制定科学的评估方案，使评估结果准确，合理。[1]（4）时效性原则。在保障资产评估质量的前提下，提高资产评估效率。

资产评估机构作为中介机构，应恪守自己的职业伦理要求并作出公正、理性的判断。但在实务中，由于各种主客观原因所致，部分资产评估机构的理性评估常常被法院和破产管理人左右，未能保持独立、客观、公正的立场，过于迎合客户的不当诉求。主要表现为：在资产评估过程中，按照破产管理人的授意，为了达到资产拍卖的目的，对企业的资产大幅度低评，为管理人处置资产"开绿灯"，[2]这在很大程度上损害了债权人的利益。

我国《企业破产法》中对破产管理人所应承担的忠实、勤勉义务有明确的规定，当管理人未依照规定勤勉尽责，忠实执行职务的，人民法院可以依法处以罚款；给债权人、债务人或者第三人造成损失的，依法承担赔偿责任。由于资产评估机构基本不是破产管理人，只是人民法院或破产管理人所委托的工作方，因此对于其损害债权人利益的行为，债权人虽可以主张损害赔偿，但就受托方资产评估机构与委托方之间是何责任关系，双方之间为连带责任抑或其他责任，现行立法并未给出明确规定。因此，如何更好地保障资产评估机构行使权利、履行义务，并维护债权人的利益，《企业破产法》还有继续完善之余地。

三、破产程序中资产评估制度的主要内容

（一）破产企业资产评估委托方的确定

法院和破产管理人均可作为资产评估的委托方。破产企业的资产评估程序与其他情况下的资产评估程序有所不同。企业破产一般是因为严重亏损，不能清偿到期债务，从而在法院主持下依法将其全部财产公平抵偿所欠各种债务，并依法免除其余债务。由于我国企业破产程序的发动是由债权人或债

---

〔1〕 参见王立军："破产企业的资产评估"，载《中国资产评估》2005 年第 7 期。

〔2〕 参见郭雨萌："企业破产重整中债权人利益保护研究"，载《企业科技与发展》2020 年第 1 期。

务人提出申请，法院受理后指定破产管理人，对破产企业的债权、债务、资产进行全面清查核实，然后进行分配处置。因此，破产企业的资产评估委托方一般应为法院或破产管理人。具体而言，由法院作为评估委托方有利于破产的一切程序都在法院的监督指导下进行；由破产管理人作为评估委托方，则有利于破产程序与资产评估业务的衔接。[1] 具体破产程序中的委托方，则因案件实际来进行确定。

（二）破产企业资产评估基准日的确定

破产程序中，资产评估机构应就债务人的资产，根据委托方的要求进行整体评估或专项评估，并出具资产评估报告。但不同时点，资产在市场上的价值不同，因此，资产评估基准日的确定对评估结论有着重要影响。一般来说评估基准日应该由委托方给定，但由于现实中委托评估方对评估基准日的概念并不清楚，所以更多由资产评估机构根据评估目的来提出意见。实务中，资产评估基准日一般会选在会计期末，但就破产程序而言，因其本身有着特殊性，这就要求资产评估机构应根据专业能力和委托方的要求来确定比较恰当的资产评估基准日。

对于此问题，理论界与实务界有不同观点。例如，有学者认为评估人员应根据实际经验，将评估基准日确定为破产管理人全面清理资产与债权债务后形成完整财务清册之日。但这样的弊端是，可能会导致资产评估基准日的确定拖延较长时间，不利于提高破产效率。此外，还有学者认为可以法院受理破产日为评估基准日，从法院受理破产并公告之日起，破产管理人进驻破产企业并接管企业财产，提前进行资产清查和评估，待法院裁定企业破产后，立即处置破产财产，清偿债务。考虑到按照现行破产法律规定，法院裁定受理企业破产后将发布公告，然后进入破产程序并指定破产管理人。因此提前进行资产评估的确有利于人民法院对破产案件的裁定，可大大缩短破产过程，减少财产损失和清算费用，有利于社会稳定，有利于保护债权人的利益。[2] 基于此，本文倾向认为，破产程序中资产评估基准日以法院受理破产日为宜，但应获得受理法院认可并在评估报告中予以说明。

（三）破产企业资产评估范围的确定

严格界定评估范围是破产企业资产评估的首要要求。破产企业资产评估

---

〔1〕 参见王立军："破产企业的资产评估"，载《中国资产评估》2005年第7期。

〔2〕 参见马秉力："破产企业资产评估问题研究"，载《财会研究》2008年第23期。

范围因其评估目的而不同，资产评估机构不能多评、少评和漏评。结合破产程序的要求，破产企业资产评估范围应严格界定于破产财产。不属于破产财产的企业资产不能作为评估对象，如破产企业职工住宅、幼儿园、托儿所等公益性生活附属设施以及破产企业中已作为担保物的财产等。对于某些产权不清或有产权纠纷的破产企业资产，应首先依法划定产权所有者，方可确定其为评估范围。无可靠证明或破产企业不能提供资产归其所有的产权证明的，不应划为评估范围。严格界定评估范围，不仅有利于破产企业的资产价值评估的准确性，而且有利于债权人清偿额的合理获得。[1]但需要注意的是，企业资产评估工作在破产管理人清查核实资产的基础上进行，但是为保障评估程序的规范，资产评估人员应对债务人和破产管理人提供的清算结果进行核实与鉴定，不能过分依赖债务人和其他中介机构提供的资料。

（四）破产企业资产评估方法的选择

在破产程序评估中，资产评估机构应注意与常态企业评估的不同，同时还要注意破产重整企业与破产清算企业资产评估方法的区别。由于破产企业自身资产的特殊性和要求快速变现的原则，已经不能按照正常企业的评估模式和理论来对其评估。[2]因此，破产企业特别是清算企业的资产评估实质上是对其资产市场变现值的评估，一般采用清算价格法。[3]但就破产重整而言，其以避免破产清算为目的，力图维持企业的营业，其评估方法与破产清算又有所不同。本文查阅了部分破产重整的评估案例，大多采用收益法的评估值作为永续经营假设前提下的评估价值。这是因为，对于破产重整企业而言，因债务人于重整后具备了持续经营能力，也就具备了收益法评估的基本条件。但需要注意的是，由于重整计划的执行，使得企业历史数据和企业执行重整计划后数据的相关性较差，以历史数据为依据预测重整阶段的企业未来盈利明显缺乏合理性。因此，资产评估机构应在合理分析历史数据的基础上，重点考虑执行重整计划后的特殊情况，作出符合实际情况的盈利预测，并在此基础上进行收益法评估。[4]

〔1〕 参见夏洪卫："浅论破产企业的资产评估"，载《工厂建设与设计》1997年第5期。
〔2〕 参见马秉力："破产企业资产评估问题研究"，载《财会研究》2008年第23期。
〔3〕 参见夏洪卫："浅论破产企业的资产评估"，载《工厂建设与设计》1997年第5期。
〔4〕 参见方明："采用收益法对破产重整企业进行评估的探讨"，载《中国资产评估》2014年第6期。

四、破产程序中资产评估的效力

(一) 资产评估报告的效力

根据《资产评估执业准则——资产评估报告》的规定，资产评估报告应当明确评估结论的使用有效期。通常，只有当评估基准日与经济行为实现日相距不超过1年时，才可以使用资产评估报告。因此，自评估基准日起计算，超过1年，需重新进行资产评估。然而在实务中，有的企业破产程序可能需要进行1年以上甚至更长时间，此时资产评估报告已经失去效力，这将不利于破产程序的顺利进行，需要立法对该问题进行专门的规范。另外，资产评估报告使用人应当正确理解评估结论，评估结论不等同于评估对象可实现价格，评估结论不应当被认为是对评估对象可实现价格的保证。因为资产评估仅具有咨询作用，不具有法律强制力。从某种意义上说，资产评估属于一种专业技术咨询活动，具有咨询的意义，资产评估结论为资产业务提供专业化估价意见，该意见本身没有强制执行的效力，只是作为参考。

(二) 评估结论异议者的保护

资产评估机构出具的破产企业资产评估报告，将作为制定破产分配方案的依据。参与资产评估的机构及其工作人员，应参加法院召开的债权人大会，并对债权人的询问作出有理有据的解释说明。[1]根据现行资产评估法律相关规定，委托人对评估报告有异议的，可以要求评估机构解释。委托人认为评估机构或者评估专业人员违法开展业务的，可以向有关评估行政管理部门或者行业协会投诉、举报，有关评估行政管理部门或者行业协会应当及时调查处理，并答复委托人。基于此规定，对第三方估算的重整债务清偿率和清算债务清偿率，债权人等利害关系人有权提出异议，该异议应由人民法院予以最终裁决。

五、结　语

针对资产评估机构不能进入破产管理人名册的问题，人民法院应当落实《企业破产法》的规定，鼓励有条件的资产评估机构申请破产管理人。省、自治区、直辖市高级人民法院应进一步完善破产管理人名册的编制标准，以客

---

[1] 参见王立军："破产企业的资产评估"，载《中国资产评估》2005年第7期。

观公正的标准来全面衡量破产管理人的条件。法院应当动态调整、考核、培训破产管理人，及时将有能力成为破产管理人的资产评估机构纳入破产管理人名册。就资产评估机构而言，要完善内部治理结构。因破产案件涉及多方面因素，破产管理人要熟悉相关法律法规，如破产法、公司法、劳动法、民法等多个法律部门，因此，资产评估机构想要进入破产管理人名册，就应不断完善其内部治理结构，吸纳法律方面的人才，提高团队专业能力，具备破产管理人的能力。

资产评估机构要增强自身的独立性。资产评估机构在破产程序中扮演了关键角色，资产评估机构的执业能力与道德水平直接关系到债权人的利益。资产评估作为一种鉴证行为，独立性是评估行业的根本属性。因此，资产评估师要坚守职业道德，保持自身的独立性，[1]保护全体债权人的利益最大化及破产程序的公平。《企业破产法》应当对资产评估委托方和受托方之间的责任关系做出较为清晰的划分与界定。就资产评估范围、评估基准日、评估报告的效力等技术性、操作性问题，应当通过相关司法解释来加以改进。总之，通过完善我国破产程序中的资产评估制度，有利于提高人民法院的公信力，有利于保障债权人、债务人的利益，有利于破产程序的顺利进行。

---

〔1〕 参见王田力、朱梦丽："资产评估师执业行为优化研究"，载《中国资产评估》2019 年第 9 期。

我国破产法偏颇性清偿撤销制度的缺陷与改进

尹栋 丁燕*

偏颇性清偿撤销制度是依破产事实而制定，以"矫正公平"之实现为目的，在实践中对破产案件的审理有其独特价值。然而我国针对偏颇性清偿撤销制度的立法较为简单，当事人主观状态各地考虑不一，关系人缺少特别规定，以及偏颇性清偿例外规定简单模糊，可操作性差。合理借鉴国外立法例，建议如下：一是应将当事人主观状态增加为偏颇性清偿撤销的构成要件，其中只考虑债权人主观状态即可；二是应增加对关联关系人的特殊规定，合理界定关联关系人范围并强调特殊构成要件；三是设置典型的例外情形，从而细化偏颇性清偿撤销的例外规定。

破产撤销权制度是破产法上的一项关键性制度，但该制度在我国的破产法学界、立法以及审判实践中长期未得到应有的重视，暴露出的问题非常突出，因此，很有必要对其进行全面研究，对存在的缺陷及时改进。破产撤销权分为对偏颇性清偿行为的撤销和对欺诈行为的撤销，由于《中华人民共和国合同法》（以下简称《合同法》）第74条第1款[1]对欺诈行为予以否定，法律规制相较偏颇性清偿行为更为健全，因此，本文主要对偏颇性清偿行为的撤销进行分析。若抛开《中华人民共和国企业破产法》（以下简称《企业破产法》）第31条[2]、

---

* 尹栋，青岛大学法学院2019级民商法专业研究生；丁燕，青岛大学法学院教授，硕士生导师。

〔1〕 参见《合同法》第74条第1款："因债务人放弃其到期债权或者无偿转让财产，对债权人造成损害，债权人可以请求人民法院撤销债务人的行为。债务人以明显不合理的低价转让财产，对债权人造成损害，并且受让人知道该情形的，债权人也可以请求人民法院撤销债务人的行为。"

〔2〕 参见《企业破产法》第31条："人民法院受理破产申请前1年内，涉及债务人财产的下列行为，管理人有权请求人民法院予以撤销：①无偿转让财产的；②以明显不合理的价格进行交易的；③对没有财产担保的债务提供财产担保的；④对未到期的债务提前清偿的；⑤放弃债权的。"

第 32 条〔1〕的规定，基于私法自治原则和合同相对性原理，偏颇性清偿行为值得肯定，反而能够减少当事人之间纠纷的产生，而破产法却明文规定否定该清偿行为，究其缘由，需探究偏颇性清偿撤销制度的法律基础，以便对其正当性予以回答。对于一项法律制度的完善，往往要立足实践，分析当前立法规定，以此发现症结所在，予以改进。本文通过实证分析、个案研究以及法条梳理的研究方法，发现当前偏颇性清偿撤销过程中问题突出，可归纳为主观状态认定不一、对关联关系人偏颇性清偿泛滥以及偏颇性清偿的例外规定过于简单，且操作性差，针对上述问题，采用比较法研究方法，适当吸收国外立法例，以此改进我国破产法偏颇性清偿撤销制度。

一、撤销偏颇性清偿的法理基础

（一）目的价值："矫正公平"之实现

在亚里士多德对于公平的分类中，"矫正公平"是重要的一类。何为矫正公平？即在社会生活中对不平等不公正的行为进行裁决和惩罚，通过矫正以趋公平。〔2〕我国破产法偏颇性清偿撤销制度的目的价值正是"矫正公平"之实现。在我国《企业破产法》中，公平原则可谓贯穿各项制度与规范，具体到破产撤销权，其立法目的之一便是保证债权人公平受偿，无论该债权人是一般债权人还是债务人的关系人。一般而言，破产程序是集中解决债权债务关系的集体清偿程序，当债务人财产不足以清偿全部债务时，集体清偿程序的目的就在于确保同一顺位的债权人获得同等比例的清偿。偏颇性清偿是指债务人在破产申请受理前的法定期间内，债务人实施提前偿还未到期债务、对原本无财产担保的债务提供担保、个别清偿等行为，使特定债权人取得原本没有的优先受偿地位或获得更多清偿，〔3〕此时立法如果不对偏颇性清偿行为进行规制，实务中不及时矫正偏颇性清偿行为，债权人合法利益无从得到保障，集体清偿程序无法进行，进而有损市场经济的稳定性。"矫正公平"之

---

〔1〕 参见《企业破产法》第 32 条："人民法院受理破产申请前六个月内，债务人有本法第二条第一款规定的情形，仍对个别债权人进行清偿的，管理人有权请求人民法院予以撤销。但是，个别清偿使债务人财产受益的除外。"

〔2〕 参见苗力田主编：《亚里士多德全集（第八卷）》，中国人民大学出版社 1994 年版，第 38 页。

〔3〕 参见王欣新、尹正友主编：《破产法》，中国人民大学出版社 2011 年版，第 191 页。

实现是我国破产法偏颇性清偿撤销制度的立法目的之一，破产管理人有权撤销债务人的偏颇性清偿行为来恢复债务人财产，实现所有债权人公平受偿，实现破产法所追求的公平原则。

（二）形式价值：基于破产事实而制定

形式价值，指的是法律制度在形式上所具有的优良品质，尽管这些品质并不直接反映法的社会理想和目的，但是，它们却构成了"良法"或"善法"在形式上所具备的特殊品质。[1]马克斯·韦伯曾提出过"形式的合理性"，我国《企业破产法》确立的偏颇性清偿撤销制度正是基于破产事实而总结出来的法律规范，其可以为偏颇性清偿的撤销提供裁判的依据，具有形式合理性。在实践中，某些债务人深知已经存在破产原因，不能清偿全部到期债务，出于自身利益考量，为规避法律对当前拥有资产的分配，通常会对关联关系人提前清偿，或者为没有担保的债务提供财产担保等，这类行为会损害一般债权人的利益，无法满足一般债权人对债务清偿的合理期待，无法实现破产法所追求的公平原则。我国《企业破产法》第31、32条对偏颇性清偿行为的撤销作出了规定，虽然其中具体规定存在适用上的不合理之处，但这两条规定仍然发挥着关键作用，不会发生管理人明知债务人对特定关系人进行偏颇性清偿而无救济的情况。我国破产法偏颇性清偿撤销制度是基于破产事实而制定的法律规则，体现了其作为"良法"所应具有的形式价值，其具有较强的实用性和逻辑性，符合形式价值的判断标准。

二、我国破产法偏颇性清偿撤销制度的缺陷

（一）实证分析：主观状态各地考虑不一

我国《企业破产法》及相关司法解释中并未规定行为人主观状态为可撤销行为的构成要件。关于行为人的主观状态是否为可撤销行为的构成要件，国外立法规定不同，研究后发现，即使同一立法例下，不同类型的可撤销行为对主观状态的考察也不同。主观要件对于偏颇性清偿撤销的认定是否必要，研究实务中的具体判例或许更有说服力。截止到2019年12月31日，通过在北大法宝网上以"破产撤销权"为关键词检索相关案例，一共搜集到3305篇

---

[1] 参见张文显主编：《法理学》，高等教育出版社1999年版，第253页。

关于破产撤销权案例。[1] 选取具有代表性的经典案例和法宝推荐案例进行人工筛选,这些案例为近十年来自不同地区的案例,其中,经典案例 9 篇、法宝推荐案例 555 篇。剔除不属于偏颇性清偿行为的案例,比如欺诈性转让、破产抵销等,以及虽然属于偏颇性清偿行为,但案件为驳回再审申请、准许撤回起诉、管辖权异议等裁定和关于诉讼期间、当事人主体资格等情形的案例,最终保留 131 篇案例作为本次研究的样本。结果如下:

	个别清偿行为	事后提供担保行为	提前清偿行为
涉及主观状态考察	16	4	0
不涉及主观状态考察	82	20	9
涉及主观状态考察率	16.33%	16.67%	0

由图表可知,该样本中关于我国《企业破产法》第 32 条中规定的个别清偿行为数量最多,达 98 例,这 98 例案件中,涉及主观要件考察的为 16 例,占比 16.33%,这是尚无明文立法的前提下的数量和比率,不容忽视;在事后提供担保行为中,涉及主观状态考察的案件也有 4 例,占比 16.67%;只有提前清偿行为尚无涉及主观考察的案件。法官在审理案件时,对于偏颇性清偿撤销的认定中是否要考察当事人主观上存在恶意这一要件观点不同,绝大多数法官认为,既然我国《企业破产法》第 31、32 条并未将主观要件予以规定,因此在裁判时也没有必要考虑行为人主观状态。然而,有一部分的法官做法不同,其认为不管当事人是否要求审查主观状态,都应该在判决说理中对当事人的主观状态予以说明,并且有的法官将主观状态作为可撤销行为的构成要件之一予以考虑,例如,在威海绿能供热有限公司管理人与威海市商业银行股份有限公司张村支行破产撤销权纠纷一案中,[2] 一审法院在判决书中对债权人主观状态不予考虑和说明,但是二审法院在判决说理时考虑到了债权人的主观状态,最后也使得判决结果不同,一审判决被撤销。在涉及考

---

[1] 样本案例均来自北大法宝网,载 https://www.pkulaw.com/case/,最后访问日期:2020 年 3 月 13 日。

[2] 参见山东省威海市中级人民法院 (2014) 威商终字第 318 号民事判决书。

察行为人主观状态的案件中，只需考虑债务人主观状态，还是债务人和债权人主观状态均考虑，这一点法官认识不同；另外，只考虑个别清偿这一类型案件行为人的主观状态，还是要包括提前清偿和事后担保行为，认识也不同。当前司法实务中对偏颇性清偿行为予以撤销时是否考虑行为人主观状态做法不一，导致"同类案件不同判决"现象时有发生，会使社会民众质疑法官专业性和法律的公正，进而有损司法权威和公信力。更重要的是，我国《企业破产法》对当事人的主观状态不作规定，会导致债务人在临界期内所有清偿行为都面临被撤销的风险以及善意的债权人本应得到的清偿都将变得不确定，损害交易安全和社会信用，最终也不能最大化实现公平。

（二）个案研究：缺少针对关系人特殊规定

关系人是对债务人具有一定的控制力或者具有信息优势的主体。[1]我国破产案件审判实践中，债务人在进入破产程序之前对关系人履行债务的现象非常普遍，这直接导致破产财产的清偿率较低，一般无担保债权的清偿率经常为零。因此，债权人大会上，一般无担保债权人与作为关系人的债权人之间情绪对立严重，频繁提出异议或申诉，甚至进行集体上访。[2]虽然如此，我国《企业破产法》却并未对交易相对人是否为关系人作出区别规定，这不利于遏制较为普遍的对关系人进行偏颇性清偿的行为。

以具体案例来对此进行说明，该案为"文登区恒盛化肥有限公司管理人与山东晋煤明水化工集团有限公司破产撤销权纠纷案"。[3]在该案中，原告为文登区恒盛化肥有限公司管理人，山东晋煤明水化工集团有限公司（以下简称明水化工）为文登区恒盛化肥有限公司（以下简称恒盛化肥）出资人之一，同时，晋煤集团又是明水化工的出资人，明水化工是本案的被告。文登区人民法院于2013年2月1日裁定受理恒盛化肥公司破产清算一案。该案原告诉求为撤销恒盛化肥与被告明水化工于2012年12月6日签订的设备抵押合同。该案中恒盛化肥与晋煤集团于2012年2月9日的1000万元债务，没有设立担保，但之后恒盛化肥陷入财务困境，明水化工于是借款1000万元给恒盛化

---

〔1〕 参见孙兆晖：《破产撤销权制度研究——制度功能视角下的一种比较法进路》，中国政法大学出版社2019年版，第108页。

〔2〕 参见蔡毅："论破产撤销权制度对于关联交易的特别调整及实务处理"，载《法律适用》2009年第3期。

〔3〕 参见山东省威海市文登区人民法院（2014）威文商初字第507号民事判决书。

肥,用以偿还对晋煤集团的债务,并为这次借款在设备上设立了抵押担保。究其本质,对于明水化工是恒盛化肥的出资人之一,晋煤集团又是明水化工的出资人,明水化工在知道恒盛化肥资产不足以清偿债务的情况下,为了不使其出资人晋煤集团的利益受到损失,借款 1000 万元给恒盛化肥用以偿还对晋煤集团的债务,而又将这笔"新债"设立物的担保,无疑不利于维持债务人财产状况,会损害其他债权人的利益。我国《企业破产法》显然还未充分认识到债务人与关系人行为之间的严重危害性,尚不能找到对这些特殊债权人的特别规定,该案经历了文登区基层人民法院、威海市中级人民法院、山东省高级人民法院的三次审判后,均认为应该对清偿予以撤销,但明水化工仍然认为该案缺乏法律依据,不服判决。该案件的裁判思路是由于明水化工是恒盛化肥的出资人,其对恒盛化肥的经营状况是明知的,因此认定这属于变相为没有财产担保的债务提供财产担保,应予以否定,其中"关系人"这一因素成为裁判说理的关键,该案件确立的裁判规则也应为我国今后立法所借鉴。

债务人对关系人提前清偿的危害不言而喻,究竟为何要对关系人进行特别规定,原因有四:其一,关系人与债务人具有特殊利益关系,债务人更倾向于优先清偿关系人的债权或者为其提供担保;其二,关系人具有信息优势,往往最先知道债务人的财务状况和偿债能力;其三,对关系人的偏颇性清偿行为更具隐蔽性,监督成本较高;[1]其四,关系人可能还有能力使债务人稍微迟一点时间申请破产,从而使自己接受清偿或者担保的时间落在偏颇性清偿行为的可撤销期间之外,从而免于被撤销。[2]然而,我国《企业破产法》中对这部分立法空白,很有可能导致作为关系人的特殊债权人利用这一疏漏逃避破产撤销权的规制。

(三)法条梳理:例外规定简单、模糊

偏颇性清偿撤销制度应该平衡案件中各方当事人利益,但是当偏颇性清偿行为的受让人进行抗辩时,我国《企业破产法》只有第 32 条"个别清偿使债务人财产受益"一种途径,且该规定过于抽象,可操作性不强。这一规定过于简单,立法没有为债权人设计多重救济路线来维护其合法权益。另外,

---

〔1〕 参见蔡毅:"论破产撤销权制度对于关联交易的特别调整及实务处理",载《法律适用》2009 年第 3 期。

〔2〕 参见〔美〕查尔斯·J. 泰步:《美国破产法新论》,韩长印等译,中国政法大学出版社 2017 年版,第 564 页。

《最高人民法院关于适用〈中华人民共和国企业破产法〉若干问题的规定（二）》（以下简称《破产法解释（二）》）中第16条第（2）项[1]规定了"债务人支付劳动报酬、人身损害赔偿金"的支付例外，这一项考虑的是基本生存权，与债务人受益无法相联系，因此，例外规定还存在《企业破产法》与司法解释逻辑冲突之处，使得例外规定不仅简单，而且模糊。

我国破产法偏颇性清偿撤销的例外规定过于简单，反观《美国联邦破产法》，其对偏颇性清偿行为的例外规定较多，例如第547条（c）款（1）项设立有即时交易例外制度和第547条（c）款（2）项惯常交易例外制度等，在破产案件中能够发挥应有之作用。但是由于我国《企业破产法》中例外规定如此简单，在我国实务中善意债权人利益往往得不到有效保障，并且市场交易安全会因此处于不稳定状态，另外，还会加速债务人的破产，不利于提供债务人出现破产原因后寻求恢复正常生产经营活动的条件。不仅于此，第32条作为仅有的一项例外规定条款，由于立法对其规定的过于简单，导致该条款可操作性差，不确定强，而促进交易安全的关键在于降低交易中的不确定性。[2]

另外，我国破产法偏颇性清偿撤销的例外规定还过于模糊。原因有二：首先，"使债务人财产受益的行为"这一表述逻辑不通，因为任何"清偿"都会造成破产财产的减少而不会使其增益，[3]我国《企业破产法》及相关司法解释也并未对"受益"这一标准进行明确。虽然有学者解释道，"使债务人财产受益"应是指债务人财产的"存量"利益不受损，[4]但在司法实务中，这种语义表述不清的规定会存在理解与适用的不同，应提供明确而具体的裁判标准供司法实践参考。其次，《破产法解释（二）》第16条第（2）项确定的"债务人支付劳动报酬、人身损害赔偿金"的支付例外，若从"受益"

---

[1]　参见《破产法解释（二）》第16条："债务人对债权人进行的以下个别清偿，管理人依据企业破产法第三十二条的规定请求撤销的，人民法院不予支持：①债务人为维系基本生产需要而支付水费、电费等的；②债务人支付劳动报酬、人身损害赔偿金的；③使债务人财产受益的其他个别清偿。"

[2]　参见周林彬：《物权法新论——一种法律经济分析的观点》，北京大学出版社2002年版，第199页。

[3]　参见许德风："论偏颇清偿撤销的例外"，载《政治与法律》2013年第2期。

[4]　参见胡利玲："如何理解破产临界期内个别清偿使债务人财产受益——对我国偏颇清偿例外的重释与情形补足"，载《人民司法》2019年第22期。

这一角度来解释则是行不通的，并且这一条款涉及的类型实属有限，其目的仅仅在于保护劳动者应享有的权益，不足以解决破产实践中例外规定的问题。

三、我国破产法偏颇性清偿撤销制度之改进

（一）考虑债权人主观状态

在上文的实证分析中，尽管当前我国《企业破产法》并未规定当事人主观状态为我国破产法偏颇性清偿撤销制度的构成要件，但实务中已经或多或少涉及了对主观状态的考虑，并且根据前文的分析论证，需要增加当事人主观状态作为构成要件来完善偏颇性清偿撤销制度的适用。

对于当事人主观状态，无非是善意与恶意之分，对于恶意如何判定，当前学界有两种观点——观念主义和意思主义，所谓观念主义，即依据当事人认知来判定，对于意思主义，则依据当事人意图（或者称之为"故意"）来判定。具体到偏颇性清偿的当事人，对于债务人来说，依观念主义为是否知道自己已处于不能清偿的事实状态；依意思主义为是否有偏袒某一债权人而损害其他债权人的主观意图。那么对于债权人而言，依观念主义为是否明知债务人已处于不能清偿债务的困境，依意思主义则为是否知道债务人行为存在对自己的偏袒，该偏袒将损害其他债权人利益，而自己仍希望交易的主观意图。两者判断标准不同，观念主义的判断是一种法律上的推定，由认识到不能清偿推断出有损害其他债权人的恶意。适用到司法实务中，采取观念主义判定的方式更为适合，因为意思主义要求判定当事人的内心意图，这很难予以证明，无疑会大大增加举证的难度。

德国和日本的破产法要求债权人于交易时知道债务人无支付能力或已提出破产申请事项，[1]对于我国而言，可从中借鉴采取观念主义判定受偿债权人是否恶意。另外，为保护善意债权人利益，可作此规定，在一般偏颇性清偿撤销案件中，依据民事诉讼中一般举证责任分配规则，由主张积极事实的当事人，即管理人承担证明责任。由管理人举证，证明债权人在受偿时明知债务人已处于支付不能的状态，由此判定债权人具有恶意。在债权人为关系人时，建议规定只要在临界期内受偿，便推定债权人具有主观恶意，但属于例外事项的除外。在我国立法中若规定以债务人的主观状态作为可撤销行为

---

[1] 参见《德国破产法》第 132 条第 1 款，《日本破产法》第 160 条第 1 款。

的构成要件是不当的。若依据观念主义出发来进行设计，债务人在临界期内只要是进行了偏颇性清偿行为，我们就推定债务人具有主观上的恶意。根据我们对观念主义的理解，观念主义即当事人认知，那么当债权人想推翻这一推定时，也就不能仅仅证明债务人主观上为善意且目的是使自身财产受益，而应证明债务人进行偏颇性清偿行为时不存在破产原因，以此推翻债务人具有主观上的恶意这一推定。由于偏颇性清偿撤销制度还存在着例外规定，比如"即时交易行为"，若将债务人的主观状态规定在可撤销行为的要件中，会使例外规定难以施行，造成立法上的逻辑混乱。

（二）增加针对关系人特殊规定

通过比较法研究发现，美国、德国和日本的破产法均将关系人作为偏颇性清偿撤销规制的重点对象，这一重点规制能够扩大可撤销的偏颇性清偿行为的范围，能够有效阻止实务中关系人获得优待清偿的现象不断发生，进而保证处于同一地位的债权人公平受偿，通过借鉴其他国家立法经验，我国应从明确关系人范围、明确对关系人偏颇性清偿的撤销要件两方面予以进行。

首先，应明确关系人范围，参考《中华人民共和国公司法》（以下简称《公司法》）对关联关系的规定及国外破产法对关系人的规定，[1]关系人的范围应包括以下部分：一是债务人的董事、监事、高级管理人员。二是债务人的实际控制人，美国法院即通过判例认为债权人通过其他方式实际参与债务人的经营也可以成为控制债务人的关系人。[2]三是债务人的控股股东。关于控股股东的持股比例，国外破产法对此规定不同，德国规定为超过债务人资本 1/4 以上，日本规定为拥有过半数表决权。[3]结合我国具体情况，可以采用我国《公司法》对控股股东持股比例的规定。[4]四是债务人控股的公司。以上四

---

〔1〕 参见《公司法》第 216 条第 4 项，《德国破产法》第 138 条，《日本破产法》第 161 条，《美国联邦破产法》第 101 条（31），《英国破产法》第 249 条、第 435 条，《贸易法委员会破产法立法指南》第 2 部分第 2 章第 183 段。

〔2〕 参见［美］大卫·G. 爱泼斯坦等：《美国破产法》，韩长印等译，中国政法大学出版社 2003 年版，第 307 页。

〔3〕 参见《德国破产法》第 138 条，《日本破产法》第 161 条。

〔4〕 参见《公司法》第 216 条第 2 项："控股股东，是指其出资额占有限责任公司资本总额 50% 以上或者其持有的股份占股份有限公司股本总额 50% 以上的股东；出资额或者持有股份的比例虽然不足 50%，但依其出资额或者持有的股份所享有的表决权已足以对股东会、股东大会的决议产生重大影响的股东。"

点是对债务人的关系人明确的列举，在司法实务中，难免会出现立法未能规定的情形，因此，在司法实务中实际认定关系人时，不能局限于法律对关系人范围的界定，还应着重注意债权人和债务人之间是否存在特定关系。个案中应允许法院适当扩大关系人范围，要结合两点进行认定，一是处于优势地位并能据此获取更多与债务人相关的信息，二是能够对涉及债务人财务上的事项产生重大影响。

其次，对关系人偏颇性清偿行为的撤销要件与对非关系人偏颇性清偿行为的撤销要件相比应更为严格：一是时间要件，从比较法中发现，国外立法规定了更长的可撤销期间，例如，《美国破产法》对于债权人是否为关系人有着不同的可撤销期间，分别为90天和1年；《英国破产法》同样规定了不同期间，分别为6个月与2年。〔1〕二是支付不能条件，国外破产法对债务人陷于无法清偿债务处境的证明标准有所区别，即对关系人偏颇性清偿行为的证明标准显然要低于对象为非关系人的偏颇性清偿行为。《英国破产法》特别规定了"支付不能推定规则"，即如果偏颇性清偿行为的对象是关系人，则债务人支付不能的推定时间为1年。〔2〕三是主观要件，其中德国和日本的破产法对此有明确规定，即对关系人依约履行行为的撤销，要以关系人知道或者应当知道债务人此时已陷于无法偿还债务的处境为要件，但是，在举证责任方面，两国立法都主张推定关系人知道债务人财产状况，而若要推翻这一推定，则由关系人负举证责任。〔3〕借鉴比较法上的规定，我国立法关于关系人偏颇性清偿行为的撤销规定应作如下完善：一是延长对关系人偏颇性清偿行为的可撤销期间，可将对于关系人的偏颇性清偿行为撤销临界期由当前立法对于非关系人的偏颇性清偿行为撤销临界期规定的1年延长至2年。若关系人涉及个别清偿，也相应延长撤销期间，由对非关系人的个别清偿撤销临界期规定的6个月延长至1年。二是推定债务人在破产申请受理前1年内陷于无法清偿债务的处境。这样的规定是借鉴了英美法系的立法，实行举证责任倒置，要求关系人拿出证据证明债务人行为时仍有清偿债务的能力。

（三）细化偏颇性清偿撤销例外规定

我国《企业破产法》第32条对偏颇性清偿撤销的例外规定简单、模糊，

---

〔1〕 参见《美国破产法》第547条（b）(4)，《英国破产法》第240条第1款。
〔2〕 参见《英国破产法》第240条第2款。
〔3〕 参见《德国破产法》第130条第2、3款，《日本破产法》第162条第2款。

虽可借鉴《美国破产法》的规定，对偏颇性清偿的例外事项进行详细列举，但《美国破产法》对破产撤销认定中不考虑行为人的主观状态，而依我国当前审判实践，又需要加入债权人主观状态的判断，因此在借鉴其例外规定时，只需要列举几种典型的不可撤销行为即可，不需要模仿《美国破产法》那样设置冗长的例外事由。

例外情形的设置应该较为典型且可操作性强，应包括以下两项：其一，惯常交易行为，根据《美国破产法》，指的是债务人对正常业务中产生的债务，按照当事人之间一贯的履行规则予以清偿，这是最为典型的偏颇性清偿行为例外情形。[1]《英国破产法》《美国破产法》都将其规定为偏颇性清偿行为的例外，为维护债务人正常的生产经营起着十分关键的作用。惯常交易还对于处在破产原因情境下的债务人为维持经营和商业信用有着重要的价值，若将其设置为例外情形将有益于债务人财产。我国《破产法解释（二）》第16条[2]可以说是部分采纳了惯常交易的例外规则，但是并没有提及"惯常交易行为"这一概念，也没有相应的判断标准。依据《美国破产法》的规定，债权人若主张惯常交易行为为偏颇性清偿之例外，须证明该债务是债务人在常规范围内所承担的以及该给付是在债务人与受让人间的常规范围内所作出的，这两项均需符合，或者仅仅证明该转让是根据常规营业条件所作出的。其二，即时交易行为，指的是双方当事人为交换价值而同时进行的交易。该行为关键的两点是交易的"等值性"和"即时性"，即债务人与债权人交易行为差额不宜过大，债务人与债权人交易时间间隔应该在合理的范围内，该行为不会导致债务人财产受损，只是财产形式发生了变化，不会影响其他债权人的利益，理应不予撤销。依据《美国破产法》的规定，该例外情形有两项需要满足的条件，一是双方当事人进行转让是为了给债务人同时交换新价值；二是这种交换的发生事实上是同时进行的。值得注意的是，对于"同时"的理解，解释为实质上的同时性而非即刻性才更加合理。

---

〔1〕 参见孙兆晖：《破产撤销权制度研究——制度功能视角下的一种比较法进路》，中国政法大学出版社 2019 年版，第 115 页。

〔2〕 参见《破产法解释（二）》第 16 条："债务人对债权人进行的以下个别清偿，管理人依据企业破产法第三十二条的规定请求撤销的，人民法院不予支持：①债务人为维系基本生产需要而支付水费、电费等的；②债务人支付劳动报酬、人身损害赔偿金的；③使债务人财产受益的其他个别清偿。"

四、结　语

偏颇性清偿撤销制度在当前破产程序中运用颇广，具有极强的实用价值。本文对偏颇性清偿撤销制度法理基础进行分析，通过"法的价值"中目的价值和形式价值这一判断标准，得出偏颇性清偿撤销制度属于"良法""善法"，具有正当性。然而当前立法规定尚不完善，目前实务中存在棘手问题有三：关系人立法空白、当事人主观状态是否考虑各地不一，以及"例外规定"简单模糊，可操作性差。这一缺陷使得偏颇性清偿撤销制度功能无法有效发挥，立法目的不能实现，违背公平原则，有损其他债权人利益，且影响破产企业的重整，正常交易秩序的稳定。改进措施较为明晰，通过完善立法，填补法律空白来进行，具体而言：界定关系人的范围，增加对于关系人的特殊规定，明确针对关系人偏颇性清偿撤销的构成要件；增加债权人的主观恶意作为偏颇性清偿撤销之构成要件，而无须考虑债务人的主观状态，此为恰当之选项；另外，通过对比较法研究，参考国外立法例，完善偏颇性清偿撤销的例外情形，以及修改当前对基于公权力而为的偏颇性清偿的立法规定，能够使得偏颇性清偿的例外规定更加合理妥当。以上观点只是本文浅薄之见，难免存在不足之处，相信通过学术界和实务界的共同努力，我国偏颇性清偿撤销制度一定会逐渐趋于完善。

应收账款质权在破产程序中的权利边界

——以出质人破产为视角

曹爱民　许立佳*

《中华人民共和国物权法》（以下简称《物权法》）确立了应收账款质押制度以来，应收账款质押已经成为企业，特别是中小企业重要的融资工具之一。根据中国人民银行征信中心统计，自 2007 年至 2014 年期间，实现应收账款质押登记 599 039 笔[1]，而至 2018 年 8 月 5 日，融资成交金额已达 73 006.8 亿元。作为《物权法》规定的权利质押的一种，应收账款质权人可以直接收取该应收账款以实现其权利。同时，基于破产法的特别规定，应收账款质权的权利边界亦当然受到破产程序的影响或制约。在可预见的近几年企业破产案件必然快速增长的背景下，各破产关系人之间利益冲突日益激烈，涉及破产程序中应收账款质权效力的确认和实现付诸司法裁判的现象也将会成倍增长，有必要对这一领域的理论问题深入研讨。[2]

一、破产法规范对应收账款质权的限制：权利暂停行使

（一）应收账款质权实现的一般方式：直接收取权

作为一种权利质权，"应收账款质权实质上是以一种请求权担保另一种请求权的实现，质权的最终实现依赖于第三债务人的履行能力即其全部责任财产的多寡。"[3]从法理上讲，任何物权的设立均应予以公示，物权自公示之时

＊ 曹爱民，山东省滨州市滨城区人民法院法官；许立佳，山东英天律师事务所律师。

〔1〕 参见中国人民银行征信中心：《动产融资登记公示系统专题报告》2015 年第 1 期。

〔2〕 本文检索了"中国裁判文书网"，截至 2018 年 8 月 6 日，输入关键词"应收账款质权"搜索到裁判文书 413 篇，而输入关键词"应收账款质权+破产"搜索到裁判文书 32 篇（其中最高人民法院 4 篇），涉及案件 25 件。

〔3〕 赵万一、余文焱："应收账款质押法律问题"，载《法学杂志》2009 年第 9 期。

成立，特别是作为担保物权"为了完善地对抗第三人，几乎所有非占有形式的合意担保都需要按规定登记。"〔1〕故《物权法》明确规定，应收账款质权自信贷征信机构办理出质登记时设立，区别于合同法关于债权转让的规定，《物权法》未规定对应收账款债务人的通知问题。

基于应收账款本身的特性，应收账款质权直接表现为货币形式，也即应收账款质权的价值更为直接，一般不必要另行通过变价来实现。也就是说，"应收账款质权人可以直接收取出质债权，以行使优先受偿权。"〔2〕在国外立法上，质权人的直接收取权亦有规定，如《德国民法典》第 1282 条第 1 款规定："第 1228 条第 2 款的要件成就的，质权人有收取债权的权利，且债务人只能向债权人履行给付。"我国的司法案例也倾向于支持对应收账款质权赋予直接收取权。〔3〕

（二）破产程序对担保物权实现的影响

"担保物权为融资而产生，亦为防范破产风险而存在。"但是随着现代破产法理念的变革及规则重构之后，对担保制度的发展也产生了非常广泛的影响。〔4〕《中华人民共和国企业破产法》（以下简称《企业破产法》）设计的程序结构为破产清算、和解程序与重整程序三种程序并行，当债务人具备破产原因时，依破产清算程序、和解程序与重整程序申请，均可启动破产程序。〔5〕一般认为，担保物权在破产清算程序、和解程序中可以不受限制，至少从理论的角度看，担保权在两种程序中均可以随时要求实现。但是在破产清算程序中，为实现债务人财产的最大化从而需要整体予以变现时，担保财产的处置亦应予以适当限制，这符合债权人的一般利益。在重整程序中，物权担保债权人优先受偿权的行使会受到较大的限制，其目的"是为保证债务人不因担保财产的分散执行而影响生产经营，影响对债务人营运资产的整体

---

〔1〕 [英] 费奥娜·托米：《英国公司和个人破产法》，汤维建、刘静译，北京大学出版社 2010 年版，第 335 页。

〔2〕 郭明瑞："关于应收账款质权的三个问题"，载《江淮论坛》2011 年第 6 期。

〔3〕 参见最高人民法院指导性案例 53 号：福建海峡银行股份有限公司福州五一支行诉长乐亚新污水处理有限公司、福州市政工程有限公司金融借款合同纠纷案。法院判决债权人有权直接收取污水处理服务费并就被担保债权优先受偿。

〔4〕 参见徐阳光："破产法视野中的担保物权问题"，载《中国人民大学学报》2017 年第 2 期。

〔5〕 参见邹海林：《破产法——程序理念与制度结构解析》，中国社会科学出版社 2016 年版，第 39 页。

出售，保障重整顺利进行。"[1]

质权的实行权包括变价权和优先受偿权，[2]在破产程序中限制的主要是程序性权利（变价权），对债权人所享有的实体法权利（担保物权效力及优先受偿属性）一般不会受到限制或者贬抑。在日本，公司更生程序开始后，担保权的行使被禁止或中止，担保权人须通过更生计划获得清偿，如果担保物对于更生公司业务的重整明显不必要的，法院可依管理人申请或者依职权解除禁止行使担保权的效力，但担保权人无权提出申请。[3]《企业破产法》第75条第1款规定债权人对债务人的特定财产享有的担保权在重整期间暂停行使，但并未剥夺担保物权人优先受偿的实体权利，而且在符合法定条件时，债权人可以恢复行使担保权。学者认为"对担保物权在破产程序中进行必要的限制，而不是彻底取消担保物权的优先受偿性，对正外部性的影响是很小的。"[4]

（三）应收账款质权在破产程序中的限制

如上所述，出质人进入破产程序，使"担保物权人在破产程序中首先要承受的限制是其变现权的（暂时）中止行使。该制度的主要目的是实现债务人责任财产最大化，提高破产清偿率。"[5]

1. 破产申请受理前应收账款债务人已经清偿债务的情况

一是应收账款债务人已经将应收账款汇入约定的回款专用账户，也就是说担保物已经变现，因破产申请裁定受理之时，债权人的债权即使尚未到期亦视为到期，此时实现担保权的条件已经成就，应收账款质权人可以就该特定账户的款项优先受偿。二是应收账款债务人在破产申请受理前已经向出质人清偿的，此时应收账款因清偿而消灭，存在其上的权利（质权）自然不复存在，且因回款未经特定化，债权人（质权人）也就无从请求优先受偿，在破产程序中，只能作为普通债权对待。以上第一种情况，担保物已经变现

---

[1] 王欣新：《破产法前沿问题思辨（上册）》，法律出版社2017年版，第214页。
[2] 参见王利明：《物权法研究（下卷）》，中国人民大学出版社2016年版，第1377页。费安玲、龙云丽："论应收账款质权之实现"，载《河南大学学报（社会科学版）》2009年第4期。
[3] 参见[日]山本和彦：《日本倒产处理法入门》，金春等译，法律出版社2016年版，第195页。
[4] 许德风："论担保物权的经济意义及我国破产法的缺失"，载《清华法学》2007年第3期。
[5] 许德风："论担保物权在破产程序中的实现"，载《环球法律评论》2011年第3期。

（货币化）且特定化，在破产程序中对质权人的优先受偿权予以限制缺乏正当性。在第二种情况下，质权已经消灭，自然谈不上对其实现的限制问题。

2. 破产申请受理即破产程序开始对应收账款质权实现的限制

（1）破产清算程序对应收账款质权的影响。破产清算以管理人将债务人的全部财产变现并根据法定顺序进行分配为目的，因此，担保财产一经变现，则即应清偿给担保权人，一般来讲，担保物权的实现不受限制。但"即使在清算程序中，为了保护债务人财产，保证它的价值最大化以至升值，法律也需要在有些情况下在权利行使方面对担保权人设有一定的限制，因为它受到财产上的捆绑效应的影响。"[1]其实，应收账款的实现方式与其他固定资产、流动资产等不同，在破产清算的情形下，由于不需要维持债务人的营业事业，完全可以单独予以变现而不影响其他财产的价值，且其变现的途径可以直接以回笼货币的形式予以清收，一般不需要经过协议折价或者拍卖、变卖的形式。因此，在破产清算程序中，除法律另有规定（如《企业破产法》第132条）外，应收账款质权的实现不存在予以限制的理由。

（2）破产和解程序几乎很难对应收账款质权的行使产生影响。根据《企业破产法》第96条第2款的规定，对债务人的特定财产享有担保权的权利人，自法院裁定和解之日起可以行使权利。据此，只要法院受理债务人破产和解，担保权人即可行使担保权，而且未到期债权亦加速到期，不受《企业破产法》第19条中止的效力影响。另外，《企业破产法》也排除了担保权人对和解协议的表决权，从另一个方面亦可推出担保债权的实现不受破产和解程序影响的立法态度。当然，应收账款质权的行使应依照《物权法》和《中华人民共和国担保法》（以下简称《担保法》）的规定进行，债务人与债权人可以达成民事和解，或者因履行合同需要而为清偿或提供新的担保，以实现债务人的事业挽救之目的，但此已非破产程序事项。[2]

（3）应收账款质权在破产重整程序中将接受较大的限制。在重整程序中，担保债权变现权利的行使受到限制，以免因担保物的变卖、执行而影响重整

───────────────

〔1〕 王欣新：《破产法前沿问题思辨（上册）》，法律出版社2017年版，第433~434页。

〔2〕 但学界和实务界均有担心，破产法在和解程序中对担保物权的规定，客观上将使和解程序成为"不可能的任务"。参见许德风："论担保物权的经济意义及我国破产法的缺失"，载《清华法学》2007年第3期。蒋新华："企业破产法对担保物权规定的不足与完善"，载《人民司法》2010年第21期。

程序挽救企业再生功能的发挥。特别是在现代担保制度日益完善且愈益呈现扩张之势的情形下，企业的有效资产（包括固定资产、流动资产、无形资产如权利等）之上可能存在各种形式的担保负担，有的还是对未来财产的保全，如对企业存货、应收账款等设置的抵（质）押担保等，在此情况下，如果对债权人行使担保物权无所限制，企业的有效资产将流失殆尽，破产企业亦将失去重整的物质基础。故《企业破产法》规定，担保权在重整期间应暂停行使，各项债权的实现均应按照法院裁定批准的重整计划实施。

按照王欣新教授的观点，在企业重整时并非所有的担保权都需要并可能不加限制地暂停行使。一是从重整需要的角度来看，凡是移转占有的担保，原则上不停止权利行使；二是从对担保权保护的角度来看，凡因担保财产移转占有从而将使债权人失去担保权的担保方式，亦不应暂停行使担保权，如留置担保、动产质押担保、转移权利凭证占有的权利质押担保等。因此，在重整程序中应当暂停行使的担保权，原则上限于抵押担保（包括动产浮动抵押）和不转移质押权利凭证的质押担保以及部分转移权利凭证的权利质押。[1]

应收账款质押本质上属于权利质押，以征信机构的登记为权利设立的要件，法律并不要求对应收账款相应凭证的移转占有。但是鉴于应收账款在债务人财产构成中的实然形态以及对重整企业的意义，是否在重整期间暂停行使权利，与其他财产担保权存在一定的差异。原则上，应收账款质权在重整程序中不必暂停行使，即使在债务人（出质人）持续经营的情况下，应收账款一般作为偿债资金的来源，不能且不应成为重整资金的投入，在其上的权利行使不应受到影响。但是债务人之所以破产均系出现了财务困难，从而资金链断裂或者面临断裂的危险，流动性对于重整企业来讲至关重要，甚至决定重整的成功与否。因此，应收账款质权的实现接受重整计划的安排具有合理性，当然对于债权人的相应利益损失应当予以救济补偿。

二、破产程序对应收账款质权予以限制的制度基础

（一）破产立法的功能定位与利益平衡原则的规制

《企业破产法》第1条开宗明义规定了我国破产立法的宗旨，从而确立了

---

〔1〕 参见王欣新："论破产程序中担保债权的行使与保障"，载《中国政法大学学报》2017年第3期。

破产法的功能定位,一是保护债权人利益,二是保护债务人利益,三是维护市场经济秩序,或者说保护社会利益。因而破产法的立法目的或制度价值主要涉及两个层面的问题:首先是制度价值的选择,其次是制度价值的排序。[1]因破产程序是对债务人财产的一次性概括处理,破产法上的利益主体不仅仅是债权人,还包括债务人、出资人(股权持有者)、管理人、劳动者等,各种利害关系人的利益冲突尤为突出。[2]因此需要一种机制来平衡各种利益,如《企业破产法》中的撤销权和无效制度等。破产法也对担保债权人的利益采取了保护与限制并举的态度,即在保护担保债权人利益不受损失的前提下追求破产财产乃至社会利益的最大化。[3]

(二)破产程序特有的效力对担保物权的限制

1. 破产程序自动中止的效力

破产法是全面清理债务人债权债务的法律部门,依据破产法对所有债权人进行概括执行,故对于涉及单一债权债务关系处理的规则肯定会发生变化,甚至对债权人的权利予以限制。美国破产法规定了自动中止制度,且该制度"适用于一切担保权,无论是合意的还是非合意的,也适用于所有债权人,包括政府,并且适用时不考虑主债权或担保物的性质,也不考虑债权何时发生。"[4]德国破产法针对债务人的财产规定了一般性处分禁止的保全措施,法院可以拒绝或者停止对债务人的强制执行措施,包括别除权债权人的执行措施等。[5]《企业破产法》规定在破产申请受理后,对债务人的执行程序中止,对债务人财产的保全措施解除,在破产重整程序中担保物权暂停行使等,涉及债权人实体权利的也有所体现,如附利息的债权停止计息的规定等。总之,债权人依据其他法律所取得的权利,包括程序权利和实体权利,在破产程序中均要经受破产法的"检验",担保物权也不例外。

当然,有限制必存在救济制度,根据美国破产法的规定,对于因破产程

---

〔1〕 参见邹海林、周泽新:《破产法学的新发展》,中国社会科学出版社 2013 年版,第 21 页。

〔2〕 参见李永军:《破产法——理论与规范研究》,中国政法大学出版社 2013 年版,第 26 页。吴庆宝、王建平主编:《破产案件裁判标准规范》,人民法院出版社 2009 年版,第 17 页。

〔3〕 参见丁文联:《破产程序中的政策目标与利益平衡》,法律出版社 2008 年版,第 124 页。

〔4〕 [美]大卫·G. 爱泼斯坦等:《美国破产法》,韩长印等译,中国政法大学出版社 2003 年版,第 110 页。

〔5〕 参见 [德]波克:《德国破产法导论》,王艳柯译,北京大学出版社 2014 年版,第 56、58 页。

序冻结的财产，对该财产享有担保权与担保权益的债权人，如果其利益没有得到充分保护，债权人就有权申请解除冻结，从而直接拍卖担保标的以实现其债权，而债务人则无权再使用担保财产。[1]这就是美国破产法上的充分保护原则。《企业破产法》第 75 条也有类似的规定，即担保权人在一定条件下可以恢复行使权利。

2. 债权人行使权利应当遵守破产法规范

《企业破产法》第 44 条明确规定，债权人"依照本法规定的程序行使权利。"债权人要实现其对债务人特定财产的优先受偿权，自然亦应依破产程序的规定进行。在搜索的裁判文书中对此亦有所回应，如有的在判决理由中表述，债权人应依破产法律程序主张权利。[2]有的直接在判决主文中写道：债权人有权就债务人的应收账款在质押担保范围内优先受偿；债权人对债务人享有的上述债权，依照《企业破产法》规定的程序行使权利。[3]

（三）破产法规范对担保债权人优先受偿权的有条件"剥夺"

《企业破产法》第 132 条对职工债权的实现予以特别的安排，即发生于法定期间的职工债权在依照第 113 条规定的清偿顺序仍得不到清偿的部分，可以对设定了担保权的特定财产优先于担保权人受偿。另外，第 46 条规定，附利息的债权自破产申请受理时起停止计息。实际上，该法条直接剥夺了债权人包括担保权人的债权期限利益，这是基于债权人整体利益的考量而对个别债权人利益在法律上的消减。也有观点提出异议，认为计息停止规定不应涉及担保债权，除非担保物价值低于债权额。[4]

（四）应收账款质权在破产程序中直接收取权的"尴尬"

1. 质权人直接收取权在破产程序中的障碍

如上所述，应收账款质权一般采取直接收取的方式实现。但是无论在制度层面还是在司法实践层面，破产程序均确立了债权人应当按照破产程序行使权利的原则，而且《企业破产法》第 17 条规定债务人的债务人应当对管理

---

〔1〕 参见［美］查尔斯·J.泰步：《美国破产法新论（上册）》，韩长印等译，中国政法大学出版社 2017 年版，第 331 页。

〔2〕 参见江苏省宜兴市人民法院（2016）苏 0282 民初字第 6986 号民事判决书。

〔3〕 参见浙江省宁波市江东区人民法院（2014）甬东商初字第 567 号民事判决书。

〔4〕 参见蒋新华："企业破产法对担保物权规定的不足与完善"，载《人民司法》2010 年第 21 期。

人为给付。根据该规定，应收账款债务人只能向管理人清偿债务，从而债权人直接收取权的行使失去了根据。在破产程序中，债务人（出质人）的财产包括担保财产均由管理人接管，至少在规范层面上，应收账款质权人行使权利也应当通过管理人进行。比较法上也多采此观点，如在美国，通常破产中担保物的变现由破产管理人或自我管理的债务人完成。而德国在破产程序开始以后，破产管理人或自我管理人自动取得对动产担保物变现的权利。[1]

2. 关联企业实体合并破产：应收账款质权在破产程序中实现的特有问题

各关联企业在存在形态上亦表现为独立的企业法人，彼此之间往往具有非常多的应收账款往来，存在较集中的债权债务关系，但在关联企业内部实行"收支两条线"的财务管理模式，一般由集团总部统一调度企业收支。[2]

联合国贸易法委员会《破产法立法指南：第三部分破产企业集团对待办法》指出：实质性合并是将企业集团两个或两个以上成员的资产和负债作为单一破产财产的组成部分对待。因此，关联企业实体合并破产就是将多个关联企业视为一个企业，各关联企业的财产打破了所有权界限，各关联企业之间的债权、债务直接予以涤除，从而相互之间提供的担保也因权利义务主体的合并而消灭，债权人享有的应收账款质权不复存在，质权当然亦无从实现。

三、应收账款质权在破产程序中的实现：应收账款质权的权利边界

应收账款质权法律关系存在两个债权，即出质的应收账款和所担保的主债权。实践中，该两个债权的清偿期可能存在不同，故应当区别情况予以对待：一是在出质的应收账款与主债权均到期的情形下，债权人可以行使直接收取权。二是在出质的应收账款后于主债权到期的，应收账款债务人应当享有期限利益，债权人不能立即主张实现质权，但可以请求法院确认其对该应收账款享有优先受偿权。三是出质的应收账款先于主债权到期的，为保障将来主债权的实现，质权人可以主张将该应收账款予以提存。[3]基于破产法的规定，未到期的债权在破产申请受理时视为到期，则在破产程序中，债权人的主债权均已到期，对于应收账款债权的处理则视出质的应收账款本身到期

---

〔1〕 参见许德风："论担保物权在破产程序中的实现"，载《环球法律评论》2011 年第 3 期。

〔2〕 参见刘萍：《应收账款担保融资创新与监管》，中信出版社 2009 年版，第 128 页。

〔3〕 参见郭明瑞："关于应收账款质权的三个问题"，载《江淮论坛》2011 年第 6 期。许旭涛："应收账款质押制度的典型问题探析"，载《人民司法（应用）》2016 年第 19 期。

时间有所不同，因此，破产申请的受理对应收账款质权的实现具有相当的决定性意义。

（一）破产申请受理前应收账款债务人已经向债权人清偿债务的情形

在破产申请受理前，应收账款债务人向债权人清偿的，从债权人的角度来看，因系对担保财产的处分，虽然未使债务人财产增加，但不因此减少其他债权人公平受偿的责任财产，故不应受到《企业破产法》第32条对个别清偿行为的约束，管理人无权请求法院予以撤销，除非债权人所接受的清偿额超出了其债权范围，致使债务人财产受到了实质减损。

（二）破产申请受理后应收账款债务人向出质人清偿债务的处理

根据《企业破产法》第17条的规定，在受理破产申请后，"债务人的债务人或者财产持有人应当向管理人清偿债务或者交付财产。"否则，如果因故意交付行为给债权人造成损失的，不免除其清偿债务或者交付财产的义务。由此可以确定，应收账款债务人在明知出质人已经破产的情况下仍然向其清偿债务，如果给债权人造成损失，不免除其继续承担支付应收账款的义务。如果应收账款债务人的清偿行为并未造成债权人的损失，债务人或者管理人所接受的清偿视为担保物的变现款项，也即应收账款质权的实现，应当由债权人（质权人）优先受偿。

（三）应收账款质押合同约定的特定回款账户问题

出质人以其现有应收账款出质的，应收账款的"账龄"会对质权的实现产生一定的影响，主要是在主债权尚未到期的情形下，所质押的应收账款履行期限已经届满，或者在出质时该应收账款已经到期的，将会面临应收账款债务人随时清偿的风险。对待该情形，法律上未规定相应的处置措施。实践中，债权人（特别是银行债权人）往往在合同中明确约定由债务人设立特定账户作为所质押应收账款的回款账户。从理论上来讲，作为担保物的应收账款虽然因清偿而归于灭失，但该特定账户的存款可以视为物权法上的替代物，根据《物权法》第174条的规定，具有物上代位性的特征，应收账款划至特定账户的，可以因其已经被特定化，债权人继续享有优先受偿权。因此，参照《最高人民法院关于适用〈中华人民共和国企业破产法〉若干问题的规定（二）》（以下简称《破产法解释（二）》）第32条的规定，债权人有权主张就该特定账户的存款优先受偿。

（四）未到期应收账款质权的实现

在出质人破产时，债权人的债权无论是否到期，均视为在法院裁定受理破产申请之时到期，但所出质的应收账款可能尚未到期，如果就该应收账款予以清收，则可能会损害相关人（应收账款债务人）的合法权益。根据《企业破产法》规定，对破产财产（包括担保财产）应当采取拍卖、变卖的方式予以变现，其中有财产担保债权可以就特定财产的变价款优先受偿。因此，在出质人破产时，债权人对应收账款质权的实现亦可通过以上方式对应收账款进行变价后予以受偿。这种实现方式，在破产清算程序中没有争议，但在破产和解，特别是破产重整程序中，为了债务人企业的持续经营需要，破产财产一般不能通过变现的形式予以处置，否则，企业将失去重整的物质基础、经营资源等，应收账款的处置亦不例外。出质的应收账款在重整计划草案提交债权人会议表决之前已经回收的部分，应当对债权人优先受偿；在应收账款尚未到期或者虽然已经到期但未收回的情形下，多数学者主张按照评估值确定优先受偿额并纳入重整计划中。但应收账款本身的特点决定了评估价值的不确定性，如应收账款债务人的还款能力、基础合同本身的瑕疵抗辩等因素均可能影响评估的效果。美国法院使用了一系列的估值标准，包括清算价值标准、运营价值标准以及不同的市场标准等。[1]在日本，"现行法（《公司更生法》）除了在评估公司整体价值时采纳了较为客观的时价标准，时价标准也被确定为更生担保权的评估标准。"[2]该评估方法仍然具有一定的不确定性。对此，有学者提出建议，"在《金融工具确认和计量准则》中明确规定应收账款属于金融资产，对可供出售金融资产采取公允价值计量，对应收账款项采用实际利率法摊余成本计量"，[3]这一思路值得探讨。

（五）管理人是否可以解除应收账款质权涉及的基础合同以及解除的后果承担

根据《企业破产法》第18条的规定，管理人对破产申请受理前成立而双方均未履行完毕的合同是否继续履行享有破产法上的决定权。管理人如果决定解除上述合同，基于该合同所产生的应收账款出现变数，因之对于该合同

〔1〕 参见［美］美国破产法协会：《美国破产重整制度改革调研报告》，何欢、韩长印译，中国政法大学出版社2016年版，第81~82页。

〔2〕 ［日］山本和彦：《日本倒产处理法入门》，金春等译，法律出版社2016年版，第195页。

〔3〕 苏长明："应收账款商事质押法律问题研究"，吉林大学2014年博士学位论文。

之上的应收账款质权即存在不能实现的现实风险。因此，应当对管理人的解除权予以一定的限制，只有在对质权人的可得利益能够予以补偿的基础上才能行使解除权。对此，可以参照《破产法解释（二）》第 32 条第 2 款第（2）项规定，将给债权人造成的损失按照共益债务予以处理。如果因解除合同而收回相应款项（包括本金、利息、赔偿金等等），应当由债权人优先受偿，但如果由于解除合同给对方造成损失，则应按照《企业破产法》的规定予以处理，债权人对此不承担责任。

四、结　语

"破产法以非破产法为基础制定和实施，同时也对非破产法的原则和规则作出了一定的突破。"[1]破产法虽然属于特别法，应当在破产程序中优先适用，其他法律对当事人的权利安排在破产程序中应当遵守破产法的特殊规定，但破产法不能取代其他法律，尤其"对于民法上的担保制度的价值不应改变。故应该说，破产法上的别除权实际上是民法上的担保物权在破产程序上的折射。"[2]故破产法应对其他法律部门予以尊重，其他法律确立的当事人权利在破产程序中仍应得到保护，除非经过充分的论证并进行利益衡量，某一破产目标的实现确实应当比其他法律所要保障的目标更为重要，才能对权利的行使予以限制。因此，司法实践中，要厘定应收账款质权在破产程序中的权利边界，既要尊重破产法的特别原则，亦应恪守《物权法》《担保法》以及《合同法》的一般原则；同时，应当坚持债权人的权利不受减损原则，如果受到减损，应当获得相应的救济。

---

〔1〕 齐明：《中国破产法原理与适用》，法律出版社 2017 年版，第 20 页。

〔2〕 李永军：《破产法——理论与规范研究》，中国政法大学出版社 2013 年版，第 302 页。

土地法专题

农地信托流转中政府机构的功能定位

陈　敦　　张冬京[*]

　　近年来，农地信托流转开始进入人们的视野。浙江绍兴、湖南益阳、福建沙县在政府主导下首先开始了农地信托流转的实践探索。随后，信托公司加入农地信托流转，我国农地信托模式呈现出不同的特征。随着农地"三权分置"政策的出台，在培育新型农业经营主体和服务主体、推动乡村振兴过程中，农地信托流转实践中有哪些经验值得总结，哪些不足应当摒弃，值得思考。本文在梳理以往农地信托流转中政府机构地位的基础上，分析其中的利弊得失，进而指出，在今后的农地信托流转中，政府应当转变角色定位，不再直接介入农地信托法律关系，而应将更多的精力放在监管、服务、构建风险分担机制上，通过土地权利登记、土地流转信息平台搭建、诉前解纷机制等方面，为农地信托流转提供良好的公共服务，促进农地"三权分置"政策目标的实现。

一、政府机构介入农地信托流转的现状梳理

　　农户将土地交付信托是农地流转的一种方式。在不同的信托模式中，信托关系的主体也各有不同。从农地信托发展的历程看，早期的湖南益阳模式、

　　* 陈敦，北京工商大学法学院副教授；张冬京，北京工商大学法学院硕士研究生。本文是国家社科基金项目《农地"三权分置"的信托模式研究》（项目号：17BFX205）的课题成果。

浙江绍兴模式、福建沙县模式与后期由金融信托公司参与的安徽宿州模式、江苏无锡桃园模式等存在比较明显的差别。早期的农地信托模式并不真正适用《中华人民共和国信托法》（以下简称《信托法》），受托人虽名为"信托公司"，但并非通常理解的持有金融许可证的信托公司。金融信托公司介入后，农地信托法律关系的建立及运行应遵守《信托法》以及信托业监管机关颁布的监管规定。信托法律关系并非仅可发生在持有金融许可证的信托公司参与的法律关系之中，因此，从农地流转视角，我们认为，早期的农地信托模式对于农地信托流转实践的开展以及制度的设计，仍具有重要的研究、借鉴价值。尽管存在前述区别，在这两个阶段中，政府在其中大都扮演了积极参与的角色。下文对其中比较典型的湖南益阳模式、福建沙县模式、安徽宿州模式以及江苏无锡桃园模式予以介评。

（一）土地信托机构参与的早期模式

在湖南益阳模式、福建沙县模式中，政府发挥的是主导作用，由政府设立专门的土地信托机构，作为连接农户和种植大户、农业公司的纽带。

湖南益阳模式最大的特点就在于政府全程参与土地信托流转过程。[1]其土地信托流程可分为三步。第一，政府出台文件并做宣传引导。如益阳草尾镇政府先后制定了《土地信托流转规划》及《土地信托流转暂行办法》。根据文件的规定，在镇、村两级组建土地信托流转领导小组，并采取多种方式宣传土地信托以及对农户进行培训，[2]为土地信托的实施提供良好的环境。第二，政府出资设立土地信托基金、土地信托投资公司、土地信托流转服务中心，搭建土地信托流转平台。农户将土地承包经营权委托给土地信托投资公司，土地信托投资公司再将土地归集成片，农业公司或种植大户可直接从土地信托投资公司租赁土地、开发经营。第三，政府积极构建风险承担机制，防范土地流转风险。如沅江市政府先后出台了《农村土地信托投资有限公司农户利益保障办法》和《土地流转风险防范制度》，扩大农户保险面，保障农户权益。

福建沙县模式与此大体类似：由政府出资成立沙县源丰农村土地承包经

---

〔1〕 参见邸敏学、郭栋："益阳草尾镇土地信托流转模式的深层解读"，载《北京理工大学学报（社会科学版）》2016年第2期。

〔2〕 参见殷勇："农村土地信托流转调查与思考——以湖南省沅江市草尾镇为例"，载《调研世界》2012年第6期。

营权信托有限公司和沙县金茂农村土地承包经营权信托有限公司，村委会接收农户的土地后，再将土地整合信托给前述设立的信托公司，由信托公司引入承租人对土地进行经营管理，获得的收益交付给农户。[1]在土地流转过程中，通过不同的协议确定各方主体的权利义务。首先，由农户与村民委员会或村集体经济组织签订《农村土地承包经营权流转（出让）委托协议》，农户将耕地经营权委托给村集体。同时，农户填写《农村土地承包经营权流转信托（出让）委托登记表》，载明委托土地的情况。其次，村委会与土地信托机构签订《农村土地承包经营权信托（出让）合同》，村委会将归集的土地出让给土地信托机构。第三，土地信托机构与受让方签订《农村土地承包经营权流转（租赁）意向协议书》，表明受让方愿意受让（租赁）土地。双方达成合意后，再签订《农村土地承包经营权信托流转（租赁）合同》，由土地信托机构将土地经营权交付给受让方。从沙县信托运行模式可以看出，村委会作为农户的"代言人"与土地信托公司对接，实际上主导了农地信托流转过程。

二、政府参与农地信托流转的内在诱因

（一）土地归集是信托流转的内在需求

家庭联产承包责任制将农村承包地分包到户，这不可避免地带来土地的分散，由此导致土地流转成本高、效率低。[2]在农地信托流转过程中，土地归集成片是信托项目开展的重要条件。首先，土地归集成片有助于降低土地流转成本。信托公司与已经归集土地的主体协商土地流转项目符合经济效率的商业原则，而与每个农户分别协商土地流转，则成本较高。其次，土地归集后开展信托流转有助于破解法律难题。在后期的信托流转中，信托公司开展土地信托应当符合《信托法》及银保监会的相关规定。根据《信托法》第29条的规定，信托公司对不同委托人的信托财产负有分别管理义务，其理论基础是信托财产的独立性。[3]因此，如果信托公司与归集土地后的主体签订

---

〔1〕 参见文杰："'三权分置'视阈下农地信托法律规则之构建"，载《法商研究》2019年第2期。

〔2〕 参见李停："我国土地信托模式的选择与实践"，载《华南农业大学学报（社会科学版）》2017年第4期。

〔3〕 参见高圣平："农地信托流转的法律构造"，载《法商研究》2014年第2期。

信托合同，属于单一委托人与受托人形成的信托法律关系，受托人可以将归集后的土地作为信托财产的整体进行管理，法律关系比较清晰。如果信托公司与每个农户都单独就流转的承包地签订信托合同，某一地不同农户的土地最终又在一个信托项目里管理，则形成集合信托，即由不同委托人将其财产共同信托给受托人，由受托人统一管理的信托关系。由于目前银保监会只有《信托公司集合资金信托计划管理办法》，对于资金之外的其他财产的集合信托尚未有明确规定，则信托公司只能根据前述《信托法》第29条的规定，对不同委托人的信托财产分别管理，从而难以将土地整合形成规模经营，农地信托流转的预期目标无法实现。因此，土地归集是开展土地信托流转的重要条件。那么，由谁来归集就形成了不同的思路。虽然实践中也存在"双合作社模式"，但当前土地流转信托模式中，地方政府是土地归集的主导力量。[1]

（二）金融信托公司参与的后期模式

随着农村土地流转范围的增大，金融信托公司参与到土地信托流转中来，其中比较典型的是中信信托的安徽宿州模式和北京信托的江苏无锡桃园模式。

2013年中信信托于安徽宿州推出土地承包经营权信托计划，这是我国农地信托历史上首次由信托公司作为受托人的农地信托模式。宿州模式是典型的政府代理模式：政府基于农户委托，作为代理人与信托公司签订合同，将农地经营权信托给信托公司。[2]政府成为信托法律关系的委托人与受益人，并承担依据委托合同向农户分配收益的义务和责任。

该模式的具体运作流程为：首先，农户与村委会签订土地转包合同，村委会与镇政府签订土地流转委托管理合同，再由镇政府与区政府签订土地流转委托管理合同。[3]其次，区政府与中信信托签订信托合同，将经过层层委托归集的土地信托给中信信托。最后，中信信托引入帝元农业作为服务商，为土地提供专业管理服务。信托计划实施之后，中信信托直接向区政府分配收益，再由区政府向村委会、村委会向农户分配收益。在此模式中，区政府是农地信托法律关系的委托人，因采自益信托模式，因此也是信托受益人。

---

〔1〕 参见王苗军："土地流转信托功能分析及其完善"，载《金融时报》2013年12月16日，第8版。

〔2〕 参见李蕊："农地信托的法律障碍及其克服"，载《现代法学》2017年第4期。

〔3〕 参见王鹏鹏："'三权分置'下农地信托的反思与发展"，载《农村经济》2018年第12期。

农户依据层层委托合同取得的收益包括基本地租和浮动收益两部分内容。[1] 农户不在农地信托法律关系之中，农户欲主张权利面临多层法律关系的"阻隔"，而无法直接以信托受益人身份维护自身权益。

在中信信托安徽宿州项目之后，北京信托在江苏无锡桃园设立农地信托项目，开创了"双合作社"模式，即"土地股份合作社+信托公司+农民专业合作社"，中间把这些串联起来的是"土地受益凭证"。[2]其运作流程是，农户以土地承包经营权入股土地股份合作社，由土地股份合作社作为委托人与信托公司签订信托合同，[3]信托公司再将土地委托给当地的农民专业合作社经营管理，并向农户发放"土地受益凭证"以记载其收益份额。

通过以上分析可以发现，政府在不同阶段，不同地区的信托模式中，功能定位各有不同。在土地信托机构参与土地流转的早期阶段，土地信托是在政府的主导下完成的，但在不同的地区政府的主导方式也有一定的差异。益阳模式中，政府出台相关文件为土地信托提供政策上的支持、制定风险防范制度，并出资设立土地流转信托服务中心，并由其直接和农户对接；沙县模式中，政府通过设立信托基金、农村土地承包经营权信托公司以及分公司，为土地信托流转建立了一套完善的组织架构，信托公司直接和归集了土地的村委会对接。在金融信托公司参与土地流转后，基于土地归集方式不同，产生了两种典型的土地信托模式。在安徽宿州模式中，政府接受层层委托归集农户的土地，并代表土地承包经营权人和信托公司签订信托合同，在法律地位上政府既是委托人又是受益人，获得信托收益后，再依据委托合同向农户分配土地收益；在江苏无锡桃园模式中，政府没有直接介入到信托关系之中，而是为土地信托流转提供包括土地确权、风险控制等配套服务，促进土地信托流转。

（三）政府的公信力是土地归集的最佳背书

在中国农村社会，政府及其官员是最有信誉的机构和群体。[4]土地信托作为新兴的土地流转方式，对农户来说较为陌生，不易为农户所接受，相比

---

〔1〕 参见蒲坚：《解放土地——新一轮土地信托化改革》，中信出版社 2014 年版，第 241 页。

〔2〕 参见杨建海："'三权分置'背景下土地养老的信托模式研究"，载《中国软科学》2018 年第 2 期。

〔3〕 参见王方等："我国农村土地信托流转模式研究"，载《农村经济》2017 年第 1 期。

〔4〕 参见张曙光："土地流转与农业现代化"，载《管理世界》2010 年第 7 期。

外来的信托公司，农户会更加信任政府。有学者在安徽省芜湖市通过向农户发放问卷的方式调查了影响农户参与土地信托意愿的因素，调查结果显示，农户对当地政府的信任程度是影响农户参与土地信托的关键因素之一，农户对当地政府的信任程度越高，其土地信托的参与意愿越强。[1]另一份基于对天津市农户的调查数据显示，农户对政府土地流转服务的评价是影响农户流转农地的因素之一，农户对政府土地流转服务评价越高，越有可能转出土地。[2]当政府发挥其公共服务职能，利用其公信力，推动土地归集，甚至介入信托关系中，成为信托合同的主体之一，农户对流转入信托项目的土地所能获得的预期收益因有了政府的信用背书，其也自然更愿意加入土地信托流转。

三、政府直接介入农地信托流转引发的问题

梳理现有信托项目的信托关系主体可以发现，政府在不同信托模式中的定位及发挥的作用略有不同。在土地信托机构参与的早期模式中，政府的定位扮演组织者的角色，为农地信托流转搭建平台，提供各种配套制度；在金融信托公司参与的后期模式中，政府有时作为信托合同的委托人，直接参与到信托流转中。政府积极参与土地信托流转，固然可以促进土地信托流转，但也容易产生一些问题。

（一）农户主张权利存在困难

在现有的农地信托模式中，农户往往不是信托关系的委托人，也少有直接将农户列为受益人。农户直接通过信托关系主张权利存在困难。《信托法》有关委托人的法律地位及受益人权利的规定难以为农户直接引用，以作为其在农地信托中所享有权利的依据。例如，在安徽宿州模式中，政府直接作为委托人和信托公司签订信托合同，而提供土地的农户是与村委会签订土地承包经营权转包合同。农户与信托公司之间隔着区政府、镇政府两级政府组织。农户既非农地信托的委托人，也不是信托合同中的受益人。此种情形下，农户

---

〔1〕 参见蔡书凯、蔡荣：“土地信托流转与农户参与意愿——基于 Probit-ISM 分析方法”，载《中国农业大学学报》2017 年第 7 期。

〔2〕 参见吴云青等：“农民农地转出意愿及影响因素的性别差异——基于天津市 578 份调查问卷的实证分析”，载《中国人口·资源与环境》2016 年第 6 期。

对于信托成立后土地的经营及收益状况都缺乏了解的渠道，[1]显然对其主张农地信托权利存在不利影响。此外，由于政府机构介入农地归集，也可能损害农户参与信托流转的自主权。

（二）容易引发权力寻租

"寻租"一词是经济学中的概念，特指政府过度干预经济活动，造成资源浪费甚至权力腐败的现象。由于政府拥有许可、批准等垄断性权力，一旦滥用就可能有滋生腐败的风险。在农地信托流转过程中，由政府作为主导和信托公司设立信托关系，为公权力寻租创造了条件。政府一旦和信托公司存在利益关联，就可能为了维护信托公司的利益，运用公权力强迫农户流转土地并接受对农户不利的流转条件，从而损害了农户参与信托流转的选择权和其他权益。此外，政府还可能为土地信托流转中的其他主体的利益而滥用其资源垄断的地位，推动土地信托流转，给农户和信托受托人都带来不利的影响。[2]

（三）政府监督职能难以充分发挥

由于政府负有监督信托流转土地用途管制和耕地保护等方面的职责，一旦政府机构直接介入农地信托项目，作为信托关系的当事人，必然影响其监督职能的充分发挥。土地用途管制和耕地保护是我国土地制度的重要内容。我国新修订的《中华人民共和国土地管理法》（以下简称《土地管理法》）将基本农田提升为永久基本农田，并规定永久基本农田应占行政区域内耕地的80%以上，永久基本农田一旦划定，任何单位和个人不能擅自改变用途。中共中央办公厅、国务院办公厅《关于引导农村土地经营权有序流转发展农业适度规模经营的意见》中同样规定：坚持最严格的耕地保护制度，切实保护基本农田。农地信托流转过程中，要注意防止擅自变更土地用途的做法。[3]因此，政府在农地信托流转中，必须秉持客观的立场，充分发挥监督职能。如果政府直接介入信托项目，就难以坚持客观立场，防止企业改变土地用途，对土地进行不合理的利用。

---

[1] 参见柳建闽等："政府主导型农地经营权流转信托模式研究"，载《福建农林大学学报（哲学社会科学版）》2019年第4期。

[2] 参见胡光志、陈雪："我国农地流转信托制度的建构——以制度变迁为视角"，载《江西社会科学》2015年第2期。

[3] 参见陈敦、张航："农村土地信托流转的现状分析与未来展望"，载《国家行政学院学报》2015年第5期。

由于部分地方政府在引导农地信托流转过程中，过度介入信托项目，虽然对于农地信托流转产生了积极推动的作用，但也因为模糊了政府的职能，产生了容易引发权力寻租、不利于农户权利维护、难以充分发挥政府监督职责等问题。从经济学角度看，政府主导信托流转产生的短期效率恐难避免其政策可能产生的远期失效。[1]因此，政府应当重新定位其在农地信托流转中扮演的角色。

四、农地信托流转中政府职能的合理定位

（一）切实发挥政府的引导和调控职能

促进土地有效流转，政府的作用不可或缺。[2]但政府不应成为农地信托法律关系一方当事人，过度介入农地信托流转。在无锡桃园的"双合作社"模式中，农户自愿入股成立土地股份合作社，由合作社作为委托人和信托公司签订合同。在这种模式下，政府没有直接介入信托关系，而是通过其他机制防范农户风险。通过土地股份合作社来归集土地，让信托公司省去与每个农户的沟通环节，减少了交易成本，符合商业原则。农户通过合作社按股分红，获得收益，且通过风险分担措施降低入股风险，实现农地流转目标。从性质上看，土地股份合作社是农户自发组成的经济主体，具有内生性的公信力优势。[3]以土地股份合作社作为委托人设立信托，可以避免政府直接介入信托关系，从而不利于发挥监督功能的弊端，也可以较好维护农户参与农地信托流转的自主意愿，是一种兼顾多方利益的有益尝试。值得注意的是，2020年3月3日，农业农村部印发《新型农业经营主体和服务主体高质量发展规划（2020—2022年）》，为包括农民专业合作社在内的各类新型农业经营主体和服务主体培育发展工作指明了路径和方向。[4]借助农民专业合作社

---

〔1〕 参见尚旭东：《农村土地经营权流转：信托模式、政府主导、规模经营与地方实践》，中国农业大学出版社2016年版，第47页。

〔2〕 参见张期陈、胡志平："所有权局限与政府作用：英美土地资本化流转经验对我国'三权分置'的启示"，载《社会科学研究》2019年第5期。

〔3〕 参见李俏、贾春帅："合作社带动农村产业融合的政策、动力与实现机制"，载《西北农林科技大学学报（社会科学版）》2020年第1期。

〔4〕 参见"农业农村部关于印发《新型农业经营主体和服务主体高质量发展规划（2020-2022年）》的通知"，载http://www.zcggs.moa.gov.cn/xxnyjytxgj/202003/t20200309_6338413.htm，最后访问日期：2020年3月24日。

等新型农业经营主体和服务主体，推动农地信托流转，政府可以集中精力提供公共服务和加强监管职责，从而确保农地信托流转健康、有序运行。

（二）完善政府公共服务职能

在农地信托流转中，政府在土地权利登记、搭建土地流转信息平台和诉前解纷等方面的服务职能仍有进一步完善的空间。土地权利登记包括土地确权登记和土地信托登记。2013 年中央提出要用 5 年时间完成土地确权工作。[1]但是，在一些经济欠发达地区，土地确权工作还未完全落实，导致土地权属不明，不利于土地信托流转。[2]土地信托登记是依据《信托法》第 10 条所办理的登记。土地信托登记不仅影响信托法律关系的效力，也对交易安全产生重要影响，其重要性不言而喻。因此，政府应当尽快建立起完善的土地信托登记系统。搭建土地流转信息平台有助于匹配需求，精准沟通，可以有力推动农地信托流转。此外，农地信托涉及多方主体的利益，出现利益不协调的情况在所难免，容易发生纠纷。根据《中华人民共和国农村土地承包经营纠纷调解仲裁法》的规定，对于土地承包经营纠纷，当事人可以请求村委会或者政府调解。因此，政府可以探索解纷机制，将矛盾止于诉前。

（三）构建风险分担机制

农地信托流转后的农业经营过程是有风险的，所有影响农地经营的风险因素，包括自然灾害、市场需求变化、政策改变等，都同样会影响到农地信托经营的收益，进而影响农户的收益。因此，必须构建起农地信托风险分担机制，消除农户和信托公司的后顾之忧，保障农地信托的良好运行。[3]农地信托风险分担机制可以包括风险补偿金、农业保险等内容。通过政府机构，联合农地信托流转各方主体，共同设置农业经营风险补偿金，或投保农业保险，可以将农地信托流转后的农业经营风险降低，从而保障农业经营者和农户的收益。此外，政府机构也可以出台相应的税收优惠制度，以减轻农业经营者的收益压力，助力农地信托流转的顺利开展。

---

〔1〕 参见吕洪波、刘佳：“我国农村土地信托发展环境分析”，载《农业经济》2018 年第 3 期。

〔2〕 参见席振波：“农村土地信托流转机制在我国的发展困境与出路”，载《菏泽学院学报》2016 年第 6 期。

〔3〕 参见李蕊：“京津冀农业产业协同发展信托机制的法律构造”，载《中国政法大学学报》2018 年第 1 期。

五、结　语

政府在农地流转中的作用不可或缺。在农地信托实践中，先后出现了"益阳模式""沙县模式""宿州模式"等典型的农地信托模式，在这些模式中，政府既发挥了重要的推动作用，也存在个别过度介入信托关系的问题。新修订的《中华人民共和国农村土地承包法》明确了土地经营权具有独立的法律地位，农村土地"三权分置"的格局正式形成。[1]我国农村正在迎来土地权利制度变革的伟大机遇，通过乡村振兴，建设美丽中国，成为农村土地制度变革的重要目标。在此形势下，政府应当及时调整其功能定位，既不能越位，也不能缺位。回顾以往农地信托流转的实践经验，我们认为，在未来的农地信托流转中，政府不应直接介入信托法律关系，而应将角色定位为农地信托的促成者、监管者和服务者，以保障农地信托流转的规范运行，落实农地"三权分置"的政策目标，增加农户财产性收入，促进乡村振兴与农业现代化。

---

〔1〕　参见房绍坤、任怡多："新承包法视阈下土地经营权信托的理论证成"，载《东北师大学报（哲学社会科学版）》2020年第2期。

农村集体经营性建设用地土地收益分配制度研究

谢文婧*

2019 年 8 月，十三届全国人大常委会第十二次会议审议通过《中华人民共和国土地管理法》（以下简称《土地管理法》）修正案，修正案删除了原法第 43 条，正式破除了集体经营性建设用地进入市场的法律障碍，有关集体经营性建设用地入市的相关问题重新回归到大众的视线当中。早在 2015 年 7 月，33 个试点地区对农村集体经营性建设用地入市的具体方案进行了多种探索。各地区根据中央文件和本区域内的实际情况，分别制定了本地区内农村集体经营性建设用地土地入市的具体办法。其中，有关农村集体经营性建设用地土地收益如何在国家、集体和农民之间进行分配的问题受到了广泛关注。本文通过对不同地区的政策文件的对比分析，阐明当前农村集体经营性建设用地入市收益的现状，发现和总结当前收益分配制度中存在的问题和可借鉴的经验，并针对完善农村集体经营性建设用地土地收益分配制度提出相应方案。

一、农村集体经营性建设用地收益分配的理论分析

（一）农村集体经营性建设用地入市

农村集体经营性建设用地是指农民集体所有的建设用地中具有生产经营性质的土地，具体包括农村集体经济组织用于兴办乡镇企业或者以土地使用权入股、联营等形式与其他单位、个人共同举办企业的集体建设用地。[1] 当前学者和政策性文件所提到的农村集体经营性建设用地入市中的入市包括两

---

* 谢文婧，北京工商大学法学院硕士研究生。

〔1〕 参见温世扬："集体经营性建设用地'同等入市'的法制革新"，载《中国法学》2015 年第 4 期。

个具体环节：第一个环节是入市环节，即集体经营性建设用地的所有权人将农村集体经营性建设用地的使用权通过转让、租赁、作价出资等形式获取利益，进入土地交易市场。第二个环节是再转让环节，即农村集体经营性建设用地的使用权人将使用权再次转让并获得收益。

（二）参与利益分配主体的理论分析

1. 参与利益分配的主体

第十八届三中全会《中共中央关于全面深化改革若干重大问题的决定》指出"要建立兼顾国家、集体、个人的土地增值收益分配机制"。有鉴于此，农村集体经营性建设用地入市收益的分配制度中涉及三方主体：政府、集体经济组织和集体经济组织成员（农民）。三者之间形成了内外两层分配关系，即政府与集体之间的外部分配关系和集体与成员间的内部分配关系。各利益分配主体基于不同的理论基础参与到收益分配当中。

（1）集体经济组织和成员

集体经济组织起源于 1958 年的人民公社，20 世纪 80 年代经过家庭承包经营制度改革逐步形成。如今，随着社会主义市场经济的发展，逐步出现了乡镇企业等非农业经济体。根据《土地管理法》的规定，农村集体经营性建设用地归集体经济组织所有。集体经济组织是指在一定区域范围内的农民集合成一个整体，共同进行生产经营活动。农民之间的这种特殊结合关系形成了集体经济组织成员对土地的特殊共有关系。基于产权理论，作为集体土地的所有权人，集体经济组织和成员应当对土地收益享有权利。

（2）政府

农村集体经营性建设用地的价值受到土地区位、土地用途、供求关系以及土地开发的预期价值等因素影响。政府的行为可能使土地产生增值，例如政府提供公共服务，通过完善土地周围的基础设施建设，平整土地等方式提高土地的现有价值。同时，政府对于土地的规划，影响到该土地未来开发程度，进而提高投资者对于该土地预期价值的评估。这部分土地的增值包含在农村集体经营性建设用地入市的总收益当中，因此政府应当参与到土地收益的分配当中，以报偿政府对土地增值所作的贡献。

2. 分配的理论依据

（1）涨价归公、涨价归私和公私兼顾理论

关于土地增值收益归属问题，国内理论界经过长期的争论和探讨，逐步形成涨价归公、涨价归私和公私兼顾三种观点。涨价归公论者普遍认为土地发生增值是来源于社会生产的需求，是社会发展的结果，是由非个人的劳动或者投资产生，所以土地增值收益应该上交国家来支付公共服务的支出和补偿失地农民的损失。以周天勇（2006）、刘正山（2008）为代表的学者主张涨价归私论，即土地自然增值归集体经济组织和农民所有，国家可以适当收取一定比例的管理费用。在上述两种理论的基础上，学界产生了第三种学说，即土地增值收益公私共享论。以周诚（2006）、王小映（2014）、程雪阳（2014）为代表的学者认为土地产生的增值收益应该在国家、集体和农民之间按照一定的方式共享。多数学者均认可公私共享论，认为此种方式更能保护农民土地利益，平衡各个主体在土地利益上的冲突。

（2）基于土地发展权的分配理论

土地发展权是指改变土地原有使用性质，提高土地使用价值，对土地在利用上进行再发展的权利。土地发展权是从所有权中分离出来的一种财产物权，是变更土地用途而获取额外收益的权利。国家、集体和农民对于土地发展权价值的争夺是土地利益冲突的核心。[1] 土地发展权的归属关系到土地增值收益的归属和分配，因此发展权理论成为研究土地集体经营性建设用地增值收益分配的重要理论依据。

关于土地发展权的归属，世界上主要存在英国、美国和法国三种模式。土地发展权起源于二十世纪的英国。1947 年，为了解决城市重建和土地开发所产生的土地征收问题，英国颁布了《城乡规划法》，该法案规定土地发展权归国家所有，私有土地所有人或其他人如若想变更土地使用类别，必须向政府购买该土地的发展权。1968 年，美国纽约出台了《界标保护法》，最先确立了土地发展权的移转制度。美国规定发展权归农民所有，国家如果想改变土地用途，需要向农民购买该地发展权。1975 年，法国规定了与土地发展权类似的法定上限密度限制制度。该制度规定建筑权有一定上限限制，在该限制以下的发展权归属于所有者，超过限制范围的部分由国家享有。[2]

在我国，关于发展权制度的归属问题同样存在争议。起初，以沈守愚

---

〔1〕 参见严金海："农村宅基地整治中的土地利益冲突与产权制度创新研究——基于福建省厦门市的调查"，载《农业经济问题》2011 年第 7 期。

〔2〕 参见陈小君等：《田野、实证与法理：中国农村土地制度体系构建》，北京大学出版社 2012 年版，第 223 页。

（1998）、陈柏峰（2012）等人为代表的大部分学者均持"发展权国有化"的观点，他们认为国家为了满足公共需要，通过立法或者行政行为的方式将开发土地的权利从土地所有权当中分离出来由政府掌管，因此发展权当然应该归属于国家。还有部分学者从保护农民集体的所有权的角度出发，认为发展权应该归属于农民集体。[1]另有学者认为，发展权不宜引入我国当前的法律制度中。原因在于发展权制度源于英美法系国家，其本质是包含于所有权的各种权能中，与主要借鉴大陆法系的我国物权制度难以兼容。[2]

（3）基于权能分配理论

周跃辉（2014）提出在农村集体土地增值收益分配过程中采取"按权能分配"的方法。农村集体土地产权的权能相互分离，由不同主体享有：农村集体经济组织享有土地所有权，农民享有土地承包权，土地经营者享有土地经营权。因此，各个权能主体应该就各自享有的权能参与土地增值收益的分配。[3]

二、农村集体经营性建设用地入市收益分配的现状及分析

现如今，我国农村集体经营性建设用地增值收益的分配机制呈现"中央进行顶层设计，地方按照自身实际情况制定具体实施方案"的特点。

中央层面，2014 年 12 月，在《关于农村土地征收、集体经营性建设用地入市、宅基地制度改革试点工作的意见》中确立了"在入市收益分配过程中要兼顾国家、集体、个人的利益"，"实现国家和集体之间分享比例的大体平衡"的工作目标。2016 年 6 月，财政部和国土资源部（自然资源部）在《农村集体经营性建设用地土地增值收益调节金征收使用管理暂行办法》（以下简称《调节金暂行办法》）中对调节金的征收办法作了框架性的规定，确立调节金征收比例和计算方式，为农村集体经营性建设用地入市收益分配的规范化提供法律依据。对于集体和农民之间的利益分配问题，《调节金暂行办法》仅规定了"壮大集体经济的原则留足后，在成员之间公平分配"的原则性规范。

---

〔1〕 参见刘国臻："论英国土地发展权制度及其对我国的启示"，载《法学评论》2008 年第 4 期。王克忠："论农地发展权和集体建设用地入市"，载《社会科学》2014 年第 3 期。刘明明："论我国土地发展权的归属和实现"，载《农村经济》2008 年第 10 期。

〔2〕 参见陆剑："集体经营性建设用地入市的实证解析与立法回应"，载《法商研究》2015 年第 3 期。

〔3〕 参见周跃辉："按权能分配农村集体土地增值收益论"，中共中央党校 2014 年博士学位论文。

在地方层面，划定的 33 个试点地区中，大部分试点地区积极响应号召，根据中央发布的政策文件制定本区域内进行集体经营性建设用地入市的具体工作方案，对调节金具体征收方式、集体组织提留比例和用途、农民获取收益的方式等内容作出详细规定。但是由于各试点地区的现实条件不同，试点工作的进度存在的差别。目前大部分试点地区公布了该区域内集体经营性建设用地入市的具体方案，而其他小部分地区试点工作进度相对落后，试点的具体施行方案还在调研制定中，并没有对外公布。

（一）政府参与收益分配的现状

对农村集体经营性建设用地入市收益按比例收取调节金是当前政府参与土地增值收益的主要方式。《调节金暂行办法》中对调节金的计算方式和征收比例作了框架性的规定，为各试点地区探索收益分配机制提供了参考范本。根据《调节金暂行办法》规定，征收调节金的计算公式为：调节金金额＝基数×征收调节金比例（调节金率）。其中调节金率限定为 20%～50% 之间。调节金计算基数为农村集体经营性建设用地土地的增值收益，按照入市的不同环节和各地区政府的不同情况，调节金的基数通过以下三个计算公式确定：

①对于入市的环节：基数＝增值收益＝入市收入−取得成本−土地开发支出。

②对于再转让环节：基数＝增值收益＝再转让收入−取得成本−土地开发支出。

③对于无法核定本地区入市或再转让土地取得成本的试点地区：基数＝交易总价款。

各试点地区根据自身的现实情况，依照《调节金暂行办法》的规定，分别确定了调节金征收的具体办法。以辽宁海城为代表的十几个地区都采取了①＋②的方式，即入市和再转让环节都将增值收益作为基数。小部分地区由于难以核算和确定本地区土地取得成本，采取③这种简易的计算方式，例如四川郫都在入市和再转让环节都将交易总价款作为基数。另有部分地区采取②＋③的计算方式，例如河南长垣在入市环节将交易的总价款作为计算基数，在再转让环节将增值收益作为基数。

在调节金征收比例方面。首先，以金寨县和北流市为代表的部分地区从政府行为对土地增值的贡献程度角度出发，区分就地入市和整治后入市、政府规划区内和政府规划区外，根据不同情况采取不同的调节金率。对于经过整治入市和政府规划区内土地，由于政府的行为对土地增值产生了积极影响，因此调节金比例一般略高于就地入市和政府规划区外的土地。其次，以晋江市和高陵区为代表的部分地区依照土地利用价值的多少，根据土地的具体用途分为商服用地、工矿仓储用地、旅游用地、住宅用地等，通过不同种类的土地调整调节金率的高低。义乌市和武进区按照成交价款的数额大小，采取累进制的办法收取调节金。郫都区充分考虑到影响调节金数额的多方因素，综合入市方式、土地用途和土地区位三种因素按比例收取对应的调节金。北京市大兴区在还未制定规范性文件之前，对于调节金的征收比例在个案中确定。

	地区	具体说明	政策文件
政府对土地增值的贡献程度	金寨县	乡镇集镇规划区内商服用地：40%；工矿仓储用地：20%；乡镇集镇规划区外商服用地：35%；工矿仓储用地：18%	《金寨县农村集体经营性建设用地入市收益管理暂行办法》第8条
	北流市	就地入市：商服和住宅：40%；仓储、物流、旅游用地：15%；工业、公益性用地：5%；整治后入市：商服和住宅：48%；仓储、物流、旅游用地：15%；工业、公益性用地：5%	《北流市农村集体经营性建设用地入市管理办法》第71条
土地用途	文昌市	商服用地：20%；旅游用地：15%；住宅用地：25%；工业用地：5%；其他用地：10%	《文昌市农村集体经营性建设用地入市试点暂行办法》第22条
	高陵区	商服用地：20%；工矿仓储类用地：15%	《西安市高陵区农村集体经营性建设用地入市土地收益调节金使用管理实施细则》第7条
	泸县	商服用地：30%；工矿仓储类用地：20%	《泸县农村集体经营性建设用地入市土地收益调节金使用管理办法（试行）》第8条、第9条

续表

	地区	具体说明	政策文件
累进制	晋江市	商服用地：30%； 工矿仓储用地：15%； 其他类型用地：15%	《晋江市农村集体经营性建设用地入市管理暂行规定》第6章第4条
	义乌市	增值收益未超过扣除项目50%部分为30%； 增值收益超过扣除项目50%未超过100%部分为40%； 收益超过扣除项目100%部分为50%	《义乌市农村集体经营性建设用地入市土地增值收益调节金征收和使用规定（试行）》第5条
	武进区	出让价格在每亩100万元（包含100万元）以内的部分为20%； 出让价格在每亩100万元到200万元（包含200万元）的部分为30%； 出让价格在每亩200万元以上的部分为40%	《常州市武进区农村集体经营性建设用地入市土地收益调节金征收和使用管理暂行办法》第5条
入市方式 土地区位	郫都区	入市土地属于商服用地，采取招标、拍卖、挂牌公开方式入市的，位于基准地价一级的，按成交价的30%计提缴纳；位于基准地价二级的，按成交价的24%计提缴纳；位于基准地价三级的，按成交价的15%计提缴纳； 采取协议方式入市的，位于基准地价一级的，按成交价的40%计提缴纳；位于基准地价二级的，按成交价的33%计提缴纳；位于基准地价三级的，按成交价的25%计提缴纳	《郫都区集体经营性建设用地入市增值收益调节金征收使用管理暂行办法》第3章第5条
个案确定	大兴区	西红门镇首宗入市地块调节金征收比例是12%；北部镇征收比例为12%；南部镇为8%	大兴区农村土地制度改革试点工作报告[1]

---

〔1〕 参见崔志成："大兴区农村土地制度改革试点工作报告"，载 http://renda.bjdx.gov.cn/dbdh/2258541.htm，最后访问日期：2020年3月19日。

（二）集体经济组织和成员间的利益分配

集体经济组织和农民之间的分配方式由各地方政府根据自己地区内的实际情况制定具体办法，其分配方式相对自由，主要有以下两种模式。

第一，部分地区明确规定集体和经济组织成员间的分配比例或者集体经济组织提留的最低比例，规定集体提取一定比例的收益用作发展集体经济组织的资金，剩余部分在集体经济组织成员间进行分配。在集体和成员间的分配比例上呈现出大部分提留集体和大部分分配给成员两种倾向，例如郫都区规定将大于80%的收益留存在集体经济组织内部，剩余小部分在成员间进行分配；而重庆大足区则将大部分收益分配到集体成员手中，集体对收益的提留比例不超过20%。

第二，另有部分地区将所得收益统一归入农村集体经济组织，不直接分配给集体经济组织的成员。这部分资金纳入到村集体资产，由村民委员会及其村民小组或者成立的专门代理服务中心进行统一管理，主要用于改善村民成产经营条件，公益事业和民生项目等间接惠于集体经济组织成员的事项。

	地区	具体说明	政策文件
集体留存+成员分配	郫都区	提取大部分收益作为本集体经济组织的发展资金，用于发展壮大集体经济；提取小部分用于本集体经济组织生产生活设施改造、新村建设与管理，以上两部分不得低于80%；剩余部分可用于集体经济组织成员或项目参与成员的分红。	《郫都区农村集体经营性建设用地入市收益分配指导意见》第6条
	大足区	集体通过提留一定比例增值收益的方式参与分配。提取比例由农村集体经济组织按程序集体讨论确定，原则上不高于土地纯收益的20%。剩余部分按照《村民委员会组织法》和《重庆市集体资产管理条例》的有关规定，以老社为单位，在农村集体经济组织成员之间公平分配。	"大足区农村集体经营性建设用地入市改革试点工作情况"

	地区	具体说明	政策文件
集体统一留存管理	德清县	农村集体经济组织获得的集体经营性建设用地入市收益，归农村集体经济组织所有，纳入农村集体资产统一管理，严格按规定分配使用。其中： ①属村内其他集体经济组织入市的，收益的10%应作为村集体提留，归村集体所有，用于村内公益事业支出；其余可在该集体经济组织成员之间公平分配； ②属乡镇集体经济组织入市的，其获得的收益应主要用于辖区内农村基础设施建设、民生项目等支出。	《德清县农村集体经营性建设用地入市管理办法（试行）》第42条
	陇西县	所有集体补偿增值收益资金全部纳入村集体资金，进行收支统一管理。	《陇西县集体土地增值收益资金管理办法（试行）》第4条
	义乌市	归农村集体经济组织所有，资金全额纳入镇（街道）农村集体"三资"代理服务中心统一管理。	《义乌市农村集体经营性建设用地入市管理办法（试行）》第40条
	泸县	村（社）集体经济组织获得的集体经营性建设用地入市收益，归农村集体经济组织所有，纳入农村集体资产统一管理，严格按规定分配使用。	《泸县农村集体经营性建设用地入市管理办法（试行）》第20条、第21条
	晋江市	农村集体经济组织取得的入市收益应纳入农村集体资产统一管理，分配情况纳入村务公开内容，接受审计、政府和公众监督。	《晋江市农村集体经营性建设用地入市管理暂行规定》第6章第1条

三、集体经营性建设用地入市收益分配存在的问题

（一）政府参与收益分配中存在的问题

1. 入市环节调节金计征基数确定困难

调节金的计征基数应为增值收益，对于再转让环节，增值收益很容易进

行计算，但对于入市环节，由于农村集体经营性建设用地来源不同，取得成本难以确定，造成增值收益的计算困难。为了解决这个难题，《调节金暂行办法》规定各地区可以根据本区域内的情况统一制定平均用地成本，或者直接将交易总价款作为调节金的计算基数。上述办法为了应对改革初期的工作需要，给予地方政府一定权利进行实验探索，但是仍存在一定问题。各地区制定平均用地成本标准各异，差异过大，可能造成地区间收益分配主体获利的不公平。而简易地将交易总价款作为计征调节金的基数，缺乏理论支持，有违对增值收益收取调节金的初衷。

2. 调节金比例不合理

各地区调节金比例差别大，部分地区超过了《调节金暂行办法》规定的调节金征收比例范围。例如，北流市和文昌市为 5%，上海松江区的征收比例为成交价的 50%。这种地区间调节金征收比例的巨大差异对建立起统一的城乡土地交易市场造成了障碍。[1] 较高的调节金率压缩了集体经济组织获得收益的数额，降低集体经济组织推动集体经营性建设用地入市的积极性，同时增加了交易成本，导致交易双方更倾向于通过非市场化的交易方式达成交易，造成土地交易市场的无序。较低的调节金率政府获得收益较少，导致其承担的公共服务和二次分配职能难以体现。

3. 政府参与收益分配的方式存在争议

政府非集体经济经营性建设用地的所有者，是否具有收益分配的资格存在争议。从马克思的"地租地价"理论角度来看，因土地用途的改变，政府部门加强基础设施投资，环境整治，对土地价格增加作出了贡献，应该参与土地增值收益分配。但政府部门属于监管部门，承担公共服务职能，并非集体土地所有权主体，并无直接参与收益分配的资格，应以税收形式间接参与。

当前政府以调节金作为参与收益分配的主要方式，根据《调节金暂行办法》第 15 条的规定，调节金按照"非税收入收缴管理规定执行"，这表明调节金不是税。产生调节金这种非税的征收形式的原因主要有以下两点：第一，从历史沿革上看，根据我国的相关法律法规规定，农村集体经营性建设用地此前一直禁止进行流转，因此立法者在制定法律时，土地增值税的征税对象

---

〔1〕 参见林超等："集体经营性建设用地增值收益调节金制度探讨——基于征缴视角及 4 个试点县市的经验分析"，载《湖南农业大学学报（社会科学版）》2019 年第 1 期。

并没有将其包括进去，这就给政府部门通过征收土地增值税的方式参与到利益分配当中造成了法律上的障碍。第二，由于我国允许集体经营性建设用地进行流转还处于摸索阶段，各个试点地区的经济发展情况、土地情况差异较大，中央难以根据各地区的实际情况制定出详细的收入分配模式，如果"一刀切"统一制定政府分配比例将难以考虑到各地区的实际情况，造成实质上的不公平。通过由各政府根据本地区实际情况分别制定调节金征收比例的形式，可以有效地推进改革试点工作的顺利进行。但是，征收调节金是摸索阶段的暂时性方式，其存在的法理基础较弱，不能长期作为政府参与土地增值收益的方式。

（二）集体经济组织和成员间利益分配存在的问题

1. 政府公权力介入过多

农民集体是集体经营性建设用地的所有者，按照一般的法律原理，当事人进行交易，在按照国家规定缴纳税费后，其所得收益属于私人财产，如何处分属于其意思自治的范畴，公权力不应该进行干预。在集体和农民的入市收益分配比例上，各试点地区基本上采取政府下达规范性文件，强制制定集体留存比例的方式进行。这种做法虽然给如何在集体经济组织和成员间进行利益分配提供了指引，但是也损害了农民的决策权。

2. 集体经济组织和成员间的分配方案不合理

发达地区的基础设施建设和公共服务已经相对完善，对资金没有较大需求，所以在集体提留比例上相对较低，将大部分入市收益分配给集体经济组织成员。与此相对，发展落后地区对于资金需求较大，集体经济组织将大部分甚至全部的收益进行提留。部分地区农村集体经营性建设用地入市收益资金由集体统一留存支配，不分配给农民。这种分配方式多出现在社会发展情况相较落后的地区，基于当地壮大集体经济、进行基础设施建设的需要而制定的方案。不给内部成员分配收益的做法不符合农村集体经营性建设用地入市制度的目标，有可能损害到农民的利益。

四、完善收入分配制度的建议

（一）政府参与收益分配的建议

当前主流观点主张将农村集体经营性建设用地增值收益纳入到现有的土

地增值税范围内。[1]从当前我国的税收体系来看，土地增值税与农村集体经营性建设用地的流转最为密切，扩大土地增值税的征收范围，将农村集体经营性建设用地增值收益并入土地增值税的征收范围内最具效率。但是粗略地将农村集体经营性建设用地增值收益纳入现行的土地增值税的范围内存在一定的问题，造成体系内的不兼容。

我国土地增值税在设立之初是为了解决房地产市场过热，大量资金持续涌入房地产市场造成的产业结构性失衡的问题。政府通过征收土地增值税的方式进行宏观调控，抑制房地产市场的暴利和投机行为。[2]在此背景下我国土地增值税采取四级累进税率，税率分别为30%、40%、50%、60%。有学者认为相较外国已有的立法经验而言，我国的土地增值税名义税率过高且税率档次较宽。[3]过高的土地增值税率可能导致抑制市场主体的投资意向或者引发寻租行为，破坏土地市场秩序。对于农村集体经营性建设用地入市来说，政府推动入市的根本目的就在于提高土地利用率，增加农村收入，过高的征收比例可能使得集体经济组织和农民从土地改革中获得较少的收益，从而使土地改革的最初目的落空。从各地区政府制定的调节金比例来看，征收调节金的目的在于平衡各方收益，发挥政府的公共服务和再分配职能，激发主体活力，促进农村集体经营性建设用地的入市。在现行土地增值税的计征方式存在争议的情况下，将集体经营性建设用地增值收益纳入土地增值税的范围，依据土地增值税的征收方式计征显然有悖于政府进行土地改革试点的初衷。

未来将农村集体经营性建设用地增值收益并入到土地增值税的纳税范围时，应当在总结各个试点地区调节金比例实验经验的基础上，重新制定适合于农村集体经营性建设用地增值收益的计征方式。首先，仿照调节金制度中计征基数的计算公式确定集体经营性建设用地增值税中的增值数额。由中央层面统一构建计算土地平均成本的数字模型，统一平均土地成本的计算方式，解决土地取得成本难以计算的问题。其次，总结各地区调节金征收比例，根

---

〔1〕 参见王小映："论农村集体经营性建设用地入市流转收益的分配"，载《农村经济》2014年第10期。王文等："集体建设用地使用权流转收益形成及其分配研究"，载《中国土地科学》2009年第7期。

〔2〕 参见董黎明、高磊："土地增值税的制度缺陷与发展趋势"，载《当代经济管理》2015年第10期。

〔3〕 参见叶剑平等："中国土地增值税征收问题研究——背景、效果和建议"，载《北京社会科学》2014年第5期。

据土地用途、入市方式、区位条件等因素合理确定税率，降低最高额税率的数额，缩窄税率档次，将税率范围限制在 20%～40% 之间。对于经济发展水平较低的地区，实行税收优惠政策，减轻税负，激发主体活力，使农民可以从集体经营性建设用地入市中获得更多收益，进而实现土地改革的最终目的。

（二）集体经济组织和成员间的分配建议

1. 完善民主决策机制

农民集体是农民集体经营性建设用地的所有权人，其收益如何进行分配属于其意思自治的范畴，公权力不应当过多介入。为了充分尊重农民的权利，关于集体经济组织和成员间利益分配方案应当通过民主决策的方式确定。关于集体经济组织的提留比例、集体成员的分配方案、资金用途等事项应该由集体经济组织内部成员会议 2/3 以上成员同意。

2. 建立可持续的收益机制

探索构建"以农民为中心"的长效收益机制，从保障农民收益最大化角度出发，减少一次性的现金分配。集体经济组织成员数量众多，如果以现金方式分配所得收益，具体到每一位成员所能得到的数额较少，对改善农民整体生活水平收效甚微，难以达成土地改革的目的。各地区在实践中的入市主体大致可以分为三类：第一是以北京大兴、上海松江和成都郫都为代表，成立镇级土地联营公司、集体资产管理公司或者村股份经济合作社行使相关入市职能。成立公司或者村股份经济合作社，将集体经营性净资产折股量化，农民通过其所持股份获得分红，这种模式使村集体和村民从集体土地中获得的收益长效化，可以作为模范案例在各个试点地区加以推广。第二种是以佛山南海、海南文昌等试点地区为代表的，由集体经济组织入市。第三种是以河南长垣、辽宁海城为代表的地区，没有集体经济组织而由村委会代表入市。对于通过这两种入市方式取得的收益，可以根据当地的经济发展水平和其他现实条件，在取得农民同意的情况下，委托专门机构进行代管，将资金用于对外投资、股份合作、购买债权、置办物业、购买医疗保险和养老保险等具有收益长效化的项目，给农民提供长期的基础生活保障和收益。

3. 建立监督机制

集体经济组织获得的收益应当按照表决确定的用途使用。一般情况下，集体经济组织的收益资金由集体经济组织的少部分成员或者村干部进行管理。为了防止少部分人滥用权力侵害农民的权益，应该建立集体经济组织收益资金的监管机制。集体经济组织收益资金的管理人员应该对农村集体经营性建设用地入市收益的资金建立专门账户，定期对资金进行清算，对集体经济组织的资金情况和用途出具详细报告，将报告上交政府部门审查并且以适当的形式在地区内进行公示，使资金使用受到政府和集体经济组织成员的双重监督。

食品欺诈的规制路径与法律适用

孙　颖[*]

在全球生产消费、经济发展紧密相联的大背景下，食品的生产与消费成为民生之本。食品生产经营者基于经济目的而实施的食品欺诈，往往利用各种手段故意掺假、造假、非法添加或者故意提供错误信息或虚假信息，从而欺骗消费者。食品欺诈具有历史性、全球性、多样性、复杂性、规避性、动机性和严重性。尤其是在我国，食品领域的各类制假造假层出不穷、屡禁不止，严重侵害消费者权益，影响食品安全，扰乱市场，甚至构成犯罪，危害极大。故 2017 年 7 月，国务院食品安全办（以下简称食安办）等 9 部门联合制定发布《食品、保健食品欺诈和虚假宣传整治方案》，原国家食品药品监督管理总局（以下简称原食药总局）配套制定了《食品、保健食品欺诈和虚假宣传整治工作实施方案》。2018 年 3 月，原食药总局发布了 10 起食品保健食品欺诈和虚假宣传典型案例。同年 6 月，食安办又印发了《国务院食品安全办关于继续做好食品保健食品欺诈和虚假宣传整治工作的通知》，将该专项整治工作延至 2018 年底。2019 年 1 月 8 日，国家市场监管总局又联合 13 个相关部门开展整治"保健"市场乱象百日行动，重点放在保健品欺诈、虚假宣传、违法广告方面。2019 年 5 月 9 日，《中共中央、国务院关于深化改革加强食品

＊ 孙颖，中国政法大学民商经济法学院教授。

安全工作的意见》中也重点提到，要在 2035 年实现"经济利益驱动型食品安全违法犯罪明显减少"的目标。经济利益驱动型食品安全违法犯罪往往与食品欺诈联系在一起，严重的食品欺诈将会导致该类犯罪，并造成严重的社会危害。

本文着眼于食品安全中隐蔽性最强且治理难度最高的食品欺诈问题，深入分析食品欺诈的认定、处理以及实践中出现的问题，为食品安全治理工作的开展提供一些启发。

一、食品欺诈的规制及路径选择

（一）域外食品欺诈规制与路径选择

食品欺诈自古有之，在西方，古罗马时期便存在着葡萄酒中添加铅以增加甜度的事情。近代工业革命带来技术发展的同时也带来了更多新式的造假手段和食品欺诈类型。1820 年德裔英国人弗雷德里克·阿库姆的《论食品掺假和厨房毒药》一书出版，使英国人深刻地认识到了食品欺诈问题的普遍性和严峻性。当时的状况其实与现今类似，甚至更糟，因为食品工业的发展造成了产业链的延长，生产参与者的增加和产业的专业性增强导致了消费者与生产者之间信息更加不对称，而且用于检测的手段又极为有限。近年来，即使技术手段在不断进步，但是食品欺诈事件也没有得到完全遏制。2013 年欧洲爆发的马肉风波，体现了商家为牟利使用非标签成分进行掺假替代的食品欺诈行为；2017 年法国、意大利的低劣红酒假冒事件，则是典型的以低质量产品冒充优质品牌产品以谋取经济利益的例子。食品欺诈在不断受到规制的同时也在不断发展出新的形式，因此，反食品欺诈的法律也需要适应现实问题，不仅仅是通过技术手段，同样需要通过更加严密的监管措施对食品欺诈进行规制。

1. 域外食品欺诈的概念、类型和特点

目前国际上对食品欺诈尚未有统一的概念，因此各国依据自己的基本国情和司法实践对该概念也有不同的理解。但基本形成了一种共识，即经济利益驱动型的食品掺假（economically motivated adulteration，EMA）和标签、说明书虚假。

在美国药典委员会的定义中，经济利益驱动的食品掺假是指卖方以欺诈手段添加虚假物质或者去除或替代真实物质，但不告知买方，以谋取经济利益。[1]

对于食品欺诈的概念。具体有以下几种观点：

（1）有学者认为食品欺诈是一个集合式的概念，是指基于经济目的，故意或有意地替换、添加、篡改或者歪曲食品、食品配料或者食品包装，或者采取虚假、引人误解的说明。食品欺诈是一个涉及食品工业的问题，该行为的动机和目的是获得一定的经济利益，但是其往往会造成对整个社会的破坏。[2]

（2）欧盟委员会健康和消费者政策代表 Dalli 认为，食品欺诈属于"一种巨大的潜在经济利益所驱使的重要问题"，是一种欺骗消费者的行为，是将劣质食品以次充好在市场上流通的形式，或在加工食品中以劣质原辅料代替价格高昂材料、张贴虚假标签的形式。

（3）英国食品标准局（FSA）则强调食品欺诈的故意欺骗这一属性，并且认为食品欺诈呈现两类典型形式：一是销售的食品是不适宜的和有潜在危害风险的，如销售的商品是过期食品等；二是故意错误地说明食物，如将养殖的鱼充作野生的鱼出售、香米中掺杂更便宜的品种等。

（4）美国学者 Spink 则认为食品欺诈是为获得经济利益故意替代、添加或篡改食品、食品配料或食品包装，或错误、误导地陈述产品等行为的总称。包括替代、稀释、污染物、伪造、非法强化、误导标签、灰色市场以及盗窃转移等类型，其中经济利益驱动型的掺假是食品欺诈的一种。与之类似，美国密歇根州立大学的食品欺诈数据库（Food Fraud Database）将食品欺诈划分为替代、添加、去除三种类型。

（5）美国明尼苏达大学食品保护与防御国家中心（NCFPD）专门对食品的相关概念进行了梳理，其认为食品欺诈和经济利益驱动型掺假这两个概念密不可分，这两者均是为了获得经济利益的蓄意行为，但是各自的目标均不是危害公共健康。[3]

---

〔1〕 参见 USP, "Food Fraud Mitigation Guidance"，载 https://www.usp.org/sites/default/files/usp/document/our-work/Foods/food-fraud-mitigation-guidance.pdf，最后访问日期：2019 年 3 月 10 日。

〔2〕 参见 Spink John, Moyer Douglas C, "Defining the Public Health Threat of Food Fraud", *Journal of Food Science*, Vol. 76, 2011, pp. 157-163.

〔3〕 参见 National Center for Food Protection and Defense, "A Quick Guide to Food Terminology"，载 http://foodprotection.umn.edu/news/post/food-thought-guide-food-terminology，最后访问日期：2019 年 8 月 5 日。

（6）美国药典委员会（The United States Pharmacopieial Convention，USP）和一些研究者则认为：以食品添加剂或者配料为背景的食品欺诈，是指销售者为了经济利益，在购买者的知识范围外，欺骗性地加入其他物质、去除或更换真实组分。

（7）2016 年全球食品安全倡议（Global Food Safety Initiative，GFSI）中也提出了食品欺诈广义上的定义，是指为了获得经济利益使用食品、食品原料和食品包装欺骗消费者的行为，包含替代、未经批准的增强、冒牌、假冒等。[1]

关于食品欺诈的具体类型，美国《联邦食品、药品和化妆品法》（FD&C Act）以及《食品安全现代化法案》（FSMA）并未从法律层面对其详细列举，官方机构也未作出相应解释，但是一些民间机构和学者从学理角度将食品欺诈进行了一定类型的划分。总结部分美国学者的观点，也可将食品欺诈分为七类：篡改（adulterant substance）、掺假（tampering）、未经法律批准生产的食品（over-run）、偷窃得来的产品（theft）、在非法市场上售卖的食品（diversion）、假冒食品（simulation）、伪劣食品（counterfeiting）。

通过对食品欺诈有关概念和类型的分析，可以发现食品欺诈有如下特征：

第一，食品欺诈的历史性和全球性。食品欺诈并非我国独有的问题，也并非现在才出现，而是早已有之且在全球范围内均有发生。随着市场经济的发展和经济全球化的推进，经济参与者的逐利本性使得食品欺诈日益呈现全球化特征，各国均需采取有效的限制措施并加强合作来降低此类事件发生的风险。

第二，食品欺诈的多样性、复杂性和规避性。食品欺诈的多样性是指食品欺诈类型繁多，其表现形式往往令人难以想象；食品欺诈复杂性则在于手段的隐蔽性、可变性和不可预知性；食品欺诈的规避性在于实施掺假的犯罪者会寻找出食品法律法规及检验标准的漏洞和盲点，利用法律上的漏洞在现有的法律框架内实行犯罪。

第三，食品欺诈的动机性和严重性。食品欺诈并不以损害消费者的身体健康为目的，往往是为了获得纯粹的经济利益。虽然主观上生产者往往不具

---

〔1〕 参见李丹等："国内外经济利益驱动型食品掺假防控体系研究进展"，载《食品科学》2018年第1期。

备损害公共健康的意图，但是在客观上通常会造成危害消费者健康、公共安全和消费环境，降低消费者消费信心，甚至更为严重地造成民众恐慌和社会事件的不良后果。

2. 域外食品安全和食品欺诈立法情况

（1）欧盟

欧盟自 2000 年出台《食品安全白皮书》后，便致力于构建一个全面的食品安全法规框架。于是在 2002 年通过了第 178/2002 号法规，即《通用食品法》，通过一系列新设立的法律模式和手段与成立欧盟食品安全局，构建了一个系统性的食品安全保护维度。此后，欧盟还制定了许多法规和指令，健全了细化的整合规则框架，包括"一揽子卫生规则"和其他横纵向规则，共同形成了一个多中心的规制体系。

在食品欺诈方面，《通用食品法》中没有进行专章的规定。主要是通过欧盟委员会官方认可一些"欧洲标准制定组织"，用以协调食品相关标准和法律，消除贸易壁垒，同时增强市场透明度和降低市场的不对称性，确保食品供应方面最小的安全风险，防止食品欺诈的发生。在这其中，欧盟食品安全局发挥了重要作用。

在食品标签标识方面，通过第 1699/2011 号法规强制规定：标签和所用方式不能在产品质量、配料、原产地、性质、工艺等方面欺骗消费者，同时禁止暗示也不得宣传其具有药用治愈功效。一旦被认定违反这一限制性条款，生产者将被认为是食品欺诈而承担相应责任。

（2）美国

19 世纪末 20 世纪初，美国的食品药品安全以及掺假暴利行为盛行，其出口到欧洲各国的猪肉等食品曾遭到各国的联合抵制。美国"妇女禁酒联合会"曾揭露了药品和酒类的掺假行为，随着新闻媒体的进一步曝光，食品掺假和专利药黑幕等问题逐渐进入大众的视野。在各方利益的博弈下，1906 年 6 月 30 日，美国通过了第一部《纯净食品药品法》和《肉类检查法》。1938 年，国会通过了《联邦食品、药品和化妆品法》（后多次修订）。此后，《食品添加剂修正案》《色素添加剂修正案》《药物滥用控制修正案》和《婴儿食品配方法》等相继出台，使涉及食品和药品安全的法律日臻完善。

2011 年美国食品药品监督管理局（FDA）颁布了《食品安全现代化法案》，法案框架的新规则之一是允许 FDA 对疑似掺假或错误标识产品实行长达 30 天的行政扣留，在 FDA 决定是否采取没收或联邦禁令等强制性行为时，该产品将被暂时撤离市场。而在此前，只有当 FDA 掌握了确实证据，才能对食品进行扣留。此外，该法案还提出要加强对食品故意掺假行为的预防，该法案第 106 节内容是防范蓄意掺假，该部分要求 FDA 应对食品系统开展脆弱性评估，确定必要的防范食品蓄意掺假的科学缓解策略或措施的类型，并且要在法案颁布 18 个月内颁布关于防范蓄意掺假的法规。

随后，2012 年 4 月 17 至 19 日，美国的年度"食品安全峰会"在华盛顿召开了第 14 届年会，会议的一个重要议题是如何打击食品欺诈和经济动机掺假行为。2013 年 5 月公开的"食品防御计划生成软件"设置了一套具体的程序，对食品企业生产装配和加工工艺过程进行自动查漏评估，以防止故意污染风险的发生。

2013 年 12 月 24 日，FDA 延期发布了法案要求的防范蓄意掺假的法规《防范蓄意掺假的集中缓解策略》草案，该法规中所指的蓄意掺假行为有多种形式，包括那些意图造成大规模的公共卫生危害的情况；不满的员工、消费者或竞争对手的行为；经济利益驱动型掺假等。除了部分特殊情况外，《防范蓄意掺假的集中缓解策略》法规适用范围包括制造、加工、包装或保存食品。

3. 规制食品欺诈的法律及制度设计

（1）完善具体且多层次的法律规制系统

美国、欧盟关于食品安全的立法众多，在这些法律规定中，没有哪部法律直接提到了食品欺诈，而是分别对食品欺诈的某一组成部分进行了规制。

与此同时，对于各国当下有关食品安全规制的法律规定，一些国家食品安全法律体系过于复杂、零散，而且一些国家的食品安全法律体系还存在不一致性和重复性，这样增加了法律实施的成本，削弱了法律的灵活性。[1]因此，未来食品安全法律的发展趋势是在不破坏原有体系适用的原理、义务和概念的基础上，削减不必要的重复的具体性法规和标准，解决实际应用的不便利。

（2）严密且多方参与的监管模式

美国的食品欺诈问题之所以影响比较小，主要是因为监管体系严密、迅

---

〔1〕 参见 Legal Information Institute，"U. S. Code SUBCHAPTER Ⅳ-FOOD"，载 https：//www. law. cornell. edu/uscode/text/21/chapter-9/subchapter-Ⅳ，最后访问日期：2019 年 8 月 5 日。

速和有效。在联邦政府下设的美国农业部食品安全检验局（FSIS）、美国卫生部下设的美国食品药品管理局（FDA）以及美国国家环境保护署（EPA），分别对农业产品、进口、国产食品以及食品的相关产品和杀虫剂进行监管，除此之外，设立一些政府机构的辅助机构，进行专业化的检测工作，这些政府部门分工得当，专业化程度高，对食品加工的各个环节都要监督和检查，能够迅速地应对各种食品问题。

除美国外，还有许多国家也采用了政府多部门参与、联合院校和科研机构力量的监管模式，除政府监管之外，充分发挥社会力量的灵活性。

（3）全面而多方位的预警监测系统

在食品欺诈的监管中，多数国家都强调对食品安全的全面防范和管理，即从源头上控制、预防和降低食品的安全风险。首先是风险评估机制，其次是产品信息记录备份，一旦出现问题，通过查询"身份证"号码就能追溯到该产品的生产和流通信息。

（4）来源广泛的数据库技术支持

美国利用网络数据库的优势，将曾经发生过的食品欺诈事件公布到网站，向全社会进行公开。美国药典委员会（the United States Pharmacopieial Convention，USP）建立了食品欺诈数据库（Food fraud database，FFD），该数据库是一个收集了数千种掺假成分和相关记录的公共数据库，数据来源于科学文献、媒体出版物、监管报告、司法记录等来自世界各地的食品掺假信息。[1]

除此之外，由美国国土安全部（United States Department of Homeland Security，DHS）下设并受明尼苏达大学管理的食品保护和防御国家中心（NCFPD）[2]创建了EMA数据库。[3]这个数据库是按照事件进行分类的，比如我

---

〔1〕 参见 Johnson R，"Food Fraud and 'Economically Motivated Adulteration' of Food and Food Ingredients"，载 https://max. book118. com/html/2016/0315/37727233. shtm，最后访问日期：2020 年 4 月 20 日。

〔2〕 食品保护和防御国家中心（National Center for Food Protection and Defense，NCFPD）是美国国土安全部（United States Department of Homeland Security，DHS）下设的一个卓越科技中心，该中心是一个联合了 140 多位专家的系统网络工程。这些专家分别来自院校、制造商和政府部门，均从事前沿食品安全保障的相关研究。NCFPD 的主要工作由明尼苏达大学负责，中心任务是通过研究和教育维护国家食品系统的安全。

〔3〕 参见 United States Department of Homeland Security：National Center for Food Protection and Defense（NCFPD）-A DHS Science and Technology Center of Excellence，载 https://www. dhs. gov/sites/default/files/publications/National%20Center%20for%20Food%20Protection%20and%20Defense-NCFPD，最后访问日期：2019 年 10 月 3 日。

国的"三聚氰胺"事件在该数据库中作为一个事件存在。但同时该数据库仅仅允许授权用户访问。此外，NCFPD 还在开发一种 EMA 易感性数据库，数据库中包含美国药典委员会的《食品化学法典》中有关 EMA 易感性评估的文献。[1]

在欧盟方面，根据第 178/2002 号法令建立了一个食品和饲料快速预警系统（Rapid Alert System for Food and Feed，RASFF）网络，[2]该系统中包含掺假和欺诈这个预警类别。[3]

以上通过技术手段搭建的数据平台能够通过既有的过往数据，以一种系统化的方法协助判断食品是否处于一种较大的欺诈风险当中，帮助降低食品欺诈风险。

（二）我国食品欺诈规制现状及路径选择

1. 我国食品欺诈历史以及现状

在中国，宋代士大夫袁采的《袁氏世范》就记载了当时市场上的食品欺诈问题，"以物市于人，敝恶之物，饰为新奇；假伪之物，饰为真实。如绢帛之用胶糊，如米麦之增湿润，肉食之灌以水""鸡塞沙，鹅羊吹气，卖盐杂以灰"。

近年来，从媒体角度看，食品欺诈问题已成为影响我国食品安全的主要问题。在 2010—2015 年《每周质量报告》的食品欺诈及其类型的统计情况中，共计 225 期节目，其中有关食品问题的节目共计 42 期，占总数的 19%；而食品欺诈就有 38 期，在食品问题节目中所占比例高达 90.5%。[4]同时，仅 2014 年 7 月至 2015 年 12 月一年多的时间内，在质检总局进出口食品安全局对外通告的不合格进口食品中，可直接判定为食品欺诈的通告所占的比重就高达 41%。由此可见，在我国目前食品生产和消费的领域，无论是进口食品

---

〔1〕 参见 Johnson R，"Food Fraud and 'Economically Motivated Adulteration' of Food and Food Ingredients"，载 http://fas.org/sgp/crs/misc/R43358，最后访问日期：2019 年 10 月 3 日。

〔2〕 参见 B. Krisztina, H. Zsolt, B. Peter, "Rapid Alert System for Food and Feed（RASSFF）in the European Union"，载 https://www.researchgate.net/publication/283474411_Rapid_alert_system_for_food_and_feed_RASFF_in_the_European_Union，最后访问日期：2019 年 10 月 3 日。

〔3〕 参见李丹等："国内外经济利益驱动型食品掺假防控体系研究进展"，载《食品科学》2018 年第 1 期。

〔4〕 参见袁婷、陈原："我国食品欺诈模式及其治理分析"，载《食品安全导刊》2016 年第 27 期。

抑或是国产食品中，均存在较为严重的食品欺诈问题。更不用说近几年频发的各类食品安全事件，其中多有涉及食品欺诈，比如2018年焦点访谈报道的有机食品乱象、2015年"僵尸肉"事件、2015年上海特大假奶粉事件、2014年台湾地区地沟油事件以及每年均有报道的冒充名酒和激素大闸蟹等，都是在生产与消费信息严重不对称的前提下，生产者或者生产环节的参与者们对食品进行掺杂掺假，同时隐瞒真实信息，用以牟取不合法利益。给广大消费者的身体健康带来巨大不良影响的同时，也扰乱了市场秩序，破坏了消费环境。

2. 我国食品欺诈的概念、类型和特点

（1）食品欺诈的概念

对比国外对于食品欺诈概念无统一认识的情况，国内对食品欺诈同样尚未有专门的定义。

最高人民法院《关于贯彻执行〈中华人民共和国民法通则〉若干问题的意见（试行）》第68条将欺诈行为界定为"一方当事人故意告知对方虚假情况或故意隐瞒真实情况，诱使对方当事人做出错误意思表示，可认定为欺诈行为"。此谓"民事欺诈"概念。

而《中华人民共和国产品质量法》（以下简称《产品质量法》）规定，产品掺杂、掺假、以假充真均属质量欺诈的违法行为。其中，生产以次充好、失效变质、假冒合格的产品，标示虚假的产地、生产厂名、厂址，伪造生产日期、保质期，伪造或冒用质量认证标志等均属于严重的质量欺诈问题。显然，食品当中除农产品外加工食品也受《产品质量法》的约束。

虽然《中华人民共和国食品安全法》（以下简称《食品安全法》）中未直接规定食品欺诈的类型，但其通过规定生产者的责任和义务、食品生产标准和风险控制系统来保障食品安全。此外，2015年原国家工商总局的部门规章《侵害消费者权益行为处罚办法》列举了10种经营者欺诈消费者的行为。同时在第6条规定经营者向消费者提供有关商品或者服务的信息应当真实、全面、准确，不得作虚假或者引人误解的宣传行为，并举例列举了8种虚假或者引人误解的宣传行为。

为治理食品欺诈行为，原食药总局在2017年2月发布了一个规范性文件《食品安全欺诈行为查处办法（征求意见稿）》，将食品欺诈的概念表述为"食品安全欺诈"，并将其定义为"行为人在食品生产、贮存、运输、销售、餐饮服务等活动中故意提供虚假情况，或者故意隐瞒真实情况的行为"。与民事欺诈的概念相比，抛弃了"诱使对方当事人作出错误意思表示"的条件要求。在客观方面，并不要求有他人上当受骗、造成损害的实际结果的发生，只要欺诈行为人有故意实施欺诈行为并有导致他人误解上当的可能性就构成食品安全欺诈。

（2）我国食品欺诈的类型

《食品安全法》中未直接规定食品欺诈的类型，而是通过规定生产者的责任和义务、食品生产标准和风险控制系统来保障食品安全。

关于食品欺诈的分类，在我国食品安全执法工作中，质检总局进出口食品安全局主要依据 2014 年国家卫生计生委颁布的《食品添加剂使用标准》（GB 2760-2014）对食品进行检验检查，侧重于检查食品进出口过程中的非法添加这一种食品欺诈类型。

而在 2017 年 2 月原食药总局发布的规范性文件《食品安全欺诈行为查处办法（征求意见稿）》中的"食品安全欺诈"，除包括针对消费者的食品欺诈类型，还囊括了申请、检验检疫、报告过程中的信息欺诈。可以看出原食药总局更多的是从本部门工作实际出发，将原食药总局在监管过程中多发的食品行政监管问题也纳入"食品安全欺诈"的范畴当中。因此，可以认为，"食品安全欺诈"较"食品欺诈"外延更广，可能涉及食品安全，但是非直接面向消费者的食品监管领域的不真实陈述问题。

（3）食品欺诈的特点

通过对上述我国的食品欺诈的概念和类型的分析，我国的食品欺诈主要具备以下的特点：第一，食品欺诈问题多发且严重，近几年仍然在不断爆发恶性食品欺诈事件；第二，尽管在立法中对食品欺诈的规制囊括了从农场到餐桌的食品生产各个环节，但是在实际执法过程中对于食品欺诈的监管主要仍将重点放在流通环节，对于生产环节关注不足。存在食品欺诈在生产环节和流通环节规制的不协调问题。

3. 食品欺诈规范体系

我国有关食品欺诈的专门性文件有原食药总局 2017 年《食品安全欺诈行为查处办法（征求意见稿）》，但该办法至今仍未颁布正式文件。其余有关食品欺诈具体类型的规定散见在《中华人民共和国消费者权益保护法》（以下简称《消费者权益保护法》）《食品安全法》《产品质量法》《中华人民共和国农产品质量安全法》（以下简称《农产品质量安全法》）《中华人民共和国食品安全法实施条例》（以下简称《食品安全法实施条例》）《中华人民共和国反不正当竞争法》（以下简称《反不正当竞争法》）《中华人民共和国广告法》（以下简称《广告法》）等法律法规当中。下文中将针对法律适用进行具体分析。

在《食品安全法》中，第34条规定了禁止生产经营的食品类型，其中涉及食品欺诈的包含掺假掺杂、标签标注信息虚假不全、营养成分与所称不符等类型；第49条规定了食用农产品生产者不得进行食品欺诈，进而非法使用有毒化肥农药等；第55条规定了餐饮服务提供者不得明知存在食品欺诈而进行加工生产，否则也将承担责任；第4章第3节规定了有关食品标签、说明和广告应当符合相关规定；第123条规定了针对第34条的食品欺诈以及其他危害食品安全的生产者的责任问题。对于有食品安全欺诈行为的食品生产经营者，除规定相应的罚款，还将给予信用惩戒，将其记入食品安全信用档案，情节严重的列入食品药品安全"严重失信名单"，通报投资主管部门、证券监管机构和有关金融机构。明确了涉嫌食品安全欺诈的企业法定代表人、主要负责人、直接负责的主管人员和其他直接责任人员应负的法律责任。

在《食品、保健食品欺诈和虚假宣传整治方案》中，明确了五大类治理内容：未经许可生产、经营、进口食品和保健食品行为；标签虚假标识声称行为；违法营销宣传、欺诈销售行为；未经审查发布保健食品广告以及发布虚假违法食品广告行为；其他涉及欺诈和虚假宣传等违法违规行为。同时，严格责任落实，加强涉及食品的各环节：生产、流通、销售、广告宣传等全方位的工作执法。在该工作文件发布后，各个地方也发布了具体的工作方案。

在食品欺诈的认定和其法律规范适用的关系上，必须在明确食品虚假宣传与食品欺诈、食品欺诈与食品安全犯罪之间在程度和性质上差异的基础上，正确认识不同行为的性质，进行准确定性，根据其性质将其归入不同法域，分别适用《广告法》《反不正当竞争法》《中华人民共和国刑法》（以下简称《刑法》）以及规制食品欺诈的有关法律规定，维护消费者合法权益。

二、食品欺诈的认定与法律适用

通过前述分析可以发现，"食品欺诈"作为食品安全问题的一种主要类型，无论是国际上还是国内，更多的是出于一种学理讨论。其界定方式也多采用列举的方式在各个单行法中出现，未统扩到"食品欺诈"这一单一概念下。但无论是从 2017 年 7 月开始的食品、保健食品欺诈和虚假宣传专项整治工作，还是在 2019 年 5 月 9 日中共中央、国务院发布的《中共中央、国务院关于深化改革加强食品安全工作的意见》中提到的到 2035 年经济利益驱动型食品安全犯罪明显减少的工作要求来看，规制食品欺诈，减少经济利益驱动型的食品安全问题都是食品安全治理工作的重点与难点。因此，如何在现有法律框架下，准确认定食品欺诈的性质类型，准确地适用法律，进而追责，充分贯彻企业主体责任原则，从事后销售环节监管的角度倒逼食品生产流通环节的升级改善，便成为食品欺诈规制的一个重要问题。

食品欺诈从外延上可以分为两个主要类型，一为食品掺假，二为食品虚假陈述，下面以这两种主要类型入手，从行政机关监管角度出发，分别给出相应执法依据。

（一）食品掺假

1. 适用《消费者权益保护法》

《消费者权益保护法》第 56 条第 1 款规定："经营者有下列情形之一，除承担相应的民事责任外，其他有关法律、法规对处罚机关和处罚方式有规定的，依照法律、法规的规定执行；法律、法规未作规定的，由工商行政管理部门或者其他有关行政部门责令改正，可以根据情节单处或者并处警告、没收违法所得、处以违法所得 1 倍以上 10 倍以下的罚款，没有违法所得的，处以50 万元以下的罚款；情节严重的，责令停业整顿、吊销营业执照：①……②在商品中掺杂、掺假，以假充真，以次充好，或者以不合格商品冒充合格商品的……"。该条规定中列举的食品欺诈类型基本涵盖掺假的所有可能形式，仅从文意出发，便可以规制大部分食品欺诈类型。

2. 适用《食品安全法》

《食品安全法》第 10 章附则的第 150 条对"食品安全"作出了定义：食品安全，指食品无毒、无害，符合应当有的营养要求，对人体健康不造成任何急性、亚急性或者慢性危害。联系该法的名称应当看出，这一定义不仅仅是对该法中的用语做出解释，其实也是在廓清该法的适用范围，即《食品安全法》旨在处理食品安全方面的问题，而非所有的食品问题。这一点从该法的章节设计和其中的具体法条也可以看出，此处就不一一列举。因此，《食品安全法》赋予行政机关处理食品掺假的权力是有限的，只有当掺假影响到食品安全时，行政机关才能依据该法进行处理，但如果仅仅是以次充好，而并不影响食品安全时，行政机关无法依据该法进行处理。因此，可以将该法作为较严重食品欺诈问题，特别是涉及到食品安全问题的食品欺诈的规制依据。

3. 适用《产品质量法》

《产品质量法》第 2 条规定："在中华人民共和国境内从事产品生产、销售活动，必须遵守本法。本法所称产品是指经过加工、制作，用于销售的产品。建设工程不适用本法规定；但是，建设工程使用的建筑材料、建筑构配件和设备，属于前款规定的产品范围的，适用本法规定。"该条限定了《产品质量法》的适用范围。根据该条对产品的定义，联系《食品安全法》第 150 条对食品的定义可知，只有食品中经过加工、制作的一部分，也就是食品定义中的成品能够属于《产品质量法》的适用范围，而未经加工、制作的食品，也就是食品定义中的原材料，并不受《产品质量法》的规制。因此针对除原材料食品外的加工食品的掺假，行政机关可以依据《产品质量法》进行处理。原材料食品可以依据《消费者权益保护法》进行处理，当涉及食品安全问题时，还可依据《食品安全法》进行追责。

由于《产品质量法》在法律责任中对于罚款的数额规定过低，2013 年新修订的《消费者权益保护法》对产品质量问题已有覆盖，与此同时，与消法相配套的《侵害消费者权益行为处罚办法》对产品质量违法行为的处罚规定亦较为全面详细，可更多地考虑其作为执法依据加以适用。

4. 适用《刑法》

《刑法》第 143 条和第 144 条分别规定了生产、销售不符合安全标准的食品罪和生产、销售有毒、有害食品罪。入罪标准分别为：生产、销售不符合食品安全标准的食品，足以造成严重食物中毒事故或者其他严重食源性疾病的；在生产、销售的食品中掺入有毒、有害的非食品原料的，或者销售明知掺有有毒、有害的非食品原料的食品的。未通过行政机关的执法检查并不会当然导致触犯《刑法》构成犯罪，但当责任人的食品欺诈程度达到不符合安全标准足以造成严重食品事故或者其他严重食源性疾病的将会被市场监管机关移送到公安机关进行处理。但如果执法检查中发现食品掺假所掺杂的是有毒、有害的非食品原料的，将会被直接移送公安机关进行刑事侦查起诉程序。

（二）食品虚假陈述

1. 适用《反不正当竞争法》

《反不正当竞争法》第 8 条规定："经营者不得对其商品的性能、功能、质量、销售状况、用户评价、曾获荣誉等作虚假或者引人误解的商业宣传，欺骗、误导消费者。经营者不得通过组织虚假交易等方式，帮助其他经营者进行虚假或者引人误解的商业宣传。"食品信息的虚假陈述亦属于虚假宣传行为的一种，受到《反不正当竞争法》的规制。

2017年新修订的《反不正当竞争法》第17条第1款规定："经营者违反本法规定，给他人造成损害的，应当依法承担民事责任。"第20条第1款规定："经营者违反本法第8条规定对其商品作虚假或者引人误解的商业宣传，或者通过组织虚假交易等方式帮助其他经营者进行虚假或者引人误解的商业宣传的，由监督检查部门责令停止违法行为，处20万元以上100万元以下的罚款；情节严重的，处100万元以上200万元以下的罚款，可以吊销营业执照。"该法修订后的较高罚款数额对于惩罚和遏制食品销售中的虚假陈述具有重要意义，成为市场监管部门在整治食品、保健食品欺诈和虚假宣传活动中的执法利器。除市场监管部门对食品虚假陈述进行追责外，受到损害的其他经营者可以向人民法院起诉，要求实施虚报或欺骗的经营者承担民事责任。

2. 适用《食品安全法》

《食品安全法》第73条第1款规定："食品广告的内容应当真实合法，不得含有虚假内容，不得涉及疾病预防、治疗功能。食品生产经营者对食品广告内容的真实性、合法性负责。"因此，食品信息的虚报或欺骗行为受到《食品安全法》的规制。

根据《食品安全法》第125条第1款："违反本法规定，有下列情形之一的，由县级以上人民政府食品安全监督管理部门没收违法所得和违法生产经营的食品、食品添加剂，并可以没收用于违法生产经营的工具、设备、原料等物品；违法生产经营的食品、食品添加剂货值金额不足1万元的，并处5000元以上5万元以下罚款；货值金额1万元以上的，并处货值金额5倍以上10倍以下罚款；情节严重的，责令停产停业，直至吊销许可证：①……②生产经营无标签的预包装食品、食品添加剂或者标签、说明书不符合本法规定的食品、食品添加剂；③生产经营转基因食品未按规定进行标示……"因此市场监管部门可以依据《食品安全法》对食品信息的虚报或欺骗行为进行规制。

3. 适用《广告法》

《广告法》第4条第1款规定："广告不得含有虚假或者引人误解的内容，

不得欺骗、误导消费者"，第 28 条通过具体列举就何为虚假广告进行界定，特别是其中的第 2 款第（2）项所列情形在食品广告中尤为多发，即在商品功能、产地、质量、成分、销售情况等信息方面所允诺的与实际情况不符。针对发布虚假广告的广告主、广告经营者、广告发布者以及广告代言人所应承担的法律责任规定在该法第 55、56、62 条当中。所以，当食品虚假陈述是以广告形式出现时，可以根据《广告法》的具体规定要求相关责任人承担相应责任。

三、余 论

"食品欺诈"由"食品"和"欺诈"两个词组成，遵循基本的语词习惯，我们在解释"食品欺诈"时，通常将其解释为"欺诈"在"食品"领域的适用。

根据最高人民法院在《关于贯彻执行〈中华人民共和国民法通则〉若干问题的意见（试行）》第 68 条规定："一方当事人故意告知对方虚假情况，或者故意隐瞒真实情况，诱使对方当事人作出错误意思表示的，可以认定为欺诈行为。"这一关于"欺诈"的概念界定，有三个要件：一是欺骗者虚假陈述或者隐瞒事实的行为，二是被欺骗者作出错误的意思表示，三是被欺骗者作出的错误意思表示是基于欺骗者虚假陈述或者隐瞒事实的行为，即二者之间存在因果关系。符合上述三个要件方可认定为欺诈，且只能是在私人诉讼中，被侵权人请求赔偿损失时才进行考量的行为构成要件，但是，这一关于欺诈的构成要件，如果直接放在行政执法中，会严重影响和大大缩减对欺诈的认定范围。这样的规制方式存在以下不足：

其一，欺诈作为民事法律行为可撤销的原因之一，可以被法院援引作为裁判依据，但是无法成为行政机关干预的依据。然而随着社会分工的不断发展，消费者与经营者之间的信息不对称不断加剧，食品欺诈的现象越来越普遍，如果行政机关没有被赋予对食品欺诈行为的执法权力，那么即便是发现了食品欺诈的行为，也无法对其进行处理。仅靠私人诉讼的方式，显然无法有效处理食品欺诈这一社会问题。

其二，被欺骗的消费者只有在受到欺骗，并且满足实际损失这一要件之后才能获得欺骗者的赔偿，这是一种典型的事后救济。然而，在食品欺诈行为中存在着对人体健康有严重危害的行为，当被欺骗者的身体健康受到严重危害之后，任何的事后救济都会显得非常单薄。

因此，通过"民事欺诈"路径对食品欺诈现象进行规制显然是走不通的。

那么，是否有必要赋予"食品欺诈"独有的含义？现行的《食品安全法》以及《食品安全法实施条例》均未提及"食品欺诈"。在北大法宝中，以"食品欺诈"为关键词进行全文检索可以看到，在法律与行政法规层面，并没有规范性文件提及"食品欺诈"；而在部门规章层面，有9份规范性文件提及"食品欺诈"[1]，但是综观这9份规范性文件，并无一处对"食品欺诈"作出定义或解释。因此，它更多的是一种学理概念和实践性解释。因此，应从欺诈的本质属性和一般概念出发，抓住欺诈在主观上的故意和客观上实施了欺诈行为这两个特征，即采用"二要件说"：第一，行为人主观上有欺诈的故意；第二，客观上实施了欺诈的行为，即可认定为欺诈。

审视《食品安全欺诈行为查处办法（征求意见稿）》使用了"食品安全欺诈"这一相近的概念，提出："本办法所称食品安全欺诈是指行为人在食品生产、贮存、运输、销售、餐饮服务等活动中故意提供虚假情况，或者故意隐瞒真实情况的行为。"通过对"食品安全欺诈"概念进行文义解释，可以得出，食品安全欺诈行为的认定要件有两个，一是在食品生产、贮存、运输、销售、餐饮服务等活动中提供虚假情况，或者故意隐瞒真实情况的行为，二是故意的主观心态。这一规定具有浓重的监管法意味，与"民事欺诈"认定要件相比，少了"作出错误意思表示"要件和"因果关系"要件。依据法理，在私法中一个行为具有可罚性的基础之一是行为对其他主体的利益造成了损害，并且损害与其行为具有因果关系，而食品安全欺诈行为的认定却并不需要考虑这两个要件，只要欺骗者有客观行为，并且主要心态为故意，就认定为欺诈。

---

〔1〕 9个规范性文件为《国务院食品安全办关于继续做好食品保健食品欺诈和虚假宣传整治工作的通知》《关于更新〈危害分析与关键控制点（HACCP体系）认证依据〉的公告》《食品药品监管总局关于打击食品生产销售违法犯罪的公告》《食品药品监管总局关于印发国家食品药品监督管理总局政府信息主动公开基本目录的通知》《食品药品监管总局办公厅关于做好2018年元旦春节期间食品药品监管有关工作的通知》《国务院食品安全办关于印发国家食品安全示范城市标准（修订版）的通知》《食品药品监管总局办公厅关于印发食品、保健食品欺诈和虚假宣传整治工作实施方案的通知》《科技部关于发布国家重点研发计划食品安全关键技术研发和中医药现代化研究重点专项2017年度项目申报指南的通知》《国务院食品安全办等9部门关于印发食品、保健食品欺诈和虚假宣传整治方案的通知》。

　　此外，从外延上讲，食品欺诈包括食品掺假和虚假陈述两种行为。当我们深入讨论"食品欺诈"的概念，会发现其外延中的两种行为类型都可以在现行的规范体系下得到有效的解决，因此在规制食品欺诈的路径选择上，没有必要在立法中再单独设立食品欺诈制度，而应当坚持多点立法、多点治理，注重发挥不同法律的规范价值与作用。在协同共治方面，政府部门可以与大专院校、科研机构进行深度合作，发挥其科研能力与技术力量，利用专业的食品检测分析手段和数据处理技术，分析食品欺诈事件的成因与重点领域，从源头减少食品欺诈的发生。同时发挥消协、检察院在食品领域提起公益诉讼的职能；加强媒体典型案件的曝光，从多点防控食品欺诈的发生风险。

我国食品安全公益诉讼制度完善研究

陈凤芝　李艳辉*

食品安全是关乎民生的大事，社会各界广泛关注食品安全问题。食品对人的健康具有隐蔽、潜在影响力，并且食品的轻微隐患就能造成隐性毒害后果，此外人们发现食品带来的毒害后果具有滞后性，补救措施往往无法挽救造成的损害。因此，为了更好地进行食品安全治理，保证民众的食品安全，有必要建立与完善食品安全公益诉讼制度。

一、我国食品安全公益诉讼制度的发展与实践

食品安全公益诉讼是指法律规定的主体依法对损害食品安全或可能损害食品安全的违法行为向法院起诉，依法追究违法责任人的法律责任，维护食品安全社会公益的诉讼活动。虽然我国目前仍没有专门的食品安全公益诉讼相关法律制度，但有关公益诉讼的法律规定不断完善与发展，这些法律规定为我国的食品安全公益诉讼的实践提供了法律依据。2012 年修正的《中华人民共和国民事诉讼法》（以下简称《民事诉讼法》）第 55 条规定："对污染环境、侵害众多消费者合法权益等损害社会公共利益的行为，法律规定的机关和有关组织可以向人民法院提起诉讼"，建立了公益诉讼制度。《最高人民法院关于适用〈中华人民共和国民事诉讼法〉的解释》（以下简称《民诉解释》）第 13 章确定了公益诉讼的条件、管辖、和解和撤诉。2013 年修正的《中华人民共和国消费者权益保护法》（以下简称《消费者权益保护法》）第 47 条规定了消费者公益诉讼，第 55 条规定了惩罚性赔偿性消费者公益诉讼。2015 年修正的《中华人民共和国食品安全法》（以下简称《食品安全法》）

---

* 陈凤芝，北京工商大学法学院副教授；李艳辉，北京工商大学法学院学生。

提出了食品安全社会共治原则，规定了惩罚性赔偿制度。2019 年新修订的《中华人民共和国食品安全法实施条例》完善了食品安全社会共治制度，规定了依法从严从重处罚情节严重的食品安全违法行为。2017 年 7 月，全国人大常委会对《中华人民共和国行政诉讼法》（以下简称《行政诉讼法》）和《民事诉讼法》作出修改，正式授权检察机关提起公益诉讼。近两年，最高人民法院和最高人民检察院还出台了许多司法解释，不断完善公益诉讼相关法律规定。实践方面，2016 年由吉林省消费者协会作为诉讼主体，长春市人民检察院作为支持起诉的"韩某、韩某龙、王某丽销售不符合食品安全标准的食用盐案"开启了全国首例食品安全公益诉讼案。人民法院判决被告自判决之日起 10 日内通过省级媒体向广大消费者赔礼道歉。近年来，食品安全公益诉讼案件中检察院提起的食品安全公益诉讼占多数。如 2018 年至 2019 年的死蟹案件：2018 年 12 月 26 日，由检察院发现线索并提出建议，江苏省苏州市相城区涉大闸蟹食品安全刑事附带民事公益诉讼案在相城区人民法院立案，检察院检察长担任公诉人和公益诉讼起诉人，法院院长担任审判长。2019 年 2 月 26 日，相城区人民法院以生产、销售不符合安全标准的食品罪分别判处肖营帐等 5 名被告人有期徒刑 1 年零 6 个月至拘役不等刑罚，部分适用缓刑，对检察机关提出的承担惩罚性赔偿金、赔礼道歉的公益诉讼请求全部支持。[1] 还有近期的江苏省 16 名狗贩子偷、收、卖毒狗肉案件，侵害了众多消费者合法权益，检察院向法院提起食品安全刑事附带民事公益诉讼，最后判决 16 名被告犯生产、销售有毒有害食品罪，判处 1 年至 6 年不等有期徒刑，并处数千元至 55 万元不等罚金。同时其中 5 名被告还被判支付 10 倍惩罚性赔偿金共计560 余万元。[2] 2019 年，最高检又发布 9 件"保障千家万户舌尖上的安全"食品行业典型公益诉讼案例，以更好地推动我国食品安全公益诉讼的司法实践。

二、我国食品安全公益诉讼制度存在的主要问题

（一）诉讼主体范围窄

起诉主体是诉讼的基础和起点，对诉讼制度的构建具有重大影响。我国

---

〔1〕 参见徐日丹、王金艳："蟹黄蟹肉竟由死蟹制成？诉他！"，载《检察日报》2019 年 3 月 9 日，第 1 版。

〔2〕 参见朱国亮、陆华东："毒狗偷狗卖出 8 万斤'毒'狗肉——江苏 16 名'狗贩子'被判刑罚赔偿 560 万"，载《人民法院报》2019 年 5 月 8 日，第 3 版。

2012 年修正的《民事诉讼法》第 55 条规定可以提起食品安全公益诉讼的主体为法律规定的机关和有关组织。2017 年修正的《民事诉讼法》正式授权检察机关提起公益诉讼。然而，我国检察机关提起食品安全公益诉讼受到诉前程序的限制，行政机关由于可能成为食品安全行政公益诉讼的被告而不能作为原告。而且法律规定的有关组织的限制也比较严格，只有省级以上的消费者协会可以提起食品安全民事公益诉讼。而公民个人没有提起食品安全公益诉讼的权利。我国法律规定的公益诉讼起诉主体范围比较狭窄，并且过于原则化、抽象化，导致一些食品安全违法行为无人起诉，或者起诉被法院裁定不予受理，使食品安全公益诉讼制度对食品安全公益的维护作用未充分发挥。由此可知，要发挥食品安全公益诉讼制度的优势，必须赋予更多主体起诉权利，并且放宽对原有主体的限制。

（二）诉讼范围不明确

根据《检察机关公益诉讼案件办案指南（试行）》，食品安全公益诉讼案件的范围是食品存在缺陷损害社会公共利益或食品可能危及消费者人身、财产安全的。但我国法律法规并未对社会公共利益进行界定，并且随着经济的发展，食品越来越多样化，食品安全违法行为也具有复杂性，有的是为了牟取高额利润，有的是过失所犯，食品安全事件的影响范围和程度也不同，有的影响较小是可以挽救的，有的是造成了不可逆的损害。具体怎样的食品安全案件可以提起食品安全公益诉讼，法律和司法解释还不够明确。

（三）诉讼程序待完善

我国《民诉解释》第 284 条至第 291 条规定了公益诉讼的程序包括起诉条件、管辖、诉前程序、和解、调解、撤诉等问题，但没有特别地规定食品安全公益诉讼的程序。食品安全公益诉讼具有区别于其他公益诉讼的特点。食品安全领域具有专业性的要求，并且人们对食品的购买频率高、交易快、没有书面合同，难以取证，加上原被告双方力量不对等，因此食品安全公益诉讼不适合采用一般的举证责任制度。另外，由于食品对于人体的影响是潜在的、隐性的，可以通过积累最终造成不可逆的损害，并且食品安全事件的受害者分布范围广。因此食品安全公益诉讼需要建立其特殊的和解、调解、撤诉的规则，不容许轻易和解、调解或撤诉。还有，关于案件的审理期限，根据《民事诉讼法》，民事诉讼普通程序案件需在 6 个月内审理完成，有合法原因还可以延迟期限，我国的法庭是通过当事人之间举证、质证、法庭辩论来查明和认定事实，因此双方当事人会用尽一切办法争取对己方有利的结果，甚至有的当事人会采取拖延的战略。而原告提起了食品安全公益诉讼，说明有食品安全违法行为正在或将要侵害不特定多数消费者的合法权益，但诉讼程序过于复杂，往往诉讼程序还未终结，就已造成了不可挽回的后果。因此，我国需要建立合理的专门的食品安全公益诉讼程序。

（四）违法责任模糊

根据我国法律和司法解释，食品安全公益诉讼中，原告可以请求被告承担停止侵害、排除妨碍、消除危险、赔礼道歉等民事责任，可以主张经营者的格式条款无效。但仅可提出上述诉讼请求的话，会使违法成本过低，不利于维护食品安全公共利益。在我国司法实践中，食品安全公益诉讼的判决也有支持损害赔偿诉讼请求的，这里的损害赔偿必然是惩罚性损害赔偿，因为食品的单价普遍不大，对消费者的损害可能也较小，再者，食品安全公益诉讼中的受害者较多且不特定，难以计算其损害。但我国法律没有明确规定食品安全公益诉讼是否可提出惩罚性损害赔偿诉讼请求，以及惩罚性损害赔偿如何分配，也没有关于精神损害赔偿的规定。另外，"任何人都不得从自己的不法行为中获益"，因此食品安全公益诉讼还应该允许提出没收违法所得诉讼请求，这样也有利于维护市场经济秩序，维护公平正义。另外，若食品安全违法行为人触犯了刑法，则对其提起食品安全刑事附带民事公益诉讼，追究其刑事责任和民事责任。对于行政机关不作为或滥用职权导致食品安全公共利益受损或具有损害威胁的，即使检察机关向法院提起食品安全行政公益诉讼，根据行政诉讼法，法院也只要求行政机关依法履行职责或更正具体行政行为，对行政机关的督促效果不足。

（五）制度保障和配套体系缺乏

上文提到要赋予更多主体提起食品安全公益诉讼的权利并且放宽对原有主体的限制，那么我们就需要建立相应的制度来防止滥诉浪费司法资源。然而，除了滥诉，更可能出现的情况是人们不愿意提起诉讼。一个原因是提起公益诉讼需要耗费许多时间、精力、金钱，且得不到什么利益，与案件没有直接利害关系的人由于现在还没有遭到侵害，未来也不会遭到侵害或损害较小，就不愿提起诉讼。另一个原因是侵害方与被侵害方力量不对等，侵害方通常是具有优势的大企业，其具有丰富的人力、物力、财力，相比之下消费者个人或消费者组织就势单力薄，进行取证等也比较困难，因此不愿提起诉讼。由此可见，我们还需要建立激发适格当事人诉讼积极性的制度。另外，对于食品安全公益诉讼制度的违法责任如何承担、如何进行保障，诉讼费用的承担，惩罚性损害赔偿资金的分配、管理和使用等这些问题，也需要我们建立并完善相应的制度来保障并配合食品安全公益诉讼制度。

三、国外食品安全公益诉讼制度的经验与启示

食品安全公益诉讼制度来源于国外，因此研究并参考国外食品安全公益诉讼制度的经验和启示具有重大意义。

（一）英美法系国家食品安全公益诉讼制度的经验与启示

美国的公益诉讼制度比较健全，不仅法院有相关的判例，成文法也有确定的规定。美国采用的是集团诉讼制度。在食品安全领域，对危害或可能危害消费者合法权益的行为，检察长、司法部、政府、社会团体、州司法长官、利害关系人、普通公民等任何主体都有权提起食品安全民事公益诉讼或食品安全行政公益诉讼。在案件调查环节，检察长和司法部享有发布民事调查令的权利和调查取证权，行使这两项权利不限于针对案件当事人，可以针对任何人。另外，美国的食品安全公益诉讼制度偏向于保护原告，举证责任也是向原告方倾斜，若被告被认定确有违法行为，则需要承担责任，除了赔偿损失以外，还要接受行政罚款，触犯刑法的，还要承担刑事责任。而原告胜诉后，不仅可以请求被告承担诉讼费和损害赔偿，还可以获得被告罚款的20%作为奖励。[1]若原告败诉，其律师费用可以由诉讼保险制度补偿。

英国的食品安全公益诉讼制度采用团体诉讼模式，和美国一样，起诉主体也具有多样性，但提起公益诉讼有顺序的限制。首先是检察长可以提起诉讼，检察长代表着大众利益，而其他顺位的起诉主体只有当上一顺位的起诉主体怠于行使公益诉讼权利的时候才可以进行起诉，最后其他主体都不进行公益诉讼时，地方政府可以提起公益诉讼。

判例法国家的食品安全公益诉讼制度的阻碍较小，更便捷，法官拥有更多的自由裁量权，并且起诉主体范围广、程序便捷。另外，美国的食品安全公益诉讼制度的举证责任制度和原告获得罚款奖励或律师费补偿的激励制度

---

〔1〕 参见毋晓蕾：“美国和日本两国激励公众参与食品安全监管制度及其经验借鉴”，载《世界农业》2015年第6期。

使社会公众提起食品安全公益诉讼收益大于成本与风险，为适格主体提起食品安全公益诉讼提供便捷的方式和起诉动力。这些值得我国借鉴并且可以根据我国国情进行创新。

（二）大陆法系国家食品安全公益诉讼制度的经验与启示

德国的食品安全民事公益诉讼制度采用的是团体诉讼制度，检察长和消费者组织以及特定的法人、机构或团体有权对食品安全违法行为提起食品安全民事公益诉讼。但为了防止滥诉，对团体的资质和起诉条件限制比较严格，必须有受害人不作为的前提，即当受害人不愿意或不能提起诉讼时，适格主体才能提起食品安全公益诉讼。并且原告只能请求停止侵害，不能请求损害赔偿。对于德国的食品安全公益诉讼制度，我们要取其精华，去其糟粕。德国对于团体原告资格的限制较严格，能够有效防止滥诉，我们可以借鉴并进行改进。但德国的团体诉讼不能要求损害赔偿这点不可取，食品安全问题影响人的生命健康，损害赔偿可以对消费者的损害进行救济，并且惩罚了被告，是十分必要的。德国的食品安全行政公益诉讼采用的是公益代表人制度，由各级检察官作为公益代表人，并以参加人的身份参与各级行政法院的行政诉讼，享有上诉权和变更权。

关于法国的食品安全民事公益诉讼制度，根据《法国民事诉讼法典》，检察院得对妨害食品安全的行为进行食品安全公益诉讼。检察院提起食品安全公益诉讼的类型有两种：一种是当食品安全问题使国家和社会利益受到重大损害时，检察院直接作为原告起诉；一种是一般社会主体之间发生食品安全纠纷，检察院作为共同原告进行诉讼。法国食品安全行政公益诉讼制度最具特色的是越权之诉，当食品安全公共利益由于违法行政行为而受到侵害，必须是受害人中的某一人或代表该利益的团体、组织提起越权之诉，可以不用律师代理，并且事先无须缴纳诉讼费用。法国的食品安全公益诉讼制度给我国的启示是，事先无须缴纳诉讼费用是激励适格主体提起食品安全公益诉讼的方法之一。

大陆法系国家的食品安全公益诉讼制度要根据成文法的规定来实施，受到较大的限制。并且成文法中缺少相应的程序的规定，使得食品安全公益诉讼的进行较为困难。另外，在起诉主体的问题上，大陆法系国家为了防止诉累现象，禁止公民个人提起公益诉讼，社会组织和团体的起诉权也受到较严格限制。

不同国家的食品安全公益诉讼制度不同，是由各国的经济政治文化背景和历史渊源的不同造成的，但随着全球化发展，各个国家差别逐渐减小，食品安全公益诉讼制度的差别也逐渐减小，大多数国家都认可了其他主体的起诉资格，并且不断完善诉讼程序和相关保障制度，这对于我国有借鉴意义。

四、我国食品安全公益诉讼制度的完善路径

(一) 明确食品安全公益诉讼的主体资格

1. 放宽检察机关提起诉讼的主体资格限制

根据我国法律，检察机关具有食品安全公益诉讼主体资格，这是毋庸置疑的。但检察机关提起食品安全公益诉讼受到诉前程序的限制，必须依法公告满30日，若法律规定的机关和有关组织不提起诉讼，检察院才能向法院提起诉讼。在食品安全公益诉讼制度中，检察院更注重的是支持诉讼和监督的职能。我国的检察机关是公诉机关，公共利益是公诉权的基础，而食品安全关系到每个公民的生命健康权，是最重要的公共利益之一，检察院作为食品安全公益诉讼的起诉主体最适合不过，并且其拥有大量的诉讼资源和诉讼人才，具有丰富的诉讼经验，检察机关进行取证更方便也更可信。在食品安全行政公益诉讼中，检察机关作为原告，更是具有其他适格主体所没有的优势。因此为了更好地维护食品安全公益，可以放宽对检察院提起食品安全公益诉讼的限制，当检察院履行职责中发现食品安全违法行为时，可直接以原告身份提起公益诉讼，并全程作为诉讼当事人。

2. 完善社会团体提起诉讼的主体资格

根据我国法律，省级以上的消费者协会具有提起食品安全公益诉讼的主体资格。对有资格提起食品安全公益诉讼的社会团体的限制比较严格，排除了其他消费者组织的起诉权利，这就缩小了食品安全公益诉讼主体范围，本文认为应该放宽对消费者组织的主体资格限制。因为省级以上的消费者协会提起的食品安全公益诉讼主要是针对全省范围或全国范围的食品安全事件，那么市范围、县范围的食品安全事件就会无人起诉。应该也赋予省级以下的消费者协会诉讼主体资格，级别低的消费者协会在其级别范围内更接近社会公众，更有利于调查事实，有利于提高司法效率。另外，也应该赋予食品行业协会、新闻媒体、第三方认证和检测机构等其他消费者组织提起食品安全公益诉讼的权利。因为我国的消费者协会具有半官方性质，当违法主体为行

政机关或国有企业时，可能会面临道德风险，而由其他非官方社会团体提起诉讼则不会有这样的问题。

3. 赋予公民原告主体资格

为了发挥食品安全公益诉讼制度的公益保护价值，必须赋予更多主体起诉资格，推动起诉主体多元化。我国立法上排除了公民个人食品安全公益诉讼的起诉权利，对此有多种解释：若公民个人权益遭到侵害，均可通过私益诉讼解决问题；考虑到我国国情，目前公民素质水平不一；赋予公民个人公益诉讼主体资格会导致滥诉现象。但上述原因都不该成为排除公民原告主体资格的根据。第一，当公民个人权益遭受侵害提起私益诉讼属于事后救济，不能做到防范损害结果的发生，并且公民生命健康遭受食品损害的损失是难以用金钱弥补的。再者，当食品安全公共利益受到侵犯，就必然侵害到消费者个人的利益，有的消费者至今没有受到侵害，但其出于高度社会责任感和正义感，有为权益受到侵害的消费者提起诉讼的意图，我们应该予以支持，以防范损害的发生或进一步扩大。第二，参考国外先进经验，赋予公民个人原告资格对于我国食品安全公益诉讼制度的完善在一定程度上是可行的。第三，只要我们建立配套的审查程序防止公益诉讼起诉者从中牟利，在某种程度上能够减少滥诉。例如一家全国连锁超市的食品有害健康，则侵害了全国范围不特定消费者的权益，若许多公民对同一案件起诉，还可以合并审理，不仅节约司法资源，还能避免不同法院对相似案件作出不同判决的不公平现象。综上，赋予消费者个人提起食品安全公益诉讼的权利，能够充分调动社会公众维护食品安全公共利益的热情，更好地维护食品安全公共利益。

4. 扩大被告的范围

根据民事公益诉讼的司法解释，对经营者侵害众多不特定消费者合法权益或具有侵害危险的行为可以提起民事公益诉讼。每当发生食品安全事件，我们能想到的违法主体通常是某个大企业，但除了大企业，还有许多人不知道的小作坊。此外，2015 年修正的《食品安全法》对食品安全责任主体范围进行了扩大，这有利于保障食品安全。相应地，食品安全公益诉讼的被告的范围也应该扩大。明知生产的某食品有质量问题，却参与加工、运输、存储、销售、广告、提供交易平台等环节的主体，都可以列为被告。

食品安全行政公益诉讼制度由 2017 年修改的《行政诉讼法》初步建立，规定食品安全行政公益诉讼的被告为在食品安全领域负有监督管理职责的行政机关。

（二）确定食品安全公益诉讼的范围

确定食品安全公益诉讼的范围，是对社会公共利益和食品安全公益的具体化，使食品安全公益诉讼具有司法可操作性。然而，食品安全问题具有复杂性，无法通过列举法和排除法来确定食品安全公益诉讼的受案范围。但根据食品安全公益诉讼的概念，我们可以知道食品安全公益诉讼的案件首先是侵害了食品安全社会公益或存在侵害食品安全社会公益的危险，所以可以排除单纯靠私益诉讼就能解决的案件。例如，一家超市因工作人员工作疏漏出售了两瓶过期酸奶，导致消费者身体不适。由于案件当事人较少，该消费者提起民事私益诉讼就能获得充足的救济，就不适合提起食品安全公益诉讼。再如，2019年4月21日，北京的周女士在麦当劳给女儿点了一份炸鸡翅，由于鸡翅是裹着面皮炸的，看不到里面，孩子咬了一口，咬到一堆鸡毛，当即开始干呕，并且心里有了阴影。[1]周女士若要请求精神损害赔偿，提起私益诉讼即可。虽然这样的新闻和视频曝光可能给不特定多数消费者造成了困扰和心理阴影，但其他人遭受的损害过于抽象。这实质上是私益的纠纷，即使涉及不特定多数消费者，也不能作为公益案件处理。

其次，食品安全公益诉讼的案件必须是具有较大影响的侵害或可能侵害不特定多数消费者利益的案件。例如，某小区的一家小卖部售卖自己生产的不安全食品，造成的后果也比较轻微，由于影响较小，依靠行政机关的管治就能解决问题，就不应纳入食品安全公益诉讼的受案范围。而当食品安全事件涉及区域较广、人数较多时，应用公益诉讼就可以发挥该制度司法救济的优势。那些具有较大影响的食品安全事件，即使当前还没有给消费者造成损害，也要纳入食品安全公益诉讼的受案范围，如某食品生产者生产了一批有毒有害食品存储在仓库里准备售卖。即不要求已经造成损害后果，若将来可能造成损害，也是食品安全公益诉讼的范围。最后，还需要法官根据法律原则、立法目的以及自己的司法实践经验来确定受理案件。

（三）建立食品安全简易诉讼程序和特别诉讼程序

我国目前的食品安全公益诉讼程序较为复杂，并且要提交的材料和证据

---

[1] 参见徐茂祝："北京市民在麦当劳鸡翅中咬到鸡毛 麦当劳：表示歉意"，载《新京报》2019年4月24日。

较多，不利于提高适格主体提起食品安全公益诉讼的积极性。一方面，我国民众的法治知识不多，复杂的诉讼程序会消减民众维护食品安全公共利益的热心，使民众不能或不愿提起诉讼。另外，食品属于日常消耗品，一般价值低、购买频次高，人们一般不会注意保留小票，诉讼时难以提交证据，消费者个人进行取证也比较困难。另一方面，诉讼时间长，而食品安全问题一般是亟待解决的问题，若不能迅速解决，将发生损害后果或使损害进一步扩大，甚至造成无法挽回的严重后果。因此应建立食品安全公益诉讼简易程序和特别程序，并且在起诉前可以向法院申请禁止令。建立简易程序能够方便诉讼主体起诉和立案。原告可以在网上远程登记案件信息，并且只需提交某食品导致了消费者合法权益受损或某食品安全违法行为将来可能导致消费者合法权益受损的证据即可。食品与损害之间是否具有因果关系以及食品生产者或销售者是否具有主观过错则由被告来证明。法院通过诉前的审查程序认定原告并非滥诉并且提交的证据充分、可信就可以立案。而食品安全公益诉讼特别程序则是这样，在庭审过程中，并非完全通过控辩双方法庭辩论来查明事实和案件影响，也不全靠法官来认定，赋予法官一定的自由裁量权，通过多方参与、各方协作来查明案件事实和案件影响，以提高案件审判效率。

（四）完善食品安全公益诉讼的责任制度

我国食品安全事故频发，许多商家为了牟取利润愿意以身试法，这和我国的食品安全违法惩处机制不够健全、违法责任不够明确有很大关系。"对于诉讼的恐惧可以成为食品行业的发展动力"，只有对食品安全违法行为人进行严厉地惩戒，追究其民事责任、行政责任，触犯刑法的另外追究刑事责任，才能对食品领域的商家起到警戒作用，减少食品安全事故的发生。

1. 民事责任

当食品安全事故发生，或者造成了食品安全隐患，责任人首先要承担民事责任。除了停止侵害、排除妨碍、消除危险、赔礼道歉，还要承担对受害者身体和精神上的损害赔偿，对于那些为了牟利明知故犯、明目张胆从事食品安全违法行为的以及具有重大过失的，适用惩罚性损害赔偿，并且没收其违法所得。损害赔偿的数额由法院或法院委托的专业机构进行确定，以上资金由食品安全公益诉讼资金管理委员会进行管理和分配。

2. 行政责任

我国负责食品安全监管的行政机关主要是市场监督管理局。有食品安全监管责任的行政机关要依法履行职能，若是由于责任机关不作为、渎职、不按要求行使职权或者滥用职权等，使食品安全事故发生，对社会公众的合法权益造成了损害，就应当承担相应的行政责任。除了依法履行职责、变更或撤销错误的具体行政行为，还要对消费者进行损害赔偿，情节恶劣或造成严重后果的，法院还应当建议监察机关或被告的上一级行政机关给与其主要负责人或直接责任人员行政处分。这样一方面能够督促行政机关认真履行职能，更好地保障食品安全，另一方面也有利于提升政府的形象，提高政府的公信力。

3. 刑事责任

民事责任无法替代刑事责任的警醒作用，若只对食品安全违法行为判处民事责任，会使许多商家甘愿受罚，然后继续从事违法行为牟取暴利。利润会使资本敢于冒险，这也是食品安全事故屡禁不止的原因。因此，为了维护食品安全社会公共利益，我们对于每一个食品安全违法行为都要查处追究到底，若是构成犯罪的，就要追究其刑事责任。

（五）建立食品安全公益诉讼制度保障及配套体系

1. 建立、落实约束和激励制度

由于上文建议扩大食品安全公益诉讼的起诉主体范围，那么为了防止滥诉，就需要建立约束机制。比如对起诉者进行审查，禁止原告通过公益诉讼牟利，也要防止食品安全公益诉讼成为同业竞争的武器。可以建立举报机制，若发现上述情况，则没收原告通过诉讼获得的收益和奖励。

由于进行食品安全公益诉讼需要花费许多时间、精力、金钱，这会阻挡人们参与维护食品安全的热心，与案件无利害关系的主体提起诉讼似乎是不明智的事。因此要建立激励机制。我们可以借鉴国外的经验，适格主体提起食品安全公益诉讼事先不需要缴纳诉讼费，若原告胜诉，可以请求被告承担诉讼费、律师费等费用，还可以获得被告支付的惩罚性损害赔偿的一部分作为奖励，或者由公益诉讼基金管理委员会提供资金作为奖励。若原告败诉，经过审查原告确实出于维护公共利益的目的提起的诉讼，而不是出于其他目的浪费司法资源，其诉讼费和律师费等也由公益诉讼资金管理委员会负担。另外，对原告的个人信息和人身安全进行保护，保障原告不受到打击报复。

2. 建立先予赔偿制度

2008 年发生奶粉三聚氰胺事件，国务院启动国家一级响应机制，所有患病婴幼儿的治疗费用由政府财政负担。法院审理案件需要时间，案件判决之后还可能具有执行难的问题。而食品安全事故给消费者造成的损害的治疗具有迫切性，并且食品安全事件涉及范围广还可能影响社会稳定。因此，可以先由政府财政或食品安全公益诉讼资金管理委员会进行赔偿，垫付受害者的医疗费等费用。完善先予赔偿制度能够保障受害者的获得赔偿权、生命健康权获得及时的救济，安抚受害者，有利于化解社会矛盾，构建和谐稳定社会，也有利于国家形象和政府形象的提升。

3. 建立食品安全保险制度

由于食品对消费者造成的影响是隐性的，若发生重大食品安全事故，涉及人数多、地域广、损害大，此时食品企业极有可能破产、资不抵债。若受害者的损害都由国家进行赔偿，将对国家财政造成巨大的压力。为了分散风险，可以建立食品安全保险制度。对于市场覆盖广的食品生产厂家，若其信用有污点，或者生产的是婴幼儿食品或老年人食品，就必须购买食品安全保险，若其生产质量不合格的食品，则由保险公司分担损害赔偿，既能减轻国家财政负担，又能保障消费者的获得赔偿权。

4. 建立募捐机制

由于食品安全公益诉讼制度保障的是社会公众的利益，当其余社会公众不能或不愿提起诉讼时，有主体愿意为维护公共利益提起食品安全公益诉讼，社会公众对此给予一些支持是合理的。因此可以建立募捐机制，社会组织、法人、自然人都可以到食品安全公益诉讼资金管理委员会捐款，用于食品安全公益诉讼的诉讼费、律师费、鉴定费、胜诉奖励等。

5. 建立食品安全公益诉讼资金管理委员会

上文提到对食品安全违法行为的惩罚性损害赔偿、没收违法所得、社会公众的募捐，这些资金都需要管理，因此需要建立食品安全公益诉讼资金管理委员会来管理相关资金。当食品安全公益诉讼原告胜诉时，食品安全公益诉讼资金管理委员会从被告的惩罚性损害赔偿和违法所得中拿出一定比例奖励给原告，并通过公告和宣传，鼓励受害者在一定期限内主张权益提出赔偿申请，由该委员会进行审查，审查通过的给予赔偿，剩下的资金用于该委员会的日常活动所需，以及食品安全公益诉讼原告败诉时，若原告是为了维护公共利益而不是滥诉，则对原告的诉讼费和律师费进行补偿。

新冠肺炎疫情期间物业服务企业法律风险防控白皮书

晋　怡　张晓玲　渠守彬*

疫情就是命令，防控就是责任。面对新冠肺炎疫情的严峻形势，各物业服务企业积极响应国家号召，配合政府相关部门加强物业管理区域的疫情防控工作，包括防控预案、员工管理、疫情宣传、出入管控、重点消杀、物资支持等，成为社区疫情防控一线上的重要力量，发挥着不可替代的作用。当前正值节后返工潮来临之际，疫情防控到达关键期，依法高效做好社区疫情防控工作，成为守好节后"返工潮"、筑牢防控"防火墙"的关键一环。

自新冠肺炎疫情阻击攻坚战打响以来，通州区人民法院立足疫情防控大局，积极延伸审判职能作用，为支持物业服务企业依法履职、全力保障人民群众健康安全、源头预防社会矛盾纠纷，梳理物业服务企业在疫情期间可能面临的法律风险点，并提出相应建议。通过发挥法院在特殊时期参与社会治理、防控社会风险的重要作用，以期为物业服务企业在全力抗击疫情和依法管理经营等方面提供有益参考。

一、疫情期间物业服务企业经营运行的法律风险防控

1. 配合政府进行疫情防治，履行企业社会责任。根据《中华人民共和国

---

* 晋怡，北京市通州区人民法院民三庭负责人；张晓玲，北京市通州区人民法院民三庭法官助理；渠守彬，北京市通州区人民法院民三庭法官助理。

传染病防治法》（以下简称《传染病防治法》）第 45 条第 1 款规定："传染
病暴发、流行时，根据传染病疫情控制的需要，国务院有权在全国范围或者
跨省、自治区、直辖市范围内，县级以上地方人民政府有权在本行政区域内
紧急调集人员或者调用储备物资，临时征用房屋、交通工具以及相关设施、
设备。"同时，北京市住建委《关于物业服务企业做好新型冠状病毒感染的肺
炎疫情防控工作的通知》要求："物业服务企业开展的各项疫情防控工作要纳
入社区防控体系，服从社区统一安排、统一调度指挥和培训指导，配合社区
做好疫情防控各项工作。"物业服务企业有义务配合政府做好疫情防控工作，
履行社会责任。

2. 加强内部管理，做好企业内部防控组织工作。根据北京市住建委《关
于物业服务企业做好新型冠状病毒感染的肺炎疫情防控工作的通知》要求：
"各物业服务企业要切实履责，督促在京工作人员在疫情期间做好个人保护，
减少外出；工作时应当佩戴口罩，工作事前、事后注意个人卫生清洁；做好
员工健康监测和记录工作，发现员工出现发热、乏力、干咳等症状时，应当
督促其到就近的医疗卫生机构发热门诊就诊，并向社区报告；减少不必要的
会议和小区内的人员聚集；做好员工宿舍等集中管理区域的通风、卫生和消
毒。""疫情防控期间，各企业要加强内部员工岗位调剂，确保物业服务工作
的基本运行；对未在岗的企业内部员工，严格按照我市规定执行，目前正在
湖北地区返乡探亲的员工，要通知员工本人，不得违反规定离开湖北地区返
京工作；其他地区返京工作人员，要按有关规定，及时上报社区，按社区统
一要求，采取防控措施，同时建立返京工作人员台账，并将台账报告社区。"

3. 申请"稳岗补贴"，防止物业服务企业资金风险。根据人社部办公厅
《关于妥善处理新型冠状病毒感染的肺炎疫情防控期间劳动关系问题的通知》
要求："企业因受疫情影响导致生产经营困难的，可以通过与职工协商一致采
取调整薪酬、轮岗轮休、缩短工时等方式稳定工作岗位，尽量不裁员或者少
裁员。符合条件的企业，可按规定享受稳岗补贴。"根据北京市人社局、北京
市财政局、北京市发改委、北京市经信委《关于失业保险支持企业稳定岗位
有关问题的通知》要求："对符合条件的企业，按照企业及其职工上年度实际
缴纳失业保险费总额（根据北京市社会保险管理信息系统中记载的数据确定）
的 40%给予稳岗补贴。""企业申请稳岗补贴应具备以下条件：①依法参加失
业保险并足额缴纳失业保险费；②上年度未裁员或裁员率低于上年末全市城

镇登记失业率。"

4. 疫情防控期间，物业服务企业隐瞒、缓报疫情的，承担相应法律责任。根据《传染病防治法》第31条规定："任何单位和个人发现传染病病人或者疑似传染病病人时，应当及时向附近的疾病预防控制机构或者医疗机构报告。"第77条规定："单位和个人违反本法规定，导致传染病传播、流行，给他人人身、财产造成损害的，应当依法承担民事责任。"

二、疫情期间物业服务企业小区管理的法律风险防控

（一）物业服务企业的防疫管理工作

1. 有权关闭小区部分出口。根据中国物业管理协会《物业管理区域新型冠状病毒肺炎疫情防控工作操作指引（试行）》第4部分中区域封闭管理的规定，以及北京市住建委《关于物业企业进一步加强新型冠状病毒感染肺炎疫情防控期间住宅区出入管理的通知》的规定，物业服务企业在疫情期间有权对所管理小区进行区域封闭管理，关闭无秩序维护员值守的出入大门、部分分散的小区出入口，为方便管理可以仅开一个出入口供出入，出入口实行人、车分流，严禁出现无人值守的出入口。

2. 有权对进入小区的人员进行体温监测。根据国家卫健委《关于加强新型冠状病毒感染的肺炎疫情社区防控工作的通知》，以及北京市住建委《关于物业企业进一步加强新型冠状病毒感染肺炎疫情防控期间住宅区出入管理的通知》的规定，城乡社区组织要在疾控等专业公共卫生机构指导下，会同基层医疗卫生机构，按照"追踪到人、登记在册、社区管理、上门观察、规范运转、异常就医"的原则对来自疫情发生地区的人员、外地返回居住地的人员进行有效管理，加强发热症状监测，追踪、督促其居家医学观察14天。有条件的城乡社区可在社区、小区出入路口对外来车辆、人员进行登记，同时重点提醒客户减少外出、戴口罩、不去疫区、不接触疫区人员等防控要求。同时，对非本住宅区车辆、访客、新租房入住人员等进入住宅区要逐一进行体温测量，体温正常者方可进入小区，并做好登记。

3. 有权禁止外卖快递人员进入小区内部。根据北京市住建委《关于物业企业进一步加强新型冠状病毒感染肺炎疫情防控期间住宅区出入管理的通知》规定，快递、外卖等人员原则上不得进入住宅区。但物业服务企业应做好最大限度便民工作，设置特定区域存取快递，采取非接触方式交接，防止交叉感染。

4. 有权关闭小区特定场所。特定场所主要指小区会所及儿童区域、老年人活动站等人员聚集的场所,这些均属于可能造成传染病扩散的场所,且可能发生聚集性感染病例。根据《中华人民共和国突发事件应对法》(以下简称《突发事件应对法》)第 45 条第 1 款第(7)项的规定,以及中国物业管理协会《物业管理区域新型冠状病毒肺炎疫情防控工作操作指引(试行)》第 4 部分第 4 条的规定,可以关闭上述特定场所,以阻断传染病传播扩散途径。

5. 合理区分管控重点疫区返京人员。根据国家卫健委《关于加强新型冠状病毒感染的肺炎疫情社区防控工作的通知》的规定:"以社区为网格,加强人员健康监测,摸排人员往来情况,有针对性地采取防控措施。重点追踪、督促来自疫情发生地区武汉市的人员居家医学观察 14 天,监测其健康状况,发现异常情况及时报告并采取相应的防控措施,防止疫情输入。"据此,物业服务企业应积极配合所在街道、社区以及区疾控等部门,加强对重点疫区返京人员的区分管控,发现体温异常、有重点疫区接触史等人员要及时向所在社区、区疾控等部门报告,积极配合做好疫情防控工作。

(二)物业服务企业禁止行为

1. 不得擅自披露被隔离人员的信息。根据《传染病防治法》第 12 条第 1 款的规定:"……疾病预防控制机构、医疗机构不得泄露涉及个人隐私的有关信息、资料。"因此,物业服务企业对获取的被隔离人员的信息亦负有保密义务,不得对外披露该部分人员的姓名、房号、身份证号码等信息。

2. 不得对确诊人员采取封户封门的隔离手段。根据《传染病防治法》第 39 条第 2 款:"拒绝隔离治疗或者隔离期未满擅自脱离隔离治疗的,可以由公安机关协助医疗机构采取强制隔离治疗措施。"物业服务企业可配合政府部门和医疗机构对确诊病人的密切接触者采取隔离措施,并加强相关部位的消毒措施,但物业服务企业不得采取强制隔离措施对房屋出入口进行封闭。

3. 无权自行决定完全封闭小区。根据《传染病防治法》第 42 条第 1 款第(5)项的规定,封闭可能造成传染病扩散的场所,需由县级以上地方人民政府报经上一级人民政府决定才可实施,物业服务企业无权自行决定完全封闭小区。如政府部门根据防疫的需要作出完全封闭小区的决定,物业服务企业应予以配合实施。

4. 不得阻止租户等人员进入小区内部。根据北京市住建委《关于物业企业进一步加强新型冠状病毒感染肺炎疫情防控期间住宅区出入管理的通知》的规定，对非本住宅区车辆、访客、新租房入住人员等进入住宅区要逐一进行体温测量，体温正常者方可进入小区，并做好登记。如租户等物业使用人体温正常，物业服务企业没有权利拒绝该人员进入小区。如相关人员体温超过规定温度，则物业服务企业须劝导该人员就近就医，暂时不让其进入小区，并及时向卫生部门或疾控中心报告。如该人员不予配合，物业服务企业可以报警并向疾控中心报告处理。

5. 不得直接采用对人身的强制手段。根据《突发事件应对法》第 66 条的规定："单位或者个人违反本法规定，不服从所在地人民政府及其有关部门发布的决定、命令或者不配合其依法采取的措施，构成违反治安管理行为的，由公安机关依法给予处罚。"同时，根据《传染病防治法》第 39 条第 2 款规定："拒绝隔离治疗或者隔离期未满擅自脱离隔离治疗的，可以由公安机关协助隔离医疗机构采取强制隔离治疗措施。"物业服务企业在小区管理中如遇隐瞒情况、拒绝隔离治疗、不服从防疫管理等人员，可以对其规劝引导，明确告知其需要承担的法律后果，固定相关证据并及时报警。

三、疫情期间物业服务企业合同履行的法律风险防控

（一）物业服务合同的履行

1. 履行疫情防控期间对公共设施、公共区域的设备维护、清洁和消毒工作义务。根据《中华人民共和国合同法》（以下简称《合同法》）《物业管理条例》和中国物业管理协会《物业管理区域新型冠状病毒肺炎疫情防控工作操作指引（试行）》的规定，物业服务企业在疫情期间应承担物业区域的秩序维护、环境卫生维护、共有设施设备维护、清洁和消毒工作，尤其是重点区域与部位定期清洁与消毒管理（电梯厅及电梯轿、大堂、消防通道、户外设施、停车场等），以保障小区内居民的健康与安全。

2. 物业服务企业有权暂停业主购房承诺的班车、楼巴、摆渡车等服务。根据《合同法》等相关法律规定，不可抗力是指不能预见、不能避免且不能克服的客观情况，因不可抗力致使合同目的不能实现，当事人可以协商解除合同。本次新冠肺炎疫情暴发至今，尚未确定其确切的传染源，尽管存在患者治愈出院的案例，但目前医学界针对新型冠状病毒尚无确切有效的药物和治疗方法，故新冠肺炎疫情属于不能避免且不能克服的客观情况，可以认定

为不可抗力事件。而业主购房承诺的班车、楼巴、摆渡车属于承诺的服务项目，性质为普通的民事合同义务。物业服务企业暂停该项服务，配合政府部门阻断疫情传播途径，遏制疫情蔓延，且疫情又属于不可抗力事件，故根据《合同法》等相关规定，物业服务企业可以暂停相关服务。但物业服务企业应提前做好告知工作，便于业主提前安排出行。

3. 业主不能以新冠肺炎疫情为由拒缴或要求减免物业费。疫情防控期间，物业服务企业不仅要进行日常的维护，还要配合政府、社区进行防疫管理工作，物业服务企业的工作量与成本都大幅度提升，未返京业主、被隔离业主及住院治疗业主，不能以疫情发生导致未享受物业服务为由拒缴或要求减免物业费。同时，由于疫情防控工作，物业服务企业暂时关闭小区内部分活动区域或暂停部分物业服务的，业主不得以物业服务品质下降为由拒缴或要求减免物业费。

4. 物业服务企业不得以业主拖欠物业费为由拒绝向其提供疫情防护服务。根据《突发事件应对法》第56条第2款规定："突发事件发生地的其他单位应当服从人民政府发布的决定、命令，配合人民政府采取的应急处置措施，做好本单位的应急救援工作，并积极组织人员参加所在地的应急救援和处置工作。"在严峻的疫情形势下，物业服务企业做好疫情防护工作关系到社区整体的防控和全体居民的安危，物业服务企业不得以业主拖欠物业费为由拒绝为其提供疫情防治服务。特殊时期，做好疫情防控工作是每一个公民、企业、组织的共同义务。

5. 疫情期间业主迟延交纳物业费是否需要承担违约责任应视情况而定。根据《合同法》规定，如逾期交纳物业费的事实发生在政府发布疫情管控之前，业主应及时交纳并按照合同约定支付违约金。若在政府发布疫情管控后约定缴纳物业费的时间届至，应根据物业费的缴费方式分情况处理：如果物业费只能通过现金方式缴纳，业主因疫情管控无法返回或无法去现场缴费，业主可以不可抗力为由延迟履行缴费义务，且不必因此支付违约金或合同约定的其他费用；但如业主可通过网上、微信、支付宝等便捷方式缴费，不受疫情管控影响，业主逾期缴费构成违约，需要支付违约金或合同约定的其他费用。

（二）专项委托服务合同的履行

1. 非紧急事项的委托合同可以不可抗力为由延期履行。物业服务企业签订的非紧急事项的专项委托服务合同，主要是指针对小区内园林绿化、外墙粉刷、小区公共区域装饰装修等非紧急事项。根据《合同法》等相关法律对不可抗力的规定，本次新冠肺炎疫情属于不能预见、不能避免且不能克服的客观情况，从有利于疫情防治角度，可以延期履行。双方可就延期履行合同，具体履行时间、方式等再协商确定。

2. 紧急事项专项服务合同要及时履行。对于电梯维修、水电气暖供应等紧急事项、对疫情防治有重要影响的合同义务，应当按约定继续履行。物业服务企业应提醒并监督合同相对方在合同履行中，按照规定采取必要的疫情防护措施，并在必要时提供人力物力等协助，以便合同及时履行。但合作方由于自身原因无法履行合同，比如保安公司所派出的保安人员严重缺岗，电梯维保单位拒绝进行电梯急修等，合作单位应承担违约责任。

3. 疫情致使合同目的无法实现的，可以协商无责解除合同，双方协商合理分担损失。主要是指具有特定时间节点的合同，如春节小区灯饰装饰、元宵节灯光装饰等合同，因为疫情这一不可抗力因素导致未能履行致使合同目的不能实现，且事后无履行必要的，在此情况下，双方可及时协商无责解除合同，无责解除合同导致利益明显失衡的，应当根据诚实信用原则，合理分担合同损失。

四、疫情期间物业服务企业劳动用工的法律风险防控

（一）劳动合同订立、履行、变更、解除或终止

1. 物业服务企业不得拒绝录用曾经患有新冠肺炎但已被治愈的人员。根据《中华人民共和国就业促进法》和《传染病防治法》的规定，用人单位招用人员，不得以是传染病病原携带者为由拒绝录用，不得实施任何形式的就业歧视，否则劳动者有权向人民法院提起诉讼；任何单位和个人不得歧视传染病病人、病原携带者和疑似传染病病人。因此，在确认被招录对象已经康复的前提下，物业服务企业不得以其曾患有新冠肺炎为由拒绝录用。

2. 物业服务企业应定期对与防控疫情相关工作岗位员工进行培训。根据《传染病防治法》的规定，疾病预防控制机构应当定期对其工作人员进行传染病防治知识、技能培训。物业服务企业作为社区疫情预防与控制活动的重要主体，其工作人员应当具备相应的传染病防护知识与技能。

3. 对因新冠肺炎接受隔离观察或治疗，或因其他疫情防控措施无法按时

到岗的员工，物业服务企业不得以员工旷工为由调岗降薪，更不得根据《中华人民共和国劳动合同法》（以下简称《劳动合同法》）第40、41条解除劳动合同。根据《劳动合同法》第35条第1款规定："用人单位与劳动者协商一致，可以变更劳动合同约定的内容。变更劳动合同，应当采用书面形式。"根据北京市人社局《关于做好疫情防控期间维护劳动关系稳定有关问题的通知》规定："对于因疫情未及时返京复工的职工，企业可以优先考虑安排职工年休假。职工在年休假期间享受与正常工作期间相同的工资收入。职工未复工时间较长的，企业经与职工协商一致，可以安排职工待岗。待岗期间，企业应当按照不低于本市最低工资标准的70%支付基本生活费。执行工作任务的出差职工，因疫情未能及时返京期间的工资待遇由所属企业按正常工作期间工资支付。"根据人社部办公厅《关于妥善处理新型冠状病毒感染的肺炎疫情防控期间劳动关系问题的通知》规定："对新型冠状病毒感染的肺炎患者、疑似病人、密切接触者在其隔离治疗期间或医学观察期间以及因政府实施隔离措施或采取其他紧急措施导致不能提供正常劳动的企业职工，企业应当支付职工在此期间的工作报酬，并不得依据劳动合同法第40条、41条与职工解除劳动合同。"

4. 新冠肺炎患者、疑似病人、密切接触者因疫情防控未返岗期间劳动合同到期的，物业服务企业不得解除劳动合同。根据人社部办公厅《关于妥善处理新型冠状病毒感染的肺炎疫情防控期间劳动关系问题的通知》，在劳动者因感染、疑似感染或密切接触新型冠状病毒隔离治疗期间或医学观察期间、政府实施隔离措施或采取其他紧急措施期间劳动合同到期的，劳动合同分别顺延至医学观察期期满、隔离期期满或者政府采取的紧急措施结束。

5. 员工拒绝配合疫情防控或故意传播病毒，构成犯罪被依法追究刑事责任的，物业服务企业可解除劳动合同。根据《劳动合同法》第39条第（6）项的规定，劳动者被依法追究刑事责任的，用人单位可以解除劳动合同。

6. 物业服务企业因疫情防控需要有权安排劳动者加班。根据《中华人民共和国劳动法》第41条规定："用人单位因生产经营需要，经与工会和劳动者协商后可以延长工作时间……"新冠肺炎疫情防控期间，物业服务企业作为社区疫情防控的重要力量，开展疫情防控工作必然需要大量人力、物力投入，安排员工加班事实充分，理由正当。

7. 员工因履行疫情防控职责感染新冠肺炎的，应认定为工伤。根据人社部、财政部、国家卫健委《关于因履行工作职责感染新型冠状病毒肺炎的医护及相关工作人员有关保障问题的通知》和北京市人社局《关于进一步做好疫情防控期间本市人力资源和社会保障相关工作的通知》的规定，在新型冠状病毒肺炎预防和救治工作中，医护及相关工作人员因履行工作职责感染新型冠状病毒肺炎的，按规定认定为工伤，依法享受工伤保险待遇。因此，物业服务企业的员工在履行疫情防控工作过程中感染新冠肺炎的，应认定为工伤，并享受工伤保险待遇。

8. 在新冠肺炎疫情防控期间，物业服务企业原则上不进行经济性裁员。根据人社部办公厅《关于妥善处理新型冠状病毒感染的肺炎疫情防控期间劳动关系问题的通知》的规定："企业因受疫情影响导致生产经营困难的，可以通过与职工协商一致采取调整薪酬、轮岗轮休、缩短工时等方式稳定工作岗位，尽量不裁员或者少裁员。符合条件的企业，可按规定享受稳岗补贴。"

（二）假期性质界定及薪酬待遇支付

1. 因疫情防控不能休假又不能安排补休，应当支付加班工资。为加强疫情防控、阻断疫情传播，国务院将2020年春节假期延长3天。根据国务院办公厅《关于延长2020年春节假期的通知》和北京市人社局《关于进一步做好疫情防控期间本市人力资源和社会保障相关工作的通知》，本次延长的假期性质应为休息日。因疫情防控不能休假和提前结束休假复工的职工，企业应当安排其同等时间的补休，不能安排补休的，按照不低于工资基数的200%支付加班工资。

2. 2020年2月3日至2020年2月9日期间复工，工作日出勤不视为加班。根据北京市人民政府《关于在新型冠状病毒感染的肺炎疫情防控期间本市企业灵活安排工作的通知》，明确自2020年2月3日至2020年2月9日，除相关必需行业、企业或单位需要安排职工正常上班之外，其他企业或单位应安排职工在家上班或者采取错时、弹性等计算工作时间，其性质应属于灵活安排工作的期间，此期间安排员工工作日出勤，不视为加班，物业服务企业只需按照正常工作期间的工资标准支付报酬。

3. 员工因患新冠肺炎接受治疗期间，物业服务企业应当支付病假工资。根据北京市人社局《关于做好疫情防控期间维护劳动关系稳定有关问题的通知》规定："企业应当保障患病职工依法享有医疗期和病假工资。企业职工因患病停止工作治疗休息的，应当享有医疗期。职工医疗期中，企业应当根据劳动合同或集体合同的约定，支付病假工资，病假工资不得低于北京市最低工资标准的80%。"

4. 返京员工经隔离、医学观察排除是病人或者病原携带者后，物业服务企业应当正常支付隔离观察期间（隔离观察期间一般为14天）工资。根据《传染病防治法》的规定："被隔离人员有工作单位的，所在单位不得停止支付其隔离期间的工作报酬。"此外，根据北京市人社局《关于做好疫情防控期间维护劳动关系稳定有关问题的通知》规定："对于新型冠状病毒感染肺炎疑似病人及与新型冠状病毒感染肺炎病人、疑似病人密切接触者，经隔离、医学观察排除是病人或者病原携带者后，隔离、医学观察期间的工资待遇由所属企业按正常工作期间工资支付。"

5. 员工因疫情防控原因无法按时返岗复工，物业服务企业应当支付此期间的工资报酬。根据北京市人社局《关于做好疫情防控期间维护劳动关系稳定有关问题的通知》第2条规定："对于因疫情未及时返京复工的职工，企业可以优先考虑安排职工年休假。职工在年休假期间享受与正常工作期间相同的工资收入。职工未复工时间较长的，企业经与职工协商一致，可以安排职工待岗。待岗期间，企业应当按照不低于本市最低工资标准的70%支付基本生活费。"

6. 隔离期满员工继续在家休养，休养期间工资应分情况处理。员工持有医疗机构出具的病休证明，应当按照病假支付待遇；无病假证明的，可以优先安排员工年休假、加班调休、公司福利假等；员工无医疗机构病休证明，且无其他假期可以抵扣的，可以申请事假，事假期间可以不发放工资。

7. 对于感染或者疑似感染新冠肺炎的员工，其治疗费用无需由物业服务企业承担。根据国家医疗保障局、财政部《关于做好新型冠状病毒感染的肺炎疫情医疗保障的通知》，以及国家医疗保障局、财政部、国家卫健委办公厅《关于做好新型冠状病毒感染的肺炎疫情医疗保障工作的补充通知》的规定，对于确诊新型冠状病毒感染的肺炎患者和疑似患者发生的医疗费用，在基本医保、大病保险、医疗救助等按规定支付后，个人负担部分由财政给予补助。因此，对于感染或者疑似感染新冠肺炎的员工，其医疗费用无需由企业负担。

五、疫情期间物业服务企业参加诉讼的法律风险防控

1. 因疫情防控导致物业服务企业不能按时提起诉讼或申请执行的，民事诉讼或者申请执行时效中止。根据《中华人民共和国民法总则》第194条规定，在诉讼时效期间最后6个月内，因不可抗力不能行使请求权的，诉讼时效中止。如物业服务企业确因疫情防控导致不能及时行使请求权的，依法适用诉讼时效中止的规定。自中止时效的原因消除之日起6个月内，其应积极行使请求权，否则诉讼时效期间届满。根据《中华人民共和国民事诉讼法》第239条规定，申请执行的期间为2年。申请执行时效的中止、中断，适用法律有关诉讼时效中止、中断的规定。

2. 提起上诉。因疫情防控导致物业服务企业无法向法院当面提交上诉状的，可以采取在法定期限内向法院邮寄上诉状或口头上诉的方式提起上诉。

3. 因疫情防控导致物业服务企业不能按时申请劳动仲裁的，仲裁时效中止。根据人社部办公厅《关于妥善处理新型冠状病毒感染的肺炎疫情防控期间劳动关系问题的通知》的规定，因受疫情影响造成当事人不能在法定仲裁时效期间申请劳动人事争议仲裁的，仲裁时效中止。从中止时效的原因消除之日起，仲裁时效期间继续计算。因受疫情影响导致劳动人事争议仲裁机构难以按法定时限审理案件的，可相应顺延审理期限。

六、结　语

疫情期间，物业服务企业作为社区疫情防控工作的重要力量，面临着日常管理和疫情防控的双重压力，只有准确识别经营运行、小区管理、合同履行、劳动用工和参加诉讼等方面的法律风险，将企业法律工作重心从事后救济向事前预防转变，保证各项工作合法合规开展，才能真正实现经营管理工作平稳过渡、疫情防控高效稳妥开展。通州区人民法院也将继续延伸审判职能作用，持续跟踪关注疫情期间社会中的重点难点法律问题，及时提出司法建议，为全民抗击新冠肺炎，早日打赢疫情防控阻击战，提供强有力的司法服务保障！

新冠肺炎疫情下关于服务合同履行问题的调研

崔艳丽*

2020 年 1 月 31 日世界卫生组织（WHO）宣布，将新型冠状病毒疫情列为"国际关注的突发公共卫生事件（Public Health Emergency of International Concern，PHEIC）"，至今疫情仍在全国各地蔓延，很多省市在国务院宣布春节假期延长至 2 月 2 日的基础上，继续推迟复工开学时间，并于近日相继公布了最新的推迟复工开学的通知。处于疫区的湖北省规定全省各类企业不得早于 2020 年 2 月 13 日 24 时前复工。北京市政府出台相关通知要求在 2020 年 2 月 9 日 24 时前，除必需行业外，其他企业灵活安排工作，不得造成人员汇聚、集中。上海、广东等地也通过出台文件的方式规定企业不早于 2020 年 2 月 9 日 24 时前复工。由于疫情而采取的延期复工、开学和交通不便等应急措施可能会导致已经订立的服务合同的无法履行或无法及时履行，对此，若继续履行会对一方当事人明显不公平，当事人如何处理服务合同项下各自的义务则成为大家普遍关注的话题。

一、疫情的法律定性及适用原则

因疫情严峻、影响重大，且其不受主观因素控制，在法律规制角度上，大家首先想到的就是不可抗力与情势变更。二者之间存在一定的联系，但因其法律规定尚有不同之处，在审判实务中仍需注意区分。

（一）不可抗力的法律规定及适用原则

不可抗力是指不能预见、不能避免且不能克服的客观情况。[1]因不可抗

---

* 崔艳丽，北京市通州区人民法院台湖法庭法官助理。

〔1〕 参见《中华人民共和国民法总则》第 180 条第 1 款；《中华人民共和国合同法》（以下简称《合同法》）第 117 条第 2 款。

力致使不能实现合同目的，当事人可以解除合同；因不可抗力不能履行合同的，根据不可抗力的影响，部分或者全部免除责任，但法律另有规定的除外。可见，根据《合同法》之规定，不可抗力为法定解除或免责事由。法院对于是否免责无自由裁量余地。

（二）情势变更的适用情形

情势变更是指合同有效成立后，履行完毕前，合同赖以订立的客观情势发生了当事人订立合同时不可预见的异常变动，导致合同的基础动摇或丧失，若继续维持合同原有效力有悖于诚实信用，将导致显失公平的后果，则应允许变更合同内容或者解除合同的制度。《最高人民法院关于适用〈中华人民共和国合同法〉若干问题的解释（二）》（以下简称《合同法解释（二）》）规定合同成立以后客观情况发生了当事人在订立合同时无法预见的、非不可抗力造成的不属于商业风险的重大变化，继续履行合同对于一方当事人明显不公平或者不能实现合同目的，当事人请求人民法院变更或者解除合同的，人民法院应当根据公平原则，并结合案件的实际情况确定是否变更或者解除。[1]可见，情势变更不是法定免责事由，当事人享有变更或解除合同的请求权，法院对此有自由裁量权。

而在情势变更的具体适用及法律效果上，双方当事人可以协议变更或者解除合同，自不待言。但是当双方当事人不能达成协议的，受有不利的一方当事人可以起诉至法院，法院享有"自由裁量权"，有权以下列方式直接干预合同关系：1. 合同目的不能实现或者合同的履行成为不可预期，或者合同的履行失去意义的，人民法院应判决解除合同；2. 合同目的可以实现的、人民法院可以判决变更合同。合同变更或解除的，无损害赔偿问题（因情势变更不可归责于一方当事人）。只存在损失如何分担的问题（由法院酌情决定损失的分担问题）。

据上述二者之定义分析，在服务合同已无法实际履行时则可以适用不可抗力的规定，解除合同、免除责任，但当服务合同尚可履行，但履行是对等价关系的严重破坏或无法实现目的时则可适用情势变更之规定。故而，服务合同因疫情影响而导致无法正常履行是可适用不可抗力抑或是情势变更需具体到个案中分析，而不能武断的判定疫情在法律上的定义于二者之中择其一。

---

[1] 参见《合同法解释（二）》第26条。

二、疫情防控形势下，服务合同可能面临的履行风险分析

在承揽、教育培训、委托、旅游、餐饮等与群众日常生活息息相关的各类服务合同中，因特定债务人感染肺炎、被隔离或政府取缔大型活动等原因，导致合同无法正常履行的风险是在此次疫情中最常见也是最受普通大众关注的法律问题，本文从以下几方面对于履行的不同状况进行分析。

根据我国《合同法》的精神和规定，服务合同的履行需要遵循全面履行的原则，即合同债务人应当依照法律的规定和合同的约定，全面、适当地履行合同义务。债务人不履行或者不适当履行主给付义务、从给付义务、附随义务的，构成不完全履行。实务中可分为迟延履行、瑕疵履行、履行不能三类情况。

（一）服务合同的迟延履行

迟延履行分为迟延给付和迟延受领。在服务合同中，例如物流快递这一类服务提供者，面对各地疫情的爆发，许多地方采取设卡、封锁举措（如武汉的封城措施、各地农村的拦截道路措施）导致的物流绕行进而导致包裹无法按时送达，未按时履行债务则为延迟给付。迟延受领则是债权人应当对债务人的履行及时受领而没有受领，在仓储、保管服务合同中往往会存在此种情况，债权人因疫情影响被管控或是受治疗无法按时受领物品导致合同迟延受领。

（二）服务合同的瑕疵履行

瑕疵履行是指债务人虽有履行行为，但在履行数量、质量、方式、地点等方面存在瑕疵。如餐饮服务合同中约定餐饮公司所需提供的一项食材为武汉当地的武昌鱼，但因疫情影响武汉对外禁止售卖海鲜等食材，故而餐饮公司改换其他地方所产的武昌鱼，该行为构成瑕疵履行，但是不影响合同的主体内容。

（三）服务合同的履行不能

在履行期限届满之前，因疫情影响，当事人一方明确表示或者以自己的行为表明不履行主要债务，此种不履行实为因客观的不可控、无法预测到的疫情而导致的"不能"履行。2020年1月24日，国家文化和旅游部办公厅下发了《关于全力做好新型冠状病毒感染的肺炎疫情防控工作暂停旅游企业经营活动的紧急通知》，要求全国旅行社及在线旅游企业暂停经营团队旅游及

"机票+酒店"旅游产品，已经出行的团队继续履行，以此减少人员流动导致病毒传播的可能性。除旅游行业专门出台文件外，各地也以通知的形式取消人员聚集的活动，在政策之下，服务提供者面临着明确的履行不能的问题。除明文规定不能继续提供服务的情况下，快递行业、年夜饭提供商家也往往因为各地管控措施和防疫手段被动的无法履行相应的合同义务，且也无法延迟履行，如具有时效性的年夜饭，错过春节就失去提供服务的意义和必要，这也构成疫情下的履行不能。

（四）商家的自主经营活动

需要指出的是，要将因不可控的客观原因导致的履行风险与商家的自主经营活动相区别开。疫情期间，我们往往能看到健身馆、洗衣店、理发店、美容店等店铺张贴告示因疫情影响而闭店数日，在这种情况下消费者不乏会面临在相应店铺所办理的会员卡、优待卡等优先资格过期、失效的情况，我们无法将这种合同终止事由归为不可抗力或是情势变更，在无相应强制性管控措施之下店面自行关张之举为自主经营行为，应适用《合同法》中有关合同变更、解除、违约的规定，因这种自主经营行为带来的损失应归为商业经营风险，由商家自行承担。

三、疫情下服务合同履行迟延、瑕疵、不能的审判路径

前文已经论述过不可抗力及情势变更之适用。统而言之，疫情下的合同履行问题我们需要考虑上述二者的适用，但前提需为事实的明晰，合同履行在何环节受到疫情影响，这直接关系着履行迟延、履行瑕疵或是履行不能情况下违约责任的认定与否、损失负担的分配比例。

（一）对于迟延履行，审判过程中需要明确的是迟延履行的原因、程度和结果

迟延履行的原因若是因债务人一方导致，可归责于当事人一方，则回归到《合同法》的基本规定中，满足法定或约定条件下可以解除或继续履行，但需承担相应的违约责任；若合同成立之际疫情已爆发，合同的履行完全因疫情防控导致迟延，则需考虑不可抗力或是情势变更，是解除合同还是变更合同取决于双方当事人的合意或法院的裁判，但此时无违约责任之担忧；若在合同履行过程中既存在人为迟延又存在疫情的不可控，则需分段考量。

以教育培训服务合同为例，一般而言该类合同均设有详细的课程安排，

若开课时间由于培训机构自身原因有所延迟后恰逢新冠肺炎疫情的爆发导致全部课程取消，这时法院便需在尊重合同的基础上，对于人为延迟授课的违约行为进行认定，提供义务一方则需承担相应的违约责任。而按照正常课程安排，疫情期间取消的课程则可认定为情势变更或不可抗力。

在疫情导致迟延履行的原因明确的前提下，迟延履行的程度和结果可以放在一起论述。当事人一方因疫情迟延履行主要债务，经催告后在合理期限内仍未能履行；当事人一方因疫情迟延履行债务的行为致使不能实现合同目的；实则，上述两种情况下当事人因疫情之故迟延履行的行为导致了合同终将难以实现，本文认为在这种情况下可适用不可抗力之规定，双方均可解除合同，均不涉及违约责任。对于产生的损失，则应本着公平的原则，考虑到合同履约情况进行分配，对已经承担了大部分或主要义务的一方，判决承担损失的比例需小于另一方未履行或较少履行义务的当事人，避免在案件中简单粗暴的对半分、一刀切的处理方式。

（二）对于瑕疵履行，因疫情导致的瑕疵履行并不影响合同主要义务的实现，也不会导致合同解除的后果出现

疫情导致瑕疵履行情境下，若完全按照合同约定履行则会对一方造成显失公平的后果，这种情况下本文倾向适用情势变更的相关规定，在双方就合同某一条款履行或是损失承担无法达成一致意见时，在当事人请求下法院可依据公平原则对该部分合同内容进行变更或对该部分对应的损失进行合理公平分配，同时基于维护民事活动的稳定性和规则性考量，法院亦应积极促进其余条款的顺利履行。

（三）对于履行不能，在明确疫情原因后，审判的关注点应在合同的解除及后果的处理上

本文认为在履行不能的情况之下，应适用不可抗力的规定指引审判思路。疫情恰逢春节假期，春节旅行、年夜饭是往年来最为火爆的话题，多数人提前数月便已预订好相应的产品，支付相应订金或定金，但是无法预测的新冠肺炎疫情在全国爆发，导致人员无法出行、无法聚集，餐饮服务合同、旅游合同由此面临大量的履行不能的情况。在相关部门已出台政策的前提之下，对于旅游合同，法院可根据《最高人民法院关于审理旅游纠纷案件适用法律若干问题的规定》第 13 条第 1 款规定，"因不可抗力等不可归责于旅游经营者、旅游辅助服务者的客观原因导致旅游合同无法履行，旅游经营者、旅游

者请求解除旅游合同的，人民法院应予支持。旅游经营者、旅游者请求对方承担违约责任的，人民法院不予支持。旅游者请求旅游经营者退还尚未实际发生的费用的，人民法院应予支持。"解除合同，应当退还相应费用。对于水路、铁路货运行业，受到疫情防控期间的交通管制影响，水路、铁路物流延期，货物可能发生变质、损坏，承运人也可以适用不可抗力免除责任。对于其他类型的履行不能，可类推适用，消费者已交付的款项若未实际消费由服务提供者予以退还。至于众多行业中涉及的定金规则，出于不可抗力的判定，无法归责于任一方，不适用双倍返还之罚则。

四、疫情防控形势下服务合同履行纠纷的预先调控

在前文已经梳理过服务合同不完全履行的法律适用前提下，当纠纷已经进入到审判环节时，如何解决纠纷已有明确的审判路径。但是，在思路明了的前提下，司法机关不能仅拘泥于做纠纷的后端处理站，被动等待争议的叩门。面对疫情带来的诸多社会矛盾和纠纷，我们更需扎实推进诉源治理工作，进行有效的预先调控，才能为防疫和审判工作减轻压力，维护社会的稳定，避免矛盾的激化。以下本文分别从司法机关能为百姓所提供的自行防范矛盾化解纠纷内容和司法机关所能采用的多元手段两个角度，论述司法机关在纠纷进入诉讼之前面向公众所能提供的帮助和建议。

（一）疫情下合同不完全履行方需注意的关键内容

1. 找准时间节点，判断是否适用不可抗力或情势变更

合同当事人的不完全履行若因疫情导致，则提醒当事人收集疫情防控的政府或相关部门文件，明确防控措施实施的时间节点。对照合同订立日期，若合同是在文件下发前订立，因疫情无法履约，无法实现合同目的，则可适用不可抗力或情势变更的规定，免除相应的法律责任。若合同订立之日是在政府管控文件下发之后则无法适用不可抗力或情势变更，依据合同约定或法律规定承担缔约过失责任或是违约责任。若合同约定分阶段履行，在某一阶段正遇疫情，则需要判断疫情前合同义务方是否严格按照合同约定时间点履约，若未能按时履约，则疫情暴发前合同义务方仍需按照合同约定或法律规定承担违约责任，赔偿相应损失，合同中涉及的发生在疫情之后的义务，则可适用不可抗力或情势变更。

2. 及时通知，避免扩大损失

《合同法》第118条规定，当事人一方因不可抗力不能履行合同的，应当及时通知对方，以减轻可能给对方造成的损失，并应当在合理期限内提供证明。可见，即使合同履行不能免除责任，但是对于损失的分担来看，债务人一方仍需在合理时间内通知对方，避免扩大损失。若因可归责于债务人一方的原因，导致债权人损失扩大，则债务人需对此负损失赔偿责任。另外，情势变更虽未作明文规定，但从民事法律的诚实信用、公平合理精神来看，亦应做出及时通知，合理期间通知内的损失取决于当事人协商或法律的裁判结果，超出合理期间的损失则参照不可抗力。

（二）疫情下法院采取多元手段化解不完全履行纠纷

1. 利用线上互联网信息手段，推动智慧法院发挥作用

在全民要求居家隔离、减少外出的防疫举措之下，互联网信息在此时发挥的作用不可小觑。民众对于外界的信息主要来源于网络，审判机关亦应充分利用"互联网+"技术向民众做好普法宣传和风险预警之举措，进一步引导存在潜在纠纷风险的当事人充分利用北京法院微信公众号、裁判文书网等专业司法平台查询所需法律知识和信息，推动智慧法院在此次疫情战斗中发挥先锋作用，甚至我们的法官个人亦可利用抖音、微博等新型媒体传播平台录制普法小视频，发布法律小知识等，以通俗易懂、贴近百姓生活的方式起到普法说理的效果。

2. 线下深入基层社区，发挥法院、政府双联动机制优势

对于此次疫情的蔓延和管控措施，各辖区内的服务行业均受到不同程度的影响，如上文所提教育机构无法提供培训教育、家政人员无法到岗提供服务、菜贩无法按时供应蔬菜等，而这些受影响的人员或是企业往往欠缺专业的法律咨询人员，在面临服务合同履行风险情况下，这类人员更需要法院的针对性答疑和指导。此时，法院各部门便可充分发挥与政府部门的党建联动机制，从社区人员处获得最直接的百姓纠纷解决的需求，进而可通过视频连线等方式利用群众与社区工作人员的熟悉感、法院人员的专业度进行多方调解，将纠纷化解于诉前。

疫情管控下社区居民的知情权保护与个人信息公开制度

王蓓蓓[*]

突如其来的新型冠状病毒肺炎疫情笼罩华夏大地，性命攸关之际，党和国家领导全国人民打响了一场没有硝烟的"抗疫"战争。从"武汉封城"再到各地渐次升级管控，高效的"抗疫"举措体现了党和国家"抗疫"的决心，让人民群众切实感受到了中国力量，也赢得了国际社会和组织的信心。但是，管控模式下少数地区出现的极端现象也引发了一些担忧和疑虑。新冠肺炎疫情管控为社会治理、国家治理设定了特殊的情境，在这一情境中党和国家的政策与法律、权力与权利、自由与限制、个人隐私与公共安全之间的关系显得尤为突出。如何在管控与自治之间寻求平衡，在知情权与信息公开的同时更有效地保护公民合法权利，以免个人信息的大肆泄露，从而避免社会陷入无序和混乱，这些问题的思考在疫情防控阶段以及结束之后都有重大的理论意义和价值，值得深入探讨。

一、新冠病毒疫情管控下折射的法律问题

（一）管控之下的公民权利

新型冠状病毒的防疫工作与公民权利的保护存在着对立统一的关系。一方面，出于控制疫情传播的考虑，政府有关部门的疫情管控行为会对公民的权利进行限制。例如隔离限制了公民的人身自由，公开感染者的个人信息和行动路线等信息在一定程度上涉及公民的个人隐私。另一方面，政府对新型冠状病毒疫情的管控行为是维护公共利益的体现，是对具体的每一个公民利益的保护。

---

* 王蓓蓓，北京市海淀区职工服务中心社工师。

传染病的快速传播和缺乏针对性的治疗药物对公民的人身安全和社会稳定造成极大的威胁。对传染病的防控不仅需要政府的干预，还需要每一个公民的积极参与和配合。在防疫特殊阶段，公民配合防疫工作不应仅是道德层面的约束，而应该将公民配合防疫工作的义务上升为法律义务。当公民违反防疫期间所负的义务，应当承担相应的法律后果。

我国当前的法律体系中，不同的部门法均对疫情管控期间公民违反防疫规定的行为作出规定。其中刑法发挥了重要作用，《中华人民共和国刑法》（以下简称《刑法》）《最高人民法院、最高人民检察院关于办理寻衅滋事刑事案件适用法律若干问题的解释》《关于依法惩治妨害新型冠状病毒感染肺炎疫情防控违法犯罪的意见》对寻衅滋事、传播病毒、妨碍公务、生产或销售不符合标准医疗器械等破坏社会秩序和危害公共安全的行为进行规范，起到了教育和惩戒行为主体的社会效果。此外，《中华人民共和国传染病防治法》（以下简称《传染病防治法》）第 77 条对行为人承担民事责任作出了规定，单位和个人违反本法规定导致传染病传播、流行，给他人人身财产造成损害的，应当依法承担民事责任。

疫情防控已经成为我国当前最重要的工作，涉及社会的各个方面，关乎我们每一个公民的人身安全，越是在这样的紧急关头，越要依法有效有序防控。有些人从严重疫情的地区到一个新的地区，不遵照当地社区的要求，不进行自我隔离，既是对自己的一种不负责任，也是对他人的极端不负责。而对于有些人在明知自己已经高度疑似甚至确诊的情况下，不接受隔离治疗，包括密切接触者不隔离观察，造成严重后果或者存在严重后果的高度危险，在处理这样的案件上必须依法采取从严态度，这样既维护法律权威和社会秩序，又维护人民群众的生命安全和身体健康。

（二）疫情之下个人信息的披露与隐私安全

隐私权是自然人对其个人信息、私人事务和个人领域所享有的不受他人侵犯的一种人格权利，是自然人出于其个人信息不被他人非法收集、知悉、公开、利用而对上述信息进行保护与控制的法律状态。[1]隐私权是一种人格权利，体现了对人格尊严的尊重，《中华人民共和国宪法》《中华人民共和国

---

〔1〕 参见张晓文："政府信息公开中隐私权与知情权的博弈及平衡"，载《情报理论与实践》2009 年第 8 期。

民法总则》《刑法》等法律均对隐私权加以保护。但是在疫情防控这个特殊期间，公民的隐私权应当受到适当的限制。

在新型冠状病毒肆虐，疫情暴发初期，每日增长的确诊病例数和疑似病例数不断增加，不断延长的"假期"和日趋严格的小区防控让人们认识到抗击新型冠状病毒的重要性和形势严峻性。在高压严控的态势下，因隐瞒信息参加聚会或娱乐活动而导致大面积感染和隔离的事件对于控制疫情的蔓延尤为不利。及时公开感染者或者疑似感染者的信息，有利于提高出现病例地区民众防疫的警惕性，与病例密切接触的潜在感染者根据公开的信息进行自查和主动上报，可以有效减少相关部门追踪潜在感染者的人力物力资源，降低防疫成本。

在严格防控的社会共识下，个人信息收集具有了一定的合理性和正当性。公民居住地所在社区、单位、兼职机构、子女所在学校等机构或组织纷纷要求每日上报个人以及家庭成员的信息。这一方式无疑有助于疫情防控。但是，信息收集的限度以及监管等问题被忽视引发了新的社会问题。疫情防控不容丝毫懈怠，任何麻痹大意都可能造成无法挽回的损失甚至灾难。确诊患者、疑似患者及密切接触者本人及家庭成员的个人信息在网络上被披露，公民的隐私权可能会因此遭到侵害。

（三）社区防疫工作引发的乱象

社区、居委会、村委会是疫情防控的基层组织。国务院颁布的《突发公共卫生事件应急条例》第40条规定："传染病暴发、流行时，街道、乡镇以及居民委员会、村民委员会应当组织力量，团结协作，群防群治，协助卫生行政主管部门和其他有关部门、医疗卫生机构做好疫情信息的收集和报告、人员的分散隔离、公共卫生措施的落实工作，向居民、村民宣传传染病防治的相关知识。"法律赋予基层组织在抗疫工作中采取相关措施的自主权利，但是部分地区基层组织法律意识淡薄，一味地采取简单、粗暴的"封、堵、停"等所谓"硬核"防控手段，将武汉甚至湖北地区的人员视为洪水猛兽，简单地将武汉或湖北人员与病毒携带者划等号，恶语相向甚至拳脚相加的现象偶有发生。

新型冠状病毒肺炎疫情期间，因恐慌而造成的"回不去的家"的现象曾经存在过一段时期。从事新型冠状病毒治疗工作的医生和护士在"最美逆行"后被阻挡在居住的小区外。从外地尤其是湖北地区返京的业主被要求在小区外强制隔离14天之后方可返回。倘若是个体拦截他人返回小区，依据《最高人民法院、最高人民检察院关于办理寻衅滋事刑事案件适用法律若干问题的解释》，通常会被定性为寻衅滋事。尤其是在涉及"抗疫"一线医务人员合法权益的时候，自媒体上的口诛笔伐会随之而来，在刑法上将其定性为"情节恶劣"亦有正当性。但是，如果拦截的主体是社区或物业工作人员，而被拦截的主体只是普通业主时，权力与权利冲突的现象凸显，意见分歧随之产生。

（四）知情权保护与个人信息公开制度之间的冲突

在出现突发公共卫生事件时，及时公开相关信息是非常必要和重要的。由于突发公共卫生事件具有突发性、紧迫性、公共性、严重危害性和高度不确定性等特性，事件一旦发生，就有可能危及公众的身体健康和生命安全，甚至给国家的经济、政治、文化等造成巨大损失，因此及时公开相关信息就显得非常重要。《中华人民共和国突发事件应对法》《中华人民共和国政府信息公开条例》《突发公共卫生事件应急处理条例》《国家突发公共事件总体应急预案》等法律法规确立了我国的突发公共事件信息公开制度，对公布信息的内容、发布形式进行了详细的规定。

新型冠状病毒的蔓延属于突发的公共卫生事件。随着这次疫情的发展，面对此次突发的公共事件，人们的活动主要依赖于各种网络信息、媒体平台的资讯，通过信息的获取来确保自己能更准确地掌握疫情发展的实时动态，以及制定行动计划确保自身及家人的安全。政府作为掌握着最大规模信息的资源库，是进行信息公开保障公民知情权的重要主体。政府对于一些信息的公开与保密，会涉及公民个人信息的保护和国家机密和公共利益安全问题。因此知情权与公民个人信息权的冲突问题显得尤为突出。

知情权表现为以生存和发展为利益追求，任何人都能够成为权利主体，积极请求或者无妨碍地获取公共信息。[1]知情权不仅可以表现为无条件地接受公共信息的权利，在大多数情况下，可以作为政府公开发布信息的一种方式，让公民满足其个人知情需求的一种权利。知情权也表现为请求权的一种方式。使公民有机会充分获取对个人而言至关重要的各种信息，一定程度上是公民其他基本权利得以实现的基础。[2]

---

〔1〕 参见何生根："知情权属性之学理研究"，载《法律科学（西北政法学院学报）》2005年第5期。

〔2〕 参见杜钢建："知情权制度比较研究——当代国外权利立法的新动向"，载《中国法学》1993年第2期。

公共信息公开是现代法治国家确认公民知情权的结果，是与知情权相对应的政府的法律义务。但是我们在这里谈的公共信息公开主要表现为公民个人的信息公开。在这次疫情管控下，很多社区在办理出入证的时候都要求登记填写公民个人的姓名、身份证号码、家庭地址、联系方式等，很多都是纸质版的文字记录，这些记录如何保护不被外泄，不被别有用心的人员盗取另作他用，并且作为疫情的大数据之后的整理工作，有没有相关的部门做后续的监督与管理，这都是值得研讨的问题。

因此，在保护公民知情权的同时，也应该保护公民个人信息数据的合法性、必要性与安全性，这些数据由谁来管理，谁有权利使用，公开信息的范围为何，我们认为在知情权与个人信息公开之间可以把握以下原则来保持两者之间的平衡。

二、保护知情权与个人信息公开遵循的原则

（一）公共利益优先原则

公共利益优先是指在公共利益和公民个人权利发生冲突的时候，应当优先维护和实现公共利益，公民的个人利益需要做出一定的让步和牺牲。[1]所有公民的利益进行集合和抽象就成了公共利益，可以说公共利益是由每一个具体的公民个人利益组成的。维护公共利益最终是为了增进每个公民的个人利益，但是在某些情况下，公共利益会和个人利益产生冲突。要实现由绝大部分人组成的公共利益，就需要削减和限制个人的利益。

信息公开制度是行政主体在行使国家行政管理职权的过程中，通过法定形式和程序，主动将行政信息向社会公布或依申请而向特定的个人或组织公开的制度。[2]通常情况下，公共利益高于个人利益。尤其是在这种疫情突发紧张局势下，任何社会主体在行使权利的时候，均不得损害社会的公共利益，公民应当接受并遵守特殊时期内的权利受限。正因如此，应该把遵循公共利益原则作为立法的首要原则。公开信息是从保障更多人的安全的角度出发，而不是从单一的保护公民的知情权出发，因此，公民主张知情权的前提是为了公共利益，而不是个人利益。这样，知情权才会更有利地推动信息公开制

---

〔1〕 参见梁成国：“公共利益与个人权利的平衡”，载《经营与管理》2008年第10期。
〔2〕 参见李清伟：“论服务型政府的法治理念与制度构建”，载《中国法学》2008年第2期。

度的进步。

（二）比例原则

在公共利益和个人利益权衡之中，首先找到相互冲突的权利之间的共同点，进而找到两者之间最佳的结合点，把对个人利益的损害控制到最低点，并且在此基础上，更好地维护好社会公共利益，找到法律利益的平衡。[1]社会主体享有生活安宁的权利。即便是在"抗疫"期间，公民的个人权利也依然需要得到保护。

防疫期间，为了防疫工作的顺利进行，需要对公民的个人信息进行收集。不是所有主体均有权进行信息收集工作，为了保护公民的隐私权和个人信息的安全，应当对进行信息收集的权利主体进行明确规定。《关于做好个人信息保护利用大数据支撑联防联控工作的通知》中明确，除国务院卫生健康部门依据《中华人民共和国网络安全法》《传染病防治法》《突发公共卫生事件应急条例》授权的机构外，其他任何单位和个人不得以疫情防控、疾病防治为由，未经被收集者同意收集使用个人信息。[2]

随着新冠肺炎疫情防控升级，各地纷纷采取硬核举措。排查上报湖北返乡人员和确诊患者信息，能够帮助相关部门及时掌握情况，迅速切断传播途径。然而，一份份包括个人信息的文件在微信、微博等网络平台上被疯狂转发，内容包括相关人员的姓名、照片、工作单位、就读学校、家庭住址、手机号码、身份证号码及车票、航班信息等。信息泄露给返乡人员及确诊患者的生活带来极大的困扰，不少人甚至接到骚扰电话和谩骂短信。使得个人的生活受到骚扰，更有甚者遭到网络的冷暴力，这都是权力滥用所导致的不良后果。

相关部门进行信息公开时应该遵循比例原则，进行更为精细化的管理，从而在公共利益与个人利益之间达到平衡。[3]所谓比例原则主要是指政府作出行政行为时必须权衡其要达到的目的和即将采取的手段。具体包括适当性

---

〔1〕 参见胡建森、马良骥："政府管理与信息公开之法理基础"，载《法学论坛》2005 年第 4 期。

〔2〕 参见张新宝："从隐私到个人信息：利益再衡量的理论与制度安排"，载《中国法学》2015 年第 3 期。

〔3〕 参见于兆波、李店标："我国政府信息公开立法的价值取向和现实路径"，载《行政法学研究》2006 年第 2 期。

原则，即政府采取的措施要有利于达到行政管理的目的；必要性原则，也叫作最小侵害原则，是指要在同样都能达到行政目的的情况之下选择一个对公民利益侵害最小的一种；狭义比例原则，即政府对公民的个人利益的干预不得超过其追求的公共利益。

在疫情防控期间进行的个人信息公开要符合比例原则，按照防疫工作的不同目的对不同人群加以区分。对于确诊患者和疑似感染病例的信息进行公开时，应当以防疫工作的需要为必要限度，可以对患者籍贯、年龄、活动轨迹、确诊时间等内容进行公开，对于可能推断出患者真实身份的信息进行脱敏处理后再予以公开，对于患者真实年龄、手机号码、身份证号、家庭住址等信息进行保密，任何单位和个人不得向公众披露。在《关于做好个人信息保护利用大数据支撑联防联控工作的通知》中明确指出，收集联防联控所必需的个人信息应按照国家标准《信息安全技术个人信息安全规范》，坚持最小范围原则，收集对象原则应该为确诊者、疑似者、密切接触者等重点人群，一般不针对特定地区的所有人群，防止形成对特定地域人群的歧视。对于出于一般性的防疫管控工作的需要，对进出社区、单位的人员进行登记所获取的个人信息，不得用于其他用途。任何单位和个人未经被收集者同意，不得公开姓名、年龄、身份证号码、电话号码、家庭住址等个人信息。

三、发挥社区的优势资源，严防死守，站好防疫最后一班岗

社区作为联系各阶层社会关系的一种组织方式和重要的纽带，已经成为社会生活中的重要一环。在突发的公共卫生事件下，社区也起到了重要的管控作用。

习近平总书记在党的十九大报告中指出，要打造共建共治的社会治理格局，加强社区治理体系建设，推动社会治理中心向基层下移，发挥社会组织作用，实现政府治理和社会调节、居民自治的良性互动。2月10日，习近平总书记在北京市调研指导新冠肺炎疫情防控工作时强调："全国都要充分发挥社区在疫情防控中的阻击作用，把防控力量向社区下沉，加强社区各项防控措施的落实，使所有社区成为疫情防控的坚强堡垒。"

（一）社区是疫情防控的一线，应建立并完善社区数据信息库

疫情当前，社区工作的开展要坚持以习近平新时代中国特色社会主义思想为指导，切实把思想和行动统一到习近平总书记关于新型冠状病毒感染肺

炎疫情防控工作的系列重要指示精神上来，坚决贯彻落实党中央决策部署以及中央应对新型冠状病毒感染肺炎疫情工作领导小组的要求，全面提高社区防控管控能力，始终把人民群众生命安全和身体健康放在第一位，充分发挥职能作用，提供有力的社区服务和保障。

社区关联着数以千万计居民的健康和安全，是疫情防控阻击战的一线。社区防控任务繁杂艰巨，从值守小区路口、出入登记、测量体温，到入户排查、宣传防控、消毒杀菌，每项工作都十分琐碎，要求社区的工作人员要非常细致认真，这些繁琐具体的基础性工作，为有效阻击疫情扩散作出了特殊的贡献。

然而社区在登记、入户调查等一系列的工作过程中，各类纸质版的登记汇总表格、个人信息的整理存档，表格的每日更新等，利用这些信息建立一个完善的社区数据信息库，可以更便捷地开展防疫工作，另外纸质版的表格也不便于保存，通过数据信息库的规范化管理，可以避免个人重复的填报信息，确保个人信息的安全性与合法性。

利用社区信息化大数据平台，重构社区治理参与体系，建设集体反映诉求、参与活动、投票选举、发布通知、沟通交流等多重功能于一体的居民参与社区共治数据平台，使居民可以通过统一的信息化平台，广泛参与到社区党务、居务、政务各项服务事项之中，拓展居民参与社区自治事务、自助事务、互助事务、共同事务和公共事务的渠道，形成社区共建共治共享的良性互动格局。

（二）吸纳各方面力量，壮大社区志愿者队伍，建立社区网格化管理

在疫情防控阻击战中，社区里吸纳了各方面的力量加入到防疫队伍中来，响应"双报到"机制，各单位的在职党员、社区内的人大代表、政协委员发挥带头作用，加入社区志愿者队伍；还有街道机关干部下沉到社区一线，参加疫情防控工作。这些力量发挥优势，协调解决了一线社区工作的防护物资缺乏、人手不够、值班等一系列问题。各方力量分工合作，协同作战，在防控疫情中扭成一股强大的合力，激发和强化各类驻社区单位的社会责任，进一步推进社工专业化、职业化，完善志愿服务长效机制。

并且，这股力量可以融合在社区治理的多元主体之中，为社区日后的发展继续发挥作用。形成由社区居委会、社会组织、企事业单位的党员队伍、志愿者队伍和居民等多元力量共同参与社区治理的机制和渠道，整合各单位

的党员、志愿者队伍、物业企业、社会组织及居民多元力量，从而解决社区服务资源不足、服务内容体系不完善的问题，解决社区工作站任务繁重、社区服务不够精细等难题，构建起政府负责、社会协同、多方联动的新型社区治理模式，真正盘活社区这盘棋，形成多元社区治理结构。

通过建立社区治理网格化体系，促进居民参与社区共同治理防疫事务之中，提升居民对社区事务参与的广度与力度，推动各项工作积极地、跃进式前行，同时也使居民对社区党务、政务、居务等系列工作有了清晰的认知，在办理各项社区事务时有行动指南，从而促使社区居民更加积极主动地参与到各项社区治理活动中，通过参与社区共建共治，更好地共享治理成果。

（三）推进社区治理法治化进程，保障社区居民的法律权利

在疫情期间，社区基层组织在防疫工作中发挥了重要作用。我们在对其工作予以肯定的同时也应当意识到社区治理存在的问题。在抗疫的这个特殊阶段，部分基层组织存在滥用自治权利，侵害社区居民权利的现象。目前，我们还没有专门的社区立法，对于社区的法律界定、基层组织的法律权利、社区管理的方式等基本问题还存在法律空白。在突发的公共安全事件中，社区基层自治组织的权利边界，社区居民个人权利的保护与限制等问题，可以通过社区的立法来明确。在社区立法的进程中，需要以现有的社区制度化体系为基础，结合实际的需求，与时俱进，通过建章立制来促进社区治理的有法可依。

当前，我们可以继续加强法制宣传，在社区提供多方面的法律服务。通过深入开展法制宣传，逐步提升社区居民的法律意识，引导居民进一步树立法治观念、提高社区居民的道德教育的水平。在防疫期间充分发挥社区基层组织的自主管理能力，加强对社区居民在防疫期间关于防疫工作积极配合的义务以及违反相关防疫法律法规所应承担的责任的宣传。同时对基层组织开展的防疫工作进行督查，对出现侵犯社区居民基本权利的行为及时予以纠正。通过多种渠道提供法律方面的咨询服务，为居民运用法律手段解决抗疫期间社区问题提供理论和实践帮助，从而营造执法守法、和谐安定的社区生活氛围，切实维护社区居民幸福稳定的生活。

新冠肺炎疫情下建设工程施工合同履行风险及裁判路径

刘紫微[*]

新冠肺炎疫情发展迅猛，形势严峻，不可避免地导致工程停工、延期交付，对建设工程施工合同的履行影响巨大。为提前预防，及时高效化解潜在的纠纷，现对新冠肺炎疫情下建设工程施工合同履行的相关风险及解决路径进行研究。

一、新冠肺炎疫情在法律上的定性问题研究

对于新冠肺炎疫情在法律上的定性，最高人民法院尚未出台相关的文件。在"非典"疫情后，最高人民法院曾出台《最高人民法院关于在防治传染性非典型肺炎期间依法做好人民法院相关审判、执行工作的通知》（现已废止）作为审理涉"非典"疫情相关案件的参考。该通知第 3 条第（3）项中指出，由于"非典"疫情原因，按原合同履行对一方当事人的权益有重大影响的合同纠纷案件，可以根据具体情况，适用公平原则处理。因政府及有关部门为防治"非典"疫情而采取行政措施直接导致合同不能履行，或者由于"非典"疫情的影响致使合同当事人根本不能履行而引起的纠纷，按照《中华人民共和国合同法》（以下简称《合同法》）第 117 条和第 118 条规定妥善处理。《合同法》第 117 条和第 118 条是有关不可抗力的规定，按照此规定，"非典"疫情可以定性为"不可抗力"。该通知中"适用公平原则处理"是否可以视为"非典"疫情在某些情况下可以定性为"情势变更"？本文认为是可以的。因该通知虽然在《最高人民法院关于适用〈中华人民共和国合同法〉若干问题的解释（二）》（以下简称《合同法解释（二）》）出台正式建立

---

* 刘紫微：北京市通州区人民法院民二庭法官助理。

· 269 ·

"情势变更"制度之前，其所述的公平原则在实际审理过程中基本是参照"情势变更"的条件适用的。且在之前的 1993 年，最高人民法院印发了《全国经济审判工作座谈会纪要》，在其中给出了"情势变更"的定义，在审判实践中也多有适用"情势变更"。即在满足"情势变更"成就条件时，"非典"疫情是可以定性为"情势变更"的。

虽然在 2020 年 2 月 10 日，全国人大法工委在答记者问时明确新冠肺炎疫情及相应的疫情防控措施对于不能履行合同的当事人来说属于不可抗力，但并未否认"情势变更"的适用空间。[1]新冠肺炎作为与"非典"一样严重的乙类传染病，在国家及各地方政府大规模采取防控措施，对社会正常运转产生巨大影响的情况下，亦可参照上述通知根据案件的具体情况将新冠肺炎疫情定性为"不可抗力"或"情势变更"。

二、新冠肺炎疫情下建设工程施工合同履行过程中可能出现的问题

建设工程往往施工周期长，施工人员众多、密集，工程造价高、涉及面广。在新冠肺炎疫情影响下，建设工程施工合同的履行必定会受到巨大影响，相应亦会产生众多问题。

（一）工程工期延长

建设工程施工合同一般都对工期进行明确约定。适逢春节期间，我国素有春节团聚的传统，工人往往会在春节假期回家过年，未能预料到的新冠疫情的爆发可能造成其因病住院、居家隔离甚至死亡。或者因管制措施交通阻断难以出行而无法按时复工，从而导致工人减少。施工人员的大量减少必然会影响到工程进展，尤其随着疫情的加重，多地地方政府出台规定，为避免人员聚集，禁止工地开工，即使一些涉及重大民生的项目未停工，相应的疫情防护措施也会要求降低人员的密集度，这些都不可避免地造成工程无法按期完工。

（二）发包人逾期付款

针对此次疫情，除国务院宣布延长春节假期外，多地政府出台规定，要求本区域企业延迟复工，并且各地复工时间多有不一和不确定性。比如湖北

---

〔1〕 参见"企业因疫情不能正常履行合同怎么办？全国人大常委会法工委发言人臧铁伟说法律有相应规定"，载 http://www.npc.gov.cn/npc/c30834/202002/b9a56ce780f44c3b9f6da28a4373d6c3.shtml，最后访问日期：2020 年 2 月 18 日。

省的复工时间一直相应推迟，最新的规定是除了涉及疫情防控必需、保障公共事业必需、群众生活必需及其他涉及国计民生的相关企业外，各类企业不早于2月20日24时复工。[1]现今虽然网络支付已经普及，但可能因为企业未能复工或复工时间不一致，财会人员无法对账，或者约定特定付款方式，比如开具支票的方式，因企业未复工无法开具，从而导致未能按照合同约定的时间付款。

（三）原材料价格上涨，工程造价增加

延迟复工的要求或政府部门因建设疫情防控工程所需征用物资使得原材料供应商复工时间无法确定或无法按时供应，相应的交货周期延长。交通管制亦导致人员流动受限、物流企业复工范围低，从而使得运输成本增加，不可避免地造成原材料价格上涨，工程造价的增加。

三、新冠肺炎疫情下妥善处理建设工程施工合同纠纷的裁判思路

针对新冠肺炎疫情下建设工程施工合同履行可能出现的问题，在案件审理过程中面临的一个重要的法律认定，系认定新冠肺炎疫情在不同案件中构成"不可抗力"还是"情势变更"。

（一）定性为"不可抗力"或"情势变更"的选择

因"情势变更"非法定免责事由，"情势变更"会导致合同继续履行显失公平，由双方当事人共担风险，当事人享有合同的解除权，法院有一定的裁量的权利。"不可抗力"系法定免责事由，造成的结果往往是合同履行不能，解决的是因"不可抗力"导致履行不能而免除当事人违约责任的问题，法院并无自由裁量的权力，所以应当审慎地进行审查。对于审查的标准，以下做一分析。

1. 定性为"不可抗力"的标准

是否将新冠肺炎疫情定性为"不可抗力"，应当严格把握。若为防治新冠肺炎疫情采取的管控措施与合同的履行不能有直接因果关系，或因新冠肺炎疫情导致合同当事人根本不能履行的情形，可以将新冠肺炎疫情定性为"不可抗力"。这种履行上的障碍必须是对合同的履行根本性的障碍，才可以将新冠肺炎疫情认定为"不可抗力"。比如因政府规定，工地无法复工，而涉及的工程有特定的用途，要求必须在恰为政府管控时间阶段完工，则必然无法履

---

〔1〕 参见2020年2月12日湖北省新型冠状病毒感染肺炎疫情防控指挥部通告。

行合同，这种情况下可以将新冠肺炎疫情认定为"不可抗力"。

在这个过程中，主张新冠肺炎疫情适用"不可抗力"的一方除了举证证明完成了双方在合同中约定的出现不可抗力后的附随义务，比如通知义务，还应当对非众所周知的事实，比如政府要求该工地停工、隔离的，工人感染住院的，提供相应的停工令、隔离令、诊断证明、住院证明等予以举证证明，也即当事人应当提供履行不能的证明材料，还需要证明提供的证据与履行不能的后果之间的因果关系。以"建设工程施工合同""非典"为关键词在北大法宝进行检索，（2010）汴民终字第 1073 号民事判决书认为，非典疫情并不是对所有合同的履行都有影响，如果不影响合同正常履行，"非典"就不能被视为"不可抗力"，教育公司对其主张的三种情形的出现，是否造成在建工程必须全面停工、部分停工或不能以正常效率施工的情况，均未提交有效证据证明。故在该案中未将"非典"疫情认定为"不可抗力"。

2. 定性为"情势变更"的标准

是否将新冠肺炎疫情定性为"情势变更"，参照《合同法解释（二）》第 26 条的规定应当同时满足合同履行的客观情况发生重大变化、该重大变化是无法预见的且不属于商业风险、继续履行对一方当事人不公这三个条件。

在实践中，为了防止当事人滥用"情势变更"，一般对此种情形下的举证责任要求更高。当事人需要主张合同履行的基础发生了异常的变动，这种变动的异常程度达到了继续履行显失公平的程度。这个程度并非一个量化的标准，所以当事人需要举出强有力的证据证明继续履行会显失公平。故除证明解除合同的公平性、合理性外，受疫情不利影响的一方还应当在合理的期限内举证证明履行了及时通知的义务，守约方应当提供证据采取了止损的措施等。

（二）适用"不可抗力"或"情势变更"的审理思路

"不可抗力"与"情势变更"均旨在避免因合同继续履行可能导致的不公，保证商事交易的效率与公平。若当事人在不违反法律规定的前提下对"不可抗力""情势变更"的范围、责任承担等作出了一定约定，应首先尊重当事人的约定，若当事人对此没有约定或约定不明的，可参照 2017 版《建设工程施工合同（示范文本）》（GF-2017-0201）。此外，本文针对合同解除、违约责任、损失承担部分进行相应阐述。

1. 合同解除

新冠肺炎疫情所实施的行政措施导致合同完全无法履行，合同目的无法实现，将新冠肺炎疫情定性为"不可抗力"的情况下，双方当事人均具有合同解除权，该解除权属于法定解除权。当事人双方可以通过协商、诉讼和仲裁的方式解除合同。

新冠肺炎疫情被定性为"情势变更"的情况下，当事人亦享有合同解除权，该解除权应当在法定期间通过诉讼或仲裁方式行使，案件当事人一方以新冠肺炎疫情为"情势变更"为由主张解除合同的，应当审查是否在解除权行使的法定期间。

这里需要注意的是，对于合同解除的范围，若新冠肺炎疫情仅导致合同部分不能履行的，且部分履行不会产生合同目的不能实现的后果，则当事人仅可主张解除该不能履行的部分合同，若新冠肺炎疫情仅导致合同迟延履行，当事人是不享有合同解除权的，只能要求延期或者变更履行合同。比如（2013）民申字第 659 号民事裁定书认为，2003 年北京非典的发生，客观上影响了工期，况且，在机械公司起诉主张工程款之前，投资公司从未要求机械公司承担工程逾期的责任，因为一二审法院认定，现有证据无法认定工期系机械公司单方的原因造成延误，工期应当顺延。也就是说工期延误的时间不可归责于任何一方的，应当视作工期的顺延，具体的顺延情况应当结合案件的实际情况，比如工程当地疫情的进展、政府强制性禁止措施的解除的时间、施工人员的调配情况等确定。

此外，若工期超出合同的约定，发包人并未进行催告或重新协商，默认承包人继续施工，承包人亦继续施工，发包人或承包人皆不享有解除权，亦应当视为对工期进行了重新约定。比如（2017）冀 06 民再 43 号民事判决书即认为，约定开工时间时值非典时期，而田来水于 2004 年 3 月 3 日才开始施工，晚于该协议近 1 年的时间，其开工日期与完工日期均未按该承包协议约定进行。按照承包协议约定"拖至 1 个月甲方有权责令乙方退场，乙方应赔偿甲方 10% 的经济损失（以已完成工程量计）。"在田来水施工工期超出原承包协议约定的工期后，恒祥公司并未进行过催告或重新洽商，也未按协议约定要求田来水退场，而是准许田来水继续施工，双方的行为，应视为对原承包协议约定的开工日期进行了变更。而对于具体施工时间，恒祥公司与田来水也未再有过书面或口头约定，故再审中其要求田来水承担延误工期的违约责任，无合同及事实依据，不予支持。

对于合同解除的时间点，需要特别注意的是符合"情势变更"适用条件时，因"情势变更"是一种司法解除，审理过程中除了参照相对方送达解除通知的时间及对方的异议期外，还应根据个案的不同，针对合同的实际履行情况，综合判定，灵活确定解除的时间点。

2. 违约责任

合同无法正常履行，必然会涉及违约责任的问题。新冠肺炎疫情若构成合同项下的不可抗力事件，应结合合同签订和履行的具体情况判断是否可以免除责任。可以从如下方面进行审查：第一，是否具有直接因果关系。建设工程施工合同相对复杂，即使新冠肺炎疫情单独构成不可抗力事件，审理的过程中也应当综合考虑因果关系大小。比如（2011）民申字第199号裁定书认为工期延误有"非典"的客观原因，但发包方和承包方对工期延误均有责任，故承包方无需对工期延误承担违约责任。第二，合同签订时间。国家卫健委于2020年1月20日将新冠肺炎纳入乙类传染病，在这之前，公众存在对新冠肺炎疫情严重性尚未全面认知的情况，合同当事人双方的预见能力不应当苛求过高，在此之前签订的合同即使约定不可抗力不构成合同解除事由应当不予支持，在此之后签订的合同应当认定为双方已对新冠肺炎疫情的严重性有充分认识。第三，迟延履行的时间。工程履行中虽遇新冠肺炎疫情，若发包人的付款时间，工程约定的完工时间均在疫情暴发之前，则不能免除责任，合同一方当事人迟延履行合同义务，在迟延履行期间遭遇不可抗力的，亦不能免除其违约责任。第四，当事人是否履行了减损或止损的义务。若当事人未采取减损或止损的措施，比如有通知的义务而未及时进行通知，即使新冠肺炎疫情对合同的履行构成了"不可抗力"，扩大部分的责任亦不能免除。

新冠肺炎疫情构成合同项下的"情势变更"时，违约责任承担除审查上述三个方面外，尤其强调主张免责的一方除了法律所规定的无须证明的情况外，应当提供具体的证据予以证明，比如材料上涨前后的送货单明细表，人员费用支出明细表等，否则将不予支持。比如（2010）豫法民一终字第97号民事判决书即认为，本工程延期交工是不争的事实，双方争议的焦点之一在于究竟是谁违约造成延期交工。根据双方提供的材料，原审法院认为，本案工程之所以延期交工，有各方面的因素，对恒升公司而言，有不能及时供应材料、未办理施工许可证等因素；对省六建公司而言，有管理不善、组织不力等因素；客观上又有2003年的"非典"影响正常施工等因素，由于双方不能提供明确的证据证明延期交工是一方造成的，应当认定双方对延期交工都有一定的责任，因此，双方要求对方承担违约责任并赔偿经济损失的诉讼请求原审法院均不予支持。

3. 损失承担

新冠肺炎疫情下，合同无法正常履行，通常会产生工期延误、工人无法正常履职、设备材料价格上涨损失、交货期间延长这些问题。在审理的过程中应当综合各方证据进行认定，以实际损失为限，做到损失的合理分担。不管是适用"不可抗力"还是"情势变更"，总体的原则是对于损失部分，无论是承包人还是发包人都有减损的义务，应当审查发包人是否履行了通知义务，若能够采取措施避免或减少损失的扩大而没有采取，则根据过错程度判令责任的承担。

对工人无法正常履职。因建设工程施工合同中多对工人尤其是管理人员的现场工作时间进行约定，若工人因隔离、染病或交通管制无法抵达现场，在审理的过程中应当审查承包人在复工后是否及时采取措施更换人员，若采取了上述措施，承包人不应当承担违约责任，各自的人员伤亡由各自负责。

对工期延误和逾期付款。若工期延误是因政府因新冠肺炎疫情施行的强制性措施导致，承包人无须承担违约责任，包括合同约定的违约金及赔偿金，对发包人的该项请求不予支持，但对于此种情况下承包人停工的费用损失，由发包人和承包人合理分担，停工期间必须支付的工资由发包人承担。若工期的延误系因承包人自身原因导致，则承包人应当支付相应的违约金或赔偿金。此外，对于逾期付款，发包人不能以发生新冠肺炎疫情为由要求对已发生的逾期付款予以免责，发包人逾期付款若系因假期延长及地方政府规定的延迟复工导致，可免除逾期付款利息。

对设备和原材料的价格上涨。该部分应当属于发包人的风险，对于该部分损失，双方若没有特别的约定或并未另行约定，应当由发包人承担。

四、小 结

综上，新冠肺炎疫情对建设工程施工合同的正常履行的影响是客观存在的且涉及面广。在审判过程中应参照相关规定，提前准备，积极预判。在出现相关纠纷时及时解决，降低双方的损失，从而为抗击新冠肺炎疫情营造良好的司法环境。

新冠疫情不可抗力条款在消费合同中的适用

谢淑仪 魏 嘉*

一、《中华人民共和国合同法》（以下简称《合同法》） 视角下新冠疫情的法律属性及法律效果

2020 年年初新型冠状肺炎疫情在我国蔓延，对我国消费经济产生了极大的负面影响，导致消费合同不能正常履行，对经营者和消费者造成极大的困扰。对于新冠疫情的法律属性，理论上有不可抗力和情势变更的适用差异，结合与新冠疫情同为突发公共卫生事件的非典疫情，最高人民法院在 2003 年明确非典疫情属于不可抗力。[1] 2020 年 2 月 10 日全国人大常委会法工委发言人、研究室主任臧铁伟表示："当前我国发生新冠肺炎疫情，为了保护公众健康，政府也采取了相应疫情防控措施。对于因此不能履行合同的当事人来说，属于不能预见、不能避免并不能克服的不可抗力。"[2] 由此可见，新冠疫情作为不可抗力的立场更为明确。

根据我国《合同法》第 117 条和《中华人民共和国民法典（草案）》第180 条相关规定：不可抗力是指不能预见、不能避免且不能克服的客观情况。包括自然灾害、社会现象以及社会异常事件。不能预见指的是根据现有的科学技术水平，一般人对该事件的发生没预判能力。不能避免且不能克服指的

---

* 谢淑仪，北京工商大学法学院研究生；魏嘉，北京工商大学法学院研究生。

[1] 《最高人民法院关于在防治传染性非典型肺炎期间依法做好人民法院相关审判、执行工作的通知》。该通知于 2013 年经最高人民法院法释〔2013〕7 号文件废止，现已失效。引用此通知类比新冠疫情的法律属性。

[2] "企业因疫情不能正常履行合同怎么办？全国人大常委会法工委发言人臧铁伟说法律有相应规定"，载 http://www.npc.gov.cn/npc/c30834/202002/b9a56ce780f44c3b9f6da28a4373d6c3.shtml，最后访问日期：2020 年 2 月 16 日。

是当事人已经尽到最大努力和采取一切可以采取的措施，仍不能避免某事件的发生并且不能克服事件所造成的后果。[1]具体到本次疫情，2020 年伊始，由新型冠状病毒引起的新冠疫情在武汉发生，新型冠状病毒通过直接传播、气溶胶、接触等途径传播，传播途径多，速度快，感染风险大，是一种急性病毒性传染病，至今也没有找到该病毒的宿主。截止到目前，治疗新冠肺炎没有特效药，虽然疫苗已经研制出来，进入临床试验阶段，但结果还未知。对于已经治愈出院的患者，主要采取的是对症支持治疗。可以说，新冠疫情符合不能预见、不能避免并且不能克服的条件。受不可抗力的影响，消费合同在事实上或法律上不能履行。此时，消费合同当事人在不可抗力波及范围内的违约责任可以主张全部免责或部分免责，也可以选择解除消费合同。

相较于不可抗力，情势变更是指合同成立以后客观情况发生了当事人在订立合同时无法预见的、非不可抗力造成的不属于商业风险的重大变化，继续履行合同会显失公平，可以变更或解除合同。不可抗力影响了合同的履行，而情势变更并未影响合同的履行，但继续履行会对合同一方当事人显失公平。今年疫情的爆发赶上了春节的消费热潮，消费者订立消费合同的目的是通过履行合同中的义务获取相应的商品或服务，很显然在特殊时期，消费合同大部分不能顺利履行，因此本文将着重探讨新冠疫情构成不可抗力背景下对消费合同产生的影响和救济。

二、新冠疫情中消费合同适用不可抗力规则的条件

虽然说新冠疫情可以被认定为不可抗力，但是其在消费合同中能否适用，以及消费者能否以不可抗力为由主张救济也不能一概而论。因此，本文将重点讨论在以下四种类型的消费合同中不可抗力的具体认定规则。

（一）因疫情管控措施无法履行的接触性消费服务合同

本次疫情的爆发正值春节消费旺季，节前消费者往往会预订饭店聚餐或者订机票订酒店外出旅行，但是受疫情影响，2020 年 1 月 20 日，国家卫健委发布公告将新冠肺炎纳入《中华人民共和国传染病防治法》（以下简称《传

---

[1] 参见法律出版社法规中心编：《中华人民共和国民法总则注释本》，法律出版社 2017 年版，第 120 页。

染病防治法》）规定的乙类传染病，并采取甲类传染病的预防控制措施；2020年1月24日文旅部办公厅发布通知，要求全国旅行社及在线旅游企业暂停经营团队旅游及"机票+酒店"旅游产品，已经出行的团队继续履行，以此减少人员流动导致病毒传播的可能性。[1]随后各省启动重大突发公共卫生事件一级响应，并下令关闭餐饮、健身、线下培训等公共场所，禁止人员大规模接触聚集，只保留保障消费者生活必需品的超市，同时也限制进入超市的人数。由于政府的行政管控措施，消费者只能居家活动，不得不取消提前预订好的饭店聚餐以及退机票、酒店，而经营者也因为饭店经营场所的关闭、航班取消，无法提前为消费者提供相应服务获取报酬。然而对于春节期间的活动，延期履行也不具有现实条件和意义，当事人都可以适用不可抗力规则寻求救济。

除此之外，春节期间，预付式消费也受到了疫情的影响。预付式消费，是指由消费者与经营者进行约定，消费者预先向经营者支付资金作为预付款项，进而取得经营者授予的会员资格后，消费者有权以会员身份取得商品或接受服务的一种新型消费模式。[2]即所谓的理发卡、美容卡、健身卡等各种会员卡。受到疫情管控措施的影响，美容会所、健身会所暂停营业，消费者难以享受到相应的服务，甚至还可能面临着会所迟迟不肯开业，而自己的会员卡过期但是会所不给延期的问题。新冠疫情及其管控措施对此类消费合同的履行构成了客观障碍，使得合同无法履行，两者之间具有因果关系。在此情形下消费者和经营者均可以主张不可抗力。该类合同是因管控措施无法履行，要特别注意不可抗力的认定时间，虽然在2020年1月20日国家卫健委发布公告，消费者具有知悉疫情的可能性，此时各地区政府尚未发布明确的管控措施，故认定时间应以各地的管控措施或者启动Ⅰ级响应时间为准。消费合同在之前签订，在合同履行期限内发生了疫情，当事人主张不可抗力应根据各地的政府行政措施判断是否丧失合同履行可能性。根据《合同法》第118条规定："当事人一方因不可抗力不能履行合同的，应当及时通知对方，以减轻可能给对方造成的损失，并应当在合理期限内提供证明。"消费者或经营者主张因不可抗力不履行合同的，要及时通知对方，并且要提供交通管控、

---

〔1〕 参见《文化和旅游部办公厅关于全力做好新型冠状病毒感染的肺炎疫情防控工作暂定旅游企业经营活动的紧急通知》。

〔2〕 参见张驰："中国预付式消费法律规制问题探讨"，载《财经理论与实践》2017年第3期。

社区管控等证明文件。

（二）政府管制或市场供求关系变化导致无法履行的商品销售合同

新型冠状肺炎疫情暴发以来，人们通过线上或线下的方式抢购医用外科口罩、KN95/N95 口罩、普通一次性使用医用口罩等产品，口罩类防护用品迅速脱销。护目镜、温度计、消毒液等用品的需求量激增，防护用品市场出现供不应求的紧张局面。据中消协统计，"2020 年 1 月 20 日至 2 月 29 日，全国消协组织共受理涉疫情消费者投诉 180 972 件。按商品和服务类别分，涉及口罩类投诉 79 368 件，占比 43.86%"。对于此类涉商品销售的消费合同是否适用不可抗力规则将从经营者和消费者的角度予以分析。

疫情期间，消费者倾向于通过网购这种非接触性的方式采买防护用品。根据《中华人民共和国电子商务法》第 49 条规定，经营者在平台中发布的商品信息符合要约条件，消费者选择口罩等商品并提交订单成功的，合同成立。商家在供应商品链条上，会出现防护物资被政府征用[1]而无库存、物流管制而未能及时发货的情形，此种原因直接导致经营者无法正常履行消费者的订单，商家可适用不可抗力条款取消订单，不承担违约责任。对于非防护用品类商品销售合同，也面临着市场供求关系变化导致经营者无法正常供货的问题。例如一些商品生产线停产无法保证供应量，如果是政府政策影响直接导致厂家停产停业的，经营者也可适用不可抗力。经营者应当提供相应的政府管控文件，如《国务院办公厅关于延长 2020 年春节假期的通知》、各地区新冠疫情防控工作指挥部发布的通知、命令等，以证明无法履行合同的原因是政府基于疫情特殊情况的管控导致防护物资市场供不应求。经营者在取消订单解除合同时应当提前告知消费者，避免消费者权益遭受不必要的损失。

对于消费者而言，疫情期间常见的纠纷主要是消费者退换货问题，根据《网络购买商品七日无理由退货暂行办法》第 19 条规定，消费者退货方式并不唯一，在物流未完全受阻的情况下，消费者应当按照 7 天期限及时退货，

---

〔1〕 参见《中华人民共和国突发事件应对法》第 52 条："履行统一领导职责或者组织处置突发事件的人民政府，必要时可以向单位和个人征用应急救援所需设备、设施、场地、交通工具和其他物资，请求其他地方人民政府提供人力、物力、财力或者技术支援，要求生产、供应生活必需品和应急救援物资的企业组织生产、保证供给，要求提供医疗、交通等公共服务的组织提供相应的服务。履行统一领导职责或者组织处置突发事件的人民政府，应当组织协调运输经营单位，优先运送处置突发事件所需物资、设备、工具、应急救援人员和受到突发事件危害的人员。"

不得适用不可抗力条款主张免责。但消费者为新型冠状肺炎感染者住院治疗、接触者在特定场所隔离、防疫医护人员的特殊情况[1]，则可以在个案中适用不可抗力条款免除延期退货的责任。线下消费的情形还需考量商家与消费者的退货约定，能够通过协商一致的方式解决退货问题应当尊重当事人的真实意思表示。在无约定的情形，消费者只能通过实体店、指定地点的方式退货，但却由于各地区防疫措施的管控导致商店处于关闭状态或者消费者被限制出行的，消费者可适用不可抗力条款免除延期退货的责任。

（三）管控措施未明确时的消费合同

国家卫健委在2020年1月20日将新冠肺炎纳入乙类传染病，并采取甲类传染病的预防控制措施，各地政府尚未颁布管控措施，此时消费合同是否使用不可抗力应分类讨论。如果消费合同实际履行期在政府管控措施发布之后，不可否认当事人都可适用不可抗力规则。如果消费合同实际履行期在管控措施之前，消费者基于疫情形势判断而主动不履行合同，与商家取消订单，本文认为依然可以构成不可抗力。根据《传染病防治法》规定，对于甲类传染病防治措施是"隔离治疗"，正是为了防止相互之间的传染。对于乙类传染病需要采取本法所称甲类传染病的预防、控制措施的，由国务院卫生行政部门及时报经国务院批准后予以公布、实施。新型冠状病毒大多通过呼吸道传播，进入公共场所不戴口罩等防护措施不到位就有被感染的风险。虽然公告发布到各省市出台具体的管控措施仅有一周的时间，可以推定消费者具有知悉疫情公告的可能性，但还有人没有意识到这次疫情的严重性，不做好防护措施进入公共场所，极有可能引起病毒的传播、疫情扩散。

综上，疫情管控措施尚未发布时，合同在理论上可以履行，但消费者基于新冠疫情本身的传播性而选择不履行合同，此时消费者也可以援引不可抗力条款免除责任。不同于上文中的提供管控文件，消费者举证时应该说明其不履行合同是基于疫情形势判断避免人员聚集而引起的风险。

（四）因疫情而迟延履行的消费合同

新冠肺炎期间，部分网购平台显示商品货源充足，但是消费者下单后，

---

[1] 参见李超男、赵银豪："'宝贝'迟迟不到 商家是否要担责"，载《北京日报》2020年3月18日，第14版。

商家长时间不发货或者物流信息一直不更新〔1〕，此类消费合同涉及迟延履行情况下不可抗力条款适用问题。消费者因迟迟未收到货导致消费合同目的不能实现而主张卖方承担违约责任的，经营者一方是否承担违约责任应当根据其所在地域疫情严重程度、疫情发生时间、物流受阻碍程度、消费合同约定的交付时间是否在疫情期间、消费商品是否是生活必需品等条件具体分析。

　　不可抗力发生的时间一般认定为 2020 年 1 月 20 日，即国家卫健委发布公告，将新型冠状病毒纳入乙类传染病，并采取甲类传染病的防空措施之日；也可以参照各省、自治区、直辖市启动重大突发公共卫生事件一级响应之日，如福建省为 2020 年 1 月 24 日。在解决消费合同纠纷时，不可抗力时点主要以地方政府防控措施发布为主。在不可抗力发生时点前成立的消费合同，物流能够正常运输货物，则不存在迟延履行的问题，当事人双方按照消费合同的约定履行相应的义务。消费合同虽成立在疫情发生之前，但是合同履行时间在疫情发生后，此时消费合同履行困难，消费目的不能实现，如物流管制无法正常发货，货源、生产线被政府征收、征用的，经营者一方可以适用不可抗力条款解除合同。商家发货但由于消费者所在地的封城封路措施无法按时送达，消费者迟延受领造成对方损失，消费者一方可以适用不可抗力条款免责。主张解除合同一方当事人应当提供商品被征用、征收的政府官方文件或者有关证明，道路封锁的地方管制文件等，并保留履行通知义务的证明材料，不能提供证明的当事人应该承担举证不利的责任。随着疫情形势好转，物流企业相继复产复工。当事人一方因为疫情影响而迟延履行合同主要债务，经另一方当事人催告后，在合理的期限内能够履行，此时不可抗力条款没有适用余地，违约方不得适用不可抗力条款免除违约责任。

三、适用不可抗力规则的救济方式

（一）当事人主张解除合同或变更合同

　　根据《中华人民共和国民法总则》第 180 条第 2 款的规定，"不可抗力是指不能预见、不能避免且不能克服的客观情况。"在不可抗力前提下，当事人可以根据《合同法》第 94 条第 1 款解除合同，此为法定解除事由。当事人选

---

〔1〕　参见竹萌、君扬："疫情之下，网上消费如何维权"，载《安徽日报》2020 年 3 月 4 日，第 10 版。

择解除合同进行法律救济时，关键要看消费合同是否履行不能从而不能实现合同目的。消费合同在不同情形下的合同目的不尽相同，需要结合个案判断是否可通过解除合同予以法律救济。从交易目的判断，典型的有商品买卖合同中买受人的交易目的是取得买卖标的物的所有权，出卖人则是获得价款[1]。具体到受疫情影响无法实现买卖合同目的商品销售合同，如买卖标的物为口罩、护目镜、消毒液或者其他非防护用品，买卖双方可以选择解除合同，在履行提前通知义务未给对方造成不必要损失的前提下，卖方退还买方事先已支付的价款。对于一些提供服务的合同，如疫区的宾馆被政府强制征用为隔离区，无法接待提前预约的消费者，双方都可以解除合同；疫情暴发正值寒假，原定于该时期履行的短期教育培训合同、旅行合同、餐饮合同，由于不可抗力导致消费目的不能实现的，双方都可解除合同，经营者一方应当退还事先收取的费用。

疫情对合同履行的影响并不都会达到合同目的不能实现的程度，此类合同当事人可以协商采取延长履行期限[2]等方式变更合同内容，待不可抗力现象消失后再按约正常履行。采取变更合同的方式，双方当事人分配不可抗力造成的风险和损失，不仅较解除合同的救济方式更为缓和而减少不必要的解除合同纠纷，也更能够体现疫情期间经营者和消费者之间患难与共的精神。对于旅游合同而言，当事人可以变更旅游的出行方式、出行时间以及出行目的地，在疫情好转、出行便利的情况下履行合同；对于教育培训合同而言，教育机构经与消费者协商后可将原授课培训方式由线下变为线上，继续履行服务合同。

（二）当事人主张全部免责或部分免责

根据《合同法》第117条规定："因不可抗力不能履行合同的，根据不可抗力的影响，部分或者全部免除责任……"。消费者在援引该条文主张免责时，应当明确享有免责的前提条件[3]，在疫情被认定为不可抗力的逻辑框架内，重点把握疫情对合同履行的影响程度。在不可抗力影响所及范围之内，消费合同无法正常履行的，当事人一般可就该范围内的违约责任主张全部免

〔1〕 参见崔建远："论合同目的及其不能实现"，载《吉林大学社会科学学报》2015年第3期。
〔2〕 参见叶林："论不可抗力制度"，载《北方法学》2007年第5期。
〔3〕 参见梅菲："新冠疫情对海上货运合同履行之影响与对策研究"，载《武汉交通职业学院学报》2020年第1期。

责。例如因物流受阻，网购的货物不能按时送达消费者，当事人双方在不解除合同的情况下，卖方可不承担未按时发货的违约责任。如果是疫情和债务人的原因共同导致合同不能履行，则债务人应当就损害部分承担责任，不能主张全部免责。

根据《合同法》第118条规定，当事人在发现疫情愈发严重会导致合同无法履行时，应当及时通知对方，以减轻可能给对方造成的损失。不可抗力情况下的及时通知要求，表明当事人应当尽可能迅速地让对方知晓不可抗力对合同履行的影响，以便对方及时采取救济措施避免损失扩大化，例如在当地政府的疫情管控措施尚未出台前，消费者基于全国疫情蔓延态势的考量以及对政府不久后就会发布官方文件的判断，应当在合理期限内发出不可抗力的通知，以防止经营者为履行合同作出准备，以减少不必要的损失。若当事人未就不可抗力及对合同履行的影响作出通知，应根据具体的情况主张全部免责或者部分免责[1]。例如当事人未及时通知对方而导致损失扩大的，针对扩大部分，提出主张一方不能获得全部免责的法律效益。

---

[1] 参见崔建远："不可抗力条款及其解释"，载《环球法律评论》2019年第1期。

热点问题研究

经营者失信惩戒规范化探讨

吕来明　郑绪红*

一、经营者失信惩戒的内涵及失信惩戒机制面临的问题

诚信，不仅是个体应当具有的良好道德品质，也是社会正常运转不可或缺的要素，良好的市场经济秩序更是必须建立在诚信的基石之上[1]。我国的经营者失信惩戒制度是随着商事制度改革的推进而确立的。根据国务院《社会信用体系建设规划纲要》，社会信用体系建设覆盖政务诚信、商务诚信、社会诚信和司法公信四个重点领域[2]。经营者失信惩戒属于商务诚信建设领域，是信用治理和监管的主要内容之一。所谓失信惩戒，就是针对失信行为作出的约束和制裁机制，探讨失信惩戒的内涵，首先应当分析失信行为的含义。信用有不同角度的含义，总体来讲"信用是指自然人、法人和其他组织就其经济能力和履约意愿所获得的社会评价与信赖。"[3]在现代语境下"信

---

* 吕来明，北京工商大学法学院教授；郑绪红，北京工商大学民商法专业研究生。

〔1〕 参见王青斌："社会诚信危机的治理：行政法视角的分析"，载《中国法学》2012年第5期。

〔2〕 参见沈岿："社会信用体系建设的法治之道"，载《中国法学》2019年第5期。

〔3〕 杨立新主编：《中国人格权法立法报告》，知识产权出版社2005年版，第139页。

用"至少有两层含义：其一为道德含义；其二为经济含义[1]。具体来讲，前者为经营者通过合法经营、遵守诺言，实践成约，从而取得别人对其信任，包括在一定社会群体关系中所获得的声誉、威信、尊重和融洽的交往关系等，是合法性和诚信道德角度评价，后者为经营者的履约能力或偿债能力判断，是一种商业能力的评价。失信则是正常的信用评价的减损或降低。前者意味信用的减损，通常是由于违法、违规、违约等行为导致的，后者意味信用的减损，既可能是违法、违约等行为导致，也可能是因不属于合法性评价或道德评价层面上的客观事件所导致。失信行为类型不同，由此而形成的信用责任也分为广义和狭义。广义的信用责任泛指失信者承担的所有法律责任类型，包括民事责任、行政责任与刑事责任。在这个意义上，任何法律责任都是对失信者的制裁。而狭义的信用责任限指法律主体因违反法定或者约定义务而承担的人格信用减损的不利法律后果[2]。如果是经营者因客观事件所导致的商业能力评价降低，固然会对其市场交易机会以及其他市场主体是否选择经营者带来不利影响，但这本身并非惩戒。因而，经营者的失信行为仅指其所实施的违反法律、法规或商业道德及诚信守约要求，给其信用带来减损的行为。大致上可分为两类，第一类是违反社会经济管理和市场交易秩序以及违背商业道德的违法行为，即违法性质的失信行为，第二类是不履行合同约定的违约行为。因此，广义上的经营者失信惩戒，是通过记录或公开市场主体的违约、违法、违规等减损其信用评价的信息，降低市场交易中信息不对称程度，使经营者的某些权利、利益或行为受到其他相关主体限制或约束的一种机制。从失信惩戒措施的性质划分[3]，包括以下几个方面：（1）行政性或司法约束惩戒。即由行政机关或司法机构实施的惩戒措施。例如，黑名单制度、发布违约违法信息及消费警示、市场准入限制、限制交易或消费、限制出境等。（2）市场约束性惩戒措施。是指各类市场交易主体对失信行为人进行信用评估后做出的限制交易或拒绝交易措施，例如银行对失信者限制贷

---

[1] 参见石新中："论信用概念的历史演进"，载《北京大学学报（哲学社会科学版）》2007年第6期。

[2] 参见刘俊海："信用责任：正在生长中的第四大法律责任"，载《法学论坛》2019年第6期。

[3] 参见国务院《关于建立完善守信联合激励和失信联合惩戒制度加快推进社会诚信建设的指导意见》。

款或提高利率，消费者不选择与失信经营者交易等。（3）交易平台或市场举办管理性失信惩戒。即交易平台、市场举办方根据其自身制定的交易规则、服务协议以及信用评价和惩戒制度，对在其平台或市场内的经营者的失信行为，予以惩戒的行为。例如商品降序、下架、降低信用指数、发布违约违法信息并停止服务、关闭店铺等。（4）行业性约束和惩戒。行业协会按照行业标准、行规、行约等，对失信会员实行警告、行业内通报批评、公开谴责、不予接纳、劝退等惩戒措施。

就制度层面而言，2014年8月国务院发布《企业信息公示暂行条例》，确立了企业信息公示及信用监管的基本制度，其中规定了经营异常名录制度、严重违法企业名单制度、企业信用联动惩戒等失信惩戒制度。随后经营者失信联合惩戒的相关制度、措施、政策在不同的行业领域、部门以及地区不断涌现，从2015年9月至2017年8月底，国家发改委牵头，分别和有关部门针对企业、上市公司、被执行人、安全生产、环境保护、食品药品生产经营、质量违法、农资、电力、房地产、石油天然气、运输物流、保险等领域的违法失信行为发布了23个失信联合惩戒备忘录，还有的正在制定中。2016年8月国务院发布了《关于建立完善守信联合激励和失信联合惩戒制度加快推进社会诚信建设的指导意见》，针对推动失信联合惩戒制度提出了相应的要求。2016年至2017年8月间，广东、重庆、陕西、四川等21个省（自治区、直辖市）和众多的城市专门发布了有关推进授信联合激励与失信联合惩戒的制度。2017年9月至2020年3月，包括北京、天津、福建、江苏等省（直辖市）以办法或者通知的形式完善地方失信惩戒制度，涉及防空行业市场主体、用人单位劳动保障、市场价格信用等方面。此外，在网络交易市场整治方面，2018年原国家工商总局发布了《网络交易违法失信惩戒暂行办法》以加强网络交易信用约束，有效惩戒网络交易违法失信行为。

以上制度对于规范经营者的经营活动，约束和减少失信行为，维护消费者合法权益，规范交易市场秩序起到了积极的作用。但是以行政性惩戒为典型，现行的失信惩戒机制存在以下几个方面的问题：一是多个行业、部门及机构纷纷制定失信惩戒制度，其惩戒的措施、内容、程度及标准均有不同，造成黑名单满天飞的现象，"黑名单的确好用，但却不可滥用。"〔1〕纷杂繁复

---

〔1〕 赵旭东："商事信用的界定与制度构成"，载《浙江工商大学学报》2019年第5期。

的惩戒制度往往会使经营者的某些无意失信行为或轻微过失失信行为陷入被纳入黑名单的风险之中。二是许多部门不同的联合惩戒备忘录，实施惩戒措施各自为政，缺乏明确、一致的标准和规范的程序，实施惩戒措施存在不确定性和任意性的问题，造成制度实施困难。例如有的规定对一般失信行为惩戒、有的规定对严重失信行为惩戒。而具体的界定又不明确、不一致。三是在惩戒的具体措施和程度上，存在惩戒程度和失信行为程度不相匹配的情形，有的惩戒过重，超越了必要界限，不利于经营者合法权益的维护和市场的活力。因此，有必要明确相关的制度，对失信惩戒机制予以规范化。

二、惩戒主体的权限划分及联合惩戒的规范化

（一）不同主体确定惩戒范围的依据及行政性惩戒范围的标准

如前所述，失信行为包括违反经济秩序或公共秩序、侵害他人权益的违法行为和违约行为两大类。在失信惩戒的多种类型及实施主体中，政府、市场、行业职责和法律地位不同，其惩戒的角度不同，因此应当明确不同惩戒主体的惩戒范围及权限划分。以达到"发起主体负责确定惩戒对象，实施主体负责采取相应的联合惩戒措施"[1]的效果。作为政府监管意义上的行政性惩戒，主要管理违反社会经济公共秩序中的经营者失信行为，即只对经营者违反管理性规定的违法失信行为进行惩戒。而对于具体的履约信用，如拖欠货款、一般性违约等，只要不属于欺诈性质，没有侵害公共行政管理秩序，则属于民事权益争议，不属于行政性惩戒的范围。因此，政府部门发布的诸多失信联合惩戒备忘录中所惩戒的失信行为，是狭义的失信行为，即违反法律强制性规定的行为。作为市场约束意义上的失信惩戒，实施的主体包括其他经营者、消费者等，其惩戒主要体现在交易条件的约束和交易主体的选择方面，因此，哪些构成惩戒对象，取决于市场主体的自我判断和认定，行政机关可以提供指导性或参考性的信息，但一般不得强制市场主体的选择。通常情形下，市场主体实施的失信惩戒范围比较宽泛，既可能是违法行为，也可能是违约行为。作为市场交易平台管理和服务意义上的失信惩戒，其惩戒措施既包括交易选择方面，也包括一定的管理约束措施，惩戒范围主要根据其公开制定的市场交易规则或服务协议确定，交易规则未列入或服务协议未

---

[1] 沈岿："社会信用体系建设的法治之道"，载《中国法学》2019 年第 5 期。

规定的，通常不得作为惩戒对象。

就行政性惩戒而言，存在失信惩戒标准和范围不统一的现象。目前发布的20多个联合惩戒备忘录中，对惩戒范围规定不一，有的规定惩戒对象是存在违法行为、被吊销执照、列入黑名单的主体[1]，有的称为存在严重失信行为的主体[2]，有的表述为存在失信行为的主体[3]。因此建议明确相对统一的失信惩戒的范围，确定一般标准，并建立失信清单制度。本文认为，一般标准是所有违反法律强制性规定的行为都列入失信惩戒范围，至于是否严重以及是否列入黑名单，只是决定失信惩戒的尺度，不影响失信行为的认定。与此同时，应将失信行为按照其程度分为三类，即一般、较重与严重失信行为。对不同程度的失信行为，在惩戒权限、范围、时间、方式等程序上制定相应的制度和规范。比如，对比较轻微的违法行为，可以作为失信行为，列入重点监测对象，但未必都要马上列入黑名单。此外，黑名单制度作为失信惩戒要明确黑名单的确认、发布、审查、移除的条件和程序等。

（二）联合惩戒机制的完善

明确行政性惩戒的实施主体权限，建立统一的联合惩戒机制，克服"黑名单"满天飞、事实上各自为政的现象。实践中出现了联合惩戒手段缺乏法律授权、过度扩大惩戒对象、联合惩戒适用事项不具关联性以及联合惩戒手段与制度目标不成比例等问题，导致对自由与权利造成严重的影响[4]。具体来讲，一方面，众多联合惩戒备忘录实质上是不同的机构主导制定，惩戒机制和措施上并不一致，虽然都称为联合惩戒，但事实上形成了多个独立的惩戒平台和不同运行机制，一个备忘录机制下产生一个黑名单机制，黑名单众多，但不同的联合惩戒备忘录中哪些列入、实施哪些惩戒措施在标准上并不

---

〔1〕《关于对电力行业严重违法失信市场主体及其有关人员实施联合惩戒的合作备忘录》中，联合惩戒的对象为违反电力管理等相关法律、法规规定，违背诚实信用原则，经政府主管部门认定存在严重违法失信行为并纳入电力行业"黑名单"的市场主体及负有责任的法定代表人、自然人股东、其他相关人员。

〔2〕《关于对保险领域违法失信相关责任主体实施联合惩戒的合作备忘录》中，联合惩戒对象为保险监督管理部门依法认定的存在严重违法失信行为的各类保险机构、保险从业人员以及保险市场活动相关的其他机构和人员。

〔3〕《2019年8月新增失信联合惩戒对象公示及说明》中，对新增失信联合惩戒对象名单，阐述为"是经有关部门严格按规定和程序认定发生严重失信行为的市场主体"。

〔4〕参见沈毅龙："论失信的行政联合惩戒及其法律控制"，载《法学家》2019年第4期。

一致。例如，环境方面的联合惩戒备忘录中的惩戒措施不包括限制招录公务员，而房地产方面的联合惩戒备忘录就包括此项惩戒措施。另一方面，不包括地方层面，仅中央部委层面，发改委分别和相关的主管部门牵头，发布了23个联合惩戒备忘录，每个备忘录的联合机构从20多个到40多个数量不等，哪些机关加入，联合惩戒范围多大，并无明确依据和标准。例如，房地产领域的联合惩戒机构包括共青团、全国妇联，而物流运输领域的惩戒备忘录就不包括这两个机构。失信惩戒的要义及约束力在于一处失信、处处受限，因此信息共享和联合惩戒是失信惩戒必不可少的手段。当前，联合惩治信息共享存在滞后和混乱的问题，"对于不应该被列入失信被执行人而又被错误地列入被执行人名单中，或者由于失信信息不准确导致被执行人经济名誉遭受损失的情形，没有设立相应的恢复名誉的规定。"[1]虽然不同领域的失信行为具体表现不同，实施监管和处罚的部门不同，但是，联合惩戒的平台和机制应当统一，也就是说，只要有权部门对经营者的违法失信行为及其程度作出了认定，不论属于哪个领域，其他部门都应当实行一致的程序、一致的标准、一致的尺度、一致的范围进行惩戒。据此，应当实行失信行为认定分工负责，联合惩戒机制统一的制度，统一联合惩戒的机构范围，进行必要的整合，合并各种不同的联合惩戒机制，建立统一的联合惩戒标准和尺度。

三、惩戒措施类型区分及惩戒程序规范化

从失信惩戒制度及实践的情形看，当前我国对经营者失信惩戒是以行政性惩戒为主导。行政性惩戒，其作为具体行政行为，原则上须由行政机关以及根据法律可以委托或者授权的社会组织作出。从目前发布的23个失信惩戒备忘录中有关惩戒措施的内容看，包括了非常宽泛的惩戒措施，如列入黑名单、市场进入或任职资格禁止限制、融资限制、资金支持及政策优惠限制、土地供应等资源配置限制、资质证书的降级或撤销、列入重点监管对象、作为某种许可或准入时的参考等、下调信用等级、发布消费警示、限制参评荣誉称号、向社会公示失信违法信息、将经营者失信记录作为核定交易条件的参考等。由于不同的行政措施在实施权限、依据和程序上各有不同，上述行

---

[1] 刘洪波、卢盛羽："健全和完善我国失信联合惩戒机制"，载《宏观经济管理》2018年第12期。

政性失信惩戒措施性质各不相同。行政处罚实行法定主义原则，但是，在目前发布的惩戒措施和程序上，并无清晰的划分，许多性质上对经营者重大权利限制的措施实质上具有行政处罚的性质，如市场禁入或从业资格禁止以及实质上是禁止的限制措施等，但这些措施与其他惩戒监管措施罗列在一起，有的在上位法依据上不尽明确，有的在实施程序上与其他惩戒措施混同。为了保护经营者的合法权益，应当在以下两个方面规范失信惩戒制度：

第一，根据行政性惩戒措施的性质进行类型化区分，将惩戒措施分为行政处罚措施、不具备处罚性质的行政监管措施、指导服务型惩戒措施，并以此为依据实施程序的规范化。坚持行政处罚法定原则，对于具有行政处罚性质的惩戒措施进行梳理，例如市场禁入、禁止或限制报考公务员、限制经营或限制交易、限制消费等。根据具体处罚类型，严格按照《中华人民共和国行政处罚法》（以下简称《行政处罚法》）规定的相应位阶的法律法规作为依据，否则应当予以剔除。对于不具有行政处罚性质的失信惩戒监管措施，如列入重点监管对象、作为准入核定时的参考、优惠的取消等，行政机关亦可依据政府的规章、规范性文件等对失信主体进行惩戒。对于指导服务型惩戒措施，例如政府部门发布经营者失信信息，作为其他市场主体进行交易的参考等，应当依据《企业信息公示暂行条例》及相关法规规定的渠道、程序发布，不得任意扩大或缩小发布范围或变更方式。

第二，建立规范的信用修复制度与不服惩戒异议处理制度。信用修复制度即存在失信行为记录的企业主动纠正失信行为。未再发生被形成失信行为记录事由的或者企业非因主观故意发生失信行为的，可以向对企业失信行为和失信等级作出认定的机关提出信用修复申请，并提供相关证据。除此之外，要严防因超时及不当的失信信息公开给经营者造成的二次处罚。国务院《关于运用大数据加强对市场主体服务和监管的若干意见》明确要求，除法律法规规定的以外，应当将行政许可、行政处罚的信息自作出行政决定之日起7日内在网上公开，以提高行政管理的透明度和公信力。将信息归集到统一的平台，并不意味着可以无条件开放查询，只有那些公开的公共信用信息才可以未经授权而查询，而不公开的信用信息，例如欠缴水电燃气等信息，则须取得信息主体的授权才可以查询[1]。失信惩戒异议制度是经营者对失信行为

---

[1] 参见罗培新："善治须用良法：社会信用立法论略"，载《法学》2016年第12期。

程度认定或惩戒决定有异议的，也可向作出认定或决定的单位申请异议处理。失信惩戒以执法机关对失信行为人的权益克减为主要内容，"有权利就有救济。"[1]但是从现有制度来看，救济制度相对不清晰问题仍然严重，例如，《浙江省公共信用信息管理条例》[2]虽然提到了救济途径，但是由于在文本中并未规定救济途径的具体方式与程序，故而救济途径到底是什么，仍只是执法者依据实际情况的一种随机表达。从实践来看，尽管失信惩戒已在全国各行各业全面铺开，但因此引发纠纷而通过司法途径予以解决的情形并不常见[3]。对异议处理决定不服的，可以依法申请行政复议或者提起行政诉讼。由行政机关过错导致的错误惩戒决定应及时撤销，将失信主体撤销黑名单或撤销其他失信惩戒措施后应及时采取发布公告、恢复其相关商誉等措施，使其能够重新融入市场交易之中而不受不利影响。

四、失信惩戒措施与比例原则的适用

比例原则是行政法上的一项重要原则，其理念可以上溯至西方法学中的"正义"法哲学思想[4]。比例原则是指行政主体实施行政行为应兼顾行政目标的实现和相对人权益的保护，如为实现行政目标可能对相对人权益造成某种不利影响时，应使这种不利影响限制在尽可能小的范围和限度内，保持二者处于适度的比例。比例原则包括三个子原则：适当性、必要性、平衡性。所谓适当性，即采取的行政措施应当有助于或能够实现法的目的；所谓必要性，即在可实现法律目的的诸多措施中，行政机关所采取的措施应对利害关系人权益侵害最小；所谓平衡性，即行政措施所谋求的公共利益不得小于给利害关系人所造成的损害[5]。《行政处罚法》第 4 条第 2 款规定："设定和实施行政处罚必须以事实为依据，与违法行为的事实、性质、情节以及社会危害程度相当。""对于嵌入于负担性行政行为之中的信用惩戒措施，必须与现

---

〔1〕 参见陆宇峰："'自创生'系统论法学：一种理解现代法律的新思路"，载《政法论坛》2014 年第 4 期。

〔2〕 参见《浙江省公共信用信息管理条例》第 28 条："国家机关依照本条例规定将信息主 体列入严重失信名单前，应当告知信息主体列入严重失信名单的理由和依据；决定对列入严重失信名单 的信息主体采取惩戒措施的，应当告知理由、依据和救济途径以及解除惩戒措施的条件……"

〔3〕 参见卢护锋："失信惩戒措施设定与实施的理论图景"，载《学术研究》2019 年第 12 期。

〔4〕 参见李燕："论比例原则"，载《行政法学研究》2001 年第 2 期。

〔5〕 参见杨登峰："从合理原则走向统一的比例原则"，载《中国法学》2016 年第 3 期。

行行政裁量权基准制度做好衔接，将相对人的信用状况纳入考量因素，成为行政裁量权基准的一部分，也应当遵循比例原则、关联原则，并向社会公开。"[1]行政性失信惩戒作为一项行政行为，同样应当遵循比例原则，在惩戒主体实施失信惩戒措施时应兼顾惩戒目的的实现与保护经营者的合法权益，即根据经营者失信程度合理控制惩戒的措施。实现惩戒目的及结果的多元化，明确实施惩戒在于"戒"的目的而非"惩"的行为，避免单纯惩戒[2]。避免惩戒程度和失信行为程度不相匹配，轻度失信行为的经营者承受过重代价无法经营的现象，给失信经营者改过自新重新发展的机会。

（一）区分不同失信程度，确定各自相当的惩戒措施

对于比例原则与失信惩戒制度的结合问题，合理确定"一次失信，处处受限"惩戒尺度，不应不分情形地适用受限范围，应该针对失信人的违规情节、对市场造成影响及手段是否具有极端性、严重性等综合考量，合理确定失信惩戒的年限并及时对名单有所调整，从而达到维护市场正常经营秩序、惩戒失信人及保护失信人合法权益等目的的协调与结合。一方面，要明确对经营者实施失信惩戒的目的。另一方面，惩治措施与惩戒目的应相互适应。按照失信行为的违法程度、情节和所造成的影响，划分为轻微、轻度、一般、较重、严重等五个层次，依次采用不同程度的惩戒措施，不断增加限制规模及类型。具体如下：

（1）对于经营者偶尔的轻微违法失信行为，惩戒的目的主要在于引导教育，避免再次或多次失信，一般不应限制其经营。从行政性惩戒的角度，通常只应实施加强监管措施和评优表彰方面的限制，也不必要列入黑名单。

（2）对于经营者实施较轻违法失信行为，失信惩戒的目的除了引导教育、纠正行为以外，还包括承担一定的信用减损代价。因此，除了适用轻微违法失信行为的惩戒措施外，还可以实施限制享受优惠政策和相关支持政策、下调信用等级等措施。一般不进行经营或市场交易方面的限制以及社会公示方面的惩戒措施。

（3）对于一般违法失信行为，惩戒目的除了以上之外，重点是向社会公

---

〔1〕 罗培新："遏制公权与保护私益：社会信用立法论略"，载《政法论坛》2018 第 6 期。
〔2〕 参见吴忧、窦敦静："商品流通领域信用监管问题探讨"，载《商业经济研究》2018 年第 11 期。

示披露以及失信经营者承担一定程度直接利益减损的代价。除了适用上一等级失信惩戒措施外，还可以采取列入违法失信名单、公示违法失信信息、资质证书降级、资源配置及供应方面作为负面因素的主要参考、向相关市场主体提供违法失信信息作为其确定交易的参考等措施。除个别领域外，对于一般违法失信行为，不应当进行大范围的市场准入或经营活动的限制。

（4）对于较重违法失信行为，惩戒目的是主要为了制裁和约束违法行为，保护社会公共利益或经济秩序，因此惩戒尺度相比前几个等级的失信行为应明显加大。除了适用上述等级的惩戒措施外，一般都应当列入黑名单，并且发布消费警示、投资警示等，使其他市场主体对该经营者失信行为的危害性有清醒的认识，以防止失信违法行为造成进一步的损害。此外，此类失信违法行为往往存在主观恶意、失信违法次数较多、造成较严重的后果等情节，有必要增加对失信行为的刚性惩戒力度，对其施加一定的处罚性惩戒措施，以使失信经营者付出较大代价。具体体现在可以对较重失信违法行为经营者的市场准入、经营活动或行政许可等进行必要的限制，例如大部分的市场准入、融资活动或行政许可的限制措施等，这些惩戒措施大多具有行政处罚的性质，实施这些惩戒措施，体现对较重违法失信行为经营者交易机会和营业自由的限制，有利于净化市场环境。但是，为了最大化地使经营者留有修复信用、参与正常市场竞争的空间，对于没有达到严重程度的违法失信行为，市场禁入、任职资格限制等惩戒力度更大的处罚性惩戒措施仍然应当谨慎适用。

（5）对于严重的违法失信行为，惩戒目的与较重失信行为基本相同，但严重违法失信行为程度更甚，因此惩戒尺度应当更大，在处罚力度上，对其营业活动和交易机会进行严格限制，从客观上控制失信者继续实施违法失信行为的机会。严格意义上的一处失信、处处受限，主要应当是针对严重违法失信行为而言的。原则上凡属惩戒目录清单上的惩戒措施都可适用于严重违法行为，除了市场准入限制、资源配置限制和行政许可、融资活动限制外，市场禁入以及一定范围的任职资格限制都应适用于此类行为。除此之外，还应根据情形，对失信经营者施加消费行为的限制。

（二）惩戒措施以符合目的为限度，尽可能不扩展到对失信行为人合法权益的损害

某种惩戒措施的实施，有时不可避免地造成受惩戒主体相关权益的限制或损害，这在符合惩戒目的的限度内是合理的。因此实施过程中，应当合理

协调惩戒目的与正当权益保护的协调问题。一是实施主体在通告披露失信信息时，仍应保护失信行为人的个人隐私、肖像、人格尊严等权利以及经营者的商业秘密。原则上不应披露失信经营者的家庭住址和肖像，不得对经营者的商业秘密信息予以公开。二是具有处罚性质的惩戒措施，与具体的失信行为关联不大的，应慎重采用。例如，当行为人逃避司法执行或行政执法的裁判中履行金钱债务或缴付罚款的义务时，消费限制就是对该失信行为约束最直接的惩戒措施，一般都应采用。但对于物流运输领域的违法失信行为，主要的约束措施应当是限制准入、消费警示、发布违法失信信息、记入黑名单等，通常没有必要实施消费限制。

（三）惩戒期限与失信程度相挂钩

以失信行为程度划分为依据，设立不同的惩戒期限。目前我国失信惩戒期限在部分政策中有所体现，例如《全国五一劳动奖状、全国五一劳动奖章、全国工人先锋号评选管理工作暂行办法》[1]中就规定了特定事故申请限制期限，但也有些政策法规没有规定信用制裁期限。在期限规定不明时，若失信制裁被解释为终身制裁，将会导致失信者因看不到改过自新的机会而选择自暴自弃、报复社会，实施更多更严重的失信行为[2]。惩戒期限的长短和惩戒的解除条件应与失信程度相匹配。程度较轻的失信行为，惩戒期限应短于程度较重的失信行为，解除惩戒的条件应比程度较重的失信行为宽松，从而体现比例原则中的必要性原则。

（四）守信激励与"失信惩戒"措施相配套

以法律、法规、标准和契约为依据对非诚信行为进行规制，形成守信激励和失信约束的奖惩机制，是现代社会诚信建设的特征[3]。通过提高社会经营地位及评级、提供守信优惠政策、提供便利的借贷条件、实施方便快捷的相关资格审查、开通"绿色通道"等支持鼓励措施，对守信经营者进行激励，从而与失信惩戒措施相对应配套，鼓励扶持守信经营者商家的发展。在信用

---

〔1〕 参见《全国五一劳动奖状、全国五一劳动奖章、全国工人先锋号评选管理工作暂行办法》第7条："……发生安全生产事故、严重职业危害或群体性事件的企业和企业负责人自事发起三年内不得申报全国五一劳动奖状、全国五一劳动奖章。"

〔2〕 参见刘俊海："信用责任：正在生长中的第四大法律责任"，载《法学论坛》2019年第6期。

〔3〕 参见王淑芹："社会诚信建设的现代转型——由传统德性诚信到现代制度诚信"，载《哲学动态》2015年第12期。

联动奖惩方面，深圳市政府部门充分发挥示范带动作用，从行政管理、市场服务和社会监督等多个层次广泛推进信用信息应用。在市场服务领域以"深圳信用网"为中轴，多领域、多层次地延伸信用信息查询应用渠道，并重点针对税务、市场监管、进出口管理等关键领域签署了一批联合奖惩的合作备忘录，实施联合奖惩[1]。采纳国内相关地区的信用激励及奖惩经验，将对我国制定更符合国情的信用奖惩制度起到至关重要的作用。除此之外，信用激励制度也是形成诚信至上的社会风气重要环节，良好社会信用氛围，将反助推经营者信用的提升，促进市场经济繁荣。

---

[1] 参见陈丽君、杨宇："构建多元信用监管模式的思考"，载《宏观经济管理》2018年第12期。

铁路旅客"黑名单"问题法律探讨

张长青　刘振宇　丁禹中[*]

2018 年 3 月国家发展改革委、中央文明办、最高人民法院、财政部、人力资源社会保障部、税务总局、证监会、铁路总公司联合发布《关于在一定期限内适当限制特定严重失信人乘坐火车推动社会信用体系建设的意见》（以下简称《意见》），标志着我国铁路旅客运输领域"黑名单"制度的初步设立。其中主要将限制内容分为两大类：第一，由公安或铁路站车单位认定的严重影响铁路运行安全的，采取限制当事人一定期限内乘坐火车任何席位。第二，其他领域的严重失信人，主要目的是限制特定人的高消费，限制其乘坐火车高级别席位。

诚然，推行铁路旅客"黑名单"制度可以对破坏铁路运营秩序、危害铁路运输安全的当事人进行惩戒，通过对其信用贬损和一定程度的权利限制，在一定程度上可以促进社会诚信体系建设、维护铁路运营安全，且对于潜在的不文明行为有一定的教育和震慑作用。但是从另一方面来看，当前"黑名单"制度仍然存在很多漏洞，如果不加法律的规制和明确当事人救济的途径，处于垄断地位的交通运输企业的权力有可能会被滥用，乘客的权益很难保障。

一、当前铁路旅客"黑名单"制度存在的问题

（一）"黑名单"的定位与属性不明

"黑名单"的性质涉及将来消费者要以何种方式救济或者维权、向哪个主管部门提起的问题。在铁路运输领域，市场主体包括乘客、承运人和政府部

---

　* 张长青，北京交通大学法学院教授；刘振宇，北京交通大学法学院硕士研究生；丁禹中，中国农业大学国际学院 2017 级。

门。对于消费者的不良行为制定"黑名单"可能依制定主体不同分为两类：第一，政府部门对乘客不良行为的监管，包括列入失信名单、限制一定权利、公开曝光等；第二，承运人对乘客不良行为的管理，包括拒绝为其提供服务等手段。若涉及政府运用行政权力通过"黑名单"的手段处罚行为人，行为人若有异议或可依据行政诉讼解决。若涉及承运人通过"黑名单"制度拒绝为其提供服务，则可能通过民事诉讼来维护消费者自身的权益。

对于"黑名单"的定性我国学界仍然存在不同观点。在政府运用行政权力适用"黑名单"制度时，依据处罚形式的不同大致可分为以下几类：惩罚性的"黑名单"、警示性的"黑名单"、备案性的"黑名单"。在其定性上，有学者认为：惩罚性"黑名单"性质为行政处罚，警示性"黑名单"性质为行政指导，备案性"黑名单"属于内部行政行为[1]。另有学者认为，政府运用行政权力适用"黑名单"时具有混合的多重性质[2]。还有观点认为"黑名单"制度仅仅是一种政府的新型监管模式，即还承担着一部分政府信息公开的功能[3]。

当前我国铁路旅客"黑名单"的处罚多具有限权性，性质基本上都属于惩罚性"黑名单"。本文认为，对于铁路公司制定的"黑名单"的适用应当分情况进行讨论，如今对于各类情况统一适用惩罚性"黑名单"并不合理。对于第一类"黑名单"中关于倒卖车票、逃票或轻微扰乱运营秩序的行为多是由中国铁路总公司（现中国国家铁路集团有限公司）的认定作为依据，并由承运人对乘客作出的"黑名单"处罚。而在铁路政企分开后，作为市场化运营的中国铁路总公司并无行政权力，对这类行为采取限权性处罚并不具备合法性和合理性，而对于此类行为采取警示性或备案性"黑名单"更为妥当，或在这类行为达到严重程度时再采取限权性"黑名单"。

（二）缺乏立法依据和合法授权

当前铁路旅客"黑名单"的实行依据是七部委和中国铁路总公司联合发布的《意见》。而在2013年3月，《国务院机构改革和职能转变方案》中明确实行铁路政企分开，中国铁路总公司作为国有独资企业，并不具备发布部门

---

[1] 参见刘平、史莉莉："行政'黑名单'的法律问题探讨"，载《上海政法学院学报》2006年第2期。

[2] 参见秦珊珊："行政'黑名单'制度研究"，南京大学2013年硕士学位论文。

[3] 参见韩经纬："政府管制视角下的黑名单制度研究"，西南政法大学2012年硕士学位论文。

规章的权力。起草铁路监督管理的法律法规、规章草案的权力属于国家铁路局的职责范围。若发布主体为七部委和交通运输部或其下属的国家铁路局，则《意见》的制定主体就不存在问题。

国务院各部委虽然可以发布部门规章，但根据《中华人民共和国立法法》（以下简称《立法法》）的规定，对于公民权利的减损在无法律法规明确授权时不得由部门规章设定。《意见》中对于公民权利限制的内容同样缺乏立法依据和授权，限制当事人一定期限内乘坐火车等于限制了自由出行的权利，公民的自由出行权属于人身自由权下的一项具体权利，对于公民基本权利的限制应是法律保留的范围。"黑名单"制度的本质在于维护公共利益和公共安全，但其实施的依据在于对当事人品性的推测，认为其发生过不良行为，日后就有高度的再犯可能性而限制其乘车的权利，这种推测本身的合理性尚且存疑。况且，在面对扰乱秩序和危害安全的行为时有铁路公安通过行政手段及时制止，是否有必要采取禁止其一段时间内乘车的措施来维护公共安全仍有讨论空间。

（三）处罚标准不明

在《意见》中，严重危害铁路运营安全的纳入"黑名单"处罚，而对于何谓"严重"，其标准含糊其辞。当事人行为达到何种程度才为严重并未给出明确标准，这也就导致了自由裁量权过大，存在权力滥用的可能。首先，《意见》中很多行为并不属于亟待规制的严重影响铁路运行安全和生产安全有关的行为，对这类行为仍采取"黑名单"制度处罚与依据法律的其他处罚可能重复造成二次处罚。其次，这些行为的处罚并未确定明确标准，若对上述行为一律采取统一的处罚标准措施显然有失公允。

二、铁路旅客"黑名单"对公民权益的影响

（一）自由出行权

自由出行权并非宪法上明文规定的公民基本权利，但是自由出行权可理解为公民人身自由权下的应有之意，公民合理、合法的自由出行理应受到法律的保护。在非垄断性行业，即便是一家公司将消费者列入"黑名单"拒绝为其提供服务，消费者可转向其他替代性公司寻求服务。而且由于市场竞争机制的作用，公司也会慎重评估将消费者列入"黑名单"，因为这可能会影响公司的声誉或导致客户流失。但是，由于我国铁路运营基本上由中国铁路总

公司垄断，乘客无替代的铁路出行方式，乘客的自由出行权在其被列入"黑名单"后很难得到保障。

（二）享受公共服务权利——承运人强制缔约义务

公共交通服务具有很强的社会保障性和公共利益性。如果承运人可以随意拒绝消费者的正常交易需求，那么将会破坏市场交易的秩序，消费者在市场中期待利益和基本的社会保障利益可能会受到损害。乘车人在当前我国铁路运营交易环境下，只能依赖于一家经营者的服务，而且此种服务又是生活中必需的。但是，当前中国铁路总公司依据"黑名单"拒绝与相关乘客订立合同或拒绝其乘车，这显然和《中华人民共和国合同法》（以下简称《合同法》）中承运人的强制缔约义务产生了冲突。从另一角度看，中国铁路总公司对其强制缔约义务的违背也就是间接地损害了乘客对于出行的稳定期待利益。铁路运输领域承运人作为向民众提供重要生活服务的经营者，且乘客在其拒绝订立合同后无法寻求其他替代的服务，此时，除具有充分合理的理由，即有证据证明消费者有危害铁路运营秩序和安全的高度危险，否则不得限制消费者乘车。

"黑名单"制度很容易导致企业滥用其市场支配地位。在反垄断法视角下强制缔约义务的适用应满足如下条件：第一，有关企业或部门采取了不公平对待或区别性的交易行为；第二，这种区别对待有合理的理由；第三，消费者在市场中不存在合理的可以替代的选择[1]。本文认为，在铁路运输领域，满足了上述第一、三条标准，而限制乘车的合理理由也仅限严重危害运营秩序和安全的行为，除此之外其他情形均不构成限制消费者乘车权利的合理理由。

（三）平等缔约的权利

在市场竞争模式中，经营者与消费者处于平等博弈的地位，但是在公共服务部门往往具有国家政策作背书而具有天然的垄断性。为了防止此类企业侵害消费者权利，且凸显其公共服务的特性，我国《合同法》对提供公共服务的公司赋予强制缔约的义务，即非有正当理由不得拒绝与相对人订立合同，也是为了市场主体可以实质平等地订立合同[2]。

---

[1] 参见朱岩："强制缔约制度研究"，载《清华法学》2011年第1期。
[2] 参见朱岩："强制缔约制度研究"，载《清华法学》2011年第1期。

诚如拉伦茨所言:"歧视性地拒绝与他人订立合同是对人格平等的侵害"[1]。身为我国公民理应平等地享有缔结合同的权利,此时铁路公司借助其垄断地位制定黑名单将一部分公民与其他公民置于不平等的缔约地位,一定程度上侵害了这类乘客的权利[2]。

(四) 缔约自由的权利

根据《合同法》中合同自由原则,当事人可以自由选择缔结合同的相对人,即在市场中存在可替代选择,但从铁路运输服务提供者的角看,其垄断地位破坏了消费者潜在的磋商、博弈的空间,进一步催生了其单方面决定是否与这类消费者缔约的行为,消费者的缔约自由权利从实质上难以保障。

不仅如此,在宏观层面,自由竞争市场,合同当事人天然的逐利性,往往从侧面维护了消费者权利,社会整体利益也得到提升。当前特定公共服务行业无法引入市场竞争来维护消费者权利,就需要法律进行规制来维护良性的市场竞争秩序,实现社会公共利益的最大化,最终确保合同自由的理性价值得以实现。

三、当前"黑名单"制度下旅客权益易被侵害的原因

(一) 行业垄断导致的市场失灵

诚然,部分乘客是由于自身不当行为而进入"黑名单"。但在"黑名单"制度下乘客权益易被侵害的根本原因在于,我国铁路运营基本上是垄断经营,市场竞争调节机制失灵,消费者实质上不具备选择的自由[3]。比如乘坐铁路出行就只有中国铁路总公司这一个交易对象,市场调节常年处于失灵的状态。以铁路"黑名单"为例,监管部门应在市场调节机制缺失的状态下加强对"黑名单"的监管,若存在侵害乘客权益的行为,应当制止和惩戒,以防其滥用市场支配地位及法律赋予的处罚权力侵害乘客权益。但是当前铁路法律法规中并未明确此类现象的监管主体,导致权力行使时缺乏制衡和纠错的救济机制。

---

[1] 张长青、项珺:"铁路旅客黑名单制度的问题分析与破解",载《北京交通大学学报(社会科学版)》2019年第4期。

[2] 参见虞露洁:"航空旅客'黑名单'法律问题探析",华东政法大学2015年硕士学位论文。

[3] 参见张家宇:"经济法语境下黑名单制度滥用的法律规制——基于案例的整理与研究",载《中南大学学报(社会科学版)》2016年第4期。

此外，理论上讲，改制后的中国铁路总公司作为运输合同中的承运人，无权对交易相对人进行监管。相反作为垄断经营者，更应接受乘客和有关部门的监督。中国铁路总公司设置"黑名单"制度，对消费者进行管理，在无上位法律依据的情况下，反而受到行业主管部门、国家其他部委的默许和支持，这也进一步加剧了市场失灵的情况。

（二）监管缺失带来的权力滥用

政府监管可以抑制垄断经营者滥用市场支配地位及市场失灵带来的危害，但若政府的监管缺位，也会带来权力滥用的情况。以国家七部委及中国铁路总公司联合印发的《意见》为例，限制乘客乘坐火车却无明确的上位法律依据，侧面反映出了各部委的权力存在一定程度的滥用。

当前社会诚信体系并未完善，设置"黑名单"制度可以对潜在违法者起到震慑作用。但是，铁路"黑名单"的适用范围被不断扩大，很多违反道德领域要求的行为也被扩张适用。而"黑名单"制度本质上是为维护铁路运营秩序，保障铁路运输安全，但当前制度已突破了其底线，不同程度地侵害了乘客的合法权益。当前市场监管出现缺位，其他部门也缺乏对铁路公司的监督与制约，消费者无法通过合理机制平衡救济，即使诉诸法庭维权也极其困难。

四、铁路旅客"黑名单"制度立法上的完善

《意见》的制定者包括七部委及中国铁路总公司，其中失信信息采集权被赋予铁路公安及铁路工作人员，但是当前形势下法规制定主体、执行主体均发生了变化。2013年3月《国务院机构改革和职能转变方案》中将原铁道部拟订政策法规的行政职责归入国家铁路局，后又将国家铁路局整体划入交通运输部管理。此外，铁路公安局被国务院授权给中国铁路总公司领导管理，并由公安部指导，形成了双重管理的模式。所以2018年3月出台该《意见》时，虽然从职责划分的理论上，应当由交通运输部或国家铁路局联合七部委印发此《意见》，但是由于涉及铁路公安实际执行管理等问题，中国铁路总公司仍具备一定国务院授予的管理权，理论上由其联合印发也具备一定合理性。但是在2018年12月，中央政法委召开行业公安改革会议，对行业警种的归属进行了明确，铁路公安重新归由公安部直属，不再由中国铁路总公司领导，中国铁路总公司也就丧失了之前国务院授予的管理权。所以，在当前法律依

据不明的情况下，重新在立法上明确铁路旅客"黑名单"的依据和实施主体尤为重要。

（一）政府为"黑名单"制定主体的法律完善

1. 《中华人民共和国铁路法》（以下简称《铁路法》）中明确"黑名单"制度

根据我国《立法法》规定，对于公民权利的限制属于法律保留范围。在《意见》中所有限权性的"黑名单"都应由具有相应行政权力的部门进行制定和执行。包括第一类"黑名单"中涉及严重危害铁路运营秩序和安全的部分及第二类"黑名单"中限制乘坐特定席位的严重失信人。

我国目前现行《铁路法》第4章中仅是授权了铁路职工制止的权力及公安机关依《中华人民共和国治安管理处罚法》（以下简称《治安管理处罚法》）拘留的权力。对于寻衅滋事、扰乱铁路运营秩序、危害铁路运营安全的行为，中国铁路总公司是否有权将其列入"黑名单"，即在一定期限内禁止此类乘客乘车，《铁路法》并无明确规定。此外，在第5章法律责任中，当前对于此类事件皆是引用《中华人民共和国刑法》（以下简称《刑法》）《治安管理处罚法》来规制违法行为，追究当事人法律责任，但是却并未授权中国铁路总公司可以额外采取限制此类乘客乘车的处罚措施。

本文认为，从处罚性质看，对于危害铁路安全和秩序的情形在涉及刑事犯罪公诉后，禁止一定期间内乘车的处罚应由法院做出禁制令来限制，中国铁路总公司负责协助执行。但是，当行为人严重扰乱铁路运营秩序未达到刑事犯罪程度的，若确有必要限制其乘车，应当在《铁路法》第5章法律责任中明确进行规定，授权铁路公司依据公安机关的认定，将涉事人员列入"黑名单"，一定期间内限制其乘车。

2. 《铁路安全管理条例》对"黑名单"标准进行细化

《铁路安全管理条例》由国务院制定，但其中对于运营安全的条款主要是对承运人的要求及乘客禁止实施的行为列举。法律责任部分也只是依据《铁路法》授予公安机关依据《治安管理处罚法》处罚的权力，并未明确规定铁路承运人依据"黑名单"处罚的权力、处置流程、处置标准等。《铁路法》作为法律无法事无巨细地详细规定实施标准和细节，在《铁路法》中增补授权相关部门限制乘车的权力条款后，可以在"条例"中详细规定相关标准和实施细节。

本文认为，第一，在该条例第 7 章法律责任中应加入对严重危害铁路运营安全和秩序的当事人列入"黑名单"的标准，此处可以参考《刑法》中的一些数额标准、次数标准和人数标准等。如倒卖车票，可以通过设置倒卖获益数额、倒卖数额、倒卖次数和倒卖人数规模等，例如倒卖车票获益 3000 元以上为严重情形；倒卖车票被刑事处罚过 1 次或 1 年内被行政机关处罚 3 次的；向 50 人以上倒卖为严重情形，并结合具体情况认定，而对于未达到这一标准的可以设置"但书"条款，认为情节尚未达到严重程度不列入"黑名单"处罚。第二，应当在条例中明确"黑名单"制度的实施细则，即授权中国铁路总公司实施，并明确由哪个主管部门进行监管防止其滥用权力，完善列入"黑名单"人员的退出和救济机制等。

（二）中国铁路总公司为"黑名单"制定主体的法律完善

中国铁路总公司作为市场化的公司并不具备制定"黑名单"来限制乘客乘车的权力。但本文认为，中国铁路总公司作为市场主体有权根据具体情况设置自己行业内的警示性"黑名单"制度，但是其作为公共运输承运人往往要受到《合同法》强制缔约义务和《中华人民共和国反垄断法》中滥用市场支配地位的限制。当然，作为合同中的承运人，依据《合同法》的相关要求，承运人负有对乘客的安全保障义务，为了乘客的安全和乘车秩序也应当拒绝可能对秩序和安全构成威胁的人员乘车。而两种责任有时相互冲突而无法兼顾，故在法律上不应当贯彻绝对的强制缔约义务。

由于《合同法》第 289 条等规定承运人强制缔约义务，在当前《铁路法》无明确规定情况下，强制缔约义务常常和"黑名单"制度相冲突，但《合同法》中对强制缔约义务的规定并不仅限于《铁路法》，还适用于电信、电力及其他交通部门，其他行业的情况与铁路不尽相同，故若对《合同法》的条文进行增补并不合理。本文认为在《铁路法》增补相应将承运人基于合理原因限制乘车人乘车的情况作为"但书"排除在强制缔约义务之外的条款后，《铁路法》和《合同法》效力位阶同属法律，且《铁路法》相对于《合同法》属于特别法应当优先适用，故通过对《铁路法》的修改及其优先适用可以规避《合同法》中强制缔约义务与铁路旅客"黑名单"制度的冲突。

此外，本文认为，法律上应当区分"黑名单"的形式，不应一律采取限权性的处罚措施。只有在根据政府或法院提供的针对潜在的有危害公共安全和秩序高度危险的人，此时采取限权性"黑名单"拒绝与其订立合同限制其乘车不违反强制缔约义务，因为其限制乘车有上位法律的规定和法院的判决的禁制令，具有正当性。而在铁路公司自己划定的"黑名单"或非处于维护公共安全目的划定的"黑名单"时，不应一律采取限权性"黑名单"措施，可以根据其严重程度来区分是采取限权性还是警示性"黑名单"的措施，此外在处罚期限上也应当有所区别，在这种情形下，现有的铁路治安维护体系已经可以维持秩序，且有其他法律、行政法规对违反秩序行为进行规制，限制乘车的"黑名单"制度已无紧迫性和必要性，应当贯彻强制缔约义务，维护消费者的选择权和自由出行权。

五、铁路旅客"黑名单"异议救济程序的完善

当事人被列入"黑名单"后，应赋予其可能的救济途径，以保证程序正义。我国此类程序性救济机制尚无法律上的明确规定，本文建议在《铁路法》《铁路安全管理条例》中建立前置告知警示程序、后置听证、复议和诉讼等机制。

（一）告知警示程序

《合同法》规定合同当事人应负履行通知、协助、保密等基于诚实信用原则的附随义务。设置铁路"黑名单"的目的是防止乘车人实行危害铁路运营和安全的行为，从而保障运输的安全[1]。在服务过程中铁路公司也应当履行其告知警示义务，告知乘车人禁止事项并警示后果，否则可能违反自身的附随义务而不能依据相关规定作出禁止乘车等限权性处罚。

（二）听证或复议

对公民权利的限制应当遵循正当程序原则，以便防止政府权力滥用和企业滥用市场支配地位的行为。当乘客被黑名单限制乘坐火车出行时，基于程序正义的要求，应当给予当事人听证或复议的权利，允许当事人向相关机构提出质疑并举证以证明自己的真实情况。

本文认为，在《铁路法》授权中国铁路总公司可以依据法律限制失信人一定期间内乘车时，也应当同时在《铁路法》中明确中国铁路总公司"黑名单"制度的实施应当受国家铁路局及交通运输部的监督。在铁路政企分开后，

---

〔1〕 参见王子佩："中国航空旅客黑名单制度问题的法律研究"，华东政法大学 2019 硕士学位论文。

国家铁路局并入交通运输部，其承担着监管铁路运输安全和市场秩序、监督铁路运输服务质量等职责，所以理应由国家铁路局负责对中国铁路总公司进行监管，将权力放入笼子才能防止其滥用。

国家铁路局承担着起草铁路监督管理的法律法规、规章草案及各类管理办法的制定工作。在复议或听证的具体流程上应出台相关管理办法，增补对于被列入"黑名单"乘客向中国铁路总公司或作出决定的铁路公安复议的权利，并明确复议的程序等。另外铁路公司虽没有为旅客举行听证的资质，应当将"黑名单"制度的实施纳入国家铁路局的监管范围之内，并就相关人员的异议举行听证会，通过公开听证来防止权利滥用。此外也可以尝试推行行业协会等监管部门对"黑名单"处罚进行监督，乘客也可以有多种途径来救济。

（三）诉讼

在程序性救济缺失时，"黑名单"可依据制定者不同分为两类：其一，政府作为制定主体的，可参照《中华人民共和国行政诉讼法》（以下简称《行政诉讼法》）规定进行维权。其二，铁路公司作为制定主体的，其"黑名单"可能对当事人的名誉权造成贬损，由于限制出行导致当事人承受经济损失。由于现阶段的限权性"黑名单"属于铁路公司拒绝订立合同，在诉讼中无生效的合同作为依据维权，所以消费者可以从民事侵权的角度提起诉讼。在通过《合同法》上强制缔约义务维权时，由于并不存在生效合同，其法律性质更倾向于一种侵权责任或缔约过失责任。当事人可以基于自己的期待利益受到损害提出诉讼维护自身权益。

房屋商事租赁优先承租权研究

刘筠筠　张欣丽[*]

刘筠筠　张欣丽[*]

近年来，我国市场经济的迅猛发展下，商事房屋租赁关系繁多，因商事租赁为商业经营活动提供了重要的基础。然而，商事租赁中承租人的地位相较于出租人来说较为弱势。对此我国已经建立较为完善的"买卖不破租赁"制度和"优先购买权"制度，对承租人的权利增强了保护，但是随着司法实践的进程，房屋商事租赁承租人又有了享有优先承租权的需求。一直以来，我国法律与行政法规层面一直没有关于商事租赁合同"优先承租权"的相关规定。收集对比域外法的相关规定，法国学者早在 20 世纪初开始讨论商人商事营业资产与商人不动产租赁权之间的关系，并业已形成较为完备的"商事租赁续展权"制度。直至 2019 年 12 月 16 日《中华人民共和国民法典（草案）》（下文简称《民法典（草案）》）问世，我国才首次在法律层面明确引入"优先承租权"一词，将承租人的优先承租权限于房屋租赁情形。虽然《民法典（草案）》尚未正式通过，但此条规定的出现，充分表明了我国欲引入"优先承租权"规定的意向。另外，《民法典（草案）》中只匆匆带过一款，具体规定和标准尚待商榷，本文将针对优先承租权进行分析理解，并意图对房屋商事租赁中优先承租权进行研究。

一、"优先承租权"的词源

（一）铺底权

"铺底权"始于我国明清年代，一直延续到了民国时期，其制度脉络在大理院及最高法院作出的判例中清晰可辨，其针对房屋商事租赁中的承租人的

＊　刘筠筠，北京工商大学法学院教授；张欣丽，北京工商大学法学院硕士研究生。

权利进行了特别保护。我国古代的铺底权是由商人自身在长期的商业实践中形成的习惯法规则，这一规则的设立原因是我国古代水陆通商的地区及繁荣街市的店铺多有"铺底"的习惯，如河北的北平、广东的广州、江西的南昌。"铺底权者，支付租金，永久使用他人铺房之物权也。"〔1〕铺底权是铺东对房东支付租金，就铺房得为永久使用的物权。"商业以铺位为重，迁地勿良，各铺皆然。对位于优美地点的商铺，商人更是不惜作价承顶。对外则有信用关系，对内则有营业关系。"〔2〕古代设立铺底权的目的就是为了维系铺底的存在，以保铺东营业之长久。而铺东如果没有铺底权，则铺地无定，迁徙无常，既不肯投资装潢，又不能安心营业，绝非保护商务之道。〔3〕铺底权便是我国最早对于商事房屋租赁中承租人优先承租权的保护，铺底权的权利物权性质虽然不便借鉴，但是其设立的原因及立法目的值得深思，如考虑到营业地点对于商人的重要性，重视保持租赁关系中对外信用关系及对内营业关系的稳定性，这种权利的保护也使当时的商铺经营经济发展甚为繁荣。

（二）商事租赁续展权

在英国、爱尔兰、法国、比利时、荷兰、意大利等西欧国家，法律赋予了商事租赁的承租人在租赁期间届满时请求续展租约（续租）的权利。法国经过对商事租赁续展权不断地研究与实践，成了目前世界范围内对商事承租人利益保护最有力的国家。其设立商事租赁续展权的原因不乏历史因素。第一次世界大战造成了法国境内大量建筑物毁坏，从而引发了国内的不动产危机。以此为契机，法国法给予了商业承租人特殊的法律保护，即规定商事租赁合同的期限不得少于9年，而至期限届满之际，房屋承租人作为在该房屋内从事营业资产之经营者，有权请求续展租约，或者请求赔偿因被拒绝续租而遭受的损害。

事实上，法国法设立商事租约续展权的真正目的是为了保护承租人的"营业资产"的稳定，或者说防止因所有权人的意思而使承租人的企业崩溃。营业资产是法国法特有的概念，指由商业经营的有体动产（设备、工具和商品等）和无体动产（商号、招牌、租赁权和工业产权等）组成的，旨在吸引

---

〔1〕 倪宝森：《铺底权要论》，北京金华印书局1942年版，第5页。

〔2〕 王凤瀛："老佃铺底为我国特有之物权此种制度应否保存如不应保存则其已存之权利关系如何应如何整理"，载《法学会杂志》1923年第10期。

〔3〕 参见倪宝森：《铺底权要论》，北京金华印书局1942年版，第23页、第44~48页。

客户群的财产整体。营业资产作为各种有形要素和无形要素的统一体,有着超过其各个要素具有的价值总和的价值,或者说,除了各个构成要素的价值之和,还包含与顾客群相联系的增值。[1]这种营业资产保护受到许多中小企业的青睐,营业场所对于营业资产来说是必不可少的,而为了拥有营业场所,商人只有两种选择,即取得所有权或使用权。其中使用权往往就通过房屋租赁来实现。但是商人在经营起步阶段往往资金不足,难以直接购下营业场所,即便是有足够的资金购买营业场所,现实中也总是"旺铺难求"。另外,资金流动对于商人来说非常重要。如果将大量资金用于购置营业场所,会提高经营成本,增加商事经营的风险,所以商业经营中商人更愿意选择租用营业场所。[2]

(三) 优先购买权

承租人的优先购买权是当今世界各国普遍确立的一项民事法律制度。《中华人民共和国合同法》(以下简称《合同法》) 第 230 条规定:"出租人出卖租赁房屋时,应当在出卖之前的合理期限内通知承租人,承租人享有以同等条件优先购买的权利。"《民法典 (草案)》第 726 条第 1 款规定:"出租人出卖租赁房屋的,应当在出卖之前的合理期限内通知承租人,承租人享有以同等条件优先购买的权利;但是,房屋共有人行使优先购买权或者出租人将房屋出卖给近亲属的除外。"由此可见,"优先购买权"制度将继续存续在我国民法之中,由于"优先购买权"与"优先承租权"均是为了充分保护承租人的弱势地位而设立的制度,采用相似的立法命名方式更有助于公民对于法律进行理解及适用。

尽管"优先承租权"这一名词从未出现在我国的法律、行政法规之中,但是其在地方性法规中的使用却并不少见。例如《上海市房屋租赁条例》中明确给予了承租人在与第三人同等条件下的优先承租权。[3]《武汉市房屋租赁管理办法》明确在租赁期限届满时的两种情况,包括租赁合同终止以及达成续

---

〔1〕 参见沈达明编著:《法国商法引论》,对外经济贸易大学出版社 2001 年版,第 53~54 页、第 59 页。

〔2〕 参见张谷:"商法,这只寄居蟹——兼论商法的独立性及其特点",载《清华法治论衡》2005 年第 2 期。

〔3〕 参见《上海市房屋租赁条例》第 44 条。

租协议，并依据其他规定办理租赁登记备案手续。[1]《厦门市房屋租赁管理规定》规定仅在出租人愿意继续出租房屋的情况下，承租人享有优先承租权。[2]《广东省城镇房屋租赁条例》具体规定了享有优先承租权的人员先后顺序，依次是房屋共有人、原承租人。[3]《郑州市城市房屋租赁管理条例》第 20 条规定："房屋租赁期满，租赁合同终止。承租人需要继续租用的，应当在租赁期满之前提出，与出租人重新协商签订租赁合同。租赁期满，承租人在同等条件下有优先承租权。"由此看来，在我国的房屋租赁关系发展过程中，有一些地区已经出现了关于房屋租赁优先承租权设置的需求，这些地区结合本行政区域内的实际情况设置了相应的优先承租权规定，目的在于缓解纠纷，减少讼累，稳定租赁活动的秩序。有了这些地方性法规作为基础，无论是从立法成本还是司法适用角度考虑，直接援用"优先承租权"这一名词似乎毋庸置疑。

二、优先承租权的概念与性质

（一）优先承租权的概念

学界目前存在几种对于优先承租权的理解：第一种观点认为，优先承租权是在租赁合同期限终止后，出租人继续出租房屋时，承租人优先承租的权利。第二种观点认为，承租人的优先承租权属于限制性物权，不动产所有权人将其不动产出租之后，其所有权的行使反受使用权人（承租人）限制，所以不动产承租人的优先承租权只能是附条件限制的物权。但其对优先承租权所做的物权定性削弱了出租人的所有权。租赁仅仅是取得租赁物的使用权，而优先承租权本质上属于债权，是赋予承租人优先的缔约请求权。第三种观点认为，优先承租权是指租赁双方合同期限届满，租赁关系终止时，出租人再次出租房屋的情况下，原承租人享有在同等条件下优先于其他人承租不动产的权利。[4]相比之下，第三种观点似乎更加适应于我国的房屋租赁关系，也与《民法典（草案）》第 734 条第 2 款的规定一致，即"租赁期间届满，

---

〔1〕 参见《武汉市房屋租赁管理办法》第 25 条。
〔2〕 参见《厦门市房屋租赁管理规定》第 25 条。
〔3〕 参见《广东省城镇房屋租赁条例》第 21 条。
〔4〕 参见谈建平："优先承租权应被依法保护"，载《湖南农业》2003 年第 14 期。

房屋承租人享有以同等条件优先承租的权利。"〔1〕

通过概括上述观点，优先承租权的概念应当包含几个必备要素：第一，优先承租权产生前提为出租人和承租人存在合法有效的租赁合同关系；第二，行使该权利的主体为承租人；第三，该权利的客体是特定的，仅限原租赁合同中的标的物；第四，需出租人继续出租的形式要件；第五，具备"同等条件"的实质要件。

（二）优先承租权的性质

1. 债权性质

从立法本意上看，商事优先承租权的创设是为了平衡租赁双方的利益，维护商事经营稳定而设立的一项权利。它限制了出租人在签订租赁合同时选择承租人的权利，在一定程度上体现了优先承租权债权物权化的倾向。目前学界对于优先承租权的性质存在两种观点：一种观点认为优先承租权的性质确定为债权，即认为优先承租权存在的先决条件是原出租人和原承租人之间签订有合法有效的租赁合同，故该权利源于债权。另一种观点认为，优先承租权为物权或是准物权的观点多是从租赁权与优先购买权的权利性质推理而来，认为房屋所有权人出租房屋，其对房屋所有权的行使受到原房屋承租人的限制，且优先承租权还具有对抗合同外第三人的效力，这就决定了优先承租权具备了一定的物权特性。

根据分析，本文认为优先承租权为一种债权，理由如下：其一，优先承租权仅能由承租人向出租人主张，符合合同的相对性，具有债权的性质，而非物权的对抗第三人的性质。其二，该项权利仅在一定程度上限制了出租人选择缔约对象的权利，并非限制出租人对租赁房屋的所有权。其三，现行法律没有将优先承租权规定为物权的情况下，学说上将其解释为物权，显然与物权法定主义相悖。

2. 优先权性质

民事优先权的核心是一种以优先实现为内容的利益，这种利益是由民法赋予特定人享有的，由民法确认和保护。〔2〕优先权与优先承租权在概念上是种属关系，优先权包含了优先承租权，优先承租权仅为在房屋租赁这种特定

---

〔1〕 参见《中华人民共和国民法典（草案）》（2019年12月16日稿）。

〔2〕 参见杨德齐："民事优先权之概念及性质辩析"，载《西部法学评论》2009年第3期。

情形下承租人所享有的优先权，故优先权是优先承租权的上位概念，是一般与特殊的关系。

3. 期待权性质

在民事法律活动中，民事权利的取得往往不是在瞬间即可实现的，尚需经过特定的时间或依赖特定条件的实现，因此，这种与既得权相对应的权利即为期待权，是指当事人居于具备取得权利的部分要件之地位，对将来取得的完全权利所享有的受法律保护的合理期待的利益。[1]优先承租权的行使必须满足一定条件，即以双方之间存在合法有效的租赁合同为前提，在原租赁合同租赁期限届满后，出租人继续出租的，同等条件下，承租人享有优先承租权。承租人这种对于在将来租赁合同到期后自己取得续租地位的期待符合期待权的性质。

三、优先承租权的适用

（一）优先承租权应当仅适用于房屋商事租赁关系

1. 优先承租权适用于商事房屋租赁的合理性

自古以来，商人从事经营活动往往愿意租赁场地而非自购房屋，因为租赁场地更具灵活性、成本更低。加之商铺营业与房产经营究属二事，二者实难兼顾。更何况旺铺难求，租赁场地更属必然。[2]租赁期间届满之际，商业承租人如欲继续其营业，自然可以和出租人续订租赁合同。可一旦出租人单方拒绝承租人续租的请求，那么承租人将不得不迁出租赁场所。此际，承租人虽然可以另起炉灶，但其通过在租赁场所的长期经营（包括装修、广告、促销宣传等投入）所建立的客户资源就可能减少甚至完全丧失。若出租人同意续租却以明显不合理的加租为条件逼使承租人就范，承租人为了避免因为迁出租赁场所而引起客户资源流失，往往只能吞下苦果。[3]商事租赁中营业场所对于承租人的来说是建立经营业务的基石，这是因为商事承租人的商事经营活动能否有效持续下去较大程度依赖于租赁房屋的稳定性。不仅如此，商事房屋的地理位置一般处于繁华的商业地段（如商场中的店铺、市中心的

---

〔1〕 参见申卫星："期待权理论研究"，中国政法大学 2001 年博士学位论文。

〔2〕 参见金伏海："续租权与铺底权之比较"，载《比较法研究》2006 年第 4 期。

〔3〕 参见张谷："商法，这只寄居蟹——兼论商法的独立性及其特点"，载《清华法治论衡》2005 年第 2 期。

写字楼），这使得商事房屋资源较为紧俏，故而出租人掌握了主动权，商事承租人为了取得"旺铺"就处于相对被动的地位，导致租赁双方当事人在权利义务方面实质的不平等。我国目前未在房屋续租环节考虑到商人的弱势地位，未对商事租赁中租赁双方利益显著失衡的这种情况予以重视。长此以往，将会对商事经营活动的持续性发展产生不利影响，进而阻碍我国商业的繁荣发展。因此，应当赋予商事承租人优先承租权，以实现租赁双方的利益平衡。

2. 区分商事租赁与民事租赁的必要性

在合同基础关系方面，传统的民法理论认为，民事租赁合同是建立在出租人与承租人彼此信赖的基础上。出租人对于民事承租人人品的信赖是合同成立的重要基础。而商事租赁则是以利益关系作为基础，商事承租人只要愿意支付足够的租金给出租人，出租人一般都会将自己的房屋出租给商事承租人，以便其开展商事经营活动。[1]在一般民事房屋租赁合同中，出租人可以拒绝继续出租房屋给承租人，且不给任何补偿。因为对于民事承租人而言，租金价格往往才是承租人在承租房屋时考虑的最主要的因素，房屋所在的地理位置虽然重要，但一般而言不会起主导作用。而在商事租赁中，基于经营地点所建立起的商誉、客源等是商事承租人重要的无形资产，房屋续签是否存在障碍，对于商事承租人而言尤为重要，故应赋予商事承租人优先续租权。[2]

基于我国民商合一的立法体例，我国现行《合同法》关于不动产租赁的相关规定，主要还停留在民事租赁的思维中，缺乏对不动产商事租赁的相关规定，但实际上民事租赁和商事租赁两者间从用途和特点上都有所不同，随着商业的繁荣发展，已经出现了一般民事法律规则无法规制的情形，再继续对其概括地规制已经无法满足我国的现实需要。

事实上，我国对于不动产早已依用途不同作出了居住用房和经营用房租赁的区分，根据《中华人民共和国城市房地产管理法》（以下简称《城市房地产管理法》）第55条的规定："住宅用房的租赁，应当执行国家和房屋所在地城市人民政府规定的租赁政策。租用房屋从事生产、经营活动的，由租赁双方协商议定租金和其他租赁条款。"此规定将房屋的租赁分为两大类，一

---

〔1〕 参见张民安、龚赛红："商事经营场所租赁权研究"，载《当代法学》2006年第4期。

〔2〕 参见张良："民法典编纂背景下我国《合同法》分则之完善——以民事合同与商事合同的区分为视角"，载《法学杂志》2016年第9期。

类是"住宅用房的租赁",即人们为了基本的生存、身有居所而进行的房屋租赁活动,居住用房是人类生活必不可少的基本物质条件;另一类则是为了满足"经营活动""从事生产"而形成的房屋租赁关系,经营者所租赁的房屋是其从事经营的必要场所,通过原始资金的投入和长时间的运作,租赁房屋成为其生产资料必不可少的一部分。

由此看来,本文认为在适用优先承租权的过程中,民法典可以援用《城市房地产管理法》中对于房屋性质的区分,并将优先承租权的适用范围限定于商事房屋租赁关系,即只适用经营用房的承租人。一般的民事居住用房的租赁合同没有必要规定承租人的优先承租权。这是因为普通住房租赁关系中,虽然承租人除租金之外也投入了一定资产对住房进行改造,但是这种投入目的是维持生活住宅所需,与商事租赁相比较是十分有限的。商事租赁的不动产装饰、装修、改造具有强烈的从事商业活动的目的,投入金额远远大于普通住房租赁,在经营过程中附着在不动产之上营业资产往往较大,不适宜经常性、随意性地变换经营场所。将优先承租权限定于商事房屋租赁更有利于房屋租赁制度中的利益平衡,也能使商人更加用心地投入经营,从而出租人与承租人之间互助互利,构建稳定的不动产租赁关系。

(二)优先承租权行使的构成要件

1. 限定权利人资格

商事租赁的承租人应当同时具备公法与私法上的营业资格。公法资格即承租人应当在政府相关部门登记,要求承租人必须是从事工商业经营的商法人、商合伙、商个人等商主体,商事承租人必须依照法定程序成立。私法资格即商事租赁承租人应当在租赁场所进行营业资产的经营,租赁场所应当用于商事经营活动。这意味着商事承租人真正存在营业资产,属于营业资产所有人。这包括真实、有效、现实存在的而非潜在的顾客群体。除了具备身份上的要求外,还要求商事主体应当持续不断地从事某些以营利为目的商行为。若商事承租人在租赁场所内没有从事商事经营活动,那就不存在顾客群、商誉等无形资产一说,自然就不需要优先承租权对其进行专门的保护。

2. 租赁合同双方当事人之间存在长期合法的租赁关系

在商事租赁合同中,承租人为追求营利,会对租赁的房屋进行大量投入,如装饰装修、加大营销宣传,尽可能增加该房屋的附加价值,以期望吸引更多的顾客,形成品牌效应和强大的竞争力。在短期租赁和不定期租赁中,商事承租人未有长期租赁的考虑，往往也不会对租赁的房屋进行过多地投入，即使不续租亦不会对其产生太大的影响。此时租赁双方的信赖基础较为薄弱，赋予商事承租人该项权利并无必要。但若是在不定期租赁合同中，商事承租人连续租赁该房屋满5年，基于与跟长期租赁一样在当地已经建立起一定的优良商誉和较为稳定的客源，且对租赁房屋投入较高，应当赋予承租人优先承租权。

3. 同等条件

优先承租权中同等条件的标准，可以参照承租人在同等条件下的优先购买权的标准进行调整，对于优先购买权的同等标准存在几种不同的观点：第一种观点认为应采"绝对同等说"，即认为承租人的认购条件与其他买受人绝对相同或者完全一致，不差毫厘。第二种观点认为应采"相对同等说"，即认为承租人购买条件与其他买受人的条件大致相等则可认定为同等条件。这种观点目前占大多数。[1]第三种观点认为，同等条件主要指价格的同一，如果出租人基于某种特殊原因给予其他买受人一种较优惠的价格，而这些特殊原因能以金钱计算，则应折合金钱加入价格之中，如果不能以金钱计算，那么应以市场价格来确定房价。[2]本文认为，第一种观点过于严苛，应用到实践中会使承租人的权利难以真正实现，第三种观点中确定价格的方式过于繁杂，特殊原因可能很难得出确定的价格，所以第二种观点更为合理，可以符合现实的需要。目前在我国的司法实践中，优先购买权适用时一般将同等条件视为同等价格，如果法律法规另有规定的，同等条件还包括法律法规规定的限制条件，当事人原来合同中有明确约定条件的，可以成为同等条件的组成部分，但约定不能违反法律规定。[3]

承租人行使优先购买权后取得房屋的所有权，实质上是不动产物权的转移，在承租人与出租人订立了合法有效的房屋买卖合同后，承租人就成为买受人，取得了房屋的所有权，出租人则成了出卖人，履行合同义务后，出卖人与原租赁合同房屋再无支配、占有、使用、处分及收益的关系。而承租人行使优先承租权后，承租人与出租人的地位没有改变，出租人对原租赁合同

---

〔1〕 参见李少华："法定优先购买权的法律性质、效力及实现"，载《当代法学》2003年第2期。

〔2〕 参见王家福主编：《中国民法学·民法债权》，法律出版社1991年版，第650页。

〔3〕 参见蔡福华：《民事优先权研究》，人民法院出版社2000年版，第90页。

房屋仍然具有所有权，是承租人与出租人租赁关系的延续。此时租赁房屋的同等条件不能只包含价格，还应当将租金、租金的支付期限、支付方式、出租方式（部分出租或整体出租）及租赁用途等因素均考虑在内作出判断。这些条件的变化会对出租人的利益产生影响，出租人从合理使用其房屋提高其经济效益的角度出发决定改变租赁模式是其行使房屋所有权权能的体现。

4. 出租人有继续出租房屋的意思表示

当出租人将其所有的房屋出租给商事承租人时，表明其自愿让渡出房屋的使用权给承租人，且出租人的房屋所有权将受到租赁合同中权利义务关系的限制和约束。当房屋租期届满后，若出租人具有继续出租的意思表示，则商事承租人可以表明其愿意续租，并在同等条件下具有优先第三人的承租权。若出租人选择收回房屋自用，此时出租人并无将房屋继续出租的意愿，出于保障出租人自身生产生活的需要，维护租赁双方的利益平衡，对承租人的特别保护不能侵害出租人对自己所有的不动产的处分权，商事承租人在这种情况下不能行使优先承租权。

5. 商事承租人应在合理期限内明确表示续租

商事承租人在租赁期限届满前请求继续延续租约，承租人继续承租的意思必须表示出来，并按法定方式向出租人提出续租的请求，出租人作出同意的意思表示，租赁双方达成续租合意后，才发生续租效力。

法律关系长期悬而未决会导致更多的法律纠纷，在此情形下有可能侵害承租人、出租人及第三人三方当事人的权利，因此需要界定"合理期限"来限制行使优先承租权的有限期限，在合理期限经过之后，商事承租人就失去了行使优先承租权的资格。另外，"法律不保护在权利上睡眠的人"，商事承租人享有的优先承租权应当由承租人自己主动行使，且应当在租赁期限届满前3个月向出租人明确表达继续租赁的意愿。若商事承租人无正当理由，未在合理期限内向出租人作出续租的意思表示，出租人可以及时收回该商铺或者进行转租。

（三）排除优先承租权的正当理由

1. 商事承租人的适格

适格的商事承租人要求商事承租人与出租人之间存在被赋予续租权利的对象主要是商事承租人。商事承租人存在违反法律规定的情形下，承租人丧失行使优先承租权的资格。商事承租人违反法律规定，根据我国《合同法》

的规定，承租人将房屋违法转租的，出租人有单方合同解除权，合同解除权是形成权，无需承租人意思表示即可生效，出租人解除合同的意思表示到达承租人时，租赁合同权利义务关系归于结束，实际上出租人对合同解除权的行使就排除了承租人优先承租权的适用。另外，根据利益平衡理论，商事房屋租赁的优先承租权的制度设计实质上是为了保护相对弱势的商事承租人，这种非法转租的行为不仅违反了租赁合同之义务，而且还对出租人的所有权构成了侵害，这种情形下可以视为承租人自动放弃了自己续租的权利。因此，商事承租人存在违法转租之行为时，不应当享有优先承租权。

对存在拖欠租金或存在其他重大违约情节的承租人，由于商事承租人自主打破了与出租人长期有效的商事租赁关系，商业承租人需要承担相应的违约赔偿责任。另外，拖欠租金等房屋租赁中的重大违约情节将出租人置于了风险之下，若再赋予商事承租人优先承租权，就对出租人的利益造成了损害，对于承租人也就构成了过度的保护，不利于当事人利益的平衡。

2. 出租人收回租赁场所

在商事房屋租赁的情形下，构成要件包括"出租人有继续出租房屋的意思"，也就是说，只有在出租人自愿将房屋继续对外出租时，商事承租人才具有优先承租权。

四、优先承租权的冲突解决及救济

（一）优先承租权与房屋共有人优先承租权冲突

租赁合同到期后，商事承租人向出租人主张延续租约，若房屋共有人同时主张承租该房屋的，两者之间就发生了优先承租权的冲突。在我国优先购买权制度中，共有人行使权利之顺位排在承租人之前。根据《中华人民共和国物权法》第101条规定："按份共有人可以转让其享有的共有不动产或者动产份额。其他共有人在同等条件下享有优先购买的权利。"《合同法》第230条规定："出租人出卖租赁房屋的，应当在出卖之前的合理期限内通知承租人，承租人享有以同等条件优先购买的权利。"在《民法典（草案）》第726条第1款更是做出了优先购买权冲突的解决途径："出租人出卖租赁房屋的，应当在出卖之前的合理期限内通知承租人，承租人享有以同等条件的优先购买的权利；但是，房屋共有人行使优先购买权或者出租人将房屋出卖给近亲属的除外。"由此可见，在优先购买权中房屋共有人的购买权是当然优先于承租人的。

而在商事租赁优先承租权的适用中，若与房屋共有人的优先承租权发生冲突又当如何呢？应当认定房屋共有人的优先承租权优先于承租人的优先购买权。主要有两个原因，第一，当房屋共有人要求承租房屋时，主张承租的共有人既是承租人又是出租人之一，对内是共有人对其权利进行处分，对外等同于所有权人将该房屋收回自用，可以理解为此房屋出租人不具备完整的继续出租给商事承租人的意思表示，此时商事承租人的优先承租权的行使就缺少了一个必备构成要件。第二，从经济层面来看，共有人承租该房屋，可以实现房屋所有权和使用权的结合，更加利于房屋经济效益的发挥，而且一般而言，共有人在对房屋使用和进行维护时，更加尽心尽力，可以更加有效实现房屋的使用价值。[1]

（二）合法转租情形下承租人与次承租人优先承租权的冲突

我国《合同法》第 224 条第 1 款规定："承租人经出租人同意，可以将租赁物转租给第三人。承租人转租的，承租人与出租人之间的租赁合同继续有效，第三人对租赁物造成损失的，承租人应当赔偿损失。"也就是在出租人同意的情况下，承租人可以将房屋进行转租。由此产生了次承租人是否享有优先承租权的争论。一种观点认为转租行为或取得出租人的同意或依据自由主义，所以不管是承租人还是次承租人均可享有优先承租权，其中次承租人作为房屋的直接占有使用者，其享有的优先承租权更优先；还有一种观点认为基于合同相对性原则，次承租人与出租人不直接发生关系，次承租人不应享有优先承租权。本文比较赞同第二种观点，优先承租权具有一定的专属性，其产生的基础是出租人与承租人之间的租赁关系，而次承租人的承租权则基于其与承租人之间的转租合同，并不直接与出租人发生法律关系，对于次承租人的续租权不宜加以特别保护。

（三）出租人恶意转租的救济

租赁合同双方当事人在合同期限届满之际，承租人明确表达了其具有续租的意愿，但出租人与第三人恶意串通，通过提高房屋租赁条件或者提出其他的一些过高甚至过分的要求，企图达到让承租人放弃其行使优先承租权或者迫使承租人不得不以更高更严苛的条件与出租人签订续租合同的目的。此

---

〔1〕 参见孙惠琴："论房屋承租人的优先承租权"，西南政法大学 2016 年硕士学位论文。

时如果出租人拒绝继续出租给商事承租人，承租人将不得不迁出原本的经营场所，其原来经营所积累起来的有形资产、无形资产均面临着损失。有形资产包括商事承租人对经营场所进行的装饰、装修以及修缮，无形资产包括长期经营的商誉、顾客流量等。在这种情形下，商事承租人可以向人民法院提起诉讼对自己进行权利救济。第一种救济方式为请求法院确认出租人与第三人签订的租赁合同为无效合同，并请求法院判定自己愿意依据出租人与第三人约定的"同等条件"继续与承租人续签租赁合同。第二种救济方式是商事承租人就其营业资产所受的巨大损失（包括有形资产和无形资产的损失）向法院主张出租人侵犯了其优先承租权，在损失范围内进行损害赔偿。这一救济方式考虑到了由于出租人的恶意出租行为导致出租人与承租人的关系恶化，如果继续签订租赁合同可能在将来会出现更多损害彼此利益的情况。因此，在出租人恶意转租的情形下，给予商事租赁承租人选择救济的权利更有利于保护承租人的合法利益。

五、结　语

首先，商事租赁优先承租权目前在法律没有明确的规定，但其并非是一个全新的概念。早在中国古代就存在"铺底权"对商事承租人予以保护。域外法领域如法国、爱尔兰等欧洲国家早已确立了商事租约续展权。另外，以房屋租赁的购买权制度为基础，我国许多地方性法规也有着优先承租权的影子，将优先承租权上升至法律层面的进程似乎已成必然，只是立法需要更多的时间去斟酌。其次，《民法典（草案）》中对于优先承租权的规定不够具体和完善，保护的对象为全部民事租赁承租人，但上文已经论述区分一般民事租赁和商事租赁的必要性，对于一般的居住性房屋租赁没有必要过度保护承租人的续租权，但是对于营业性房屋租赁，设置商业承租人的优先承租权确有必要。最后，我国欲引入优先承租权制度，还应当在制度的设计上更加具体化，避免法律适用过程中发生更多的冲突，有画蛇添足之嫌。

驾驶证注销可恢复是否属于"无证驾驶"

余香成 *

一、裁判要旨

根据《机动车驾驶证申领和使用规定》第 77 条规定，对超过有效期 1 年的驾驶证，车辆管理部门应当注销该驾驶证，且在该被注销的驾驶证未收回时，应当公告作废。因此，在超过有效期 1 年未进行换证时，该驾驶证的法律状态属于应被收回，进行注销、作废状态，驾驶证登记的驾驶人亦不得驾驶机动车，其已丧失驾驶资格。驾驶人在未经法定程序恢复驾驶资格却驾驶机动车时，属于未取得驾驶资格或未取得相应驾驶资格。

二、案件事实

（一）基本案情[1]

2019 年 2 月 16 日 18 时 55 分许，原告高某驾驶赣 C9GXXX 小客车由万载县化炮城方向沿 320 国道往万载县粮食储备库方向行驶，当车行至沪瑞线 320 国道 988KM+510M 处，碰撞行人高继某，造成车辆受损，高继某受伤后经医院抢救无效死亡的道路交通事故。该事故经万载县公安局交通警察大队认定，由高某负事故主要责任，高继某负事故次要责任。同年 3 月 19 日，经交警部门组织调解，高某与死者家属达成赔偿调解书，由高某承担事故中车辆修配费、高继某的医疗费，并一次性赔偿高继某死亡赔偿金、丧葬费、抚养费、精神损害抚慰金等一切费用共计 485 000 元。以上费用高某已经全部赔偿

---

* 余香成，江西锦成律师事务所高级合伙人、副主任。

〔1〕 参见江西省万载县人民法院（2019）赣 0922 民初 1091 号民事判决书。

完毕。

经查，原告高某为其车辆赣 C9GXXX 在被告中国太平洋财产保险股份有限公司江西分公司（以下简称太平洋财保江西公司）购买了交强险，本次事故发生在保险期间内。原告于 2012 年 1 月 16 日取得准驾车型 C1E 的机动车驾驶证，有效期限自 2012 年 1 月 1 日至 2018 年 1 月 16 日。该驾驶证到期后，原告并未按规定换领新的驾驶证。后原告申请了相关的业务考试，于 2019 年 4 月 4 日起恢复驾驶资格，其驾驶证有效期限自 2018 年 1 月 16 日至 2028 年 1 月 16 日，副页记录中记载"自 2019 年 4 月 4 日起恢复驾驶资格"。因协商不成，原告高某将被告太平洋财保江西公司诉至江西省万载县人民法院，请求判令被告在交强险死亡伤残赔偿限额范围内支付保险金 11 万元。

太平洋财保江西公司辩称：本次事故发生时，被保险机动车驾驶人高某构成无证驾驶，不具有相应的驾驶资格，答辩人依法不承担本案交强险的理赔责任。

1. 原告持注销驾驶证驾车属于无证驾驶。原告虽然于 2012 年 1 月 16 日取得了准驾车型为 C1E 的驾驶证，但其未依法在驾驶证有效期届满的 2018 年 1 月 16 日前换领新驾驶证，原驾驶证因此被注销。其驾驶证状态现虽为"注销可恢复"，但原告在涉案交通事故发生时并未依法恢复驾驶资格，当时仍处于无合法驾驶资格状态。故依法应当认定原告在涉案交通事故发生时属于无证驾驶机动车。交警部门虽然在认定涉案交通事故责任时未明确原告存在无证驾驶的违法行为，但不能因此推定原告非无证驾驶，即不能否定其无证驾驶的客观事实。根据《机动车驾驶证申领和使用规定》第 77 条规定，机动车驾驶人超过机动车驾驶证有效期 1 年以上未换证的，车辆管理所注销其机动车驾驶证。被注销机动车驾驶证未超过 2 年的，机动车驾驶人参加道路交通安全法律、法规和相关知识考试合格后，可以恢复驾驶资格。故没有经过法定程序，其驾驶证处于"注销可恢复"状态的驾驶人不具有驾驶资格，发生交通事故时原告的行为属于无证驾驶机动车。[1]结合原告提供的换领新驾驶证副页记录"自 2019 年 4 月 4 日起恢复驾驶资格"，亦足以证明原告自 2019 年 1 月 16 日原驾照被注销至 2019 年 4 月 3 日期间已不具有相应的驾驶资格。而本次事故发生于 2019 年 2 月 16 日，事故发生时原告并不具有驾驶资格，属

---

[1] 参见江西省宜春市中级人民法院（2017）赣 09 民申字第 59 号民事裁定书。

无证驾驶。

2. 无证驾驶依法不属于交强险的理赔责任。根据《最高人民法院关于审理道路交通事故损害赔偿案件适用法律若干问题的解释》（以下简称《道交司法解释》）第 18 条及国务院《机动车交通事故责任强制保险条例》第 22 条规定，驾驶人未取得驾驶资格的，保险公司不承担交强险理赔责任。本案驾驶人无证驾驶发生交通事故致人损害，保险公司仅在交强险限额内承担垫付责任，但鉴于原告已实际赔付受害人全部损失，故答辩人在本案中依法无须承担交强险垫付责任。

综上，根据《中华人民共和国道路交通安全法》（以下简称《道路交通安全法》）第 19 条规定，该规定严禁无证驾驶即无驾驶资格驾驶机动车。案涉交通事故发生时，高某驾驶证当前状态为注销可恢复，根据《机动车驾驶证申领和使用规定》第 77 条第 1 款（7）项、第 2 款、第 3 款以及《机动车交通事故责任强制保险条例》第 22 条第 1 款（1）项、《机动车交通事故责任强制保险条款》第 9 条的规定，高某在尚未恢复驾驶资格期间，驾驶车辆应属无证驾驶。[1]据此，鉴于原告于涉案交通事故发生时无驾驶资格，故答辩人依法不应承担交强险理赔责任。同时，鉴于交强险属于法定保险和强制保险，交强险理赔责任已由我国法律和相关司法解释作出规定，故对于无证驾驶交强险法定免责条款保险公司无须履行明确说明义务。据此，恳请贵院依法驳回原告的全部诉讼请求。

（二）一审法院裁判

一审法院认为，《中华人民共和国道路交通安全法实施条例》（以下简称《道路交通安全法实施条例》）第 28 条规定，机动车驾驶人在机动车驾驶证丢失、损毁、超过有效期或者被依法扣留、暂扣期间以及记分达到 12 分的，不得驾驶机动车。《机动车驾驶证申领和使用规定》第 77 条规定，机动车驾驶人超过机动车驾驶证有效期 1 年以上未换证的，车辆管理所注销其机动车驾驶证。被注销机动车驾驶证未超过 2 年的，机动车驾驶人参加道路交通安全法律、法规和相关知识考试合格后，可以恢复驾驶资格。而在 2019 年 2 月 16 日事故发生时，原告驾驶证有效期早已在 2018 年 1 月 16 日届满，其虽然在事故发生后换领了驾驶证即 2019 年 4 月 4 日起恢复了驾驶资格，但在本案

---

〔1〕 参见四川省高级人民法院（2015）川民申字第 1556 号民事裁定书。

事故发生时，原告的驾驶证有效期已届满，在恢复驾驶资格之前，原告无合法驾驶资格，不得驾驶机动车。原告持已超过有效期1年以上的驾驶证驾驶机动车发生交通事故造成第三者伤亡，根据最高人民法院《关于审理道路交通事故损害赔偿案件适用法律若干问题的解释》（以下简称《道交司法解释》）第18条的规定："有下列情形之一导致第三人人身损害，当事人请求保险公司在交强险责任限额范围内予以赔偿，人民法院应予支持：①驾驶人未取得驾驶资格或者未取得相应驾驶资格的……保险公司在赔偿范围内向侵权人主张追偿权的，人民法院应予支持……"，可见，当事人可请求保险公司在交强险限额内对第三人的人身损害进行赔偿，但该法条同时也明确了保险公司在赔偿范围内对侵权人享有追偿权，且本案中第三人的损失原告已经赔偿完毕。因此，被告不需再对原告进行赔偿。

据此，江西省万载县人民法院于2019年6月28日作出（2019）赣0922民初字第1091号民事判决：驳回原告高某要求被告太平洋财保江西公司在交强险限额内赔付110 000元的诉讼请求。

（三）二审法院裁判[1]

原告高某不服一审判决，向江西省宜春市中级人民法院提起上诉，上诉称：（1）宜春市公安局交警支队车辆管理所于2019年3月28日受理高某恢复驾驶资格的申请，于2019年4月4日考试预约复核，制证并归档，高某换证日期为2019年4月4日；（2）高某于2012年1月16日就已经取得C1E机动车驾驶资格及驾驶证，2019年2月16日其驾驶赣C9GXXX号车时，不属未取得驾驶资格。恢复驾驶资格是对高某未按规定换领新的驾驶证的一种行政处罚，不是完全剥夺其原已领取的驾驶资格，只要能参加科目一理论考试，即可恢复驾驶证，万载县公安局交警大队道路交通事故认定书并未认定高某无驾驶资格驾驶。而要重新取得驾驶资格，不仅要参加科目一理论考试，而且要参加科目二、科目三等驾驶运用技能考试。一审将"恢复驾驶资格"等同于"驾驶人未取得驾驶资格或者未取得相应驾驶资格的"，属认定事实错误；（3）本案交通事故发生是高某驾车在雨天和容易发生危险路段行驶，未降低行驶速度，遇行人横过未及时避让，行人高继某横过道路时，未确保安全后通过，与高某驾驶证处于恢复期没有法律上的因果关系；（4）《机动车交

---

[1] 参见江西省宜春市中级人民法院（2019）赣09民终字第1584号民事判决书。

通事故责任强制保险条款》第9条第1款第（1）项规定，驾驶人未取得驾驶资格的，垫付抢救费，对其他损失和费用，保险人不负责垫付和赔偿。交强险是强制商业保险，投保人在投保时，保险人未对投保人提示和说明"驾驶证逾期换领新证，就会自动丧失驾驶资格。"根据《中华人民共和国合同法》第41条相关规定，对格式条款首先应当按通常理解予以解释，该通常解释不能是当事人自己的理解，而是法定理解方式，只有两种以上通常解释，才能作出对格式条款提供方不利的解释。驾驶证逾期换领新证，不属未取得驾驶资格。综上，一审判决认定事实不清，证据不足，适用法律不当，请求二审法院查明事实，撤销一审判决，改判太平洋财保江西公司在交强险伤残限额赔偿高某11万元。

二审法院认为，高某在其驾驶证超过有效期限1年后驾驶机动车，违反了法律的禁止性规定。《道路交通安全法实施条例》第28条规定："机动车驾驶人在机动车驾驶证丢失、损毁、超过有效期或者被依法扣留、暂扣期间以及记分达到12分的，不得驾驶机动车。"《机动车驾驶证申领和使用规定》第77条第1款第（7）项规定："机动车驾驶人具有下列情形之一的，车辆管理所应当注销其机动车驾驶证：……⑦超过机动车驾驶证有效期1年以上未换证的……"第2款规定："有第1款第（2）项至第（10）项情形之一，未收回机动车驾驶证的，应当公告机动车驾驶证作废。"第3款规定："有第1款第（7）项情形被注销机动车驾驶证未超过2年的，机动车驾驶人参加道路交通安全法律、法规和相关知识考试合格后，可以恢复驾驶资格。"根据上述规定，对超过有效期1年的驾驶证，车辆管理部门应当注销该驾驶证，且在该被注销的驾驶证未收回时，应当公告作废。因此，在超过有效期1年未进行换证时，该驾驶证的法律状态属于应被收回，进行注销、作废状态，驾驶证登记的驾驶人亦不得驾驶机动车，其已丧失驾驶资格。驾驶人在未经法定程序恢复驾驶资格却驾驶机动车时，属于未取得驾驶资格或未取得相应驾驶资格。本案事故发生时，高某的驾驶证已超过有效期1年以上，不具有驾驶资格而驾驶机动车发生事故，负事故主要责任，属于本案交强险约定的免除太平洋财保江西公司赔偿责任的情形。同时，亦可认定属于《道交司法解释》第18条规定的情形，故一审判决驳回高某的诉讼请求，符合本案事实，于法有据。

据此，2019年10月16日，江西省宜春市中级人民法院作出终审判决：驳回上诉，维持原判。

三、相关法律争议问题分析

本案主要涉及以下5个法律争议问题：1. 驾驶证超过有效期的法律后果是什么？2. 如何界定"驾驶人未取得驾驶资格或者未取得相应驾驶资格"？3. 违法驾驶情形下交强险的垫付与追偿如何处理？4. 交强险法定免责条款是否适用保险格式条款明确说明及不利解释规则？5. 交强险法定免责条款是否属于"事故原因免责"条款？

（一）驾驶证超过有效期的法律效力

1. 关于驾驶证有效期问题

根据《机动车驾驶证申领和使用规定》第11条和《道路交通安全法实施条例》第26条规定，机动车驾驶证有效期分为6年、10年和长期，每个记分周期均未达到12分的，从6年到10年，10年再到长期，依次换发。

2. 关于驾驶证超过有效期问题

驾驶证超过有效期的几种驾车情形				
序号	超过有效期未换证的类型	法律后果	驾车性质	法律依据
1	超过有效期不满1年	驾驶证有效期届满前90日至届满后1年内均可换证	不能视为无证驾驶	《机动车驾驶证申领和使用规定》第57条
2	超过有效期1年以上不满2年	驾驶证注销可恢复，未收回驾驶证的公告作废（即"驾驶证公告停止使用"）	驾驶资格中止后的无证驾驶行为	《机动车驾驶证申领和使用规定》第77条第1款第（7）项、第2款、第3款、国务院法制办《关于对〈中华人民共和国道路交通安全法〉及其实施条例有关法律条文的理解适用问题的函》的答复
3	超过有效期2年以上	驾驶证注销不可恢复	无证驾驶	《道路交通安全法》第19条第1款

驾驶证过期不到 1 年，尚未被注销，此时驾驶机动车是否属于无证驾驶?[1]

答：《机动车驾驶证申领和使用规定》第 77 条第（7）项[2]规定："超过机动车驾驶证有效期 1 年以上未换证的"，应当注销其机动车驾驶证。未收回机动车驾驶证的，应当公告驾驶证作废。而题目表述驾驶证过期不到 1 年，且车管所也未注销驾驶证，不能视为无证驾驶。另外，在《机动车交通事故责任强制保险条例》第 22 条中使用的是"未取得驾驶资格"，而不是"无证"的表述。

3. 关于驾驶证超过有效期的法律后果

根据《道路交通安全法实施条例》第 28 条规定，机动车驾驶人在机动车驾驶证超过有效期的，不得驾驶机动车。结合《机动车驾驶证申领和使用规定》第 77 条，驾驶人所持驾驶证超过有效期 1 年以上未换证，车辆管理部门依法应注销其驾驶证并公告该驾驶证作废。而事故发生在驾驶证被注销作废期间，驾驶人高某持被注销的已作废的驾驶证驾驶机动车的行为应当认定为"无证驾驶"。"恢复驾驶证资格"意味着驾驶资格未被恢复之前，驾驶人不具有相应的驾驶资格，参照 2005 年 12 月 5 日国务院法制办对《关于对〈中华人民共和国道路交通安全法〉及实施条例有关法律条文的理解适用问题的函》的答复第 3 条"关于对驾驶证被公告停止使用的驾驶人驾驶机动车的处罚问题"规定，驾驶证被注销期间继续驾驶机动车的，在性质上属于驾驶资格中止后的无证驾驶行为。[3]顾名思义，"恢复驾驶资格"的意思就是，原来具有的驾驶资格已经丧失，经过法定程序之后，驾驶资格恢复原状。上诉人高某认为"恢复驾驶资格"之前其仍然具有合法的驾驶资格，与经法定程

---

[1] 参见苗滋勇、田文艺：《基层交通民警岗位培训学校系列丛书：道路交通管理手册——车辆及驾驶人管理问答》，中国人民公安大学出版社 2013 年版，第 114 页。

[2]《机动车驾驶证申领和使用规定》于 2012 年 9 月 12 日公布，2013 年 1 月 1 日施行，2016 年 1 月 29 日修正，自 2016 年 4 月 1 日起施行。原规定第 67 条第（7）项修改为第 77 条第（7）项。

[3] 参见 2005 年 12 月 5 日国务院法制办对《关于对〈中华人民共和国道路交通安全法〉及实施条例有关法律条文的理解适用问题的函》的答复第 3 条"关于对驾驶证被公告停止使用的驾驶人驾驶机动车的处罚问题"规定："根据《道路交通安全法》第 24 条和《道路交通安全法实施条例》第 25 条的规定，驾驶证被公告停止使用后，驾驶人仍继续驾驶机动车的，在性质上属于驾驶资格中止后的无证驾驶行为；在适用处罚上，根据过罚相当的原则，可以按照未取得驾驶证而驾驶机动车的处罚规定适当从轻处罚。"

序后可"恢复驾驶资格"的法律规定相悖，显然混淆了"持有机动车驾驶证"和"具有相应驾驶资格"两个完全不同的法律概念。原一、二审判决将驾驶证超过有效期被公告停止使用（"公告作废"）之后且"恢复驾驶资格"之前的驾驶行为认定为"驾驶人未取得相应的驾驶资格"的无证驾驶行为，符合法律规定，亦有利于督促驾驶人遵章守法。

4. 关于驾驶证注销的法律性质："注销"不是行政处罚

公安部交通管理局于 2016 年 4 月 1 日实施的《机动车驾驶证业务工作规范》第 3 章第 3 节"注销和恢复驾驶资格"中，第 27 条规定了有关车辆管理所办理申请注销机动车驾驶证业务的流程和具体事项，第 28 条规定了车辆管理所办理注销机动车驾驶证业务的流程和具体事项，第 29 条规定了车辆管理所办理注销机动车驾驶证业务或者计算机管理系统依法自动注销机动车驾驶证时，未收回机动车驾驶证的，档案管理岗每月从计算机管理系统下载并打印机动车驾驶证注销信息，由公安机关交通管理部门公告机动车驾驶证作废。有条件的，可以通过信函、手机短信等方式告知机动车驾驶人。车辆管理所未依法履行职责的，应当承担相应责任。注销机动车驾驶证是一种管理措施，不是行政处罚。因此，未经公告注销机动车驾驶证的行政行为仍然有效。[1]

（二）未取得驾驶资格或者未取得相应驾驶资格的界定

"无证驾驶"并非严格意义上的法律概念。我国现行道路交通法律、法规也未使用"无证驾驶"的概念，而仅在《道路交通安全法》第 19 条规定："驾驶机动车，应当依法取得机动车驾驶证。……驾驶人应当按照驾驶证载明的准驾车型驾驶机动车；……"以及《道路交通安全法实施条例》第 28 条规定："机动车驾驶人在机动车驾驶证丢失、损毁、超过有效期或者被依法扣留、暂扣期间以及记分达到 12 分的，不得驾驶机动车。"国务院《机动车交通事故责任强制保险条例》第 22 条表述为"驾驶人未取得驾驶资格"，而《道交司法解释》第 18 条则表述为"驾驶人未取得驾驶资格或者未取得相应驾驶资格"，均未直接使用"无证驾驶"的概念。最高人民法院民一庭对此作了进一步解读："有意见提出，'未取得驾驶资格'不能涵盖所有无驾驶资格的情况，'未取得驾驶证'、驾驶证'暂扣期间'、'吊销后'、'扣留期间'、

---

〔1〕 参见苗滋勇、田文艺：《基层交通民警岗位培训学校系列丛书：道路交通管理手册——车辆及驾驶人管理问答》，中国人民公安大学出版社 2013 年版，第 111~113 页。

'驾驶证超过有效期'、'准驾不符'、'计分满 12 分'、'驾驶证被公告停止使用'、'持部队驾驶证驾驶地方机动车'、'持境外驾驶证驾驶机动车'等情况，均应属于驾驶人无驾驶资格的情况，因此表述为'驾驶人未取得驾驶资格或者未取得相应驾驶资格'更为准确。对此建议，我们予以采纳。"[1]

《中国保险行业协会机动车辆综合商业保险示范条款（2014 版）》同样未使用"无证驾驶"概念，而是将其表述为："无驾驶证""驾驶证被依法扣留、暂扣、吊销、注销期间""驾驶与驾驶证载明的准驾车型不相符合的机动车"。为方便阐述无证、醉驾、毒驾等违法驾驶情形，我们继续使用"无证驾驶"这一约定俗成的称呼。具体到本案，高某持有的驾驶证已超过有效期，处于被公告停止使用的状态，应当属于"未取得相应驾驶资格"的违法情形（即"无证驾驶"），保险公司有权对交强险拒绝赔偿。

（三）违法驾驶情形下交强险的垫付与追偿

1. 在侵权人已赔偿的情况下，受害人或者侵权人（被保险人）是否有权向保险公司请求赔偿保险金？

最高人民法院民一庭就"受害人已经从侵权人处获得全部赔偿的如何处理"问题作了如下解读："本条司法解释所规定的保险公司的赔偿责任，应当理解为受害人对向侵权人请求赔偿或向保险公司请求赔偿具有选择权，在受害人已经从侵权人处获得全部赔偿的情况下，其无权再向保险公司请求赔偿；……"[2] 2019 年 9 月 20 日，《四川省高级人民法院机动车交通事故责任纠纷案件审理指南》第 17 条就"交强险赔付的例外情形"专门作了如下规定："因下列情形之一发生交通事故的，侵权人就其已向赔偿权利人支付的赔偿款主张保险公司在交强险责任限额内予以赔偿的，人民法院不予支持；保险公司就其在交强险责任限额内赔偿第三人人身损害费用向侵权人主张追偿权的，人民法院应予支持：①驾驶人未取得驾驶资格或者未取得相应驾驶资格的；②醉酒、服用国家管制的精神药品或者麻醉药品后驾驶机动车发生交通事故的；③驾驶人故意制造交通事故的。"由此看出，无证驾驶等违法情形下交强险的垫付责任请求权主体仅限于受害人，且受害人请求交强险垫付赔偿的前提也仅限

---

〔1〕 最高人民法院民事审判第一庭编著：《最高人民法院关于道路交通损害赔偿司法解释理解与适用》，人民法院出版社 2015 年版，第 235 页。

〔2〕 最高人民法院民事审判第一庭编著：《最高人民法院关于道路交通损害赔偿司法解释理解与适用》，人民法院出版社 2015 年版，第 242 页。

于侵权人未向其进行赔偿或者未足额赔偿，而侵权人自己并无权请求保险公司垫付赔偿交强险。

2. 在保险公司依法承担交强险垫付责任之后，追偿权范围是否应当考虑侵权人过错（即事故责任比例）？

对此，最高人民法院民一庭认为："依据《道交司法解释》第18条的规定，交强险保险公司在责任限额范围内向受害人承担赔偿责任后，有权就其已赔付的全部数额向侵权人追偿。"[1]因此，交强险追偿不考虑侵权人过错，保险公司有权根据其实际赔付的交强险赔款金额依法全额向侵权人进行追偿。

（四）交强险法定免责条款的效力适用

交强险属于法定保险和强制保险，交强险免责条款属于法定免责，而非约定免责，故对于法律法规明确规定保险公司不承担交强险责任的情形，保险公司无须履行明确说明义务。当事人对于法律规定的理解歧义，也同样不应作出对保险公司不利的解释。《中华人民共和国保险法》第17条免责条款明确说明义务的规定仅适用于"采用保险人提供的格式条款"，而《机动车交通事故责任强制保险条款》并非保险公司制定和提供的格式条款。

鉴于《机动车交通事故责任强制保险条款》系国家保险监督管理部门制定的法定、强制保险条款，同投保人一样，交强险保险公司同样只能无条件适用，而无权对条款进行修改和解释。国家机关制定的强制保险条款和法定保险条款，显然不属于当事人一方制定并提供的格式条款，不适用疑义利益解释原则。本案上诉人高某所称的"驾驶证逾期换领新证，就会自动丧失驾驶资格"无须保险公司进行解释说明，这个在《道路交通安全法实施条例》第28条中已作了明确规定，即："机动车驾驶人在机动车驾驶证…超过有效期或者被依法扣留、暂扣期间以及记分达到12分的，不得驾驶机动车。"我国法律法规已作明确禁止性规定的驾驶行为，无需保险公司向投保人进行特别说明，况且高某作为一名有多年驾驶经验的老司机，其应当知晓驾驶证逾期未换证被注销期间驾车的法律后果。

（五）交强险无证驾驶免责条款的性质

我国法律并未规定"驾驶人未取得驾驶资格或者未取得相应驾驶资格"

---

[1] "违法驾驶情形下交强险保险公司追偿权的行使对象、追偿范围及其诉讼程序——道路交通损害赔偿司法解释第十八条的解释论"，载最高人民法院民事审判第一庭：《民事审判指导与参考》，人民法院出版社2015年版，第125~134页。

必须与交通事故之间存在必然的因果关系交强险才得以免责。相反，无证驾驶法定免责条款属于危险状态免责，而非事故原因免责。

根据保险法理论，法定或约定免责事由可分为三种类型。第一种类型是保险人对由某种特定原因所发生的保险事故免责，称为事故原因免责。第二种类型是对由一些特定形态事故造成的保险标的损失，保险人可免责，被称作事故形态免责。第三种类型是保险人对在某种特定危险状态下所发生的保险事故免责，称为危险状态免责。"无证驾驶"免责条款属于危险状态免责，只要保险事故发生时被保险人处于该条款约定的危险状态之下，保险人即可免除其保险责任，无须证明保险事故发生与该危险状态之间存在因果关系。[1]结合国务院《机动车交通事故责任强制保险条例》第22条："有下列情形之一的，保险公司在机动车交通事故责任强制保险责任限额范围内垫付抢救费用，并有权向致害人追偿：①驾驶人未取得驾驶资格或者醉酒的；……"上述法律条款表明，只要驾驶人存在在未取得驾驶资格的情形下驾车肇事致人损害，保险公司就有权向致害人追偿。上诉人高某上诉称"本案交通事故发生……与高某驾驶证处于恢复期没有法律上的因果关系"，显然不符合上述交强险条例的相关规定。

而就商业三者险中有关无证驾驶免责条款的适用问题，《中国保险行业协会机动车综合商业保险示范条款（2014版）》第24条则更加明确地规定："在上述保险责任范围内，下列情况下，不论任何原因造成的人身伤亡、财产损失和费用，保险人均不负责赔偿：……②驾驶人有下列情形之一者：……3. 无驾驶证、驾驶证被依法扣留、暂扣、吊销、注销期间；4. 驾驶与驾驶证载明的准驾车型不相符合的机动车；……"《机动车综合商业保险免责事项说明书》对此进行特别说明："上述第24条是情形除外，即只要具有该条所列举的情形，不论任何原因造成的人身伤亡、财产损失和费用，保险人均不负责赔偿。"同时将第25条解释为"上述第25条的原因除外，即由于该条所列举的原因导致的人身伤亡、财产损失和费用，保险人不负责赔偿。"[2]

---

〔1〕 参见王静：《保险案件司法观点集成》，法律出版社2016年版，第153页。

〔2〕《中国保险行业协会机动车综合商业保险示范条款（2014版）》第25条："下列原因导致的人身伤亡、财产损失和费用，保险人不负责赔偿：（一）地震及其次生灾害、战争、军事冲突、恐怖活动、暴乱、污染（含放射性污染）、核反应、核辐射；（二）第三者、被保险人或其允许的驾驶人的故意行为、犯罪行为，第三者与被保险人或其他致害人恶意串通的行为；（三）被保险机动车被转让、改装、加装或改变使用性质等，被保险人、受让人未及时通知保险人，且因转让、改装、加装或改变使用性质等导致被保险机动车危险程度显著增加。"

论知识产权扩张

——从经济分析到政策选择

马擎宇　许永乾[*]

知识，是人类认识世界改造世界过程中探索出的信息组合，是具有实用性并能够为人类创造财富力量等多种利益的认识成果。然而在漫长的一段时间里，知识都处于自然状态或人类完全共享状态当中，其权利界定和归属也并未被确定。而后随着商品经济的发展，科技、文化的进步，知识产品所能创造的极大价值被人们所公认，故而知识产权制度和法律体系得以确立和发展。正如马戈所言"多则价谦，万物皆然，唯独知识例外。知识越丰富，则价值就越昂贵"，知识产权是促进科学进步和社会经济发展的有力武器，是进行国际科技和文化交流发展对外贸易的重要工具。它有利于调动人们从事智力活动的积极性，创造更多的智慧成果；有利于智慧成果的转化与应用，以产生巨大的经济效益和社会效益；在我国更有利于繁荣社会主义文化，加快精神文明建设[1]。然而就是这样一个在人类社会发展进程中，具有举足轻重作用的角色，仍然存在着一定的问题。在技术发展与市场运作的外力推动之下，知识产权开启了他疯狂的"攻城掠地"的扩张态势。在权利客体方面，著作权领域由传统的文字、音乐美术作品到录音录像制品；商标法领域声音商标登堂入室；专利法领域出现的基因技术等。而在当下，体育赛事节目、网络直播游戏画面、人工智能创作之内容、电视节目模式、域名、商业模式、节目名称、动漫角色等也相继陷入知识产权法保护客体的"热搜"之中，知识产权权利客体的扩张已经不能符合于作为民法权利客体的形式逻辑，而知识产权的复杂性又决定了其不能抽象出一种一劳永逸的客体。因此，本文在

---

[*] 马擎宇，北京工商大学法学院讲师；许永乾，北京工商大学法学院民商法专业硕士研究生。
〔1〕 参见来小鹏：《知识产权法学（第3版）》，中国政法大学出版社2015年版，第24页。

知识产权扩张背景下对扩张的表现、原因进行说明，结合洛克的劳动理论进行分析，并结合法律经济学角度对其扩张进行反思，最后在利益平衡为原则的指导下，在民法典编如火如荼编撰的同时，提出知识产权法的政策选择，寻求适合的立法体例。

一、知识产权扩张概况

（一）知识产权扩张的表现及原因

1. 知识产权扩张的表现

知识产权法是近代商品经济与科学技术发展的产物，也是私法领域财产"非物质化革命"的结果[1]。商品经济和高新技术产业的飞速发展使知识产权呈不断扩张的趋势。有人说，知识产权的私权发展史就是知识产权的扩张史。总的趋势就是知识产权的保护范围越来越大，保护水平越来越高。其表现为主体、客体或内容的增加。主体方面，由对作者的版权保护到邻接权人的保护，从自然人到拟制人最后到机器人的知识产权主体讨论；权利内容方面出现了：商业秘密权、集成电路布图设计权、植物新品种权、商号权与地理标志权等，这在一定程度上也使知识产权的客体扩展到录音录像制品、广播信号以及竞争利益等。

从"印刷作品""模拟作品""数字作品"，以至当下人工智能的生成作品，无论是考量独创性的思想表达外观，还是基于自然人独创或人机合作的人格主义基础，该类作品都具有"可版权性"[2]。此外，专利权客体更是对高新技术成果作了直接回应，从微生物、动植物品种到基因物质都进入了专利保护的范围，而人工智能的生成发明，包括遗传编程、人工神经网络、机器科学家等，也成了"可专利性"主题[3]；加之客体体系中的内部扩张，因著作权、商标权、专利权等传统知识产权的客体类型增加，导致客体形态的不断扩充，包括体育赛事节目、实用艺术品、电视节目模板、声音商标以及基因技术等。

---

〔1〕　参见吴汉东："科技、经济、法律协调机制中的知识产权法"，载《法学研究》2001 年第 6 期。

〔2〕　参见熊琦："人工智能生成内容的著作权认定"，载《知识产权》2017 年第 3 期。

〔3〕　参见季冬梅："人工智能发明成果对专利制度的挑战——以遗传编程为例"，载《知识产权》2017 年第 11 期。

2. 知识产权扩张的原因分析

技术发展是知识产权扩张的现实因素，作为第一生产力的科技是人类智慧创造的结晶，同时其驱动经济发展和社会进步也是绝对的。人类进入工业社会以来，新技术特别是信息技术的发展，既增加了新知识、新产品，又增加了知识或产品的传播手段、传播速度和传播范围。每一次技术的革新，传播技术手段的变革和应用，都催生出新的知识产权客体和新型权利。例如，随着互联网技术的发展，在版权中，出现了技术保护措施，在商标权中，出现了网络域名权以及网络平台保护等问题。正如王太平先生所言，网络的兴起彻底暴露了商标法不确定和模糊的先天缺陷，商标权之势力范围不断扩张，商标权几乎演变为一种总体性的符号权[1]。

市场化发展的结果，在市场经济社会，市场充当着资源配置的主要角色，是商品和劳务交换的结合点。知识产权作为一种交换型的财产权与物权不同，其只有通过市场流通与交易才能发挥其更大价值，而不仅仅是自用，突出表现在知识产权的许可制度。而因市场的自发性调节作用促使市场主体对利益追求一拥而上，来自产业发展的利益诉求也是知识产权客体得以扩张的经济动力所在，例如，随着短视频和直播行业的兴起，短视频的版权保护，网络直播的可版权性争议等，这些都体现了市场的发展对知识产权客体扩张的影响。此外，在商标权领域，由于企业在市场化中对商标的投入资本日渐增多，商标所体现的商誉更多地成了一种品牌价值。在专利领域亦是如此，正如林肯所说：专利是为天才之火添加利益之油。从传统的发明专利到实用新型、外观设计再到生物、基因技术，个中体现的是各公司对产业利益的着眼和市场利润的追求。

（二）知识产权扩张的理论基础

英国的洛克在他的《政府论》中基于天赋人权提出了劳动财产权理论，这为知识产权的扩张提供了一定的理论基础，他指出：土地及其一切低等事物均由所有人共享所有权，但并非任何的所有权都是共享的，每个个体亦拥有属于其自身私有的财产。当社会个体运用自身的劳动与某事物交融混杂在一起之时，那么他便自然而然地获得了该物的所有权。也正是基于社会个体的劳动过程，才真正地改变了事务的自然原初状态，同时也正是基于其劳动

---

〔1〕 参见王太平："知识产权制度的未来"，载《法学研究》2011年第3期。

的附属价值，自然该个体对于该事物也便具有了所有权[1]。该理论与知识产权扩张具有很大的契合之处，正是基于社会个体所付出的卓越的劳动，才赋予各项社会原初资源以使用价值，进而对于社会个体因此而付出的劳动应获得相应的对价，即获得劳动财产权[2]。鉴于该知识产品本身所携带的高附加值，故而其创造者自然有权获得该劳动产品的所有权，自然可以基于对该项产品之所有权而寻求知识产权保护[3]。而对知识产权的扩张保护，可以最大限度地保护智力劳动的创造成果，促使财富最大化，从而激活创新成果的社会价值。

二、知识产权扩张之反思

虽然洛克劳动财产理论（劳动价值理论）为知识产权来源的正当性提供了理论支撑，但是是否意味着知识产权的保护是全方位、立体化、无限制和绝对的呢？显然答案是否定的。因为知识产权所保护的知识位于人类共同体生活中的许多社会关系的中心，知识产权极度扩张论者所导致的对知识财产中的金钱利益的无情追逐已经产生了共同体分裂的分离关系和力量[4]。这种知识产权的持续强化已经打破了知识产权中原有的平衡，产生了严重的不利后果，尤其是在发展中国家引发了公共健康等社会危机[5]。有鉴于此，本文以"知识产权法的经济结构"为基础进行分析，对知识产权扩张进行反思。

洛克的劳动价值论在知识产权领域无法回答的一个问题是：智力成果的创造者往往以前人的智力成果为基础，其中一部分还来自于不存在权利的共有领域，因此并不清楚知识产权权利在什么程度上可以被实际认为是其所有权人的劳动的独占性果实[6]。因为洛克的劳动价值论更多关注的是权利分配

---

〔1〕 See John Locke, *Two Treatise of Gorverment Student edition*, Cambridge University Press, 1988, p. 27.

〔2〕 参见刘丽霞、蔡永刚："知识产权保护之法理学检视——基于洛克劳动财产权理论视域的研究"，载《人民论坛》2014 年第 19 期。

〔3〕 参见冯晓青："知识产权的劳动理论研究"，载《湘潭大学社会科学学报》2003 年第 5 期。

〔4〕 See Peter Drahos, *A Philosophy of Intellectual Property*, Dartmouth Publishing Company Limited, 2016, p. 91.

〔5〕 参见马丽萍："知识产权虚无论和扩张论批判：从知识产权的双重性质出发"，载《河南财经政法大学学报》2019 年第 3 期。

〔6〕 参见［美］威廉·M. 兰德斯、理查德·A. 波斯纳：《知识产权法的经济结构》，金海军译，北京大学出版社 2005 年版，第 5 页。

与保护的个人本位，然而《知识产权法的经济结构》中指出，权利分配应该以节约成本，提高社会运行效率为主。之所以采用"效率标准"而非公平，是因为"损害相互性"，例如，甲侵犯乙的权利，我们往往会为保护乙而阻止甲，殊不知在阻止甲后，甲的权利也受到了损害。因此解决此问题，不能只着眼于双方，而是应当跳出单个主体之局限，把重心放在"社会总体利益"。因此《知识产权法的经济结构》认为，知识产权法解决权利人与非权利人之矛盾关系，应从社会整体收益为考察重心，避免更大的损害。一定意义上说其观点具有社会本位的色彩。也有学者提出质疑，如果以社会本位为主，那么将会导致国家过度干预个人的权利，个人权利可能得不到保障。但是，这里的个人应当是"理性人"，并不会因为国家的一点点干预便自缚双手。因此，本文认为，虽然效率原则之经济的分析方法并不能适用于所有法律，但是知识产权法中关于经济利益方面的立法初衷便是通过保护知识产权从而达到促进社会经济效益的极大提升的目的，因此在知识产权法中，社会整体效率的提升极为重要，倘若过度保护知识产权，对于知识产权扩张毫不加以限制，便会阻碍更多智力成果的产生。例如，在著作权领域，在互联网时代，如果过度地对音乐的下载加以高昂费用，则会波动整个产业运行；专利领域，过度强调专利的独占权，则会造成"专利丛林"。因此，从社会利益角度对知识产权扩张给予一定的限制，则能够营造一个轻松的创新环境，为社会带来福音。

除此之外，《知识产权法的经济结构》认为成本收益问题是知识产权中的重要一环，因为人们在做出选择时，往往需要权衡自己的成本收益情况。波斯纳认为，"经济学的目的并不是要把人类行为都简约为某种生物学天性、某种理性的本能，更不想证明，在我们的内心深处，左右我们一切的，是那个丑陋的、渺小的'经济人'。它所要做的只是，构建并验证一些人类行为的模型，目的在于预测和（在恰当的时候）控制这种行为"[1]。很多知识产权的诞生都与其成本收益密切相关，在权利人可获益的情况下，社会资源才会进入知识创造当中。

然而也并非进入的越多越能获益，《知识产权法的经济结构》指出理性人在通过自由交换实现个人利益最大化的同时，也能间接促进社会利益的最大

---

〔1〕 ［美］理查德·A. 波斯纳：《超越法律》，苏力译，中国政法大学出版社 2001 年版，第 56 页。

化，也就是个人净收益和社会净收益的问题。正如周泽夏先生所言：个人净收益与社会净收益的联系非常紧密，社会净收益用来分析一项知识产品是否应当被生产出来，而个人净收益则用来分析一项知识产品能不能被生产出来，这些问题是知识产权面临的问题，也是经济分析所擅长之处[1]。然而，知识产权的客体范围的不断扩张，在一定程度上已经不能达到帕累托改进的效果。正如兰德斯和波斯纳所说的：知识产权制度作为规制无形物的规则体系，往往会与规制物质财产的制度进行类比分析，但是两者也有着重大的差异，知识产权制度中的交易成本可能比物质财产制度中的交易成本更高，因此"知识财产应当比物质财产更少地被彻底产权化。"[2]因此在这个角度而言，知识产权的扩张或许不符合低成本的要求，若将更多的客体产权化，无疑造成社会成本的无益消耗。但是，他们又以著作权为例，以经济分析的方法研究了著作权的边界问题。利用一次函数的方式分析了：固定成本 b（指作者创作品时精力的投入、编辑手稿，排版等，特点是不随复制件的多少而发生变化）与可变成本（指一复制件的生产、印刷与配送等，与复制件的数量有关）k_1之间，总成本 y 与数量 x 之间的关系，为 l_1：$y = k_1 x + b$。收入角度看，作者的经济收入可以认为是出售复制件的所得，因此作者的总收入（用 y 表示）可以看作是复制件单价（用 k_2 表示）和复制件数量（用 x 表示）的正比例函数：l_2：$y = k_2 x$，考虑到每件复制品的单价应当高于成本以弥补固定成本 b，因此有 $k_2 > k_1$。在 x_1 处作者的经济投入得到完全弥补，作者的净收益由收入减去成本所得，即 $y = (k_2 - k_1) x - b$[3]。即通过数学经济学分析的方法找到了成本收益的节点。

《知识产权法的经济结构》之所以非常关注著作权的保护范围，是因为作者非常关心实施著作权所带来的社会成本。也就是问题并不在于著作权是否产生了创作出表达性作品的激励，而在于它是否产生了相当有力的激励，足

〔1〕 参见周泽夏："知识产权法经济分析的理论基础——基于《知识产权法的经济结构》的讨论"，载《政法论坛》2018 年第 4 期。

〔2〕 ［美］威廉·M. 兰德斯、理查德·A. 波斯纳：《知识产权法的经济结构》，金海军译，北京大学出版社 2005 年版，第 9 页。

〔3〕 参见［美］威廉·M. 兰德斯、理查德·A. 波斯纳：《知识产权法的经济结构》，金海军译，北京大学出版社 2005 年版，第 43~44 页。

以引发在创作和生产该等作品时浪费的社会性支出[1]。但是上文通过对著作权的分析，似乎能解决著作权的边界问题，甚至明确知识产权扩张到何种范围不会造成巨大社会成本，但是这也仅仅是针对经济利益一方面，而且也没办法从诸多情形里具体分辨出何种情形可以归入以上所述的范围，因为交易成本太高了。而且经济分析无法回避的问题是公平和人权等法的价值问题，量化标准难以界定。但是这种分析方式无疑为今后新增知识产权客体何去何从提供了一种工具性的指引，正如波斯纳所认为，应当通过科学的方法来代替道德说教，"当对某个法律争议，法律实证主义无法得出令人满意的结论时，法律是应从哲学还是应从科学获得指导。……回答是，'应从科学获取指导'"[2]。因此，可以为知识产权扩张背景下的政策选择提供工具价值。

三、扩张背景下知识产权法的政策选择

从上述论述中可见，知识产权法经济分析的"效率原则""成本收益"等方法，在分析与反思知识产权扩张中存在一定合理性，但并不能广而用之，因此应当充分考虑知识产权法自身的特点结合法律中的价值构建对知识产权的扩张寻求一个最优政策选择，也即在民法典编撰背景下，在知识产权法定与客体扩张的矛盾中寻求一条合理出路。

（一）以利益平衡原则为指导

知识产权法除了保障权利人能通过支配、行使其权利而获得因劳动创造、知识创新而获得的成本回收并得到之报偿，也即保护知识创造者的合法权益以外，它还承担着更重要的公共利益之价值目标。知识产权法的价值追求、目的和功能都在于平衡个人利益与社会公共利益，其一直着眼于权利人专有权的保护与社会公共权利、公共领域等二元利益之间的平衡。正如任寰先生所说，知识产权法律制度是以荣誉社会的财富为杠杆，谋求知识产权人与社会公众利益的平衡，并将此作为原则贯穿整个知识产权法的适用和整个过程。[3]而如何实现利益平衡，即如何寻找所谓平衡点，本文认为应采用动态模式。

---

〔1〕 参见［美］威廉·M. 兰德斯、理查德·A. 波斯纳:《知识产权法的经济结构》，金海军译，北京大学出版社 2005 年版，第 67 页。

〔2〕 ［美］理查德·A. 波斯纳:《道德和法律理论的疑问》，苏力译，中国政法大学出版社 2001 年版，第 5 页。

〔3〕 任寰:"论知识产权法的利益平衡原则"，载《知识产权》2005 年第 3 期。

其基本的方向在于对利益主体当事人之间的对价评估、利益选择和机制取向。动态平衡点的下限在于对权利人给予的专有权保护必须能达到激发起创造热情的程度；平衡点的上限指赋予的专有权保护不能损害公共利益，也就是不能因此而阻碍公众对智力成果、知识产品的合理利用。例如商标领域的商标通用化原则、描述性原则、著作权领域的合理使用法定许可等。对于知识产权的扩张的规制和政策选择也应当适用动态平衡的模式，以利益平衡原则为指导。

（二）民法典编撰下的政策选择

从经济分析的成本—收益、效率原则出发，在以利益平衡原则为指导，规制并解决新型知识产权客体的可保护性探析的过程中不难发现，在当前，如果全然将新型客体皆纳入知识产权法律规定中是不现实的。有学者甚至提出，在民法典编撰的今天，解决知识产权的扩张问题，应该采用封闭式的整体纳入的立法体例，这样可以杜绝新型知识产权的过度扩张，但是这样的一刀切的解决方式完全抹杀了新兴智力成果的保护，虽然杜绝了所谓"扩张"，但是也在一定程度上抹杀了人类的创造性，更不利于技术革新。此外这种立法体例完全忽视了知识产权法的特殊性，抹杀了其动态性和灵活性。《俄罗斯民法典》采用这种体例，最终造成了法律体系内部的矛盾冲突，忽视了知识产权的类型化和体系化。而且从当前的立法情况来看，知识产权法在民法典中独立成编的可能性不大，因此，对于知识产权扩张问题何去何从，应立足于当前《中华人民共和国民法总则》（以下简称《民法总则》）第123条之规定，并辅之以政策法规，即保留单行法的体例。

此外这样也有助于对知识产权扩张的规制，而在《民法总则》第123条第（8）项"法律规定的其他客体"中的"法律"的解释应当采用广义的法律说，而不是狭义的法律。因为如果将这里的法律解释为狭义，则有将今后所有新型智力成果直接上升为效力更高的法律之嫌，加大了对新型成果的保护，一定意义上推动了知识产权的扩张趋势，而非规制。若解释为广义的法律，包括行政法规、规章条例等，一方面既可以对传统客体、已纳入保护的客体等进行更为全面的法律适用，避免因无法可依带来的困境，也避免了政策法规的"大跃进"，更可以避免因立狭义法律而造成的效力位阶过高产生的推动扩张趋势蔓延，从而导致的过度保护造成的损害公共利益的问题。

因此，本文认为，综合考虑多方利益，知识产权法在扩张的背景下，在民法典编撰的过程中，不应急于入编，而是应当在考虑知识产权法的特殊性、体系化的前提下，以《民法总则》第 123 条为基础，保留知识产权法有关单行法，最终走向知识产权法的独立成典的政策选择，以摆脱那种"既怕因在民法典中单独列编而湮没或淡化了知识产权的独立存在价值，又怕因没有在民法典中争得一席之地而成为民法的弃儿"之尴尬境地[1]。

四、结　语

在高新技术不断发展的今天，知识产权呈现不断的扩张趋势，明确知识产权的扩张原因及表现并对此进行反思是为扩张背景下知识产权法寻找政策选择的前提。而通过对知识产权扩张进行经济分析，则是为其政策选择提供了工具价值。对扩张背景下的政策选择而言，知识产权法始终要以利益平衡原则为中心，贯穿于立法和法解释的始终。具体在法律选择上，应该坚持《民法总则》第 123 条对知识产权客体权利的一般条文设置，并对第（8）项进行"广义法律"的解释，同时保留知识产权法有关单行法的规定，在此基础上努力实现知识产法独立成典的目标。

---

[1]　参见赵万一："知识产权法的立法目标及其制度实现——兼论知识产权法在民法典中的地位及其表达"，载《华东政法大学学报》2016 年第 6 期。